B 高等院校商学研究生系列教材
Business Postgraduate Textbook Series

U0663031

金融市场学

Financial Marketing

李忠民 主　编

尹海员 副主编

中国财经出版传媒集团

经济科学出版社
Economic Science Press

图书在版编目（CIP）数据

金融市场学/李忠民主编 . —北京：经济科学出版社，2018.1
高等院校商学研究生系列教材
ISBN 978 – 7 –5141 – 8576 – 8

Ⅰ.①金⋯　Ⅱ.①李⋯　Ⅲ.①金融市场 – 经济理论 – 研究生 –
教材　Ⅳ.①F830.9

中国版本图书馆 CIP 数据核字（2017）第 259150 号

责任编辑：范　莹
责任印制：李　鹏

金融市场学

李忠民　主　编
尹海员　副主编

经济科学出版社出版、发行　新华书店经销
社址：北京市海淀区阜成路甲 28 号　邮编：100142
总编部电话：010 – 88191217　发行部电话：010 – 88191522
网址：www. esp. com. cn
电子邮箱：esp@ esp. com. cn
天猫网店：经济科学出版社旗舰店
网址：http://jjkxcbs. tmall. com
北京季蜂印刷有限公司印装
710×1000　16 开　26.75 印张　440000 字
2018 年 1 月第 1 版　2018 年 1 月第 1 次印刷
ISBN 978 – 7 – 5141 – 8576 – 8　定价：68.00 元
（图书出现印装问题，本社负责调换。电话：010 –88191502）
（版权所有　侵权必究　举报电话：010 –88191586
电子邮箱：dbts@ esp. com. cn）

前　言

　　从理论范畴来看，现代金融市场学的研究范围包括金融组织、金融中介、资本市场运行、产品定价以及金融创新等内容。从它对产业组织、货币理论、投资学等经济学分支学科的影响来看，现代金融市场学领域的边界具有渗透性和灵活性。金融市场学建立在以现代资产组合理论、资本资产定价理论、有效市场假说等基础上，重点研究理性假设条件下的市场组成与运行、价格机制和市场效率问题，是金融专业课程体系中的一门核心课程。从20世纪80年代后期开始，人们不断地运用经济学理论探索、研究金融学中的均衡与套利、单期风险配置以及多时期风险配置、最优投资组合、均值—方差分析、最优消费与投资、证券估值与定价等内容，逐渐将金融市场学的研究范畴向前推进。

　　从中国金融市场发展的实践来看，旧中国金融市场的雏形是在明代中叶以后出现在浙江一带的钱业市场，即钱庄与业主之间进行兑换货币和调剂资金余缺的市场，其产生的时间与欧洲金融市场的形成大致在同一时期。但由于自然经济的桎梏以及商品经济的缓慢发展无法产生对金融业的强烈需求，因此钱业市场并未能发展成为现代金融市场。1840年鸦片战争后，随着外国金融势力的侵入和自然经济的逐渐解体，外国银行纷纷来华设立分支机构，中国的金融市场才开始形成。旧中国最早的证券是1872年由李鸿章等创办的轮船招商局发行的股票和1894年由户部"息借商物"发行的债券。1914年，北洋政府颁布了《证券交易所法》，并于1918年成立了中国历史上第一个证券交易所——北京证券交易所。此后，国内的证券金融市场迅速得以发展，当时仅上海的证券交易所就有140多家。1921年的信用风潮，使90%左右的证券交易所倒闭，后来在抗日战争时期曾一度恢复，但金融市场的发展终因战事频发、政局不稳而没能得到实质性进展。

改革开放后的1984年，中国开始允许金融机构间相互拆借资金以调剂余缺，形成同业拆借市场；1985年，在全国范围内开展了商业汇票承兑贴现业务，并允许商业银行向中央银行进行再贴现，这标志着票据市场的初步形成；1988年，中国允许部分国库券上市流通，初步形成了债券市场，随后，20世纪90年代所有的国债都可进行自由买卖；1984年，北京成立了全国第一家股份有限公司：北京天桥百货股份有限公司，随后，上海飞乐音响公司公开向社会发行了不偿还股票，股票市场的发展从此展开；1990年11月和1991年4月相继成立了上海证券交易所和深圳证券交易所，标志着中国股票市场的发展进入了一个新阶段；1994年1月1日起，中国实行了人民币汇率并轨，并成立了全国外汇交易中心，为建立全国统一的外汇市场奠定了基础；1997年全国银行间债券市场的建立，成为资本市场发展的重要转折；2003年起，引入合格的境外机构投资者QFII，对中国金融市场发展发挥了重要作用；2004年1月，国务院关于《推进资本市场改革开放若干问题的决定》，首次提出了建立多层次资本市场的要求。经过近二十多年的发展，中国已初步形成了以货币市场和资本市场为主体的相对完整的金融市场体系，但要真正实现金融市场的现代化和规范化，还需要有一个不断发展和逐步完善的过程。

2017年4月

目　录

第一部分　金融市场概述及类型

第二部分　金融市场价格机制

第一部分

金融市场概述及类型

第一章

导　　论

金融市场学是研究市场经济条件下金融市场运行机制及其各主体行为规律的科学。在经济生活中，金融市场同要素市场、产品市场等一样是市场经济的重要组成部分，并在经济活动中发挥着融通资金和优化配置资金资源的作用。金融市场的发达与否，直接反映了金融经济发展水平的高低。那么，什么是金融市场呢？它有哪些构成要素？有哪些种类？其功能是什么呢？本章的内容主要是围绕这些问题展开的。

第一节　金融市场的内涵

一、金融市场的概念

金融市场作为一个经济范畴，是与商品货币经济紧密联系的。在经济生活中，金融市场是与要素市场、产品市场等并列的一种市场。为便于理解金融市场的内涵，首先引入几个相关的概念。

（一）金融活动

任何一个国民经济体系，总是由家庭居民、企业、政府机构和对外部门四个经济单位构成的。在现代经济生活中，每一个经济单位都有自己的预算结构。居民通过向企业提供劳务获得薪金和报酬，然后用上述的收入向企业购买最终产品。企业通过向居民、政府和其他企业出售商品而取得收入，然后支付生产成本和追加资本等。政府通过税收取得收入，然后履行政府职能进行预算支出。从某一时间段看，总收入和总支出完全相等的经济单位是偶然的。常常由于这样或那样的原因，如自然禀赋不同、支出结构不一、投资机会差异等，总有一部分经济单位处于总收入大于总支出的状态，这类单位被称之为资金盈余方；同时，还有一部分经济单位处于总收入小于总支出的状态，这类单位被称之为资金短缺方。对于资金盈余方来说，存在着如何让渡多余的资金以便进行有效利用。

资金融通的方式主要分为两种：一是直接融资（direct finance）；二是间接融资（indirect financing）。所谓直接融资，是指资金的盈余方和短缺方即资金供求双方直接进行资金融通的交易活动。如资金需求者通过发行股票、债券的方式直接从资金供给者那里获得资金等。所谓间接融资是指资金的盈余方和短缺方即资金供求双方必须通过金融中介机构，如银行等才能实现资金融通的交易活动。例如企业、单位和个人可以通过银行贷款获得资金等。当然，直接融资和间接融资的划分不是绝对的，两者的区分也不能过分强调，随着金融业的不断创新，两者在实践上的区别已经逐渐模糊。

（二）金融资产

资产是指对有价值的资源的所有权。它分为有形资产和无形资产。有形资产也称实物资产，它是指具有特定物质形态的有价值的所有权，如住宅、厂房、机器设备、各种建筑物，以及生活必需品等。它们是社会财富的代表，可以直接用于消费，也可以直接用于生产。无形资产是所带来的收入要根据金融资产（monetary assets）所有权的情况进行分配。拥有财富的个人和机构可以消费财富也可以投资于金融资产，如购买股票、债券、期货等。公司股票的红利水平取决于公司的经营情况，债券收益的高低要受到公司的盈利状况的影响，期货市场的价格波动最终受到现货市场的制约等。另外，金融资产对于实物资产的运动具有推动和润滑作用。通过金融资产的交易可以实现实物资产的转移和最优配置。

金融资产和实物资产也有较大的区别。一是金融资产总是和金融负债相对立而存在，即金融资产和金融负债是一个问题的两个方面，对债权人来说是金融资产，对债务人来说就是金融负债。例如，对银行存款来说，存款人拥有的是金融资产，而银行拥有的是金融负债；对公司股票来说，持股人拥有的是金融资产，而发行股票的公司拥有的是金融负债。但实物资产则不具有这种两面性，要么拥有某一实物的所有权，要么不拥有。二是金融资产标准化的合约或凭证。这种凭证属于一种法律契约，受法律保护。金融工具（financial instruments）的标准化表现在对金融工具的交易单位、交易品种、交易期限、交易地点，以及交易规则等方面都进行了统一的规定，以便于交易和流动。它与金融产品（financial product）的区别在于金融工具是可以交易的，而金融产品则不一定是可以交易的。如银行存款属于金融产品但不是金融工具，因为银行存款不是标准化的，即它在市场中不能流动。金融工具的种类根据交易对象可分为货币市场工具，如商业票据、短期公债、可转让大额定期存单、回购协议等；资本市场工具，如股票、公司债券、中长期公债等；衍生工具，如期货、期权、掉期、互换等。在上述概念的基础上，金融市场（financial market）的定义可以概括为：金融市场是指货币资金的供应者和需求者双方借助一定的交易方式，进行金融资产交易或提供金融服务，从而实现资金融通的空间和场所。金融市场既可以是一个有形的固定交易场所，如银行、证券交易所、期货交易所等，交易的对象是各种各样的金融工具；也可以是一个无形的交易网络或空间，如各种场外交易市场等，交易的对象大多是非标准化的金融产品。金融市场的定义包括三层含义：首先，它是一个交易和服务场所；其次，它包含了资金供求双方之间所形成的买卖和服务关系；最后，它包含了进行金融资产交易和提供金融服务过程中所产生的运行机制。

在不同的经济发展阶段，金融市场的交易内容是不同的。现代意义上的金融市场是市场经济不断发展的产物。它的形成需要具备以下几个条件：

（1）商品经济高度发达。在发达的商品经济中，存在着大量的资金需求和供给，这是金融市场能够建立和运行的基本条件。

（2）完善和健全的金融机构体系。金融机构体系是金融市场的重要主体，通过金融机构提供多种多样的服务，来沟通资金供求者之间的联系，从而赋予金融市场活力，创造金融市场效率。

（3）金融交易工具的多样化。只有多样化的交易工具才能满足社会上众多投资者和筹资者的多种多样的需求，加速金融资产的流动，从而促进社会资金的合理配置。

（4）健全的金融法律法规。健全的金融法律法规是金融市场正常运行的根本保证。只有健全的立法，才能保障交易双方的正当权益，保证金融工具的信用性。

（5）高效的监管水平。金融市场是现代经济的核心，但同时又是一个竞争性和风险性都比较高的领域。一旦金融市场出现问题就会给国民经济造成巨大的影响，因此只有实施高效的监管，才能保障金融市场的安全运行。

二、金融市场的构成要素

金融市场是一个由众多要素构成的有机整体。一般来说，一个完整的金融市场其组成要素主要有以下几个方面：（1）市场主体。金融市场的主体即金融市场的参与者，主要包括居民个人、工商企业、金融机构、中央银行、政府部门和外国机构等。它们在参与金融市场时，可以是资金需求者也可以是资金供给者，甚至可以同时既是供给者又是需求者。其中，金融机构在参与金融市场活动时，常常作为中介机构为金融交易双方提供中介服务；中央银行在参与金融市场活动时，常常具有市场监管者和普通交易者的双重身份。交易主体数量的多少决定了金融市场的规模大小和活跃程度。（2）交易价格。金融市场的交易价格是指金融工具按照既定的交易方式在交易过程中所产生的价格。它反映了金融工具的供求关系、相关金融资产的价格走势和交易者的心理预期等，交易价格的高低直接决定了交易者的收益大小。一个有效的金融市场必然具有一个高效的价格运行机制，从而正确地引导金融资产的合理配置。金融市场的组成要素之间是相互联系、密不可分的，它们共同构成了一个完整的金融市场体系。

三、金融市场的特征

从总体上看，金融市场主要有以下几个突出特征：（1）金融市场是一个以货币资金为交易对象的市场。金融市场是由资金的需求和资金的供给共同形成的市场，在这个市场上，资金的供求双方可以达到运用和借入资金的目的。（2）金融市场是一个抽象的市场。通常所说的市场，一般都有固定的场所，而金融市场除了资本市场中的证券交易所有固定的场所外，其他并无具体的场所，许多交易是通过计算机网络或经纪人的电话联系达成的。(3) 金融市场是一个以信用为基础对资金的使用权和所有权进行暂时分离和有偿让渡的市场。金融市场上的买卖双方不是一种单纯的买卖关系，而是一种借贷关系和委托代理关系，交易的目的主要是为了实现金融工具的增值和保值。

第二节　金融市场机理——储蓄、投资与金融市场

一、金融市场的概念

金融市场是指以金融资产为交易对象而形成的供求关系及其机制的总和。它包括如下三层含义：一是它是金融资产进行交易的一个有形和无形的场所；二是它反映了金融资产的供应者和需求者之间所形成的供求关系；三是它包含了金融资产交易过程中所产生的运行机制，其中最主要的是价格机制。这里，金融资产是指一切代表未来收益或资产合法要求权的凭证，亦称为金融工具或证券。一类是债务性证券（debt securities），代表其发行者在某一特定时期中要按约定条件支付一定回报给持有人的承诺，如债券、存款单等。另一类为权益性证券（equities），要求发行者在支付债务性证券后按收益对权益性证券的所有者进行支付，其中最典型的是普通股。

金融市场与要素市场和产品市场的差异在于：（1）在金融市场上，市场参与者之间的关系已不是一种单纯的买卖关系，而是一种借贷关系和委托代理关系，是以信用为基础的资金的使用权和所有权的暂时分离或有条件的让渡。（2）市场交易的对象是一种特殊的商品即货币资金。金融市场上之所以会发生货币资金的借贷和有条件的让渡，是因为当其转化为资本使用时能够带来增加的货币资金余额。市场交易的场所在大部分情况下是无形的，通过电信及计算机网络等进行交易的方式已越来越普遍。

在当今世界上，伴随着经济全球一体化趋势的发展，经济金融化的进程也日益加剧、程度不断加深。这突出地表现为：经济关系日益金融

关系化, 社会资产日益金融资产化, 融资非中介化、证券化趋向越来越明显。在这种情况下, 金融业的发展所带来的影响已不仅仅局限于其产业内部, 而是涉及了社会经济政治生活的各个层面, 世界各国都越来越关注和重视金融业的发展及由此带来的影响, 对正常的经济发展及政治生活的稳定产生了巨大的冲击, 因此, 人们对当今金融市场的发展现状和趋势、国际金融体制和秩序以及传统的金融理论开始进行一系列的反思和新的探索。在一个各种不同利益交集的、充满变幻的全球一体化的金融市场上, 只有深刻地理解了金融市场上各经济主体的行为规律及金融市场的运行机制, 才能对当前世界上复杂的经济金融问题作出客观而具体的分析, 以指导我们的行动。

金融是现代经济的核心。经济的发展依赖于资源的合理配置, 而资源的合理配置主要靠市场机制的运行来实现。金融市场在市场机制中扮演着主导和枢纽的角色, 发挥着极为关键的作用。在一个有效的金融市场上, 金融资产的价格和资金的利率能及时、准确和全面地反映所有公开的信息, 资金在价格信号的引导下迅速、合理地流动。金融市场作为货币资金交易的渠道, 以其特有的运作机制使千百万居民、企业和政府部门的储蓄汇成巨大的资金流, 推动和润滑着商品经济这个巨大的经济机器持续地运转。金融市场还以其完整而又灵敏的信号系统和灵活有力的调控机制引导着经济资源向着合理的方向流动, 优化资源的配置。在金融市场上, 价格机制是其运行的基础, 而完善的法规制度、先进的交易手段则是其顺利运行的保障。

二、国民经济中的储蓄和投资

金融市场在现代经济系统中起着重要的作用, 这与其引导储蓄向投资的转化具有很大的关系。我们知道, 在一个开放经济条件下, 宏观经济存在着如下恒等关系式:

$$C + S + T + M = C + I + G + X \tag{1-1}$$

式 (1-1) 中, C 为消费; S 为储蓄; T 为税收; M 为进口; I 为投资; G 为政府支出; X 指出口。该等式涉及四个部门, 即居民部门、企业部门、政府部门和国外部门。将等式作一下变换, 则有:

$$(S - I) + (T - G) = X - M \tag{1-2}$$

式 (1-2) 表示当私人部门 (包括居民部门和企业部门) 和政府部

门（合称国内部门）均出现顺差时，进出口一定也是顺差。相反，当前者为逆差，或者私人部门的顺差不足以弥补政府部门的逆差时，进出口一定是逆差。因此，该等式实际上表达了四大部门收支差额之间的相互关系，也反映了总储蓄和总投资的事后恒等关系。

（一）国民经济中的储蓄

按照宏观经济分析中的四部门分类法，可将全社会的储蓄来源分为居民储蓄、企业储蓄、政府储蓄及国外储蓄四类。相应地，全社会的投资则分为居民投资、企业投资和政府投资。国外投资不在其中，是因为它已包括在前三者之中。

从宏观经济运行的角度来看，储蓄实质上是社会资本的聚集和形成过程。它提供一国经济在一定时期内可运用的总资本增量。具体地说，储蓄包括以下四个来源：（1）居民储蓄。居民储蓄是居民可支配收入减去消费后的剩余部分。现代经济中，居民的收入来源于其劳动收入、财产收入及转移收入三部分。影响居民消费的因素很多，如收入水平、商品价格水平、利率水平、收入分配状况、消费者偏好、家庭财产状况、消费信贷状况、消费者年龄构成，以及制度、风俗习惯等。一般认为，这些因素中起决定作用的是居民收入水平，它通过居民的边际消费倾向来影响消费，即消费随收入的增加而增加的比率递减。由此可知，储蓄随收入的增加而增加的比率递增。（2）企业储蓄。企业储蓄指的是企业留存的未分配利润。企业生产经营活动中所取得的收入，在扣除成本、税收后就形成了企业的税后利润，企业所取得的税后利润，一部分用来分配股息红利，另一部分留存企业，形成企业储蓄。企业储蓄的大小既与企业的生产经营管理水平及赢利状况有关，也与企业的利润分配政策、企业的竞争力及企业所面临的社会经济背景密不可分。（3）政府储蓄。政府储蓄是政府部门的财政收入扣除用于国防、教育、科技、文化、行政及社会救济等经常项目支出后的剩余部分，即储蓄的来源主要有税收、规费收入和债务收入。其中，税收是政府收入的最主要来源。税收的多少不仅影响政府储蓄水平，而且还通过收入效应、替代效应和财富效应影响社会总产出水平和其他部门的储蓄水平。债务收入是政府收入的另一重要来源。一般来说，政府储蓄和其他部门的储蓄水平存在着此消彼长的关系。（4）国外储蓄。国外储蓄指的是进出口差额，即 $M - X$。当进口大于出口时即国外储蓄为正，反之为负。从前述开放经济下的国民经济恒等式看，当国内总投资大于国内总储蓄时，即 $I > S + (T - G)$ 时，就需要国外储蓄来弥补。如果国内总储蓄大于国内总投资，则表明国内储蓄过剩，此时一定存在贸易盈余，即 $X > M$。

（二）国民经济中的投资

投资是对储蓄收入的运用。一国的储蓄总额，只有在经过投资阶段之后，才能最终形成资本。国民经济中的投资一般指为获得资本品而进行的资金运用。如用于厂房和设备的支出、购买原材料、存货所占用的资金等。具体包括居民投资、企业投资、政府投资等。居民投资指的是居民部门的资本性项目支出，主要包括居民用于住宅的投资支出。这与通常所说的居民通过购买股票、债券和在银行存款等活动进行投资是有区别的。企业投资，企业部门是最重要的投资主体，它不仅以自身的储蓄支持着相当一部分的投资，而且企业部门还是投资活动的最终承受者，其他部门的投资实际上都最终归入到企业，由企业部门进行实际的投资活动。企业投资可以分为三类：第一类是非住宅性固定资产投资，用于购买厂房和设备；第二类为住宅性固定资产投资，用于建造新的住宅；第三类为存货投资，包括产成品、在产品及投入品价值的增加部分。政府投资指由政府出资进行厂房、设备及住宅等固定资产设施的建设活动。在现代经济中，政府投资主要集中在私人无力投资或不愿投资的大型基础设施建设项目及社会公益项目等的投资上，政府部门投资的目的着眼于提供社会公共产品和弥补市场缺陷。当然，在不同的国家及不同的经济发展阶段，政府部门的投资规模及投资方向是有差别的。

式（1-2）所反映的情况只是一种事后的等式。在实际经济活动中，事前的储蓄和投资实际上受多种因素的影响，如各经济主体决策时所面临的客观经济环境、各自的效用函数、对未来收入水平的估计等。因此，储蓄与投资总量在事前并不必然地相等，有可能出现储蓄不足或投资不足的现象。如果储蓄的愿望大于投资的愿望，储蓄不能全部转化为投资，即意味着对经济总产品的需求不足，导致实际存货的增加，从而有可能造成生产设备的闲置，就业和收入的下降，甚至还可能发生经济萧条；相反，如果储蓄的愿望小于投资的愿望，发生储蓄不足时，那么就会产生对现有经济总产品的过度需求，实际经济中就会存在通货膨胀的压力。

另外，不仅宏观层次上的储蓄和投资有可能不等，而且，微观上也是这样。国民经济各部门都有储蓄和投资，但各部门内部的储蓄和投资也通常不是正好相等的。拥有有利投资机会的人不一定是储蓄者，而且，一般来说，为扩大生产而进行的投资所需资金量是巨大的，单个经济单位要进行资金的积累将是长期的，因而容易错过有利的投资机会。所以，只有将资金盈余部门的积累转移到资金短缺部门，才能解决这一问题。这实际上涉及储蓄—投资的转化机制问题。

三、储蓄—投资转化机制和金融市场

投资的转化机制从其方式上看，可以划分为直接转化机制和间接转化机制。直接转化机制，指储蓄主体将自身的储蓄资源直接进行投资的过程，储蓄者和投资者是合二为一的。这种储蓄向投资的转化方式已不是现代经济的主流。另一种转化机制即间接转化机制，是指储蓄者通过购买各种金融产品的方式将储蓄转移到投资者手中，由投资者完成投资的过程。与直接转化方式相比，间接转化方式具有如下优点：一是它有利于小额储蓄的积累，从而形成足够规模的资金集合，为规模投资提供合适的资本支持；二是它能缓解储蓄规模与投资需求在空间和时间上的不一致，有利于充分调动社会储蓄资源，更好地发挥其效用；三是间接转化一般要通过某种中介机制来进行，在中介过程中，如果形成合适的制约机制的话，将有利于储蓄资源的优化配置。接下来我们就来讨论如何形成这种合适的制约机制。

储蓄向投资转化的间接转化机制主要有财政和金融两个渠道。财政的作用主要体现在政府通过财政和税收政策对国民收入进行再分配，储蓄的形成及储蓄向投资的转化的规模和结构均会受到影响。财政收支的过程不仅决定了政府部门的储蓄和投资规模，而且还全面影响着居民部门和企业部门的收入分配和储蓄形成，在开放经济条件下还影响着国家取得国外资源的规模及结构；金融则是以金融资产的交易为核心而形成的储蓄向投资转化的机制。在储蓄转化为投资的金融机制中，通过在金融市场上进行金融资产的交易，使各个储蓄主体和投资主体按照效益原则进行配对，实现储蓄向投资的转化。

储蓄者和投资者之间在金融市场上的资金融通活动有两种方式：一种为直接融资方式，即资金短缺者或借款者通过在金融市场上出售证券，直接从资金盈余者手中获取资金；另一种为间接融资方式，资金盈余者

先将资金的使用权转让给银行和其他金融机构，并获得一种代表其权益的金融资产，由金融机构再将资金贷给资金需求者或购买某种直接证券。储蓄者和投资者之间的资金融通活动，无论是采取直接融资方式，还是间接融资方式，都要受到金融市场内在运行机制的约束。在一个有效的金融市场上，金融市场的内在运行机制能保证资金得到合理的配置，增加储蓄者和投资者双方的效益。与财政相比，如果说财政更多地体现了政策意图和政府偏好的话，金融在资金的配置中则更能反映市场内在的要求。现代金融市场一边关联着经济中的储蓄者，另一边关联着经济中的投资者。储蓄向投资的转化将主要在这个市场上进行，包括拥有财政手段的政府部门的储蓄和投资活动也越来越依靠这个市场，如前述的政府储蓄来源中的债务收入以及政府投资中的财政投资等活动皆离不开此。

第三节　金融市场的分类和功能

一、金融市场的分类

（一）按照金融市场的交易对象分类

按照金融市场的交易对象分类，金融市场可分为资金市场（包括货币市场、资本市场）、外汇市场、黄金市场和衍生市场。货币市场是指以期限在一年以内的短期金融工具为交易对象的金融市场。其交易者主要是资金的临时闲置者和资金的暂时需求者。其交易对象主要包括短期国债、商业票据、银行承兑汇票、大额可转让定期存单、回购协议等。其主要功能是保持金融资产的流动性，以便随时转化为货币。

资本市场是指以期限在一年以上的金融工具为交易对象的金融市场。其交易者主要是资金的长期供应者和需求者。其交易对象主要包括中长期债券、股票等。其主要功能是追求金融资产的增值性。

外汇市场是指专门从事外汇买卖的场所。外汇是一种特殊的商品，即货币商品。它是一种以外国货币表示的国际支付手段，主要包括外币和以外币表示的支票、汇票、本票、存单以及其他有价证券等。

黄金市场是指专门从事黄金买卖的场所。它既是一种商品市场，又是一种金融市场。由于黄金仍是当今国际储备的工具之一，在国际结算中占据着重要的地位，因此黄金市场仍被看作金融市场的组成部分。目前，世界上的黄金市场已发展到40多个，其中交易量较大的黄金市场主要集中在伦敦、纽约、东京、苏黎世、芝加哥、新加坡、中国香港、法兰克福等地。上海黄金交易所则是中国最大的黄金市场。

衍生市场是指专门进行金融衍生工具交易的市场。金融衍生工具是指从传统金融工具中衍生出来的一种创新工具，它起源于原生性金融商品或基础性金融工具，如远期合约、期货合约、期权合约、互换合约等。金融衍生市场主要包括金融远期市场、金融期货市场、金融期权市场和金融互换市场等。

（二）按照金融工具的发行和交易程序分类

按照金融工具的发行和交易程序分类，金融市场可分为一级市场和二级市场。一级市场又称初级市场或发行市场，是指金融工具首次出售给投资者的交易市场。金融工具在向投资者出售时一般要通过包销商和代销商来进行。即先由包销商和代销商把金融工具如股票承接下来，然后再向投资者出售，承销商从中收取一定的手续费。二级市场又称次级市场或流通市场，是指金融工具在投资者之间相互转让和流通的市场。其主要交易功能在于为投资者提供金融资产的流动性，通过交易可以使金融资产转化为现金。

（三）按照交易期限分类

按照交易期限的长短分类，金融市场可分为短期金融市场和长期金融市场。所谓短期金融市场，是指融资期限在一年以内的短期资金融通的场所，如同业拆借市场、票据市场、短期债券市场等。这类市场主要用于短期周转，解决金融市场主体的临时性和短期性的资金需求。由于短期金融市场中的交易工具的偿还时间较短、流动性较高、风险较小，通常在流通领域起到货币的作用，因而该类市场又称作货币市场。所谓长期金融市场，是指融资期限在一年以上的中长期资金融通的场所，如股票市场、政府债券市场、企业债券市场和长期资金借贷市场等。这类市场主要是满足政府、企业等部门对长期资金的需求，如政府进行大型水利建设、企业进行大型固定资产投资等。由于长期金融市场中的交易工具的偿还时间较长、流动性较差、风险较大，但可以给持有者定期带来收入，因而该类市场又称作资本市场。

（四）按照成交和定价方式分类

按照成交和定价的方式分类，金融市场可分为公开市场、协议市场、第三市场和第四市场。所谓公开市场，是指金融工具的交易价格是通过众多的买者和卖者公开竞价而形成的市场。这类市场一般是有组织和固定场所的有形市场，如证券交易所、期货交易所等。所谓协议市场，是指金融工具的交易定价与成交是通过私下面对面协商或谈判的方式而完成的市场。这类市场相对比较分散而且一般没有固定的场所，如在发达的市场经济国家中，一些中小企业未上市的股票和大部分债券都采用这种方式交易。由于这类市场一般都在公开市场之外进行，因此又称为场外交易市场。所谓第三市场，是指在场外市场从事已在证券交易所挂牌的证券交易的市场。它是场外市场的一种特殊延伸。相对于交易所的交易来说，第三市场的交易限制更少、成本更低。所谓第四市场，是指机构投资者买卖双方为了降低交易成本，从而绕开经纪人或证券商直接联系成交的市场。一般通过计算机通信网络，将交易者联系起来，通过网络报价寻求买方和卖方，最后直接成交。它也是场外市场的一种扩展。

（五）按照交割方式分类

按照交割方式金融市场可分为现货市场、期货市场和期权市场。

所谓现货市场，是指交易协议达成后立即进行交割的交易市场，即一手交钱、一手交货的市场。

所谓期货市场，是指进行期货合约交易的场所，期货合约是一种标准化了的合约或合同。在期货市场上，成交和交割是分离的，即先达成协议，然后在未来某一个约定的时间才进行交割的交易。期货市场是现货市场在时间和空间上的延伸，是对现货市场的重要补充和发展。期货市场的基本功能是套期保值功能、发现价格功能和规避风险功能等。

所谓期权市场，是指进行期权合约交易的场所。期权是一种选择权，期权交易从实质上说是一种权利的买卖。期权交易是通过对看涨期权、看跌期权和双重期权的买卖来实现的。期权的购买者在支付一定的权利金后，就获得了某种期权。对购买者来说，在合约到期之前他可以行使这个权利，也可以放弃这个权利，但对卖出者来说，具有必须随时满足购买者行使权利或放弃权利的义务。期权交易在西方经济发达国家和地区已经建立起了固定的交易场所，在西方金融市场上最为流行，并成为西方金融创新的主要内容之一。

（六）按照交易范围分类

按照交易范围金融市场可分为国内金融市场和国际金融市场。国内金融市场是指金融交易的作用范围仅限于一国之内的市场，它除了包括全国性的以本币计值的金融资产交易市场之外，还包括一国范围内的地方性金融市场。国际金融市场则是金融资产的交易跨越国界进行的市场。国际金融市场有广义和狭义之分。狭义的国际金融市场指进行各种国际金融业务的场所，有时又称传统的国际金融市场，包括货币市场、资本市场、外汇市场、黄金市场以及衍生市场等；广义的国际金融市场则包括离岸金融市场，这里所谓离岸金融市场，是非居民间从事国际金融交易的市场。离岸市场以非居民为交易对象，资金来源于所在国的非居民或来自于国外的外币资金。离岸金融市场基本不受所在国的金融监管机构的管制，并可享受税收方面的优惠待遇，资金出入境自由。离岸金融市场是一种无形市场，从广义来看，它只存在于某一城市或地区而不在于一个固定的交易场所，由所在地的金融机构与金融资产的国际性交易形成。

实际上，从金融监管角度来看，国内金融市场及传统的国际金融市场都要受到所在国金融监管当局的管制，而新兴的国际金融市场如离岸金融市场则可以说是完全国际化的市场，它不受任何国家法令的限制，主要经营境外货币。

二、金融市场的功能

在现代经济中，金融已经渗透到经济活动的各个方面，对整个经济体系的运行产生着巨大的影响。从整个经济运行的角度来看，金融市场具有以下功能。

（一）融通资金功能

融通资金功能是指金融市场具有调剂资金余缺、加速资金周转、动员社会闲散资金进行储蓄的作用。首先，金融市场的出现，不仅为资金供应者和资金需求者提供了相互沟通的渠道，而且也为各种长短期资金的相互转化和资金横向融通提供了媒介和场所。通过金融市场，资金盈余者可以将盈余的资金让渡出去，资金需求者可以获得所需要的资金。人们可以根据自己的需要，用现金购买有价证券，也可以将有价证券卖掉以取得现金，从而实现长短期资金的互相转化；同时还可以实现大额资金和小额资金的互相转换。金融市场的这种转换功能，一方面能调剂不同的资金供求；另一方面又冲破了地区、部门、公司、个人和国家的界限，为资金的横向融通提供了纽带和渠道。总之，金融市场创造了金融资产的流动性。资金需求者可以很方便地通过直接或间接的融资方式获取资金，而资金供应者也可以通过金融市场为资金找到满意的投资渠道。其次，金融市场的发展为储蓄者提供了越来越多样化的金融产品，增加了储蓄者的可选范围，能够满足储蓄者不同偏好的储蓄要求，因而能够最大限度地动员社会闲散资金。最后，金融市场为融资者提供了优质的中介服务，特别是以商业银行和投资银行为代表的金融服务体系形成后，大大便利了融资者的融资活动，节约了融资成本，增强了融资能力。

（二）资金配置功能

资金配置功能是指金融市场具有对资金进行时间上和空间上的配置作用。在现代经济中，金融的运行依靠金融机构和金融市场的活动来进行。金融市场作为沟通经济中储蓄向投资转化的渠道，一般可分为直接金融市场和间接金融市场两种类型。经济中的资金分布不平衡是一种常态。一部分人手中拥有多余的资金需要出借以获得资本利益，而另一部分人手中有好的投资项目却没有资金。企业、居民和政府部门在资金的周转过程中，暂时闲置不用的资金需要得到合理地使用以最大限度地盈利，而一时周转不开的企业需要短期的调剂资金。金融市场中的货币市场和资本市场就构成了这些资金的所有者和短缺者相互沟通的场所和渠道。在一个发达的金融市场上，货币市场上的资金和资本市场上的资金是流动的，长期资金可以短用，因为可以不断地通过金融市场来获得更大的盈利；短期资金也可以经过适当的组合作为长期的投资。对于资金的供应者来说，哪一个市场的盈利水平高，资金就会向哪一个市场流动。各种不同类型的金融工具及完善的市场交易条件为资金的流动和组合提供了便利的条件，这样，通过金融市场的作用，有限的资源就能够得到高效率的重新配置。

（三）宏观调控功能

宏观调控功能是指金融市场作为政府宏观经济调节机制的重要组成部分，具有宏观调控经济的作用。首先，金融市场作为中央银行货币政策的传导渠道和实施场所，其宏观调控功能主要包括两个方面：一是规模调控或称总量调控；二是结构调控。规模调控是指调节货币供应量总规模和贷款总规模，也就是通常说的放松银根或紧缩银根。这种调控的特点是通过控制货币供应量来控制总需求，使之与总供给相适应，从而保证国民经济的正常发展。结构调控主要是通过信贷、利率、汇率以及其他金融工具价格的变化，来调节资金的流向和流速，使之与产业结构、企业结构、产品结构、消费结构和就业结构等相适应。规模调控和结构调控的内在统一，使得金融市场逐渐成为政府调控经济的一个主要渠道。一方面，金融市场运行状况成为国民经济运行的"晴雨表"，为政府决策提供了大量信息；另一方面，政府通过对金融市场直接或间接的干预，来影响金融市场中的有关变量，进而影响公众的储蓄、消费、投资等行为，最终实现对产出、就业、物价以及国际收支的有效控制。其次，金融市场作为政府财政政策发挥作用的重要环节，对国民经济具有干预和影响作用。从财政收入政策来看，企业或个人税负的增加或减少会影响其消费和投资活动，而消费倾向和投资倾向的变化会进一步影响到金融市场上资金的供给与需求，通过改变市场利率的水平和结构，就可以对国民经济产生刺激或抑制作用。从财政支出政策来看，财政支出的规模、结构和方向都会对国民经济产生影响，但是，如果没有金融市场的作用，这种影响将十分有限，而金融市场可以将政府支出的效果放大，从而产生倍数作用。从债务政策来看，政府发行公债和国库券也必须借助于金融市场才能完成。通过金融市场引导资金的流向和流量，进而调节整个社会资金的供求关系，使社会闲散资金集中到国家手中，及时满足国家财政支出需要。最后，金融市场的培育与成长有助于国家其他宏观经济政策如收入分配政策、价格政策、产业政策、就业政策、投资政策及对外经济政策等的顺利实施。

（四）财富分配功能

财富分配功能是指金融市场具有当金融资产交易价格发生变化时，会引起金融资产持有者的财富数量发生变化，从而使以金融资产形式存在的财富在持有者之间发生相对转移的作用。在现代经济条件下，金融资产乃是个人、企业和政府财富的主要存在形式。这是因为，同实物资产相比，金融资产具有不易磨损而且容易保存、转让和变现的特点。但是，当金融市场上的金融资产价格发生波动时，政府、企业及个人以金融资产的形式持有的财富，其财富的持有数量将会发生变化，即一部分人的财富量随着其持有的金融资产的价格的升高而增加，而另一部分人的财富量则随着其持有的金融资产的价格下跌而减少。这样，社会财富就通过金融市场价格的波动实现了再分配。虽然，从全体交易者的角度来看，金融市场交易是一种零和交易，即一个交易者财富的增加就是另一个交易者财富的减少；但是，从整个社会来看，金融市场交易却是一种非零和交易，即金融市场可以提高金融体系的运行效率，对国民经济的发展具有巨大的促进作用。

（五）分散风险功能

分散风险功能是指金融市场具有分散和转嫁风险的作用。第一，金融市场为投资者提供了多种多样的金融产品，投资者通过对金融产品的选择，可以比较容易地利用各种证券组合方式来分散风险，从而提高投资的安全性和盈利性。如持有股票、债券的投资者，可根据其对市场行情的预测随时抛出以避免风险，或者及时买进以从中获利。第二，金融市场上提供的多种交易方式，使投资者可以利用期货交易、期权交易、掉期互换交易等方式最大限度地降低和逃避风险。第三，金融市场作为一种有组织的市场，具有完善的法规、制度和管理机制的功能，从而使交易行为规范和有序，这也在一定程度上防止了欺诈行为的产生。总之，在风险无处不在、无时不在的现代经济活动中，不同的经济主体对风险的厌恶程度是不同的。利用各种金融工具，厌恶风险程度较高的人总可以把风险转嫁给厌恶风险程度较低的人，从而实现风险的分散和转嫁。

（六）信息反映功能

信息反映功能是指金融市场具有反映经济动向、传播经济信息的作用。在现代经济条件下，社会资源的流动与配置是借助于信息的传递和引导实现的。金融市场作为国民经济的"晴雨表"和"气象台"，不仅反映了国民经济的运行状况，而且也是国民经济运行的重要信息系统。第一，金融市场的行情直接反映国民经济的整体运行状况。金融交易活动虽然是由不同的个别交易活动组成，但是，这些交易结果及其利率或价格在反映个别交易对象的信用品质和经营状况时，也反映了整个国民经济的运行状况。当整个国民经济形势向好时，金融市场从总体上就会趋于活跃和繁荣；而当整个国民经济状况欠佳时，金融市场也不会孤立，必然出现冷清和萧条的局面。第二，金融市场的交易状况反映着微观经济运行情况的好坏。一般情况下，微观经济主体的运行状况是由一系列的指标，如收益水平、经营状况、竞争能力、市场信誉等来反映的。而公司股票价格的升降则是上述指标体系的综合体现。当公司经济运行正常、产品销路好、盈利水平高时，股票价格就上升；反之，股票价格就下降。第三，金融市场的交易价格反映了社会资金余缺和银根松紧的程度。一般来说，当金融产品价格下降、利率提高时，表明金融市场上的资金供给较为紧张，资金需求过旺，银根紧缩；反之，当金融产品的价格上升，利率降低时，在其他条件不变的情况下，表明资金供给充裕，资金需求疲软，银根放松。第四，金融市场还具有及时收集和传播信息的作用。金融市场上完善、先进的通信网络、中介网络、交易和结算网络为经济信息的收集和传播提供了客观基础，政府部门可以以此作为判断经济发展趋势、作出科学决策的依据。另外，随着各国经济开放程度的不断扩大，金融市场具有一体化、国际化、全球化趋势，整个世界的金融市场将连为一体，从而及时反映世界各国经济的发展、变化动向。

事实上，金融市场的功能是多方面的，除了上述功能外，金融市场还具有流动性功能、信用创造功能、支付功能及创新功能等。

第四节　金融市场发展——国际化、微观化、工程化及行为化

一、金融市场发展的国际化趋势

20 世纪 80 年代以来，在各国放松金融管制、开放国内金融市场的前提下，"金融国界"已不复存在。加之高科技的发展，特别是电子技术广泛应用于金融业务中，克服了地区、时差的障碍，使金融交易可以在 24 小时内在全球任何市场上进行，跨国之间的资金转移只是分秒之间的事情，各国金融市场之间的联系不断加深，金融市场日益朝着全球一体化的方向发展。

金融市场国际化的发展，与跨国银行空前规模的海外扩张是分不开

的。商业银行跨越国界从事经营活动的历史很长，然而，跨国银行的大规模扩张，却是与第二次世界大战后资本主义世界经济的飞速发展和跨国公司海外投资的大量增加相伴随的。特别是 20 世纪 80 年代以来，一些早先并不对外国银行开放的国家，如加拿大、瑞典、澳大利亚等，也相继允许外国银行自由进入本国开设分行。跨国银行在海外大量设立分行，促进了全球范围的资本流动，也加速了金融市场国际化。

金融市场国际化的另一表现形式是证券投资的国际化。境外货币市场的形成，标志着资金借贷关系已经没有国界的限制。在境外货币市场上，投资人和借款人可以任意选择币种进行交易。在股票市场上也同样如此，主要西方发达国家的股票交易所，都有大量的外国公司股票上市，如英国的股票交易所中，上市公司中的大约 20% 是外国企业，这使国内投资者面对的选择绝不仅仅是国内公司的股票。更重要的是，西方各大股票交易所之间的电子通信网络和自动报价系统也日臻完善。比如，加拿大多伦多股票交易所和美国的美国股票交易所，以及美国的中西部股票交易所之间的"双向电子系统"，使投资者通过一家股市，就可以了解整个北美地区的股票价格信息。类似的还有蒙特利尔股票交易所和波士顿股票交易所之间的联系，以及英国伦敦股票交易所的"股票交易自动报价系统"（SEAQ）和美国纽约的"全国证券交易商协会自动报价系统"（NASDAQ）之间的联系等。这种证券投资的国际化，使得投资人可以在国际范围内选择币种和投资对象，从而最大限度地分散投资风险，获得最大收益，也可以使借款人在国际范围内寻找信贷和股本资金来源，从而最大限度地降低筹资成本。

二、金融市场发展的微观化趋势

金融市场发展日益呈现出微观化的特征。而市场微观结构理论是对微观金融领域发展研究取得最快进展的一个新兴的分支学科。市场微观结构有广义和狭义之分。狭义的市场微观结构仅指金融市场交易机制的交易规则和保证规则实施的技术，即在一定的交易规则下，市场参与者利用各种交易实现手段进行交易，从而形成资产价格的过程。广义的市场微观结构是交易机制中各种交易制度的总称，包括价格发现机制、清算机制以及信息传播机制等诸多方面。

1968 年德姆塞茨（Demsetz）发表的论文《交易成本》正式奠定了

市场微观结构理论的基础，但该理论的快速发展却是在 20 世纪 80 年代后期。原因有三：其一，危机的警示。1987 年纽约股灾充分暴露了现代金融市场的脆弱性。在宏观经济相对稳定的情况下，一则与市场收购有关的信息造成了纽约股市有史以来最大的动荡。由于机构投资者盲目悲观，纷纷转向股指期货市场卖空，最终导致股票市场和期货市场两个市场几乎同时崩溃。危机结束后，学术界开始重新重视对市场机制的研究。随后发生的 1992 年欧洲货币体系危机、1997 年东南亚货币与金融危机等，也更加激发起人们对市场运行机制研究的兴趣。其二，竞争的压力。随着金融市场的开放和金融创新的发展，各国证券交易所为了增加市场份额，纷纷完善交易机制的设计，以吸引更多的交易者。其三，通过研究市场微观结构与价格行为之间的关系，有助于交易者正确估计竞争对手策略以及由此可能带来的影响，从而制定相应的最佳交易策略。

三、金融市场发展的工程化趋势

在资本资源可以在全世界范围内配置的背景下，金融业内的竞争、金融企业的生存和发展正处于一个全新的环境中，其中一个很重要的发展趋势就是金融工程化。金融工程是工程化运作在金融企业经营中的体现，是指创新金融工具，设计、开发和实施新的金融手段，以及对金融问题给予创造性地解决。它不仅包括产品和服务的开发，也包括对原有产品、操作技术和手段的重新组合。从整体金融领域发展变化的角度看，金融工程化则有着比这宽泛得多的含义。它代表着一种趋势，涉及金融业未来的运作和发展方向。

面对金融工程化的发展趋势，面对快速变化的环境，中国银行业必须进一步改革其经营管理体制和运作机制，提高市场适应能力。一是要按照国际惯例，实现商业银行的股份制改造，并建立适应股份制要求的法人治理结构。二是建立内部运作的激励约束机制。对上下级之间，要根据委托—代理的原则建立有效的授权与转授权机制及人事管理制度，在同级管理部门内则要通过科学公正的绩效测评来评价优劣、实施奖惩，使银行的长远良性发展与员工个人利益的实现有机结合。三是建立柔性化的组织管理结构。在经营环境急速变化的环境中，银行的组织体系和管理结构要能依据变化的环境而随时调整，灵活应变。

四、金融市场发展的行为化趋势

行为金融学是行为经济学的一个分支，它研究人们在投资决策过程中的认知、感情、态度等心理特征以及由此而引起的市场非有效性。以有效市场假说和理性人假设为前提的标准金融学无法解释金融市场上的大量异象。20 世纪 90 年代得到迅速发展的行为金融学以其逼近真实市场行为的理论分析展示出广阔的发展前景。行为金融学修正了理性人假设的论点，指出人们在对不确定性问题的判断与选择中存在认知偏好，使投资者无法以理性人方式追求预期效用最大化并对市场做出无偏估计。这一发现引起对投资者心理研究的普遍关注。分析投资者心理不仅可使自身有效地避免决策错误，还可以基于他人的心理偏差制定特定的投资策略，同时，它涉及证券市场是否有效，资产价格是否反映内在价值等问题。

行为金融学不仅是对标准金融理论的革命，也是对传统投资决策范式的挑战！行为金融理论发现人类总是以一贯的态度偏离理性，这使得基金经理人得以利用这种行为所造成的股价反常现象获利。行为金融学把其理论应用于股票交易实践，并提出了许多股票交易策略，据估计，美国超过七百亿美元的投资都是运用行为金融学原理，甚至连主流的基金经理人也开始采用行为投资策略。可以预见，行为化将在未来金融市场的实践以及研究中占据极为重要的地位。

本 章 小 结

金融市场是指进行金融资产交易的空间和场所。在现代市场经济条件下，金融市场作为市场经济体系的重要组成部分，不仅是一个国家中央银行货币政策的传导渠道和实施场所，而且也是整个国民经济运行的枢纽。金融市场是在金融活动过程中逐步产生和发展起来的，在不同的经济发展阶段其交易的内容和形式是不尽相同的，经济越发展，其交易内容就越丰富，交易的形式就越先进。一个完整的金融市场通常由四个要素构成，即市场主体、交易对象、交易方式和交易价格。在现实生活中，金融市场可以按照不同的标准进行分类，这些分类有助于从不同的角度去把握各种金融市场的特征。金融市场在国民经济中的作用越来越大，其功能主要有融通资金功能、配置资源功能、宏观调控功能、财富分配功能、分散风险功能和信息反映。

习　题

1. 什么是金融市场？它与产品市场和要素市场的区别有哪些？
2. 金融市场的构成要素有哪些？
3. 金融市场的分类有哪些？
4. 金融市场的功能有哪些？
5. 现代意义上的金融市场的形成条件有哪些？
6. 请对国民经济中的储蓄做相应的经济学分析。
7. 请对国民经济中的投资做相应的经济学分析。
8. 什么是离岸金融市场？
9. 如何理解储蓄—投资恒等式？
10. 未来金融市场发展的趋势如何？

第二章

货 币 市 场

根据金融市场工具的到期时间长短，金融市场可划分为货币市场和资本市场。货币市场是指一年期以内的短期金融工具交易所形成的供求关系及运行机制的总和。货币市场是金融市场的重要组成部分，是实现经济主体短期资金融通的交易场所。货币市场由同业拆借市场、回购协议市场、商业票据市场、银行承兑汇票市场、大额可转让定期存单市场和短期政府债券市场等子市场构成。每一个子市场都有大量参与者以及各自的交易机制。同业拆借市场通过资金融通双方直接交易形成短期资金的借贷关系，其他的子市场都通过各自所特有的短期金融工具的发行和交易建立交易双方的资金借贷关系。另外，商业票据市场、大额可转让存单市场和短期政府债券市场还存在着各自短期金融工具的流通市场。

第一节　同业拆借市场

同业拆借市场（interbank market）也可以称为同业拆放市场，是指金融机构之间以货币借贷方式进行短期资金融通的市场。换言之，同业拆借市场是金融机构之间的资金调剂市场。

一、同业拆借市场的产生

最早产生同业拆借市场的国家是美国，法定存款准备金制度的实施则是同业拆借市场产生的根本原因，而中央银行与商业银行业务的发展是同业拆借市场发展的推动力量。

美国1913年通过的《联邦准备法》规定，加入联邦储备银行的会员银行必须按照存款余额计提一定比例的存款准备金作为不生息的支付准备存入联邦储备银行，准备金数额不足将受到经济处罚。会员银行由于清算活动以及日常收付数额的变化，不可避免地会出现有些银行存款准备金多余，而有些银行则准备金不足的情况。处罚条例的存在使得准备金不足的银行有了借入资金的需求，而准备金多余的银行则有贷出以获利的动机。在这样的背景下，1921年美国纽约市场上出现了联邦储备银行会员银行之间的准备金头寸拆借，之后发展为同业拆借市场。

英国伦敦同业拆借市场的形成建立在票据交换的基础上，由于银行间票据交换后的差额需要轧平，因此头寸不足者向头寸多余者借入资金的活动频繁发生，使之形成了同业拆借市场。

同业拆借市场的大规模发展则是在20世纪30年代经济大危机之后，西方各国普遍强化了中央银行的作用，相继引入法定存款准备金制度以控制商业银行的信贷规模。同时商业银行自身对于资产负债结构的管理要求也使得它们更多地参与同业拆借。经过多年的发展，西方国家的同业拆借市场在交易规模、开放程度以及对整个金融市场发展的作用方面，都有了深刻的变化。无论是美国，还是英国，拆借市场的参与者都不再仅限于本国的商业银行，众多非银行金融机构也加入其中，这使得同业拆借市场融资规模不断扩大，后来，外国银行在当地的分支机构也被允许进入该国的同业拆借市场，从而加大了同业拆借市场的开放程度；而各国同业拆借市场利率的基础利率的功能则对各国金融市场的发展产生了重要的作用，第二次世界大战后欧洲货币市场的产生与发展，不仅拓宽了同业拆借市场的规模和范围，而且提供了套利机会，使隔夜LIBOR和美国联邦基金隔夜拆借利率紧密联系，形成了欧洲货币市场与各国国内货币市场相互竞争、共同发展的局面。

二、同业拆借市场的构成

同业拆借市场的构成包括同业拆借市场的主体、客体、中介和运作机制。

（一）同业拆借市场的主体

同业拆借市场的主体是指在同业拆借市场中，直接参与同业拆借市场交易行为的市场参与者。具体包括各种金融结构，如商业银行、非银行金融结构以及外国银行的代理机构和分支机构。其中商业银行是主要的资金供应方和需求方。由于同业拆借市场期限较短，风险小，许多银行都把短期闲置资金投放于该市场，以便及时调整资产负债结构，保持资产的流动性和收益性。尤其是一些中小银行，它们风险承受能力小，市场占有率低，更是把同业拆借市场作为它们短期资金运作的经常性场所。从而尽可能地提高资产质量，降低经营风险，增加利息收入。

非银行金融机构也是金融市场上的重要参与者。证券公司、互助储蓄银行、储蓄贷款协会等非银行金融机构参与同业拆借市场的资金拆借，大多数以贷款人身份出现，但他们也有需要资金的时候，如证券公司的短期拆入。此外，国外银行的代理机构和分支机构也是同业拆借市场的参与者之一。

（二）同业拆借市场的客体

同业拆借市场的客体是指那些在同业拆借市场当中，可以用来交易的金融工具。这些金融工具主要有：支票、汇票、本票、同业债券、转贴现等。

本票：由出票人自己签发，约定自己在指定日期无条件支付一定金额给收款人或持票人的凭证。本票有三个特征：一是本票的基本当事人只有两个，即出票人与收款人；二是本票的付款人为出票人自己；三是本票得出票人自己承担无条件付款的责任，故没有承兑制度。以出票人的不同，本票可分为商业本票和银行本票。在中国，本票只能由银行签发，不承认商业本票。

汇票：由出票人签发的委托付款人在见票时或者在指定日期无条件支付一定金额给收款人或持票人的一种票据。汇票有三方当事人即出票人、付款人和收款人。出票人是在票据关系中履行债务的当事人；收款人是在票据关系中享有债权的人，在接受汇票时有权向付款人请求付款；付款人即受出票人委托向持票人进行票据金额支付的人。付款人和出票人之间往往存在一定的资金关系，通常是出票人的开户银行。

按汇票记载权利方式的不同，汇票可分为记名汇票、不记名汇票和指定汇票。按汇票上记载付款期限的长短，汇票可分为即期汇票和远期汇票。此外，汇票还可分为银行汇票和商业汇票。

支票：支票是出票人签发的委托办理支票存款业务的银行或其他金

融机构在见票时无条件支付确定金额给收款人或持票人的票据。支票是同城结算的一种凭证，也是同业拆借市场上最通用的支付工具之一。拆入行开出本银行支票，到次日才能交换的头寸，故支票也称作"明日货币"。

承兑汇票：拆入行按照规定要求开具承兑汇票交给拆出行，据以办理拆借款项，到期拆出行凭票收回款项。

同业债券：拆入单位向拆出单位发行的一种债券，主要用于拆借期限超过 4 个月或资金金额较大的拆借。同业拆借债券可以在金融机构之间互相转让。

转贴现：银行同业之间办理贴现业务。可以通过银行之间的贴现实现短期资金融通。

（三）同业拆借市场利率

同业拆借市场按有无中介机构参与可分为两种情况，即直接交易和间接交易，并由此导致不同的同业拆借利率的形成方式。在直接交易情况下，拆借利率由交易双方通过直接协商确定；在间接交易情况下，拆借利率根据借贷资金的供求关系通过中介机构公开竞价或从中撮合而确定，当拆借利率确定后，拆借交易双方就只能是这一既定利率水平的接受者。

目前，国际货币市场上较有代表性的同业拆借利率有以下四种：美国联邦基金利率、伦敦同业拆借利率（London interbank offered rate, LIBOR）、新加坡同业拆借利率和香港同业拆借利率。

美国联邦基金利率是指美国商业银行同业之间隔夜拆借资金形成的短期利率。联邦基金利率是一个市场化利率，美国联邦储备委员会下属的联邦公开市场委员会以及联邦货币政策委员会通常都会先设定一个联邦储备目标利率，联邦储备委员会只能通过公开市场操作的方式来影响短期资金的市场供求关系，从而影响实际的利率水平，使其接近由委员会制定的联邦储备目标利率。

伦敦同业拆借利率 LIBOR 是 london interbank offered rate 的缩写，是伦敦金融市场上银行间相互拆借英镑、欧洲美元及其他重要国际货币的利率。这些拆借利率是英国银行家协会（British Banker's Association）根据其选定的银行在伦敦市场报出的营业日当天银行同业拆借利率，进行取样并平均计算而确定的伦敦金融市场的基准利率，该基准利率在每个营业日都对外公布。拆借利率有拆出利率和拆入利率的区分，而一家银行的拆出利率，实际就是另一家银行的拆入利率。对于同一家银行来说，它对外公布的拆出利率应该高于拆入利率，其差价就是银行的收益。

新加坡同业拆借利率又称为亚洲美元市场利率，是指新加坡的亚洲美元市场上金融同业机构之间拆借短期资金的利率。它以纽约市场以及欧洲美元市场前一天的收盘利率作为其当日开盘利率，而后的利率水平则是由市场供求来决定。

香港银行同业拆借利率（HIBOR）是指中国香港地区的货币市场上银行与同业之间在进行以亚洲货币表示的短期货币资金借贷时所依据的利率。20世纪70年代以来，由于亚洲美元市场的兴起，香港地区的国际金融业得到进一步发展，成为远东国际金融中心之一。因此，HIBOR成为东南亚地区银团贷款所采取的基础利率。

同业拆借利率是金融机构融入资金的价格，是货币市场的核心利率。它能够及时、有效、准确地反映货币市场的资金供求关系，对货币市场上其他金融工具的利率具有重要的导向和牵动作用。伦敦同业拆借利率已成为国际金融市场上的关键利率，许多浮动利率的融资工具在发行时都以该利率作为浮动的依据和参照。新加坡同业拆借利率和香港同业拆借利率也可起到同样的作用，只是范围多被局限于亚洲金融市场上，其影响程度也不如伦敦同业拆借利率。

第二节　回购协议市场

回购协议市场是通过回购协议来进行短期货币资金借贷所形成的市场，它是货币市场体系的又一重要组成部分。回购协议市场的参与者范围不再局限于金融机构与中央银行，政府、企业也可以加入其中。回购协议市场的作用是：一方面增加了短期资金借贷的渠道；另一方面丰富了中央银行公开市场操作的手段。

一、回购协议的概念

回购协议（repurchase agreement，REPO 或 RP）是指证券资产的卖

方在卖出一定数量的证券资产的同时与买方签订的在未来某一特定日期按照约定价格购回所卖证券资产的协议。

回购交易的实质是一种以证券资产作抵押的资金融通。融资方（正回购方）以持有的证券作质押，取得一定期限内的资金使用权，到期以按约定的条件购回证券的方式还本付息；融券方（逆回购方）则以获得证券质押权为条件暂时放弃资金的使用权，到期归还对方质押的证券，收回融出的资金并取得一定的利息收入。

逆回购协议（reverse repurchase agreement）与回购协议实际上属于同一次交易的两个方面。回购协议是从资金需求者即证券资产的卖方角度出发，而逆回购协议是从买入证券资产的一方即从资金供给者的角度出发的。证券回购是对某种证券现实的购买或出售及其后一笔相反交易的组合。一笔回购交易涉及两个交易主体和两次交易契约行为，两个交易主体是指以券融资的资金需求方和以资融券的资金供应方；两次交易契约行为是指交易开始时的初始交易和交易结束时的回购交易。

二、回购协议市场的参与者及交易机制

（一）回购协议市场的参与者

回购协议市场的参与者包括商业银行、非银行金融机构、企业、政府和中央银行。

商业银行是回购协议市场上的主要参与者，商业银行在短期资金不足的情况下可以通过回购协议借入资金，弥补不足；也可以在短期资金盈余时通过逆回购协议贷出资金，获得收益。可见商业银行在回购协议市场中既可以是资金需求者，也可以是资金供给者。

非银行金融机构同样是回购协议市场上的主要参与者，它们包括证券公司、基金管理公司、保险公司和储蓄类机构等非银行金融机构。与商业银行相同的是，这些非银行金融机构也会因自身的短期资金状况既可以成为资金需求者，也可以成为资金供给者，但非银行金融机构与商业银行短期资金盈余或不足的产生原因、方向、期限、数额不尽相同，它们往往与商业银行成为交易对手，形成互补交易。

企业作为回购协议市场的参与者，主要是资金供给者。因为企业在日常生产经营活动中可能存在闲置资金，这些闲置资金可以通过回购协议的方式贷出给资金需求者，从而获得高于存款利率的收益。

政府或政府机构大多也是作为资金供给者参与回购协议市场的。政府或政府机构可以在该国法律允许的范围内，将暂时闲置的资金通过回购协议贷出，从而使资产增值。

中央银行参与回购协议市场则有着不同于其他参与者的意图。中央银行参与回购交易并非为了获得收益，而是通过回购协议市场进行公开市场操作，从而有效实施货币政策。

（二）回购协议市场的交易定价

回购协议的交易定价公式为：

$$I = PP \times RR \times \frac{T}{360}$$

$$RP = PP + I$$

其中，PP 为本金；RR 为证券商和投资者所达成的回购时应付的利率；T 为回购协议的期限；I 为应付利息；RP 为回购价格。

国际通行的回购协议报价方式是以年收益率进行报价，这有利于直接反映回购协议双方的收益与成本。在一笔具体的回购协议交易中，所报出的年收益率对于以券融资方（正回购方）而言，代表其固定的融资成本；对于以资融券方（逆回购方）而言，代表其固定的收益。

（三）回购市场的风险

以所质押的证券所有权是否由正回购方转移给逆回购方进行区分，回购交易可以分为封闭式回购和开放式回购两种交易方式。

在封闭式交易方式中，正回购方所质押证券的所有权并未真正让渡给逆回购方。而是由交易清算机构作质押冻结处理，并退出二级市场，待回购协议到期，正回购方按双方约定的回购利率向逆回购方返还本金并支付利息后，交易清算机构对质押冻结证券予以解冻，质押证券重新进入二级市场流通。在回购期间，现实的市场对于参与交易的主体都是存在风险的，封闭式回购与开放式回购因为交易过程复杂程度的差异，交易者所承受的风险也不尽相同。没有权力对质押证券实施转卖、再回购等处置。封闭式回购实际上是一种以证券为质押的资金拆借方式。

开放式回购，又称买断式回购，是指证券持有人（正回购方）将证券卖给证券购买方（逆回购方）的同时，交易双方约定在未来某一日期，正回购方再以约定价格从逆回购方买回相等数量同种证券的交易行为。

与封闭式回购不同，开放式回购的交易双方对质押证券采取买断和卖断的方式，逆回购方拥有买入证券的完整所有权和处置权，因而赋予逆回购方在回购期间灵活运用质押证券的权力。在回购到期前，逆回购方可以根据资金管理的需要和对市场形势的把握将质押证券用于再回购或在二级市场上交易，并只需在未来某一日期再以约定价格将相等数量的同种证券返售给正回购方即可。开放式回购实际上是一种依附于证券买卖的融资方式。

封闭式回购由于质押证券所有权不从正回购方转让给逆回购方，只是由专门机构将所质押证券冻结，尽管这样做牺牲了所质押证券的流动性，但能够在一定程度上控制风险。封闭式回购的风险主要有信用风险和清算风险两种。封闭式回购的信用风险主要是指正回购方在回购协议到期时未能如约将所质押证券购回而给逆回购方造成的可能损失。如果协议到期时，市场利率上升，证券价格下降，那么正回购方违约给逆回购方造成的损失就会成为现实。

封闭式回购的清算风险主要是因为回购协议中所交易的证券资产一般不采用实物支付的方式。特别是在以标准券折算和回购期限短的交易中，清算风险出现的可能性更大。

由于开放式回购交易过程更为复杂，因此除了信用风险和清算风险以外还有自身特有的风险，这种风险主要体现在开放式回购的卖空机制里。开放式回购的卖空机制是由于开放式回购协议一旦签订，逆回购方就拥有了正回购方所质押证券的所有权，而且可以在回购协议到期前，对所拥有的质押证券进行再回购和卖出交易。尽管卖空交易的存在可以增加质押证券的流动性，但与此同时，也产生了更多的风险。

（1）提前卖出交易的价格风险。如果逆回购方预期未来协议到期时证券价格下降，将会进行质押证券卖出交易。如果实际的证券价格变动方向与预期相反，逆回购方在协议到期时必须返回证券的情况下，只能以更高的价格购入质押证券用以履行回购协议，从而承担一定的价差损失。

（2）循环再回购交易的交易链断裂的风险。在开放式回购方式中，每一回购交易中的逆回购方都拥有再回购交易的权利，因此对于同一笔质押证券就可能存在循环再回购交易的情形。当整个循环再回购交易链条中的任一逆回购方到期不能按照协议买回所质押证券或不能足额偿还时，整个再回购交易链就会出现断裂，从而可能发生到期偿付困难。

（3）利用卖空交易，操纵市场的投机风险。如果不对卖空交易进行限制，资金实力雄厚的逆回购方就可以通过大量的证券卖出交易有意压低质押债券价格，从而实现其在协议到期日以低价购回所质押证券进行履约的目的。这种利用卖空交易操纵市场获利的行为对于整个市场的健康发展是相当不利的。

三、回购市场的利率决定

在回购市场上，利率是不统一的，利率的决定取决于以下多种因素：

（1）用于回购的证券的信用程度。证券的信用程度越高，流动性越强，回购利率就越低，否则利率就会相对来说高一些。

（2）回购期限的长短。一般来说，期限越长，由于不确定因素越多，因而利率也应该高一些。但这并不是一定的，实际上利率是可以随时调整的。

（3）交割条件。如果采用实物交割的方式，回购利率就会较低，如果采用其他交割方式，则利率就会相对高一些。

（4）货币市场其他子市场的利率水平。回购协议的利率水平不可能脱离货币市场其他子市场的利率水平而单独决定，否则该市场将失去吸引力。它一般是参考同业拆借市场利率而确定的。由于回购交易实际上是一种用较高信用的证券特别是政府证券作抵押的贷款方式，其风险相对较小，因而利率也较低。

第三节　商业票据市场

商业票据是大公司为了筹措资金，以贴现方式出售给投资者的一种短期无担保承诺凭证。由于商业票据没有担保，仅以信用作保证，因此能够发行商业票据的一般都是规模巨大、信誉卓著的大公司。

一、商业票据市场的发展

商业票据是货币市场上历史最悠久的工具，最早可追溯到 19 世纪的美国。那时的商业票据都是由美国的纺织品工厂、铁路、烟草公司等非金融企业发行的，主要是通过经纪商进行间接销售，而商业银行是这些商业票据的主要购买者。20世纪初，美国汽车业开始兴起，许多大型汽车公司为扩大销售提供了消费信贷，其他高档消费品的消费也导致各种消费信贷产生，到了20年代，大量消费信贷公司应运而生，这些消费信贷公司为防止资金占用成本过高导致资金周转困难，开始通过发行商业票据进行融资。最早发行商业票据的消费信贷公司是美国通用汽车公司，该公司发行商业票据并由自己直接销售给投资者，而不通过经纪商出售。

20世纪60年代开始，商业票据市场进入了一个快速发展阶段，规模迅速扩大。总结当时的历史背景，主要原因有三点：（1）商业票据的成本优势。进入60年代，美国经济进入新一轮的快速发展阶段，市场利率开始提高，以前主要用银行贷款进行债务融资的公司发现融资成本开始上升，相比之下，商业票据的融资成本则低一些，于是很多大公司开始通过发行商业票据进行债务融资。（2）美国联邦储备银行实行紧缩的货币政策。商业银行的贷款规模受到限制，使得很多大公司开始通过发行商业票据进行融资。（3）商业银行也参与商业票据的发行和交易。商业银行为满足企业信贷资金需求，扩大自身资金数量，也开始通过发行商业票据进行融资。

商业银行曾是商业票据的主要购买者。自20世纪50年代初期以来，由于商业票据风险较低、期限较短、收益较高，许多公司也开始购买商业票据。现在，商业票据的主要投资者是保险公司、非金融企业、银行信托部门、地方政府、养老基金组织等。

二、商业票据市场的参与者及交易机制

（一）商业票据市场的参与者

发行人。在发行市场上，商业票据的发行实现了短期资金由商业票据的投资者向其发行人融通的过程。商业票据的发行主体主要包括金融公司和非金融公司两大类，其中金融公司又可分三种：一是独立的金融公司；二是附属于制造业公司的金融公司，如附属于美国通用汽车公司的金融公司；三是商业银行和商业银行控股的子公司。非金融公司主要是指发行商业票据的大公司，这些大公司往往都具有很好的信誉与知名度。

投资人。商业票据对于投资者的限制较少，因此参与者十分广泛，主要有中央银行、商业银行、保险公司、基金组织、投资公司、非金融公司、政府和个人。商业票据面值较大，除了具有一定资金实力的个人投资者可以直接从一级市场购买商业票据外，其他个人投资者是通过购买货币市场基金来实现对商业票据的投资。

中介机构。投资银行及专门从事商业票据销售的小经纪商是为商业票据发行和交易提供服务的中介机构。商业票据的发行方式可以按有无中介参与分为直接发行与间接发行。投资银行主要是帮助一些规模虽大但仍无力直接销售的公司发行商业票据以从中获得一定的收益。由于大公司商业票据的发行规模都比较大，投资银行通常以辛迪加方式承销大公司发行的商业票据，而一些专门从事销售的小经纪商主要是参与其中的小部分商业票据零售活动。

（二）商业票据的面额和期限

商业票据的面额一般都很大，以美国为例，商业票据的面额大多在10万美元以上，只有少数为2.5万美元或5万美元。大面值伴随着的是发行人的发行规模也十分大，美国商业票据市场上每个发行者平均拥有1.2亿美元的未到期商业票据，单个发行者最多的可发行10亿美元之多。

商业票据是短期金融工具，美国商业票据期限一般不超过270天，欧洲稍长些。市场上未到期的商业票据平均期限在30天以内，而大多数商业票据的期限在20~40天。

（三）商业票据的流通转让

商业票据的销售渠道有二：一是发行者通过自己的销售力量直接出售；二是通过商业票据交易商间接销售。采取何种方式主要取决于发行者使用这两种方式的成本的高低。非金融类公司主要通过商业票据交易商间接销售；但一些规模非常大的公司则通过自己的下属金融公司直接销售，在这样的大公司中，未到期的商业票据一般在数亿美元以上，其中大多数为大金融公司和银行持股公司。

在现实中，商业票据的交易市场较之发行市场并不十分活跃。这主要是由于商业票据是短期金融工具，投资者往往都会持有到期；另外，商业票据并未实现标准化，不同发行人发行的商业票据在期限、面额和利率上都会有不同，交易并不方便。尽管如此，依然会有投资者因为需要实现流动性而将未到期的商业票据通过交易市场进行转让，这些投资者包括发行市场中持有商业票据的各类主体。商业票据的持有者还可以将未到期的票据拿到商业银行贴现，提前收回现金。

三、商业票据市场的信用评级

信用评级对于商业票据的发行有重要作用。一方面，信用评级的结果可以作为投资者进行投资决策的直接依据，较高的信用评级对于投资者就意味着较低的信用风险；另一方面，信用评级的结果对于发行人的发行成本有重要影响，较高的信用评级即表示发行人实际给出的利息成本要低些，同时付给其他中介服务机构的非利息成本也相对低些。

以美国为例，其商业评级机构主要有三家：穆迪投资服务公司、标准普尔评级公司、惠誉国际信用评级公司。商业票据的发行人至少要获得其中的一个评级，大部分获得两个。与其他证券的评级一样，商业票据的评级结果也分为投资级与非投资级。美国证券交易委员会认可两种合格的商业票据：一级票据和二级票据。一般来说，要想成为一级票据，必须有两家评级机构对所发行的票据给予"1D"的评级；成为二级票据则必须有一家机构给予等级"1"的评级，至少还有一家或两家给予等级"2"的评级。二级票据为中等票据，货币市场基金对它的投资会受到限制。

第四节 银行承兑汇票市场

银行承兑汇票（bank draft, bank's acceptance）是为方便商业交易活动而创造出的一种金融工具，在对外贸易中运用较多。在国际贸易中，由于出口商对进口商的信用不了解，加之没有其他的信用协议，出口方担心对方不付款或不按时付款，进口方担心对方不发货或不按时发货，交易就很难进行。这时，便需要银行信用从中作保证。一般地，进口商首先要求本国银行开立信用证，作为向国外出口商的保证。信用证授权国外出口商开出以开证行为付款人的汇票，可以是即期的也可以是远期的。若是即期的，付款银行（开证行）见票付款；若是远期票，付款银行（开证行）在汇票正面签上"承兑"字样，填上到期日，并盖章为凭。这样，银行承兑汇票就产生了。

一、银行承兑汇票市场

（一）银行承兑汇票市场

银行承兑汇票市场是指银行承兑汇票的转让市场，即汇票贴现、转贴现、再贴现和买卖的市场。

贴现是指票据持有人以未到期票据向银行换取现金，并贴付利息的一种票据转让行为。从性质上看，贴现是银行以现款买入未到期票据上的债权，并获取买入票据日至票据到期日的利息。因此，对银行来讲，实质上是一种票据买卖行为，同任何金融工具的买卖性质一样。

（二）银行承兑汇票市场的构成

银行承兑汇票市场主要由初级市场和二级市场构成。初级市场相当于发行市场，主要涉及出票和承兑；二级市场又相当于流通市场，主要涉及汇票的贴现和再贴现。

1. 初级市场

出票人签发汇票并交付给收款人的行为。没有出票，其他票据行为就无法进行，因而出票是基本的票据行为。开出的汇票既是一种信用又是一种支付命令。出票人有权利命令付款人无条件支付一定数量的金额给持票人，这是出票人的信用支付，出票人将对汇票负全责。如果出票人想要免除自己对汇票的责任，可在汇票上注明"对出票人物追索权"字样，但是，汇票的信用程度也会大大降低，一般不太有人愿意购买，汇票也就失去了它的流动性和投资价值。

承兑是指银行对远期汇票的付款人明确表示同意按出票人的指示，于到期日付款给持票人的行为。银行汇票的承兑大致有以下几种：国际进出口贸易的银行汇票承兑；国内货物运输的银行汇票承兑；国内仓储货物的银行汇票承兑；出口备货融资的银行汇票承兑。

2. 二级市场

银行承兑汇票也是一种可转让的金融工具，银行既可以自己持有当作投资，也可以在二级市场上出售。银行出售汇票主要有两个途径：一是银行利用自己的渠道直接销售给投资者；二是利用市场交易商销售给投资者。因此银行承兑汇票二级市场的参与者主要有三个：开出承兑汇票的承兑银行、市场交易商及投资者。

银行将承兑汇票销售给投资者之后，投资者可以贴现的方式将汇票转让给银行。银行以贴现的方式买入自己承兑的汇票后，可持有汇票至到期日，也可以通过交易商把汇票再贴现出去。再贴现是商业银行和其他金融机构将其持有的未到期汇票，向中央银行的票据转让行为是中央银行对商业银行及其他金融机构的一种融资方式，也是中央银行的授信业务。

3. 银行承兑汇票的综合利率与价格

银行承兑汇票的综合利率指的是银行承兑汇票的贴现利息率与承兑费用率之和。一般而言，商业银行把综合利率作为银行承兑汇票的价格，在承兑贴现时从票面金额中一次性扣除收取。例如，银行的贴现率为6%（年率），银行承兑手续费率为1%，则银行向客户爆出的综合利率为年利率7%。

值得注意的是，综合利率并不等于实际利率。实际利率与综合利率的换算公式为：

$$实际利率 = R \div \left(1 - \frac{T}{360} \times R\right) \times 100\%$$

其中，R 为综合利率，T 为汇票期限天数。

二、银行承兑汇票市场的作用

（一）从借款人角度

首先，借款人利用银行承兑汇票的成本要低于传统银行贷款的利息成本及非利息成本之和。通过银行承兑汇票融资的借款者的融资成本为贴息和手续费之和。传统的银行贷款除必须支付一定的利息外，借款者还必须在银行保持超过其正常运转资金余额的补偿性最低存款额，这部分存款没有利息，构成企业的非利息成本。相较而言，使用传统银行贷款的成本比运用银行承兑汇票的成本高。

（二）从银行角度分析

首先，银行运用承兑汇票可以增加经营效益。银行通过创造银行承兑汇票，不必动用自己的资金就可赚取手续费。并且，由于银行承兑汇票拥有较大的二级市场并且在市场上很容易变现，从而可以提供靠传统的银行贷款无法实现的多样化投资组合。

其次，银行运用承兑汇票可以增加其信用能力。一般各国银行法都规定银行对单个客户提供信用的最高额度，通过使用银行承兑汇票，银行对单个客户的信用额度可在原有的基础上增加10%。

最后，银行法规定出售合格的银行承兑汇票所取得的资金不要求缴纳准备金。这样在流向银行的资金减少的信用紧缩时期，这一措施将刺激银行出售银行承兑汇票，引导资金从非银行部门流向银行部门。

（三）从投资者角度分析

从投资者角度看，投资者最重视的是投资的收益性、安全性和流动性。汇票的投资收益高于短期国库券，与货币市场的其他信用工具如商业票据等的收益不相上下。票据的承兑银行对票据的持有者负有不可撤销的第一手责任，票据的出票人又对持有者承兑第二手责任，这相当于有两家机构对票据的承兑负责。因此，投资于银行承兑汇票的安全性非常高。此外，质量好的银行承兑汇票的投资者也较多，在公开市场上随时可以出售，因此流动性也很强。

第五节　短期政府债券市场

短期政府债券市场是发行和流通短期政府债券所形成的市场。在一个发达的货币体系中，短期政府证券市场是重要的组成部分。由于短期政府证券是回购协议交易的主要标的物，因此短期政府债券市场与回购协议市场有重要的关系，另外短期政府债券市场形成的利率还是其他金融工具收益率的重要参考基准。

一、短期政府债券

短期政府债券主要是中央政府债券，它属于国家信用范畴，尽管地方政府及政府代理机构也可以发行债券，但他们承担债务的信用与中央政府还是有区别的。通常将短期中央政府债券称为国库券，期限在1年以上的政府中长期债券被称为公债。需要强调的是，在我国，不管是期限在 1 年以内还是 1 年以上的由政府财政部门发行的政府债券均被称为国库券。而在国外，期限在 1 年以上的政府中长期债券成为公债，只有 1 年以内的政府短期债券才成为国库券。

二、短期政府债券的发行

短期政府债券的发行人是中央政府，一般由财政部负责发行。短期政府债券通常采用贴现方式发行，即投资者以低于面值的价格购得短期政府债券，到期时按面额偿还金额，发行短期政府债券的面额与购买价格之间的差额就是投资者的收益。

短期政府债券大多通过拍卖方式发行，投资者可以两种方式来投标：一是竞争性方式，竞争者报出认购国库券的数量和价格，所有竞标根据价格从高到低排队。二是非竞争性方式，由投资者报出认购数量，并同意以中标的平均竞价购买。竞标结束时，发行者首先将非竞争性投标数量从拍卖总额中扣除，剩余数额分配给竞争性投标者。发行者从申报价最高的竞争性投标开始依次接受，直至售完。当最后中标标位上的投标额大于剩余招标额时，该标位中标额按等比分配原则确定。

短期政府债券一般采取公开招标发行的方式，即通过投标人的直接竞价来确定国库券的发行价格（或收益率），发行人将投标人的报价自高价向低价或者自低利率向高利率排列，发行人则从高价（或低利率）跌到需要发行的数额为止。因此，最终所确定的价格恰好是供求决定的市场价格。目前，美国、意大利、英国等发达国家都采取这一形式。

竞争性招标又可分为单一价格（即荷兰式）招标方式或多种价格（即美国式）招标方式。按单一价格招标时，所有中标者都按最低中标价格获得国库券。按多种价格招标时，中标者按各自申报价格获得国库券。非竞争性投标者则按竞争性投标的平均中标价格来认购。

三、短期政府债券的特征

短期政府债券与货币市场中的其他工具相比，有以下显著特征。

（一）违约风险小

由于短期政府债券的发行人是中央政府，财政部是直接债务人，所以短期政府债券通常被认为是没有违约风险的。货币市场的其他信用工具，如商业票据、银行承兑汇票和大额可转让定期存单等，由于发行人的原因，都可能存在着违约的风险，特别是在经济衰退时期，违约的可能性更大。

（二）流通性强

短期政府债券是一种在高组织性、高效率的竞争市场上交易的短期同质工具。发达的二级市场使它能在交易成本以及价格风险较低的情况下迅速变现。当然，投资者在决定是否出售短期政府债券以获得现金时，除了考虑收益率以外，还需要考虑所需资金的期限以及通过其他途径获得资金所要支付的成本，即机会成本。

（三）面额小

货币市场的其他金融工具的面额都很大，短期政府债券的面额较低。在美国，1970 年以前国库券的最小面额为 1000 美元。1970 年后，国库券的最小面额升至 1000～10000 美元，而商业票据和大面额可转让存单的面额大多在 10 万美元以上。很明显，短期政府债券的面额远远低于其他货币市场金融工具。对许多小投资者来说，短期政府债券通常是他们能直接从货币市场购买的唯一有价证券。

（四）利息免税

政府债券的利息收益通常免缴所得税，而其他金融工具，比如商业票据，投资收益必须按照规定的税率缴税。尽管短期政府债券的名义利率没有商业票据高，但由于税收的影响，短期政府债券的实际收益率仍有可能高于商业票据。

四、短期政府债券的收益计算

由于采取贴现发行，短期政府债券的收益是面值与实际购买价格之间的差额。计算短期政府债券的收益率有两种不同的情况。

例如某一期限 90 天期的短期政府债券面额为 1000 美元，实际出售价格为 960 美元，则其名义收益率和真实收益率分别为：

第一种是计算短期政府债券的名义收益率，公式为：

$$短期政府债券名义收益率 = \frac{（面值 - 发行价格）}{面值} \times \frac{360}{期限} \times 100\%$$

$$= \frac{（1000 - 960）}{1000} \times \frac{360}{90} \times 100\%$$

$$= 16\%$$

第二种是计算短期政府债券的真实收益率，公式为：

$$短期政府债券真实收益率 = \frac{(面值 - 发行价格)}{发行价格} \times \frac{360}{期限} \times 100\%$$

$$= \frac{(1000 - 960)}{960} \times \frac{360}{90} \times 100\%$$

$$= 16.89\%$$

从计算中可以看出，真实收益率反映了投资者在付出购买价格成本的基础上所获得的收益，且在数值上要高于名义收益率。短期政府债券的真实收益率可用于与其他货币市场工具的收益率进行比较。

第六节　货币市场共同基金市场

共同基金是将众多的小额投资者的资金集合起来，由专门的经理人进行市场运作，赚取收益后按一定的期限及持有的份额进行分配的一种金融组织形式。而对于主要在货币市场上进行运作的共同基金，则称为货币市场共同基金（money market funds），是美国 20 世纪 70 年代以来形成的新型理财工具。

一、货币市场共同基金的发行及交易

货币市场共同基金一般属开放型基金，即其基金份额可以随时购买和赎回。当符合条件的基金经理人设立基金的申请经有关部门许可后，它就可着手基金份额的募集。投资者认购基金份额一般依据基金的招募说明书来加以判断。基金的发行方式有公募与私募两种。一般地，基金的发行采取发行人直接向社会公众招募、由投资银行或证券公司承销或通过银行及保险公司等金融机构进行分销等办法。

基金的初次认购按面额进行，一般不收或收取很少的手续费。由于开放型基金的份额总数是随时变动的，因此，货币市场共同基金的交易实际上是指基金购买者增加持有或退出基金的选择过程。但货币市场共同基金与其他投资于股票等证券交易的开放型基金不同，其购买或赎回价格保持在 1 美元不变。同时，对基金所分配的赢利，基金投资者可以选择是转换为新的基金份额还是领取现金两种方式。一般情况下，投资者选择用投资收益再投资，增加基金份额的方式。

二、货币市场共同基金的特征

货币市场共同基金首先是基金中的一种，同时，它又是专门投资货币市场工具的基金，与一般的基金相比，除了具有一般基金的专家理财、分散投资等特点外，货币市场共同基金还具有如下一些投资特征：

（一）货币市场共同基金投资于货币市场中高质量的证券组合

货币市场共同基金是规避利率管制的一种金融创新，其产生的目的最初是为了给投资者提供稳定或高于商业银行等存款金融机构存款利率的市场利率水平。因此，货币市场共同基金产生之后，就在各种短期信用工具中进行选择组合投资。早期的货币市场共同基金所投资的证券级别是没有限制条款的。但由于一些货币市场基金为追求高回报而投资于高风险的证券，导致其发生巨额亏损，损害了投资者的利益，从而引起了监管者的重视。这样，1991 年 2 月，美国证券交易委员会（SEC）要求货币市场共同基金提高在顶级证券上的投资比例，规定其投资在比顶级证券低一档次的证券上数量不得超过 5%，对单个公司发行的证券的持有量不能超过其净资产的 1%。这里所谓的顶级证券是指由一些全国性的证券评级机构中的至少两家评级在其最高的两个等级之中的证券。由于货币市场共同基金投资的高质量证券具有流动性高、收益稳定、风险小等特点，而资金较少的小投资者除了在货币市场上可以购买短期政府债券外，一般不能直接参与货币市场交易，货币市场共同基金的出现满足了这一部分小额资金投资者投资货币市场获取稳定收益的要求，因此受到投资者的青睐。

（二）货币市场共同基金提供一种有限制的存款账户

货币市场共同基金的投资者可以签发以其基金账户为基础的支票来取现或进行支付。这样，货币市场共同基金的基金份额实际上发挥了能获得短期证券市场利率的支票存款的作用。尽管货币市场共同基金在某种程度上可以作为一种存款账户使用，但它们在法律上并不算存款，因此不需要提取法定存款准备金及受利率最高限的限制。另外，许多基金还提供客户通过电报电传方式随时购买基金份额或取现等的方便。

（三）货币市场共同基金所受的法规限制相对较少

由于货币市场共同基金本身是一种绕过存款利率最高限的金融创新，因此，最初的发展中对其进行限制的法规几乎没有，其经营较为灵活。这使货币市场共同基金在同银行等相关金融机构在资金来源的竞争中占有一定的优势；货币市场共同基金也不用缴纳存款准备金，所以，即使是保持和商业银行等储蓄性金融机构一致的投资收益，由于其资金的运用更充分，其所支付的利息也会高于银行储蓄存款利息。

三、货币市场共同基金的发展方向

货币市场共同基金的发展方向取决于其在金融市场中的作用。只有被市场需要的交易手段和机构才能得到不断发展。从目前的发展趋势看，货币市场共同基金的一部分优势仍得以保持，如专家理财、投资于优等级的短期债券等，但另一些优势正逐渐被侵蚀。主要表现在两个方面：（1）货币市场共同基金没有获得政府有关金融保险机构提供的支付保证。货币市场共同基金提供支票账户，因此在某种程度上可被看作一种存款性金融机构，但政府存款保险公司不为货币市场基金的投资者的资金提供存款保险。这在经营出现风险时容易导致投资者的损失，使得基金在市场竞争中不利于争取稳健投资者的参与。（2）投资于货币市场共同基金的收益和投资于银行等存款性金融机构创造的货币市场存款账户的收益差距正在消失。一是由于银行面对竞争，在不断地推出新的更有吸引力的信用工具；二是货币市场共同基金受到管制较少的历史正逐渐成为过去。货币市场共同基金在追求高收益的过程中，必然伴随高风险。一些货币市场共同基金出现了巨额的亏损，给基金持有人带来了损害，这导致了政府的干预。

本 章 小 结

货币市场是金融市场的重要组成部分，是实现经济主体短期资金融通的交易场所。货币市场由同业拆借市场、回购协议市场、商业票据市场、银行承兑汇票市场、大额可转让定期存单市场和短期政府债券市场等子市场构成。每一个子市场都有大量参与者以及各自的交易机制。

同业拆借市场也可以称为同业拆放市场，是指金融机构之间以货币借贷方式进行短期资金融通的市场。同业拆借市场的构成包括同业拆借市场的主体、客体、中介和运作机制。同业拆借利率是金融机构融入资金的价格，是货币市场的核心利率。它能够及时、有效、准确地反映货币市场的资金供求关系，对货币市场上其他金融工具的利率具有重要的导向和牵动作用。目前，国际货币市场上较有代表性的同业拆借利率有以下四种：美国联邦基金利率、伦敦同业拆借利率（LIBOR）、新加坡同业拆借利率和香港同业拆借利率。

回购协议市场是通过回购协议来进行短期货币资金借贷所形成的市场，它是货币市场体系的又一重要组成部分。回购协议市场的参与者包括商业银行、非银行金融机构、企业、政府和中央银行。回购交易可以分为封闭式回购和开放式回购两种交易方式，后者具有更高的交易风险。

商业票据是大公司为了筹措资金，以贴现方式出售给投资者的一种短期无担保承诺凭证。银行承兑汇票市场是指银行承兑汇票的转让市场，即汇票贴现、转贴现、再贴现和买卖的市场。短期政府债券市场是发行和流通短期政府债券所形成的市场。在一个发达的货币体系中，短期政府债券市场是重要的组成部分。主要在货币市场上进行运作的共同基金，则称为货币市场共同基金，是一种新型的理财工具。

习　题

1. 同业拆借市场产生的原因是什么？

2. 请比较本票和汇票的差异。

3. 国际货币市场上比较典型的同业拆借利率都有哪些？是如何定义的？

4. 什么是回购协议？什么是回购协议市场？

5. 开放式回购协议都面临哪些更多的风险？

6. 影响回购市场利率的因素都有哪些？

7. 20 世纪 60 年代以来商业票据发展更加迅速的原因是什么？

8. 银行承兑票据市场的作用都有什么？

9. 请简述短期政府债券的特点。

10. 货币市场共同基金的主要特点及其发展方向是什么。

第三章

资 本 市 场

第一节　股票市场

股票市场也称权益市场，按其运行过程可分为发行市场（一级市场）和交易市场（二级市场）。

一、股票的概念与种类

（一）股票的概念

股票是有价证券的一种主要形式，是指股份有限公司签发的用以证明股东按其所持股份享有权利和承担义务的凭证。

股份有限公司的全部资本被划分为等额的单位，称为"股份"，每一股份都代表着所有者即股东对公司财产占有一定的份额。将"股份"印制成一定的书面形式，记载表明其价值的事项及有关股权等条件的说明，这就是传统的股票。股票为要式证券，必须于股份公司办妥设立登记后始得发行，否则为无效。股票的制定亦必须依法定格式。按照各国的公司法，通常一张股票必须载明如下事项：（1）发行该股票的公司名称；（2）标明是普通股或是优先股字样；（3）公司股份总额及每股定额；（4）公司设立登记日期及变更登记日期；（5）股票发行的年月日；（6）股票编号；（7）董事长、常务董事等三个以上负责人的签名盖章及公司的公章。随着电子技术的发展，现在的股票大多是一种电子符号，记录在证券登记结算公司的电子账簿中，而没有了实体的形式。股票和股份是形式和内容的关系，股票是形式，股份是内容。

股票就其性质来看，代表着股东对公司的所有权，是代表一定经济利益分配请求权的资本证券，是资本市场上流通的一种有价证券。

股票是代表股权的一种有价证券。投资者认缴股款持有股票后，即成为公司的股东，可以行使法定的股东权。

股份公司股票均可自由转让，不得在公司章程中予以禁止和限制。实行股权自由转让制度一方面使股票具有流动性，可吸引更多的股票投资者。而更重要的意义是使公司资本具有了稳定性，保证企业的组织生命可以无限期地延续和发展。

（二）股票的分类

股票有多种类型。企业根据各自的经营发展需要，确定向社会发行不同种类的股票。一般地，可将股票分为普通股与优先股两类。

1. 普通股

普通股股票是公司最先发行的一种证券，也是公司的基本股票，它构成公司资本的基础。普通股票是股票中最普遍的一种形式，是股份公司最重要的股份，其持有人享有股东的基本权利和义务。普通股票的股利分配不固定，在对公司盈利和剩余资产的分配顺序上列在债权人和优先股票股东之后，所以普通股票是风险最大股票。

普通股票股东拥有的主要权利有：

（1）经营决策的参与权。普通股票股东有权参加股东大会，听取董事会提交的工作报告和财务报告并提出自己的意见和建议；有权选举公司董事和监事；有权对公司重大经营决策进行投票表决。普通股票股东可以通过亲自参加股东大会实现其经营决策的参与权，也可以填写授权委托书，委托代理人行使其权利。

普通股票股东的参与权主要通过投票表决来实现。绝大多数的股份公司采取"一股一票制"，即普通股票股东每持有一股便有一个投票权，所持股票数量越多，投票权越多。投票的方法有两种，一是多数投票制，二是累积投票制。

（2）公司盈余的分配权。普通股票股东有权从公司的利润分配中得到股息。当公司有盈余时，按照收益分配顺序从净利润中提取法定公积金，提取法定公益金后可供股东分配的利润先按事先约定的股息给优先股股东分配股息，再提取任意盈余公积金后，所剩下的部分，以股东大会的分配方案，按持股比例分配给普通股票股东。最常见的股息种类是现金股息和股票股息。现金股息是以现金形式支付股息和红利。股票股息是股份公司以增发股票的方式来支付的股息，并将支付的普通股股利转作股本。

（3）剩余资产索取权。当公司破产或清算时，公司资产在满足了债权人的清偿权利和优先股票股东的索取权后还有剩余的，普通股票股东有按持有股份的比例索取剩余资产的权利。在一般情况下，一旦公司宣告破产清算，往往是资不抵债，在债权人和优先股票分配之后，已所剩无几，普通股票股东也就所得甚微，甚至一无所得。

（4）优先认股权。当公司增发普通股票时，现有普通股票股东有权按低于市价的某个特定价格及其持股比例购买一定数量的新发行的股票以维持其在公司的持股比例不变。因为增发新股对原股东所持股票币值进行了"稀释"，公司为了弥补原股东的这一损失，把优先认股权价格定得较低，作为对原股东的补偿。原股东若不愿意购买新股，也可以以一定的价格出售转让优先认股权或是放弃该项权利。

2. 优先股

优先股票是相对于普通股票而言的，指股东权利受到一定限制，但在公司盈余和剩余资产分配上享有优先权的股票。优先股票同样可以买卖和自由转让。优先股的主要特征如下：

（1）优先按规定方式领取股息。公司在支付普通股票股息之前必须先按事先约定的方法计算优先股票股息，并支付给优先股票股东。通常，优先股票是按固定的股息率乘以优先股票面额的方式计算股息，但也有些优先股票的股息率并不固定，而是定期随一定基准浮动。大额的优先股票股息常以固定金额表示。

（2）优先按面额清偿。在公司破产或解散清算时，优先股票有权在偿还债务后按照票面金额先于普通股票从清算资金中得到补偿。

（3）限制参与经营决策。优先股票股东一般没有投票权，从而不能参与公司的经营决策。只有在直接关系到优先股票股东利益的表决时，才能行使表决权，或是在优先股票股息积欠达到一定数额后，可以投票选举一定人数的董事。

（4）一般不享有公司利润增长的收益通常情况下，优先股票股东只能按事先规定的方式领取股息，而不能因为公司利润增长而增加股息收入。

3. 优先股与普通股的比较分析

普通股同优先股的差别体现在股票持有人享有下述不同的权利：

（1）在公司盈余的分配方面，优先股的股息是固定的，公司红利须在首先分派给优先股之后，再分派给普通股。

（2）在公司破产或解散时对剩余财产的分配方面，普通股须在对优先股分配完之后才有权参与分配。

（3）在对企业经营参与权方面，普通股的股东一般有出席股东大会，参与表决和选举董事等权利，从而对公司的经营管理有一定的发言权，而优先股则没有这种权利。

（4）在对公司增资扩股方面，普通股股东享有优先认股权，而优先股股东则无这种权利。普通股的这一权利，其目的是使现有股东有权保持对公司所有权的占有比例。当公司在增发普通股票时，具有优先认股权的原股东有三种选择：他可以行使认股权，认购增发的新股；可以出售认股权，因为认股权是可转让的；也可以不认购新股、听任认股权过期而失效。

从公司立场而言，发售优先股是筹集资金的较好办法，既易扩大经营企业资金的来源，又可不必授予股票持有人以参与管理公司的权利，当公司因财务情况不佳而不能发放股息时，股东也不能对公司诉诸法律。不过，经营稳健效益高的公司并不常发行优先股，因这类企业的普通股股票价格极高，投资者踊跃，发行普通股对企业更为有利。

（三）股票市场的功能

1. 筹集资本

在现代经济社会中，企业向社会筹集长期资本通常有三种方式：一是银行贷款；二是发行公司债券；三是发行股票。这三种方式各有其适用性，也各有其缺陷。银行贷款和发行公司债券均属债务融资，不论企业经营成效如何，都必须按期还本付息，这不仅使企业经营成本较高，也使资本的占用难以稳定；利用股票筹资则可长期占用资本而无还本付息的法定义务。由于企业只是在已实际获得盈利后才支付股利，这样可以避免在经营前景不确定前过早承诺投资报酬，从而降低了财务风险。也可使企业改善资金来源构成，摆脱对债务资本的过度依赖。

2. 优化资源配置

投资者通过及时披露的各种信息，投资于经营业绩好、管理高效的公司的股票，推动其股票价格上扬，为上市公司利用股票市场进行资本扩张提供了良好的外部环境。而经营业绩不好、管理不佳的企业将会被投资者所抛弃，难以取得上市资格或继续筹集资金。这实际上是利用市场的力量引导资金流向优质的企业，从而起到优化资源配置的作用。

3. 积累和转化资本

这里实际上包含了两种性质不同的功能。积累资本的功能是指将社会上分散的小额资本集中为巨额资本，以满足规模宏大的工商企业的需要。投资于股票的这些小额资本来自于两个方面，一是吃利金者的资本，另一是再生产过程中游离出来的闲置资本。转化资本的功能是指将非资本性的货币资金转化为生产资本。例如工资收入、保险费收入等，本来不是资本，在股票市场上这些货币资金都可以转化为资本。积累和转化资本有多种途径，除了股票投资外，银行信用、债券市场都具有该种功能。相比之下，购买股票是一种风险性投资，股利往往高于储蓄存款和债券利息，因此，股票市场的积累和转化资本的功能能够在更广和更深的层次上动员闲置资金，提高社会的投资率。

4. 决定股票价格

股票的价格完全是通过股票市场来决定的，而且是集中地由股票的供求反映出来。需求增大，供给减少，股价则上涨；供给增大，需求减少，股价则下跌。股票的价格是进入市场之后才有的（股票面额并不等于股票价格），价格的高低也完全由股票市场决定。股票市场决定股价的功能具有十分重要的意义，它一方面能够反映企业经营的好坏，社会经济形势的变动；另一方面能够引导社会的投资方向。

5. 分散风险

在股票发行市场上，公司在筹集资金的同时也将公司的部分风险转移给了投资者；而在流通市场上，投资者可以根据自己的风险偏好选择不同的股票组合，通过投资组合来分散风险。

6. 监督公司管理层

上市公司的股票价格往往可以反映这家公司的管理水平。在成熟的市场上，公司的管理层普遍注重自己公司的股票价格。这是因为普通投资者可以采取"用脚投票"的方式，即用在"二级市场"上抛售股票的方式否定管理层的业绩，而这种信号又会影响到管理层成员在经理人市场上的评价，进而影响到他们以后的职业前途。同时因为管理问题而导致股票价格下跌的公司又是其他公司兼并的对象，一旦被兼并，公司的管理层往往要被更换。基于以上原因，管理层必须努力经营，实现公司价值的最大化或股东利益最大化的目标，时刻注意股票市场的反应。股票市场间接地发挥了监督公司管理层的作用。

二、股票的发行市场

股票发行市场是通过发行新股票筹集资本的市场，是股份公司筹集资金、将社会上分散的资金转化为公司资本的场所。

（一）股票发行的制度

股票市场的发行制度可以分为注册制和核准制两大类。

1. 注册制

注册制是指发行人在准备发行股票时，必须将依法公开的各种资料完全、准确地向证券主管机关呈报并申请注册。证券主管机关只对申报资料的全面性、真实性、准确性和及时性作形式审查。如果申报资料没有包含任何不真实的信息且证券主管机关对申报资料没有异议，则经过一定的法定期限，申请自动生效。一旦申请生效，发行人就有权发行股票，其发行无须再由证券主管机关批准。

2. 核准制

核准制是指发行人在准备发行股票时，不仅要充分公开企业的真实情况，而且必须符合有关法律和证券管理机关规定的必备条件，证券管理机关有权否定不符合条件的股票发行的申请。在核准制下，证券管理机关不仅要进行注册制下所要求的形式审查，而且要对发行人的经营业绩、发展前景、发行数量和发行价格等条件进行实质审核，并由此作出发行人是否符合发行实质条件的判断，进而最终决定是否准予发行。

（二）股票的发行方式

按照发行对象的不同可以分为公募发行和私募发行两种方式；按照是否有中介机构的介入又可以分为直接发行和间接发行两种方式。

1. 按照发行对象分类

（1）公募发行。公募发行是指向不特定的社会公众发行股票。在公募发行的情况下，任何合法的投资者都可以认购拟发行的股票。采用公募发行的优点是：可以扩大股票的发行量，筹资潜力大；可以申请在证券交易所上市，增加股票的流动性和公司的知名度；无需提供优厚的条件，发行人具有较大的经营管理独立性。其缺点是：发行程序比较复杂；发行费用高；需要向社会公开大量公司信息。

（2）私募发行。私募发行是指向特定的少数投资者发行股票。私募发行的对象有两类，一类是公司的老股东或发行人的员工，一类是投资基金、社会保险基金、保险公司、商业银行等大型金融机构以及与发行人有密切往来关系的企业机构投资者。私募发行的手续简单，可以节省发行费用和发行时间；无须向社会公众公布公司信息，有利于投资策略的保密。其缺点是：投资者数量有限，证券流通性较差；公司必须向投资者提供高于市场平均水平的优厚条件；发行公司的经营管理易受到干扰。

公募发行和私募发行各有优劣。公募发行是股票发行中最常见、最基本的发行方式。而在成熟的证券市场上，随着大量机构投资者的出现，私募发行也呈逐年增长的趋势。

2. **按照有无发行中介分类**

（1）直接发行。直接发行是指发行人直接向投资者发行股票的方式。这种方式可以节省向发行中介支付的手续费，但是如果发行额较大且缺乏专门的业务知识发行人要承担较大的发行失败的风险。这种发行方式只适用于向既定的发行对象发行或发行人知名度高、发行数量较少、风险较低的股票。

（2）间接发行。间接发行是指发行人委托证券公司等证券中介机构代理发行股票的方式。根据受托机构发行责任的不同可以分为承购包销发行、代销发行和余额包销发行。①承购包销发行是指受托的中介机构（承销商）以低于发行定价的价格将发行人拟发行的股票全部买进，再转卖给投资者。承销商承担股票无法销售完的风险，相应地获得股票销售的差价。②代销发行是指承销商许诺尽可能多地销售股票，但不保证能够完成预定的销售额。销售期满，将销售的金额和未销售完的股票全部交给发行人，承销商只获得中介费用，不承担股票无法销售完的风险。③余额包销发行是指承销商先履行代销的职责，如果销售期满，尚有未销售完的股票，承销商按照低于发行价的价格全部买进。

3. **按照发行价格分类**

（1）溢价发行指的是发行人按照高于面额的价格发行。溢价发行可分为时价发行和中间价发行。时价发行也称市价发行，是指以同类股票的流通价格为基准来确定股票发行价格；中间价发行是以介于面额和时价之间的价格来发行股票。

（2）平价发行是指发行人以股票的面额作为发行价格。目前，平价发行在发达国家股票中很少运用，多在不发达的国家和地区运用。

（3）折价发行是指以低于面额的价格出售新股，即按面额打一定折扣后发行股票。

（三）股票发行价格

1. 股票发行定价的方式

股票发行定价的方式是指决定股票发行价格的制度安排，主要有议价法、拟价法、竞价法、定价法等。我国股票发行定价方式有以下几种：

（1）协商定价。在溢价发行股票的方式下，发行人和主承销商议定承销的价格和公开发行的价格，并报证券监管部门批准，承销价格和发行价格的差额就是承销商的报酬；也可以协商议定公开发行价格并报证券监管部门批准，承销商按发行总额的一定比例收取承销费用。

（2）一般询价方式。在对一般投资者上网发行和对机构投资者配售相结合的发行方式下，发行人和主承销商事先确定发行价格区间和发行底价，通过向机构投资者询价，并根据机构投资者的申购情况确定最终发行价格，以同一价格向机构投资者配售和对一般公众投资者上网发行。

（3）累计投标询价方式。这是一种根据不同价格下投资者的认购意愿确定发行价格的一种定价方式。具体做法是主承销商确定并公布发行价格区间，投资者在此区间内按照不同的发行价格申报认购数量。通过累计计算，主承销商得出不同价格的累积申购量，并根据超额认购倍数确定发行价格。

2. 股票发行定价方法

无论采取哪种定价方式，发行人和主承销商通常都要事先确定一个发行价格区间。

通常有以下几种估算方法：

（1）市盈率法。市盈率是指股票的二级市场价格与每股净利润的比率，计算公式为：

$$市盈率 = 股票市场价格/每股净利润$$

在市盈率法下，新发行股票的定价为：

$$新股发行价格 = 经过调整后的预测每股净利润 × 发行市盈率$$

发行市盈率一般根据二级市场上同类企业的平均市盈率、发行人经营情况相成长性综合确定。在市盈率法下，发行人和主承销商需要预测净利润和发行市盈率两个因素。

（2）可比公司竞价法。它是主承销商通过对可比较的或具有代表性的同行业公司的股票发行价格和他们的二级市场表现进行分析比较并以此为依据估算发行价格的定价方法。

（3）市价折扣法。它是指发行公司和主承销商采用该股票一定时点上或时段内二级市场的价格的一定折扣作为发行底价或发行价格区间的端点。这种方法只适合增资发行方式。

（4）贴现现金流量法。它是通过预测公司将来的现金流量并按照一定的贴现率计算公司的现值，从而确定股票发行价格的定价方法。这种方法需要预测公司未来的现金流量，在理论上是最好的方法，但在现实中要准确预测公司未来的现金流量是不可能的，所以很难用此确定股票的发行价，更多的是以此为一个辅助指标，和别的方法结合使用。

三、股票流通市场

股票的流通市场又称为"二级市场"、交易市场，是指对股票进行买卖、转让、流通的市场。股票流通市场的存在保证了股票的流动性，为投资者提供了投资和变现的途径，保证了股票发行市场的正常运行。

股票流通市场按照组织程度不同分为证券交易所和场外交易市场。与主板市场相对应的二板市场是20世纪股票流通市场的重要创新之一。

（一）证券交易所的组织形式

1. 证券交易所的分类

（1）公司制证券交易所。它是以股份有限公司形式设立的并以营利为目的的法人团体，一般是由银行、证券公司、信托机构以及各类民营公司共同出资建立的。公司制的证券交易所本身的股票也可以流通转让。但任何成员公司的股东、高级职员、雇员都不能担任证券交易所高级职员，以保证交易的公正性。

（2）会员制证券交易所。它是以会员协会形式设立的不以营利为目的的法人团体，一般由证券公司、投资银行等证券商组成。证券交易所的会员参加会员大会，有选举权和被选举权；参加交易所组织的证券交易，并享受证券交易所提供的服务。同时，会员必须缴纳各项经费并遵守交易所制定的法规。会员大会是权力机构，决定交易所的基本经营方针。理事会为执行机构。会员制证券交易所规定只有会员才能进入交易大厅进行证券交易，其他人要买卖证券交易所上市的证券，必须委托会员进行。上海和深圳的证券交易所均实行会员制。

2. 证券交易所的上市制度

股票的上市就是证券交易所接纳某种股票在证券交易所市场上挂牌交易。股票上市可以扩大公司的知名度，有利于推动上市公司建立完善的治理结构，有利于公司进一步融资。对投资者来说，股票上市使得股票的买卖方便快捷，成交价格也较为合理，行情和公司信息也较易获得。

申请上市的股票必须满足证券交易所规定的一些条件，方可挂牌上市。各国对股票上市的条件和具体标准各有不同，即使是同一个国家，不同的证券交易所的上市标准也不尽相同。但是上市的标准一般包括以下几点：①股票发行要达到一定的规模；②满足股票持有分布的要求，私募股票通常因无法满足这个标准而不能上市；③发行人的经营状况良好等。

股票上市以后，如果不能满足证券交易所关于股票上市的条件，它的上市资格可以被取消，交易所停止股票的上市交易被称为终止上市或摘牌。

3. 证券交易所的交易制度

股票在证券交易所内的交易又称为场内交易，投资者必须委托有入市资格的证券经纪商在交易所内代为买卖股票。为保证股票交易的公开、公平、公正和高效有序地进行，证券交易所制定了交易原则和交易规则。

（1）交易原则。证券交易必须遵循价格优先和时间优先原则。① 价格优先原则是指价格最高的买方报价与价格最低的卖方报价优先于其他一切报价而成交。② 时间优先原则是指在买或卖的报价相同时，在时间序列上，按报价先后顺序依次成交。先后顺序按证券交易所主机接受申报的时间确定。

此外，如交易所内有经纪商兼自营商的，应该遵循客户优先的原则，即应该优先执行客户的委托指令，再进行自营交易。

（2）交易规则。交易规则保证了股票交易局部有序地进行。证券交易所的主要交易规则有：

①交易时间。交易所有严格的交易时间、在规定的时间内开始和结束集中交易活动。各国证券交易所根据本国工作日和工作时间确定交易

时间。有的交易所开前后两市，午前营业时间为前市，午后营业为后市，有的交易所则只开一市。中国的上海和深圳证券交易所都是开两市。

②交易单位。交易所规定每次申报和成交的交易数量单位，一个交易单位称为"一手"，委托买卖的数量通常为一手或一手的整数倍，数量不足一手的股票称为零股。上海和深圳证券交易所规定股票每100股为一手，零股可以一次性卖出，但不得买入。

③价位。交易所规定每次报价的价格最小变动单位。各证券交易所规定的价位不尽相同，中国上海证券交易所规定，A股的价位为0.01元人民币，B股的价位为0.001美元；深圳证券交易所规定，A股的价位为0.01元人民币，B股的价位为0.0l港币。

④报价方式。传统的股票交易采用口头报价并辅以手势，现代证券交易所多采用计算机报价方式。

⑤价格决定方式。除了美国纽约证券交易所以外，大部分证券交易所都是指令驱动市场，即经纪人根据投资者的委托指令在证券交易所按连续、公开竞价方式形成证券价格，当买卖双方在价格上一致时，便立即成交并形成成交价格。按照价格的形成在时间上是否连续，又可以分为集合竞价和连续竞价方式。中国的上海和深圳证券交易所采取开盘价由集合竞价产生、交易日其他价格由连续竞价方式产生的制度，集合竞价过程没有成交的委托，自动进入连续竞价过程。

⑥涨跌幅限制制度。涨跌幅限制制度，即涨跌停板制度，是指规定一种股价或整个股价指数在每个交易日上涨和下跌最大限度的制度安排。目的在于防止股价的暴涨暴跌，保护投资者的利益。各个交易所可以根据情况制定涨跌幅限制，中国上海和深圳证券交易所规定，在交易所交易的股票（除了ST类）除首日上市以外，在1个交易日内，每只股票的交易价格在上一个交易日收盘价的上下10%浮动。ST类股票的交易价格在上1个交易日收盘价的上下5%浮动。

⑦交易委托种类。证券交易委托是投资者通知经纪人进行证券买卖的指令，其主要种类有市价委托和限价委托。市价委托是指委托人自己不确定价格，而委托经纪人按市场上最有利的价格买卖证券；限价委托是指委托人给定一个价格限制，经纪人按照规定价格或更有利的价格进行证券买卖。具体地说，对于买进委托，成交价不能高于限定价格；对于卖出委托，成交价不能低于限定价格。

⑧大宗交易。在证券交易所进行的证券单笔买卖达到交易所规定的最低限额时，可以采用大宗交易方式。我国大宗交易的买卖双方采用议价协商的方式确定成交价，并经证券交易所确认后成交。大宗交易的成交价格不作为该证券当日的收盘价，也不纳入指数计算，不计入当日行情，成交量在收盘后计入该证券的成交总量。中国规定，大宗交易在收盘后半小时内进行，申报价格须在当日竞价时间内已成交的最高和最低成交价格之间。

⑨清算。股票买卖成交以后，就进入交割过户的清算阶段。清算一般分为证券公司之间清算和证券公司与委托客户之间的清算两个步骤。前者在证券交易所的清算部进行，通常采用净额清算制；后者根据交易所的规定不同，在成交以后若干天内清算，成为 $T+n$ 制，n 代表了成交以后多少天内可以清算完毕，有了 $T+0$，$T+1$，$T+2$ 等。

（二）场外交易市场

场外交易市场是相对证券交易所而言的，凡是在证券交易所以外的股票交易活动都可以称为场外交易。出于这种交易方式最早是在证券公司的柜台上进行的，因而也称为柜台市场。

场外交易市场有以下特征：

（1）场外交易市场是一个分散的、没有固定交易场所的无形市场。它由许多各自独立的证券公司分别交易，而且主要依靠电话和计算机网络联系成交。

（2）场外交易市场是一个以交易未能在证券交易所上市的股票、定期还本付息的债券和开放型基金为主的市场。

（3）场外交易市场是一个交易商报价驱动的市场。在场外交易市场上采用的是与客户直接进行交易的方式，由证券公司同时报出同种证券的买价和卖价，并根据投资人是否接受而加以调整。

（4）场外交易市场是一个管理较为宽松的市场。场外市场分散，没有统一的章程，不易管理和监督，其交易效率也不及交易所。

场外交易市场为已发行而未能上市的证券提供了流通转让的机会，是证券交易所市场的必要补充，是二级市场的重要组成部分。

（三）二板市场

二板市场的正式名称为"第二交易系统"，也有人称为创业板市场，是与现有的股票交易所市场即主板市场相对应的概念。如美国的

NASDAQ 市场、伦敦 AIM 市场、欧洲 EASDAQ 市场、欧洲 EURONM 市场、新加坡 SESDAQ 市场、中国台湾的 OTC 市场、吉隆坡 KLSE 市场、中国香港的创业板市场等，其中美国的 NASDAQ 市场运行最成功。

二板市场有以下特点：

（1）上市标准低。由于二板市场多是面向新兴的中小企业和高科技企业，因此其上市的规模和盈利条件都要低，大多数对盈利没有要求。

（2）报价驱动市场。报价驱动市场又称为做市商制度，是指做市商同时报出同一种股票的买卖价格，投资者可以直接与做市商进行交易，做市商负责维持股票的买卖，并且随时调整价格。二板市场多采用做市商制度，做市商是承担某一只或某几只股票买进和卖出的独立的交易商。他们一方面为投资者报价，直接与投资者交易；另一方面接受客户的限价委托，代为完成交易。

（3）电子化交易。二板市场多采用高效率的计算机交易系统，无需交易场地。

二板市场为极具发展潜力的中小企业提供了融资支持、为风险投资的退出提供了渠道。二板市场作为 20 世纪流通市场的一项创新，大大地丰富了资本市场，进一步完善了资本市场体系。

四、股票价格与价格指数

（一）股票的理论价格

股票是所有权凭证，它可以给股东带来股息收入。正是这种未来的现金流使得股票有了价格，理论上，股票的价格应该是其未来各期现金流的现值之和，也就是将投资者未来可以得到的现金按照一定的折现率进行折现后就可以得出股票的理论价格。

股票定价最常用的方法是收入资本化定价方法，即将投资者预期的未来各期的现金收入进行贴现，进而得出股票的内在价值。

用公式表示，股票的内在价值（V）等于各期预期现金流量的现值：

$$V = \frac{D_1}{(1+r)} + \frac{D_2}{(1+r)^2} + \frac{D_3}{(1+r)^3} + \cdots$$

$$= \sum_{t=1}^{\infty} \frac{D_t}{(1+r)^t}$$

其中，D_t 表示在时间 t 时股票的预期现金流入；r 表示与一定风险相对应的贴现率，可以理解为必要的收益率。

由于股票的现金流量主要是预期的未来股息收入，因此用收入资本化定价方法决定的股票内在价值的模型被称为股利贴现模型。为股票定价关键在于预测未来的股利收入，由于股票没有固定期限，这就意味着必须预测无限时期的股利收入。为了简便计算，人们根据预期股利的变化，设计出不同的股票定价模型，最常见的是零增长模型。

股票投资的现金流量分为两部分，一部分是各期分得的现金股利，另一部分是出售股票的价格。零增长模型假设未来的股利按固定的数量支付，股利增长率为零。用公式表示为：

$$P = \frac{D_1}{(1+r)} + \frac{D_2}{(1+r)^2} + \cdots + \frac{D_n}{(1+r)^n} + \frac{P_n}{(1+r)^n}$$

其中，P 表示股票现在的理论价格，即内在价值；D 表示每股现金股利；r 表示贴现率；P_n 表示股票的出售价格，n 表示持有股票的年限。

因为：

$$P_n = \frac{D_{n+1}}{(1+r)^{n+1}} + \frac{D_{n+2}}{(1+r)^{n+2}} + \cdots + \frac{D_\infty}{(1+r)^\infty}$$

$$D_1 = D_2 = \cdots = D_\infty$$

所以零增长模型可以转化为：

$$P = \frac{D}{r}$$

其中，D 表示每期不变的现金股利收入。

在零增长模型中，股票的理论价格取决于每股现金股利和贴现率。现金股利越高，股票的理论价格越高；现金股利越低，股票的理论价格也越低。贴现率（即必要的收益率）越高，股票理论价格越低；贴现率越低，股票理论价格也就越高。

（二）股价平均数和股价指数

股价平均数和股价指数是衡量股票市场总体价格水平及其变动趋势的尺度，也是反映一个国家或地区政治、经济发展状况的灵敏信号。

1. 简单算术股价平均数

简单算术股价平均数是用样本股票每日的收盘价格之和除以样本数。其公式为：

$$\overline{P} = \frac{\sum\limits_{z=1}^{n} P_i}{n}$$

其中，$\overline{P}$ 为样本股票平均价格；P_i 为各样本股票的收盘价格；n 为样本股票个数。

简单算术股价平均数的优点是计算简便，但没有考虑样本股票的拆股、送配股等股份变动和样本股票更换时对股价平均数的影响，也没有考虑发行量或成交量对股价平均数的影响。为了克服它的缺点，可以通过加权股价平均数和修正股价平均数来弥补。

2. 加权股价平均数

加权股价平均数是将各样本股票的发行量或成交量作为权数计算出来的股价平均数。其计算公式为：

$$\overline{P} = \frac{\sum_{i=1}^{n} P_i W_i}{\sum_{i=1}^{n} W_i}$$

其中，W_i 为各样本股的发行量或成交量。

计算加权平均数时，可作为权数的变量通常有两种，一是成交量，二是发行量。

（1）以样本股票成交量为权数的加权平均股价可以表示为：

$$加权平均股价 = \frac{样本股成交总额}{同期样本股成交总量}$$

（2）以样本股票发行量为权数的加权平均股价可以表示为：

$$加权平均股价 = \frac{样本股市价总额}{同期样本股发行总量}$$

3. 修正股价平均数

当发生拆股、增资配股、送股时，应该对原股价平均数进行修正，使其具有连续性和可比性。修正股价平均数最主要的方法是修正除数法。

修正除数法是在简单算术平均数法的基础上，当股票发生拆股、送股、增资配股等股份变动时，通过变动除数，使股价平均数不受影响。其计算公式如下：

$$新除数 = 股份变动后的总价格 \div 股份变动前的平均数$$

$$修正股价平均数 = 股份变动后的总价格 \div 新除数$$

道·琼斯股价平均数采用修正除数法来计算股价平均数，每当股票分割或发放股票股息、增资配股股数超过原股份 10% 时，对除数作相应修正。

（三）股票价格指数

股票价格指数用以反映股票市场价格的相对水平。为编制股价指数，通常先选择样本股票并确定一个基期，将基期股价或市值作为基期值（通常定为 1000 点、100 点、50 点、10 点等），并据此计算以后各期股价或市值的指数值。最常见的股票价格指数的计算方法是加权股价指数。

加权股价指数是以样本股票发行量或成交量为权数加以计算，又可以分为基期加权和计算期加权两种方法。

（1）基期加权股价指数。又称拉斯贝尔加权指数（lsapeyre index），采用基期发行量或成交量为权数，计算公式为：

$$股价指数 = \frac{\sum\limits_{i=1}^{n} P_{1i}Q_{0z}}{\sum\limits_{i=1}^{n} P_{0z}Q_{0i}} \times 基期值$$

式中：Q_{0i} 为第 i 种股票基期发行量或成交量。

（2）计算期加权股价指数。又称派许加权指数（paasche index），采用计算期发行量或成交量作为权数。其适用性较强，使用较广泛，很多著名的股价指数，如标准普尔指数等，都使用这一方法。计算公式为：

$$股价指数 = \frac{\sum\limits_{z=1}^{n} P_{1i}Q_{1i}}{\sum\limits_{i=1}^{n} P_{0i}Q_{1r}} \times 基期值$$

其中，Q_{1i} 为第 i 种股票计算期发行量或成交量。

第二节　债券市场

债券市场是资本市场的另一基本形态，其发行和交易的债务工具与权益工具有着本质的区别，因而债券市场的特点也与股票市场有所不同。

一、债券的概念与种类

（一）债券的概念

债券是按照法定程序发行的要求发行人（也称债务人或借款人）按约定的时间和方式向债权人或投资者支付利息和偿还本金的一种债务凭

证。由此，债券包含以下四层意思：

（1）债券发行人（借款人）是资金的借入者；

（2）债券投资者是资金的供给者；

（3）发行人需要按约定的条件还本付息；

（4）债券投资者与发行者之间是一种债权债务关系，债券发行人即债务人，投资者（或债券持有人）即债权人，债券是债的证明书，具有法律效力。

（二）债券票面的基本要素

债券票面的基本要素主要有票面价值、票面利率、偿还期限以及债券发行者名称。

1. 债券的票面价值

票面价值又包括两个内容：（1）票面价值的币种，即以何种货币作为债券价值的计量标准。币种的选择主要依其发行的对象和需要来确定。若是对国内市场发行，债券的币种就是本国货币；如在国际金融市场筹资，一般以债券发行地国家或国际通用货币如美元、欧元等币种作为计量标准。（2）债券的票面金额。票面金额大小的不同对于债券的发行成本和持有者的分布具有不同的影响。票面金额较小，小额投资者也可购买，持有者分布面广，但债券印刷及发行工作量大，可能增加发行费用；票面金额过大，购买者仅为少数大投资者，一旦这些投资者认购积极性不强，可能导致发行失败。

2. 债券的偿还期限

债券的偿还期限即从债券发行日起至偿清本息之日为止的时间。对于债券发行者来说，必须根据不同条件确定债券的期限。首先发行人要考虑资金使用目的和周转期的长短，保证在完成筹资目的的同时有能力在规定的时间内偿还债务。其次，要考虑未来市场利率的发展趋势。一般情况下，市场利率呈下降趋势，多发行短期债券，反之则应发行长期债券，这样既可避免利率风险，又可减少因市场利率上升引起的筹资成本增加。再次，要考虑流通市场的发达程度。流通市场发达，则债券变现能力强，购买长期债券的投资者多，发行长期债券容易取得成功。

3. 债券的票面利率

债券的票面利率是指债券的利息与债券票面价值的比率。债券的票面利率主要受基准利率、发行者资信、偿还期限、利息计算方式和资本市场资金的供求情况等影响。

4. 债券发行者名称

债券发行者，即该债券的债务主体。债券发行者必须具备公开发行债券的法定条件，并对债券到期的还本付息承担法律责任。

（三）债券的种类

债券的种类众多，可以从不同的角度进行分类。

1. 按发行主体分类

（1）政府债券。政府债券的发行主体是政府，包括中央政府、政府机构和地方政府，它以政府信誉作保证，因而不需提供抵押品，它的风险在各种投资工具中是最小的。政府发行的短期国债流动性强，因而有"有利息的货币"之称。不少国家的中央银行通过公开市场业务以政府债券作为调节货币供应数量和调节利率的重要手段。中央银行买入债券，将会增加货币供给，引起利率下降；反之，出售债券将会减少货币供给，导致利率上升。

（2）公司债券。公司债券是由公司按照法定程序发行的约定在一定期限还本付息的有价证券。公司债券的发行主体是股份公司，但某些国家也允许非股份制的企业发行债券。公司发行债券的目的主要是为了经营的需要。由于公司的情况千差万别，有些经营有方、实力雄厚、信誉高，也有一些经营较差，可能处于倒闭的边缘，因此公司债券的风险比政府债券和金融债券要大一些。公司债券有中长期的，也有短期的，视公司的需要而定。

（3）金融债券。金融债券的发行主体是银行或非银行金融机构。金融债券是金融机构补充附属资本的主要渠道，是较为理想的筹集长期资金的工具。与公司债券相比，金融债券的发行条件较为宽松。公司债券的发行额通常有一定限制，金融债券的发行额一般可达资本金和准备金的 20~30 倍，规模相当可观。金融债券的发行一般采取直接公募方式，即使认购额达不到预计的发行额度，也不会影响发行的正常进行。金融机构的资信度高，易为社会公众接受，因而不仅具有较高的安全性和收益性，也具有广泛的流动性。

2. 按债券的利率是否固定分类

（1）固定利率债券。它指在偿还期内利率固定不变的债券。在偿还期内，无论市场利率如何变化，债券持有人只能按债券票面载明利率获取债息。在偿还期内，当市场利率高于票面利率时，债券持有人就要承担收益率相对较低的风险。当市场利率低于票面利率时，债券持有人可以获得由于市场利率下降带来的额外收益。

（2）浮动利率债券。它指利率可以定期变动的债券。这种债券的利率与市场利率挂钩，一般高于市场利率一定百分点。当市场利率上升时，债券的利率也相应上浮；反之，当市场利率下降时，债券利率就相应下调。这样，浮动利率债券就可以避免因市场利率波动而产生的风险。

3. 按利息的支付方式分类

（1）附息债券。它是在券面上附有各项息票的中长期债券。息票上标明利息额、支付利息的期限和债券号码等内容。通常息票以 6 个月为一期。息票到期时用以领取本期利息。息票也是一种可转让的有价证券，中长期国债及公司债券大多为附息票债券。

（2）一次还本付息债券。它是不设息票、不分期付息、只是到期时将本金和多期利息一并支付给投资者的债券。我国发行的中期国债多为一次还本付息债券。

（3）贴现债券。它也叫贴水债券，是券面上不附息票，发行时按规定的折扣率（贴现率），以低于债券面值的价格发行，到期时按债券面值兑付而不另付利息，其发行价与面值的差额即为当付的利息。短期国债的发行常采用贴现方式。

（4）零息债券。它是指在存续期内不支付利息，发行价格是债券面值按票面利率折现后的现值，到期按票面额还本付息的债券。投资者以低于面值的价格购买，收益是债券面值与购买价格的差额。由于零息债券的期限一般大于 1 年，因此实际上是一种以复利方式计息的债券。零息债券与贴现债券的区别在于：贴现债券期限通常短于 1 年，发行价格是债券面值扣除贴息后的差额；零息债券的期限一般长于 1 年，发行价格是债券面值按票面利率折现后的现值。零息债券于 20 世纪 80 年代初首次在美国债券市场上出现。

4. 按有无担保分类

债券根据有无实际担保可分为信用债券和担保债券。

（1）信用债券。它也称无担保债券，仅凭发行人的信用而发行，没有特定的物品做担保。一般国债、金融债券、信用良好的公司发行的公司债券大多为信用债券。

（2）担保债券。它指以抵押财产为担保而发行的债券。按担保品不同，分为抵押债券、质押债券和保证债券。抵押债券以不动产作为担保，质押债券以动产或权利做担保，保证债券以第三人作为担保。一级公司债券大多为担保债券。

5. 按内含选择权分类

根据债券是否内含选择权，可分成可赎回债券、偿还基金债券、可转换债券和带认股权证的债券，这些选择权不同程度地影响债券的定价。

（1）可赎回债券。它是指公司债券附加提早赎回和以新偿旧条款，允许发行公司选择于到期日之前购回全部或部分债券。当市场利率下降时，发行公司可以赎回债券，转而以较低利率发行新债筹资。

（2）偿还基金债券。它要求发行公司每年从盈利中提存一定比例存入信托基金，定期偿还本金，即从债券持有人手中购回一定量的债券。这种债券与可赎回债券相反，其选择权在债券持有人一方。

（3）可转换债券。它是指由公司发行的投资者在一定时期内可选择一定条件转换成公司股票的公司债券，通常称作可转换债券或可转债。这种债券兼具债权和股权双重属性。大部分可转换债券都是没有抵押的低等级债券，并且是风险较大的小型公司所发行的。这类公司筹措债务资本的能力较低，使用可转换债券的方式将增强对投资者的吸引力。

（4）带认股权证的债券。它是指公司债券可把认股权证作为合同的一部分附带发行。附认股权证债券允许债券持有人按债券发行时规定的条件购买发行人的普通股票，另外，这种认股权证可以转让。

二、债券发行市场

（一）债券发行市场的构成

债券发行市场主要由发行人、投资者（认购者）和承销商等中介人三部分构成。

（1）债券发行人。即筹资者，也就是债务人，包括国内外的政府和政府机构、大型公司企业及金融机构。

（2）债券投资者。即债权人，包括个人、公司企业及政府机构，他们是债券市场上的资金供给者。

（3）承销商。是代理发行人办理债券的发行和销售业务的中介人，由他们负责把债券转售给投资者，通常由投资银行等担任。在债券发行量不大时，一家投资银行就可承购，但如果债券发行的数量和金额较大，一家投资银行单独难以承担承购任务，这时就可邀请其他一些投资银行参加，组成承购集团，按各家认购比例共同筹集巨资包销，原来的这家投资银行则担任主承销商。

（二）债券发行条件

这些条件包括面值、利率、偿还期限和发行价格。

（1）面值。即债券的票面价值，包括面值的单位、数额和币种。面值有三个含义：①对于付息债券表明债券偿还本金的依据；②对于贴现国债表明到期偿还本息的金额；③对于二手债券，面值是计算收益率的主要依据。

（2）利率。年利息额对票面金额的比率。大多数债券都是固定利率债券，在债券有效期限内不变。因此，利率的确定应该根据市场情况及发展趋势全面考虑。

（3）偿还期。从发行到兑付的期间称为偿还期。债券期限分为长期、中期和短期三种情况。通常短期为 1 年以内，中期为 1~10 年，长期为 10 年以上。

（4）价格。债券的价格是债券价值的表现形式。附息债券发行价格可以分为三种情况：①票面价发行，即以票面价格发行，又称平价发行；②折价发行，以低于票面额的价格发行；③溢价发行，以高于票面额的价格发行。贴现债券从票面金额中扣除贴现额后发行，属于折价发行。

（三）债券的发行方式

债券的发行方式分为直接发行和间接发行两种。

1. 直接发行

它是发行人自己完成发行程序进行募集的方式。直接发行又可以分为直接募集和出售发行两种情况：①直接募集是发行人不通过中介机构，自己承担发行事务的方式；②出售发行是预先不规定发行数额，由发行人在确定的时间内向公众出售债券，该期限内出售的债券总额即为发行总额。

2. 间接发行

它是发行人通过中介机构处理债券的发行事务。现代债券发行，特别是国债发行大部分是采取间接发行的方式。主要有承购包销、招标发行等方式。①承购包销是由若干家银行、证券公司等组成承销团包销全部债券，再由承销团成员利用自己的销售网络将债券分销给公众投资者的发行方式。发行人和承销团之间的权利义务关系由承销合同确定，一旦债券由承销团承销，债券发行即告结束，如果分销出去，由承销团的成员自己认购。德国、日本一直采取集团认购的方式发行国债。②招标发行是债券发行者通过招标的方法决定债券投资者和债券发行条件的发行方式。根据标的物不同，招标发行可分为价格招标、收益率招标和缴款期招标；根据中标规则不同，可分为荷兰式招标（单一价格中标）和美式招标（多种价格中标）。荷兰式招标是按招标人所报买价（收益率）从高（低）到低（高）的顺序排序，直至满足预定发行额为止，所有中标者以满足发行额的最低价格（最高收益率）中标；美国式招标的过程与荷兰式相似，但是投标人在中标后，分别以各自出价认购债券。两者的区别在于：荷兰式是所有中标人以单一价格认购，美国式招标是中标人以多种价格认购。招标发行是公开进行的，属于公募性质，故亦称"公募招标"。

（四）债券的发行程序

1. 公司债券发行程序

（1）制定发行计划和发行章程。即对本次债券发行的目的、可行性和实施内容进行统筹规划和具体部署。

（2）董事会决议。公司债发行计划和发行章程须经公司董事会决议通过才有效，而且也须由 2/3 以上董事出席，并获得超过半数出席董事的赞成通过，才能付诸实施。

（3）评定信用等级。债券的信用评级指的是证券评级机构根据对债券发行人的基本经营状况分析，从本利支付可靠度和信用度两个方面对发行者的债券评定等级。

（4）提出发行申请。发行债券都须经国家证券主管机关审查核准，未经批准不得擅自发行。

（5）签订委托代理协议。公开间接发行债券时，发行公司需与承销机构就本次债券的发行承销问题举行谈判，就发行总额、发行方式、承销方式、发行价格、发行期间等有关事宜进行磋商，并规定承销者所承担的责任和义务，承销者的报酬和承销者缴款的日期通过签订协议的方式确定下来。

（6）签订信托合同。在发行公司债券时，发行公司必须与受托公司签订信托合同。信托合同主要规定受托人的权利和义务，根据信托合同，受托公司取得资产的留置权。

（7）发布发行公告。发行公司应以公告形式公布发行内容，主要包括公司经营管理简况、公司财务状况、发行计划、发行债券的目的、债券总金额、发行条件、还本付息方式、募集期间等。

（8）认购人应募交割。在募集期间，应募人填写认购申请书，在规定的期间认购人缴纳债券价款，发行公司则交割认购人的债券，进行钱券两清的了结。

（9）发行总结。债券募集期结束后，由发行公司进行债券发行总结，将本次债券发行的成效及其原因进行汇总分析，并在一定时间内向政府主管机关呈报。

2. 政府债券的发行程序

政府债券与公司债券相比，具有发行量大、信誉高、发行次数多等特点，常采用公募招标方式。其发行程序（以美国国库券为例）大致如下：①认购者索取投标单；②联邦储备银行接受投标单；③决定中标者及中标价格；④由财政部宣布投标结果；⑤财政部正式发行国库券。

（五）债券的信用评级

信用评级是指信用评级机构对于公开发行的企业债券按照其偿还能力的大小对其信用质量进行级别的评定，以供投资者参考。进行债券信用评级的最主要原因是方便投资者进行债券投资选择。

目前国际上公认的最具权威性的信用评级机构主要有美国标准普尔公司和穆迪投资服务公司。上述两家公司负责评级的债券很广泛，包括地方政府债券、公司债券、外国债券等。标准普尔公司信用等级标准从高到低可划分为：AAA级、AA级、A级、BBB级、BB级、B级、CCC级、CC级、C级和D级。穆迪投资服务公司信用等级标准从高到低可划分为：Aaa级、Aa级、A级、Baa级、Ba级、B级、Caa级、Ca级和C级。两家机构信用等级划分大同小异。前四个级别债券信誉高，风险小，是"投资级债券"，第五级开始的债券信誉渐次降低，是"投机级债券"。

三、债券的流通市场

债券的二级市场与股票类似，也可分为证券交易所、场外交易市场以及第三市场和第四市场几个层次。证券交易所是债券二级市场的重要组成部分，在证券交易所申请上市的债券主要是公司债券，国债一般不用申请即可上市，享有上市豁免权。然而，上市债券与非上市债券相比，他们在债券总量中所占的比重很小，大多数债券的交易是在场外市场进行的，场外交易市场是债券二级市场的主要市场。

在二级市场的交易机制方面，债券与股票并无差异，只是由于债券的风险小于股票，其交易价格的波动幅度也较小。

第三节　投资基金市场

一、投资基金：概念、特点与分类

（一）投资基金的含义

投资基金是一种集合投资制度，它是通过发行投资基金股份或受益证券的方式，汇集不特定多数且具有共同投资目的的社会大众投资者的资金，委托专门的投资管理机构进行各类分散组合投资，借以分散风险，并以按出资比例享受投资收益为特色，以证券投资为主要投资手段的一种为大众集合式代理的新的投资方式。

各国（地区）对投资基金的称谓有所不同，投资基金在美国称作共同基金，在日本和我国台湾地区称作投资信托，在英国和我国香港特别行政区被称为单位信托基金，在欧洲一些国家则被称为集合投资计划或集合投资基金，在中国称作投资基金。

投资基金有五个基本含义：

（1）共同投资、共享收益、共担风险。这是投资基金的基本原则。投资基金资金来源于众多的个人投资者。这些投资者将资金投入投资基金，自然形成了共同投资的结构。投资基金的运作既有收益也有风险，这些收益和风险由投资者承受。

（2）投资基金的运作贯彻着股份公司的一些基本原则。在资本市场中，投资者的权益大致上可分为股权性权益和债权性权益两种。投资者将资金投入（而不是借给）投资基金，因此，他们所拥有的权益属股权性权益。他们有权参加基金持有人会议，有权就基金运作的有关重大事项进行审议表决，有权参加基金收益的分配，有权分取基金的剩余资产等。

（3）投资基金的运作基础是现代信托关系。投资基金组织不自己运作基金中的资金，而是通过信托关系，将这些资金委托给基金管理公司或类似机构运作，并由基金保管人负责基金资产的管理以及监督基金管理公司对基金资金的使用。

（4）投资基金是一种资金有专门用途并实行独立核算的组织。投资基金的资金用途通常有比较明确的规定。这种规定，或由有关法律法规规定，或由基金章程规定。

（5）投资基金是一种独特的投资组织制度。从投融资角度看，投资基金组织既不同于股份公司和一般的工商企业，也不同于银行和一般的非银行金融机构，它是一种专门将个人投资资金集中起来进行集中投资的机构。

（二）投资基金的特点

第一，小额投资，风险分散。基金把大量金额大小不一的资金汇集起来后，就可以形成相当规模的资金，可分散投资于数十种甚至数百种有价证券。投资者可以将风险更大程度地分散，这比大部分限于个人的资金所能做到的安全得多。

第二，专业性投资管理。投资者付出合理的价钱便可享有专业性的投资管理服务。哪一家公司或行业值得考虑、何时购入或售出股票较为有利、应不应该接纳一项新发行的股票等决定皆由投资管理人负责，他们与大批股票经纪人及本身的研究部门保持联系，掌握着详细周密的研究资料，是个人投资者盲目投资所不能比的。

第三，成本低。个人投资者进入证券市场往往需要缴纳一定的交易手续费，而投资基金将资金集中起来进行交易，可以大大降低手续费用的费率。因为投资成本小，便于投资者投资于基金，投资者便可以随时购买或卖出收益凭证，所以当基金投资状况看好时，投资者便可进入基金；当基金投资状况不佳时，投资者便可退出基金。国外的一些基金机构还为投资者提供转换服务，而不收手续费，这就使投资者花费不大，进退方便。

（三）投资基金的分类

1. 根据基金单位是否可增加或赎回，投资基金可分为开放型基金和封闭型基金

开放型投资基金原则上只发行一种基金单位，发行在外的基金单位或收益凭证没有数额限制，可以随时根据实际需要和经营策略而增加或减少。投资者可以根据市场状况和自己的投资决策决定退回基金单位（即要求基金购回自己持有的基金单位份额）或增加基金单位份额，基金经理人则随时准备按照招募说明书的规定以资产净值向投资人出售或从投资人赎回基金单位。因此，开放型基金又称为追加型或不定额型投资基金，即其单位份额总数是不固定、不封闭的。开放型基金有着资金不能全部用于投资从而会在一定程度上影响收益的缺陷。但其优点也是很明显的。首先，基金券销售手续费在招募说明书中已经写明，而且说常比通过市场买卖交给经纪商的佣金低。其次，对中小投资者来说，能按基金单位资产净值赎回，具有安全性和流动性两大优势。最后，基金经理人也喜欢开放型基金，他们只负责经营，并从赎回基金收益凭证中收取一定比例的手续费。目前国外的大部分投资基金都是开放型的。

封闭型投资基金是相对于开放型投资基金而言的。它是指基金规模在发行前已确定，在发行后和规定的期限内，基金规模固定不变的投资基金。如果投资者想购买基金券，只能向基金券持有者购买，若持有基金券的投资者想将手中的基金券变现，只能向其他投资者转让。同开放型投资基金相比，封闭型投资基金吸引的资金比较稳定，可以把全部基金用于投资甚至可以投资于流动性较差的投资品种或项目。但这类基金周转速度比较慢，灵活程度较低，不适应大规模短线投资，所以投资的证券市场多为封闭型市场或开放程度比较低的市场。

2. 证券投资基金根据其组织形式不同，可分为契约型投资基金和公司型投资基金

契约型投资基金也称信托型投资基金，是根据一定信托契约原理，由基金发起人和基金管理人、基金托管人订立基金契约而组建的投资基金。基金管理公司依据法律、法规和基金契约负责基金的经营和管理操作。基金托管人负责保管基金资产，执行管理人的有关指令，办理基金名下的资金往来。投资者通过购买基金单位，享有基金投资收益。英国、日本和中国的香港、台湾地区多数是契约型基金。

公司型投资基金是指具有共同投资目标的投资者依据公司法组成以营利为目的、投资于特定对象（如各种有价证券、货币）的股份制投资基金，这种基金通过发行股份的方式筹集资金，是具有法人资格的经济实体。基金持有人既是基金投资者又是公司股东，按照公司章程的规定享受权利、履行义务。公司型基金成立后，通常委托特定的基金管理公司运用基金资产进行投资并管理基金资产。基金资产的保管则委托另一金融机构，该机构的主要职责是保管基金资产并执行基金管理指令，二者权责分明。基金资产独立于基金管理人和托管人的资产之外，即使受托的金融保管机构破产，受托保管的基金资产也不在清算之列。美国的基金多为公司型基金。

3. 从基金证券的市场特点出发，将投资基金分为私募基金、公募基金、上市基金和不上市基金等类型

私募基金是指以非公开方式向一些特定投资者募集基金资金的投资基金。在这种方式下，基金发起人通过电话、信函、面谈等方式。直接向一些老客户、亲朋好友等投资者推销基金证券，并由这类投资者认购。由于私募基金容易发生不规范行为，所以，一些国家的法律法规明确限定了私募基金证券的最高认购人数，超过最高认购人数就必须采用公募发行。

公募基金是指以公开发行方式向社会公众投资者募集基金资金的投资基金。基金证券的发行规则与公募股票的规则基本一致。

上市基金是指基金证券在交易所挂牌交易的投资基金。这种基金由于其证券可在交易所上市，流通性较高，所以发行比较容易，发行量也较大。基金证券的上市程序、交易程序及有关机制，与股票债券基本相同。各国对上市基金的规定不尽相同。

非上市基金证券是指基金证券不能在交易所挂牌交易的投资基金。它包括可流通基金和不可流通基金两种。其中，可流通基金是指基金证券虽不在交易所持牌交易但在场外交易市场挂牌交易的投资基金。例如，在美国，基金证券的发行量和基金规模与上市基金差别不大。不可流通基金是指基金证券不进入公开交易市场的投资基金。这种基金通常是私募基金。

4. 按照经营目标和投资目标不同，投资基金可以分为成长型基金和收入型基金

成长型投资基金是指主要投资于成长型股票、追求资产长期稳定增

长目标的基金类型。所谓成长型股票是指企业（一般是中小型企业）发行的具有美好前景的股票，其价格预期上涨速度要快于一般公司的股票或股价综合指数。成长型基金经理人购买这种股票并适时卖出，从中获取利益。收入型投资基金追求的目标是稳定和较高的当期收入，而不强调资本的长期利得和成长。这种基金的经理人通常选择能够带来现金定息的投资对象，其投资组合主要包括利息较高的债券、优先股和普通股。

此外，根据投资对象的不同，投资基金可分为股票基金、债券基金、货币市场基金、期货基金、期权基金、指数基金和认股权证基金；根据投资货币种类的不同，投资基金可分为美元基金、日元基金和欧元基金等。

二、投资基金的发行

证券投资基金的发行也称证券投资基金的募集，是指基金管理公司根据有关规定向证券监管机构提交募集文件，发售基金份额，募集基金的行为。一般说来，基金的发行要经过申请、核准、发售、备案和公告四个步骤。

（一）证券投资基金发行的申请

基金发行的申请是基金发行的第一步。世界各国和地区对基金的发行都有一定的条件限制点，有符合一定要求的法人机构才能作为证券投资基金的发起人，申请设立基金。尽管不同的国家和地区对基金发起人所必须具备的条件要求不同，但是主要包括以下几点：①发起人必须为依法设立的证券公司、信托投资公司、基金管理公司；②发起人的实收资本、从业经验和盈利记录必须达到一定要求；③发起人的组织机构、管理制度和财务状况必须达到一定要求。

基金发起人向监管机构提交发行申请时，必须附上一系列文件，其中最重要的是基金合同和基金招募说明书。基金合同载明了基金管理人、基金托管人和基金份额持有人的权利义务关系；基金招募说明书则是基金的自我介绍，它向投资者提供了基金的详情，以便投资者做出是否投资该基金的决策。

（二）基金发行申请的核准

证券监管机构在收到基金发起人设立基金申请后的一定时间内，会按照相关法律法规对基金发起人的资格和发起人提交的文件进行审查，做出是否予以批准设立的答复。基金发起人只有在发行申请被批准后才能开始发售基金份额。

（三）基金份额的发售

证券投资基金发行最重要的步骤是基金份额的发售。基金份额的发售一般由基金管理人负责办理。基金份额在发售时会有一个规定的时间段，即募集期，基金的发售必须在募集期内完成。募集期不能太短或太长。募集期太短会使投资者的需求不能得到满足，太长则会增加基金的发售成本。

证券投资基金在募集期结束后，如果符合规定的条件，即可宣告成立。这些条件包括：基金募集的份额要达到核准份额的一定比例；基金持有人必须达到一定数量等等。

（四）基金发行完毕后的备案和公告

证券投资基金宣告成立后，基金管理人应当在法定时间内聘请验资机构验资。验资结束后，基金管理人应当向监管部门办理备案手续，并予以公告。

三、投资基金的交易

（一）封闭式基金的交易

封闭式基金募集完毕后，如果满足一定条件，就可以在证券交易所挂牌上市。这些条件包括：基金的封闭期达到一定的年限；基金的募集资金额达到一定数量；基金份额的持有人达到一定数目。

投资者要进行封闭式基金的交易，必须开立证券账户或是基金账户，同时必须有资金账户。由于封闭式基金的绝对价格一般较低，因此基金交易的最小变动价位对它的流动性有重要影响。比如当基金价格在 1 元左右时，若最小变动价位为 0.01 元，那么当投资者的买入委托以揭示的卖出价成交或是卖出委托以揭示的买入价成交时，投资者将承担额外的成本。例如，当揭示的买入价为 1.02 元，买出价为 1.03 元时，投资者只能以 1.03 元买入，以 1.02 元卖出，相当于损失了约 1%。因此，封闭式基金的最小变动价位一般要小于 0.01 元。中国自 2003 年 3 月起规定，封闭式基金交易的最小变动价位为 0.001 元。

（二）开放式基金的申购和赎回

封闭式基金的交易在基金投资者之间进行，而开放式基金的申购和赎回，则在基金投资者和基金管理人之间进行。

开放式基金的申购是指在基金募集期结束后申请购买基金份额的行为；开放式基金的购回是指基金持有人要求基金管理人购回其持有基金份额的行为。开放式基金的申购和赎回会相应增加和减少基金的总份额。

开放式基金在成立后的一段时间内，由于要将募集资金用于购买证券，因此可以规定一个封闭期，在封闭期内只接受申购申请，不接受赎回申请。

与开放式基金的认购一样，投资者进行开放式基金的申购或赎回可以通过基金管理公司的直销中心或其代理机构完成。开放式基金的申购和赎回办理的时间一般与证券交易所开市的时间一致。

开放式基金的申购以金额申请，即投资者申报申购的金额而非份数；开放式基金的赎回以份额申请，即投资者申报赎回的份数而非金额。一般来说，开放式基金会规定一个最小的申购金额和赎回份额。

开放式基金的申购也存在着前端收费和后端收费两种模式，不同的收费模式会导致申购份额的差异。和认购时一样，开放式基金的申购和赎回费率一般随着基金风险的增加而增加，赎回费率随着投资者持有时间的增加而减少。另外，开放式基金的申购费率一般随申购金额的增加而减少。

四、投资基金的投资

（一）证券投资基金的投资目标

证券投资基金投资的第一步是制定投资目标。没有明确的投资目标，基金就会盲目投资，从而损害基金持有人的利益。证券投资基金的投资目标可以分为总体目标和具体目标。总体目标也称基金的总体投资原则，其表述一般比较简单，例如，为投资者减少和分散投资风险，确保基金资产的安全，谋求基金长期稳定的投资收益等。

证券投资基金的具体投资目标则依基金风格的不同而不同。如收入型基金的目标是获取最大的当期收入，成长型基金的目标是追求资本的长期增值，平衡型基金的目标则是两者兼顾。

证券投资基金具体目标的不同决定了其投资对象和投资策略的不同。

（二）证券投资基金的投资范围和投资限制

顾名思义，证券投资基金应当将基金资产投资于有价证券。各国的法律法规都明确指出了证券投资基金的投资范围，主要包括上市和未上市的股票、认股权证、国债、地方债、公司债、可转换债券等。同时，为了保持资产的流动性以及应付投资者赎回的需要，证券投资基金还可以将一部分资金存入银行或是购买货币市场上的短期金融工具。

对基金投资行为的限制主要侧重于基金与基金管理人、基金托管人的关联交易行为，一般包括：不能承销证券，不能违规担保，不能从事内幕交易，本能买卖与基金管理人、基金托管人有利益关系的证券以及基金之间不能互相投资等。这些限制旨在防止基金凭借其强大的资金实力和与基金管理人、基金托管人的特殊关系来损害基金持有人的利益。

由于证券投资基金所拥有的资金量较大，如果某一只基金购买了公司相当大比例的股份，无论是公司的股价还是公司本身的治理都会受到很大的影响，因此法律法规一般会限定证券投资基金的投资数量，即单个基金对某一证券的最高投资比例和同一基金管理公司旗下所有基金对某一证券的最高投资比例。另外，由于证券投资基金采用组合投资的方法，为防止单个证券的表现对基金的业绩影响过大，法律法规一般都规定了单个证券在基金资产中的比例限制。

中国对于证券投资基金投资数量的规定是：一只基金持有一家上市公司的股票，其币值不得超过基金资产净值的10%；同一基金管理人管理的全部基金持有一家公司发行的证券，不得超过该证券的10%；基金财产参与股票发行申购，单只基金所申报的金额不得超过该基金的总资产，单只基金所申报的股票数量不得超过拟发行股票公司本次发行股票的总量。

（三）基金管理公司的投资决策程序

由于证券投资基金运作的资金较大，必须采取组合投资的方式，因此，它的投资过程必须经过科学的决策。一般来说，基金管理公司内部都会设立一个投资决策委员会，领导投资决策程序的运行。除了投资决策委员会以外，在进行决策和投资的过程中，通常涉及基金管理公司内部的各个部门。一个科学的决策和投资程序一般由下列步骤构成：

第一，研究部、投资部和金融工程部通过自身研究或参考外部研究机构的报告，提交宏观经济分析、行业分析、公司分析、市场分析和数据模拟等报告，以供投资决策委员会进行参考。

第二，投资决策委员会定期召开决策会议，对提交的报告进行分析，制定投资策略，并提出资产配置的指导性意见。

第三，基金的投资部门根据投资决策委员会的建议，参考研究报告，筛选出备选证券池，拟定资产组合，并确定买卖时机。

第四，基金交易员根据投资部门的指令，在适当的时机和价格附近买卖证券，并根据投资方案的变化不断调整股票组合。

第五，基金管理公司内部设立的风险控制委员会根据市场变化监控基金在投资过程中的实时风险，并提出必要的建议和警示。

需要注意的是，以上步骤并不完全是逐一顺次进行，有时各步骤之间存在着交叉运行和反馈机制。比如，基金的投资部门在构建投资组合的过程中，需要及时向投资决策委员会报告实施情况并向风险管理委员会报告风险情况；基金交易员在交易过程中对市场出现的异常状况，需要及时向投资部门和风险控制委员会进行反馈。因此，基金管理公司的投资决策和实施过程需要公司各部门的互相配合，是一个不可分割的有机整体。

（四）证券投资基金面临的风险

任何投资都会面临一定的风险。证券投资基金面临的风险包括以下几方面。

一是市场风险。基金投资于证券市场，而证券市场的价格受多种因素的影响经常处于波动之中，从而使基金的净值和收益受到影响。

二是管理风险。管理风险也称操作风险，主要是指由于基金管理人和基金托管人内部控制机制的不完善导致基金在投资时发生操作上的失误乃至违规，造成基金投资的损失。

三是技术风险。技术风险主要来源于交易系统、通信系统的故障。当技术风险发生时，可能导致投资者的交易指令不能及时提交、开放式基金投资者的申购或赎回无法及时完成、基金净值的揭示不能正常进行等不良后果。

四是流动性风险。流动性风险也称巨额赎回风险，这是开放式基金特有的风险。当市场出现大幅下跌时，投资者预见到基金净值的下降，可能会要求赎回基金份额。如果基金没有足够的现金，只能通过抛售所持证券来满足投资者的赎回，这样势必使市场抛压增大，继续下跌，从而导致更大规模的赎回。一旦陷入这种市场下跌—赎回—市场继续下跌—更大规模赎回的恶性循环，基金份额就会急剧下降，严重的还会导致基金被迫清盘。

证券投资基金所面临的各种风险是交织在一起、互为因果的。市场风险可能导致流动性风险，流动性风险反过来又会加剧市场风险，因此，证券投资基金的风险管理是一项复杂的系统工程。

本 章 小 结

本章从资本市场的子市场——股票市场、债券市场和投资基金市场，分别介绍资本市场的概念、分类及交易的方式和特点。

股票市场也称权益市场，按其运行过程可分为发行市场（一级市场）和交易市场（二级市场）。股票市场的发行制度可以分为注册制和核准制两大类。交易市场是指对股票进行买卖、转让、流通的市场。股票流通市场的存在保证了股票的流动性，为投资者提供了投资和变现的途径，保证了股票发行市场的正常运行。

债券市场是资本市场的另一基本形态，其发行和交易的债务工具与权益工具有着本质的区别，因而债券市场的特点也与股票市场有所不同。债券发行市场主要由发行人、投资者（认购者）和承销商等中介构成。债券的发行方式分为直接发行和间接发行两种。在二级市场的交易机制方面，债券与股票并无差异，只是由于债券的风险小于股票，其交易价格的波动幅度也较小。

投资基金是一种集合投资制度，它是通过发行投资基金股份或收益证券的方式，汇集不特定且具有共同投资目的的社会大众投资者的资金，委托专门的投资管理机构进行各类分散组合投资，借以分散风险，并以按出资比例享受投资收益为特色，以证券投资为主要投资手段的一种为大众集合式代理的新的投资方式。证券投资基金的发行也称证券投资基金的募集，是指基金管理公司根据有关规定向证券监管机构提交募集文件，发售基金份额，募集基金的行为。一般来说，基金的发行要经过申请、核准、发售、备案和公告四个步骤。

习　　题

1. 比较分析普通股和优先股在权利和义务上的差异。
2. 请说明股票市场的主要功能是什么？

3. 什么是注册制？什么是核准制？并比较分析这两种股票发行制度。

4. 请比较分析不同的股票发行定价方法。

5. 证券交易所遵循怎样的交易原则？具体的交易规则有哪些？

6. 什么是场外交易市场，它有什么特点？

7. 什么是二板市场，它具有怎样的特点？

8. 什么叫股票价格指数，都有哪些计算方法？

9. 债券的基本概念及其要素。

10. 投资基金的基本含义及其特点是什么？

11. 基金管理公司的决策程序是什么？

第四章

国际金融市场

第一节　国际金融市场概述

国际金融市场由国际外汇市场、国际货币市场、国际证券市场、国际商品市场等不同内容组成，通过对各个子市场的介绍，可以对国际金融市场有个更好的整体概念。

一、外汇市场

（一）定义及基本情况

外汇市场（foreign exchange market）是进行外汇买卖的交易场所，它是国际金融市场的重要组成部分。

全球外汇市场交易量巨大，规模不断扩张，2007 年全球外汇日均交易量 3 万亿美元，2007 年的日均交易量比 2001 年（16120 亿美元）增加了 46.6%；在这其中美元、欧元、日元、英镑是最主要的交易货币，2004 年在所有交易币种中，按单边币种统计，美元、欧元、日元、英镑分别占 89%、37%、20%、17%，交易量最大的货币分别是美元兑欧元（28%）、美元兑日元（17%）、美元兑英镑（14%）；另外，外汇交易基本上是一个场外市场，大型商业银行和投资银行（报告交易商）占据主导地位，其市场份额在 2007 年底约为 53%，他们既从事外汇自营业务，也从事外汇代理业务；在外汇交易中衍生品交易占 2/3，其中纯远期和掉期交易约占 90%。

（二）重要的外汇市场

一是伦敦的外汇现货市场。伦敦外汇市场是全球交易量最大的外汇市场。它并无交易的具体地方，只是通过电话或电报完成交易，是一个典型的场外市场。

二是纽约的外汇现货市场。纽约外汇市场不仅是美国国内外汇交易的中心，同时也是世界各国外汇结算的枢纽。纽约外汇市场以美国的商业银行为主。美国境内有许多银行与国外的商业银行都有通汇关系，但进行大宗外汇交易的银行大部分都在纽约。

三是东京的外汇现货市场。东京金融市场形成以来在很长时间里，主要经营国内业务。20 世纪 50 年代后，日本逐步放松了外汇管制。1964 年，日本加入国际货币基金组织，日元成为可兑换货币，外汇交易逐步实行自由化。1980 年，日本政府颁布了《新外汇法》，使所有银行都可以在国内经营一般外汇业务。目前东京外汇市场已经成为主要外汇市场。

四是芝加哥商业交易所。芝加哥是全球最大的外汇期货中心，目前芝加哥商业交易所 CMX 的外汇期货交易量的全球占比超过 90%。其中欧元、日元、英镑是最大的交易币种。

二、货币市场

货币市场（money market）特指存续期在一年以下的金融资产组成的金融市场。货币市场包括短期国债、短期地方政府债券、商业票据和短期大额可转让存单，但不包括某些存续期在一年以下的商品期货以及金融衍生工具。国际货币市场基本上是场外（OTC）市场，可以在一天时间里 24 小时不间断交易。

货币市场具有四个基本特征：一是交易对象主要是期限短、流动性强、风险小、与货币差别不大的信用工具，如短期政府债券、银行大额可转让存单、商业票据、银行承兑票据等；二是交易的方式主要为同业拆借、回购协议等；三是在货币市场上交易的目的主要是解决短期资金的供求需要，是金融市场体系中最活跃的部分；四是中央银行（或货币当局）的直接参加，是中央银行同商业银行及其他金融机构的资金连接的主渠道，是国家利用货币政策工具调节全国金融活动的杠杆支点，因而有些西方经济学家把货币市场称为一国的"金融体系的核心机制"。货币市场是提供短期资金供求交易的场所，它是短期利率的发源地；具有执行中央银行公开市场操作以调整货币政策等功能。

货币市场包括银行同业拆放市场、银行短期信贷市场、短期证券市场、贴现市场等，在实际操作中短期利率期货市场和货币市场的关系十分的密切，在这里一并讨论。

（1）银行同业拆放市场，是一家银行贷给另一家银行的短期无担保贷款。银行间贷款利率具有非常重要的参考意义，许多金融工具的利率都与同业拆借利率相挂钩。目前伦敦、东京、香港为三大国际性拆借市场。伦敦银行同业拆借利率（LIBOR）是世界上最主要的同业拆借利率。

（2）银行短期信贷市场，主要是指商业银行为客户提供的短期信贷服务，当银行提供循环信用使客户在贷款期满后可以不断使用这笔贷款的时候，这种贷款的作用和长期贷款类似。

（3）短期证券市场，包括短期国债、银行承兑汇票、商业承兑汇票、政府机构债券、地方政府债券1年期以下的定期；商业承兑汇票是企业发行的一种短期债务契约，由企业自己承诺兑现，而银行承兑汇票则由银行保证支付，短期国债由政府发行，信誉极高。

（4）贴现市场，是指未到期的信用票据如承兑汇票等，以贴现方式进行交易。

三、资本市场

（一）债券市场

债券（bond）是所有金融工具中应用最为广泛的工具。2007年末，世界债券市场的总规模大约为27.95万亿美元。债券可以协助发行者实现特定的财务管理策略，这些策略包括：融资成本最小化、协调收入与支出、促进代际公平、控制风险、避免短期财务困境等功能。

债券的发行来源有四种：中央政府、地方政府、公司、资产证券化。资产证券化是一种利用特定资产的收益来进行偿还的债券。

目前场外柜台交易居债券市场主导地位。以最大的单一债券市场美国为例，尽管国债和评级较高的企业债券可以在交易所流通交易，然而几乎所有的联邦债券、所有的联邦机构债券、所有的市政债券，以及大部分公司债券都集中在场外柜台交易市场进行。原因在于发债者必须考虑其发债成本，投资者还需考虑债券的交易成本。交易所较严的监管制度、准入条件和交易费用也限制了债券的场内流通。

（二）股票市场

股票（equity）即是一种所有权证明，股票市场是供投资者集中进行股票交易的机构，是标准化和高流动性的产权市场。股票市场具有如下功能：（1）积聚资本。上市公司通过在股票市场发行股票来为公司筹集资本。（2）转让资本。股市为股票的流通转让提供了场所，使股票的发行得以延续。股票市场为股票持有者提供了流动性。（3）股票定价。股票市场具有价格发现的功能，依据个人为了买入或卖出不同股票而愿意支付的价格，来决定他们的相对价值。

截至 2007 年末，全球股票市值为 60 万亿美元，其中美国约占41.3%。按成交量计算，排名前六的交易所是美国纽约证券交易所、纳斯达克证券交易所、英国伦敦证券交易所、日本东京证券交易所、泛欧证券交易所、法兰克福证券交易所，在这之中美国两家证券交易所交易量占 40%。

股票市场和债券市场是资本市场的主体。作为政府和企业筹集资金的主要渠道，股票市场和债券市场的发展程度决定了一个国家金融业的发展水平。

（三）国际商品期货市场

期货是标准化的远期合约，商品期货具有价格发现和风险配置的两大功能。商品期货市场的特点有合约标准化、交易集中化、双向交易和对冲机制、每日无负债结算制度、杠杆机制。一般我们把商品期货市场分为金属市场、能源市场和基本商品市场。当前纽约、芝加哥、伦敦是国际大宗商品的定价中心。

2007 年，全球商品类期货期权交易量约有 114 亿张，农产品是最主要的交易品种，能源产品排第二，金属产品位列第三。

1. 金属期货市场

金融期货市场垄断程度较高。伦敦金属交易所（LME）发布的铜、铝、锌、镍、铅期货合约；纽约商品交易所的黄金、高等级铜、银合约；东京商品交易所的白金等期货合约的价格都对世界金属贸易的基准价格有重大的影响。

像铜这样的期货合约需求主要来自工业使用者，开采企业和工业使用者一般保持有大量的库存，而期货市场提供了一种规避库存价格下跌的对冲方式。黄金期货的交易不同于其他金属期货的交易，大多数黄金期货交易都与黄金的保值功能有关。

2. 能源期货市场

20世纪70年代发生的石油危机直接导致了石油等能源期货的产生。目前市场上主要的能源品种有原油、汽油、取暖油、丙烷等。其中，纽约商业交易所（NYMEX）交易的 WTI 轻质原油和伦敦国际石油交易所（IPE）交易的北海布伦特原油期货是国际油价基准之一。

3. 农产品期货市场

农产品主要有粮食、油料的原材料；加工品、活的或者被宰杀的牲畜；糖、橙汁、咖啡非直接食用农产品，一共有几百种期货合约。芝加哥期货交易所、纽约期货交易所（NYBOT）、东京谷物交易所、东京商品交易所几乎垄断了国际农产品期货市场。全球农产品期货交易量以芝加哥期货交易所最大，由于农产品产地和生产方式的不同，合约的差异也比较大。

第二节　外汇市场的交易方式

值得注意的是，监管机构对外汇投资者的保护力度也在加强，美国期货交易委员会（CFTC）在2007年底将外汇交易商的最低净资产限额由100万美元提高到500万美元，以提高外汇交易商的抗风险能力。以美通银行为代表的一些外汇交易商和外汇从业人员，也因提供虚假材料或欺骗客户等行为在2007年分别受到了美国国家期货协会（NFA）和CFTC 的处罚。

一、即期外汇交易

（一）定义

即期外汇交易（spot exchange transaction）又称现汇买卖，指外汇交易双方达成交易后在两个营业日内办理交割的外汇交易。即期外汇交易是外汇市场上最常见、最重要的交易方式，主要用于满足临时性的付款需求，实现购买力的转移；调整货币头寸；保持头寸平衡；避免汇率波动风险以及进行外汇投机等。

（二）交割日

外汇买卖双方达成交易的这一天称为成交日，成交之后买卖双方履行交易契约，进行资金划拨收付的这种钱货两清的行为称为交割，这一天也就称之为交割日，也叫有效起息日。即期外汇交易的交割日包括三种：一是标准交割日：专指买卖成交后第二个营业日交割，如果恰逢银行非营业日或节假日，则顺延其后的下一个营业日。二是次日交割：指在买卖成交后第一个营业日（成交的次日）交割。三是当日交割：指在买卖成交当日进行交割。如中国香港外汇市场上，美元兑港元的即期交易就在成交当日进行交割。

（三）交易方式

即期外汇交易可分为电汇、信汇和票汇三种方式。一是电汇。电汇指汇款银行应汇款人的申请，直接用电报、电传等方式通知国外的汇入银行，委托其支付一定金额给收款人的一种汇款业务。二是信汇。信汇指汇款银行应汇款人的申请开具付款委托书，用航邮方式通知国外汇入银行代为支付一定金额给收款人的一种汇款方式。三是票汇。票汇是汇出银行应汇款人的申请，开立以国外汇入行为付款的汇票，交由汇款人自带或寄送给国外收款人，凭票取款的一种汇款方式。

二、远期外汇交易

（一）定义

远期外汇交易（forward transaction）又称期汇交易，是指外汇交易双方达成交易后，根据合同规定在约定时间按约定价格办理交割的外汇业务。因此，远期外汇交易是一种预约性交易，预约的交割期限通常为1个月、2个月、3个月、6个月，有时也有长至1年或短至几天的。

（二）远期汇率的报价及计算

如前所述，远期汇率有两种不同的报价方式，第一种是直接报价法，即直接报出远期汇率的买卖价格。例如，伦敦银行报出汇价，即期汇率GBP1 = USD1.5310/1.5320；1个月远期汇率：GBP1 = USD1.5290/1.5310。第二种是报出远期差价，即报出远期汇率与即期汇率之间的差价，这个差价又称远期汇水，包括升水、贴水和平价。升水是远期汇率高于即期汇率的差额；贴水是远期汇率低于即期汇率时的差额，而平价则表明远期汇率与即期汇率相等。

此外，在报出升水与贴水时还必须报出升水或贴水的幅度，升水与贴水的幅度用"点"来报出，每一点为万分之一。例如，某一日法兰克福市场报出汇价如下：即期汇率：USD1 = EURO1.6615/1.6665；3 个月远期汇率升水 74/78，其中升水说明 3 个月远期美元与即期美元相比价格高，74 与 78 分别说明远期美元相对即期美元买入价与卖出价的升值幅度。实际上报出的 3 个月远期美元的买卖价分别为 1.6689（或 1.6615 + 0.0074）法郎与 1.6743（或 1.6665 + O.0078）法郎。

远期汇率若采用远期差价法来报价，那么在不同的汇率标价方式下远期汇率的计算方法也是不同的：

$$直接标价法下：远期汇率 = 即期汇率 \begin{cases} +升水 \\ -贴水 \end{cases}$$

$$间接标价法下：远期汇率 = 即期汇率 \begin{cases} -升水 \\ +贴水 \end{cases}$$

用远期差价法计算远期汇率，若报价银行同时报出即期汇率的买卖价格，且远期汇水也有两个数值时，计算法则如下：

（1）若远期汇水前小后大时，表示单位货币的远期汇率升水，则远期汇率等于即期汇率加上远期汇水（升水）。

例如：市场即期汇率为 £ 1 = US $ 1.6010 ~ 1.6060

3 个月远期汇水为 36/60，则 3 个月远期汇率为：

US $ 1.6010 ~ 1.6060

+ 0.0036 ~ 0.0060

―――――――――――――

3 个月远期汇率 £ 1 = 1.6046 ~ 1.6120

（2）若远期汇水前大后小时，表示单位货币的远期汇率贴水，则远期汇率等于即期汇率减去远期汇水（贴水）。

例如：市场即期汇率为 US $ 1 = DM 1.7649 ~ 1.7669

1 个月远期汇水为 44/32，则 1 个月远期汇率为：

DM 1.7649 ~ 1.7669

- 0.0044 ~ 0.0032

―――――――――――――

1 个月远期汇率 US $ 1 = 1.7605 ~ 1.7637

上述两种情况可简单归纳为一个记忆法则：小数在前相加，大数在前相减。

远期外汇的升水、贴水是由两种货币的利率差异决定的，其计算公式为：

升（贴）水＝即期汇率×两种货币的年利差×月数/12

由此计算出的结果为正，是升水，结果为负，则为贴水。

例：伦敦市场上，现汇价为£1＝US＄1.9600，利率为9.5%，美国纽约市场的利率为7%，试计算伦敦市场6个月的远期汇价。

升（贴）水＝1.9600×（9.5%－7%）×6÷12＝0.0245

计算结果为正，表明6个月的远期美元升水0.0245

则6个月的远期汇率为：£1＝US＄（1.9600－0.0245）＝US＄1.9355

三、掉期交易

（一）定义

掉期交易（swap）是指将货币相同、金额相同而方向相反、价格期限不同的两笔或两笔以上的外汇交易结合起来进行，即在买进（或卖出）某种外汇的同时卖出（或买进）金额相同但交割日期不同的该种货币，以避免汇率变动的风险。

（二）交易形式

1. 即期对远期

即期对远期（spot against forward）是指在买进或卖出一笔现汇的同时，卖出或买进相同金额该种货币的期汇。期汇的交割期限大都为1星期、1个月、3个月、6个月，这是掉期交易中最常见的形式。

例如：一个美国投资者在纽约现汇市场上以£1＝US＄1.5600/1.5610的汇价，花156.1万美元买入100万英镑，到英国进行为期1个月的投资，为避免投资期满时由于英镑汇率下跌对本金造成损失，可同时在期汇市场上以£1＝US＄1.5540/1.5580的价格卖出1个月期的100万英镑期汇，则1月后收回的100万英镑投资本金可换回155.4万美元，此投资者所做的便是即期对远期的掉期交易。（156.1－155.4）＝0.7万美元是该投资者做掉期交易时损失的掉期费用，这种掉期交易主要是用于保值，而且该投资者若能在期汇市场上将英镑的本息收益一块抛出就可更为彻底的避免汇率风险。

2. 明日对次日

明日对次日（tomorrow - next or rollover）是指在买进或卖出一笔现汇的同时，卖出或买进同种货币的另一笔现汇，但两笔即期交易的交割日不同，一笔是在成交后的第二个营业日（明日）交割，另一笔反向交易是在成交后第三个营业日（次日）交割。这种掉期交易主要用于银行同业的隔夜资金拆借。

3. 远期对远期

远期对远期（forward to forward）是指在买进或卖出一笔期汇的同时，卖出或买进相同金额该种货币的另一笔期汇，两笔期汇交易的交割期限不同。这种掉期交易形式多为转口贸易中的中间商所使用。

例如，某法国银行 3 个月以后将支付 200 万英镑，同时 1 个月后将收入 200 万英镑。目前，该银行面对的汇率如下：

即期汇率为：GBP1 = USD1.6960/1.6970

1 个月远期汇率为：GBP1 = USD1.6868/1.6880

3 个月远期汇率为：GBP1 = USD1.6729/1.6742

该银行可以先购入 200 万 3 个月的远期英镑，然后再出售 200 万 1 个月的远期英镑。由于该银行分别用 USD1.6742/GBP 与 USD1.6868/GBP 的价值购入与卖出英镑期汇，该银行可获得 200 万 ×（1.6868 − 1.6742）=2.52 万美元的收入，同时，该银行也避免了汇率波动的风险，这便是一个远期对远期掉期交易。

四、套汇交易

套汇交易（arbitrage）是指利用同一时点不同外汇市场上的汇率差异，通过低买高卖外汇而赚取利润（差价收益）的行为。套汇交易可分为直接套汇和间接套汇两种。间接套汇（indirect arbitrage）也称三地套汇，三角套汇（three - point arbitrage），是利用同一时点三个不同地点的外汇市场上的汇率差异，同时在三地市场上贱买贵卖以赚取利润的行为，也包括积极的间接套汇和消极的间接套汇两种。

（一）直接套汇

直接套汇（direct arbitrage）又称双边套汇、两地套汇或两角套汇（two - point arbitrage），是指利用同一时点两个外汇市场上两种货币之间的汇率差异，在某个外汇市场低价买进某种货币，而在另一个市场高价卖出以赚取利润的行为，是最简单的套汇方式，包括积极的直接套汇和消极的直接套汇两种。

1. 积极的直接套汇

积极的直接套汇是完全以赚取收益为目的进行的直接套汇交易。例如，某一日路透社终端显示以下汇率：

伦敦外汇市场汇率为：GBP1 = USD1.5234/1.5254

纽约外汇市场汇率为：GBP1 = USD1.5284/1.5289

若一投资者投入 100 万 GBP 通过两个市场套汇，其套汇结果如下。

由于 GBP 在纽约市场较贵，因此此套汇者先在纽约卖出 100 万英镑，可得 1.5284 美元 × 100 万，然后再在伦敦卖出，可获取 100 万 × 1.5284 ÷ 1.5254 = 100.1967 万英镑，净利润 1967 英镑。

2. 消极的直接套汇

消极的直接套汇指在实现资本的国际转移过程中，恰好两地间的汇率存在差异，顺便利用此差异以赚取利润的套汇活动。例如，某一日汇价如下：

伦敦外汇市场汇率为：GBP1 = USD1.6685/1.6695

纽约外汇市场汇率为：GBP1 = USD1.6655/1.6665

纽约的一家银行需电汇 100 万英镑到伦敦。这时，该银行可以通过两种方法来达到此目的。一是在纽约市场购入伦敦付款的英镑 100 万；二是让伦敦的代理行在伦敦市场出售纽约付款的能够换回 100 万英镑的美元。在上述条件下，这两种方法的结果存在差异。

按第一种方法，为获取 100 万英镑需支付 1666500 美元，因为纽约市场英镑的卖出价为 1 英镑兑换 1.6665 美元，而用第二种方法，为获取 100 万英镑需支付 1669500 美元，因为伦敦市场美元的买入价为 1 英镑兑换 1.6695 美元。因此，该银行应选择第一种方法。此银行的主要目的是为了转移资金，在转移过程中利用汇价差异进行牟利，因此属于消极直接套汇。

（二）间接套汇

间接套汇（indirect arbitrage），又称为三角套汇、三地套汇或交叉套汇，是指利用同一时间三个不同地点的外汇市场出现的汇率差异在三个市场上进行贱买贵卖以牟取利润的行为。间接套汇也可以分为积极的间接套汇与消极的间接套汇。与消极的直接套汇类似，消极的间接套汇同样是指利用同一时点三地市场的汇率差异，以最有利的汇率实现资金国际转移的目的。

例如，某日路透社终端显示：

纽约外汇市场外汇为：USD1 = EURO1.6150/1.6160

法兰克福外汇市场汇率为：GBP1 = EURO2.4050/2.4060

伦敦外汇市场汇率为：GBP1 = USD1.5310/1.5320

现有一投资者先在纽约外汇市场卖出1000000美元以取得欧元，其次在法兰克福外汇市场卖出欧元以购入英镑，最后在伦敦外汇市场抛出英镑购回美元。最终此投资者可收回 $1000000 \times 1.6150 \div 2.4060 \times 1.5310 = 1027666.25$ （美元），净利润27666.25美元。上述便是积极的间接套汇交易。

套汇活动的结果便是套汇机会的消失，也就是说正是由于套汇活动的存在，两种货币之间的汇率在各个外汇市场上趋于一致，如同商品套购活动使某商品在各个市场上的价格趋于一致一样。

五、套利交易

套利（interest arbitrage）指在两种货币资产利率出现差异的情况下，将资金从低利率的货币资产调换成高利率的货币资产以赚取利息差额的行为。套利交易根据操作方式的不同可分为非抛补套利和抛补套利两种。

（一）非抛补套利

非抛补套利（uncovered interest arbitrage），指单纯地将低利货币资产替换成高利货币资产以赚取利息差额的行为。这是一种具有投机性质的纯粹套利行为，因为在套利的过程中没有考虑到汇率的变化，投资者实际上承担了汇率变动的风险。

例如，在某一时期，美国金融市场上的3个月定期存款利率为年率12%，英国金融市场上的3个月定期存款利率为年率8%。在这种情况下，资金就会从英国流向美国，牟取高利。英国的投资者可以年率8%的利率借入资金购买美元现汇，存入美国银行作3个月的短期投资。这样，他就可以获得年率4%的利差收益。如果资金总额为10万英镑，该投资者就可以通过套利净获利润 $100000 \times 4\% \times 3 \div 12 = 1000$ 英镑。

但是，这是在假定美元与英镑之间的汇率在这3个月内保持不变的前提下的结果。例如3个月以后：

（1）美元汇率下降。如当前美元汇率为 GBP1 = USD2，3 个月后美元汇率下降到 GBP1 = USD2.1，那么，3 个月后投资者可收进投资本息 100000 × 2（1 + 12% × 3 ÷ 12）= 206000 美元，按 GBP1 = USD2.1 折合约 98095 英镑，扣除成本 100000 ×（1 + 8% × 3 ÷ 12）= 102000 英镑，投资者反而亏损 3905 英镑。因此 3 个月后如果美元汇率下降，不仅可能使英国投资者无利可图，甚至还可能使本金遭受损失。

（2）美元汇率上升。假设 3 个月后美元汇率上升为 GBP1 = USD1.95，英国投资者收进的美元投资本息 206000 美元就可以兑换成 105641 英镑。扣除成本 102000 英镑后，净得收益额 3641 英镑，其中 2641 英镑为汇率差价收益。由此，英投资者在获得利差收益的同时，还获得一笔汇率差价收益。

为了防止资金在投放期间的汇率变动的风险，投资者可以将套利交易与掉期交易结合进行，即进行抛补套利。

（二）抛补套利

抛补套利（covered interest arbitrage），是指在即期外汇市场购入利率较高的货币资产以赚取利差收益的同时，在远期外汇市场抛出与所购货币资产币种相同、期限相同且金额相当于所购货币资产本息的远期外汇以避免汇率风险的行为。这种套利行为在进行套利交易的同时进行了外汇抛补以防止汇率变动的风险，实际上是把套利交易与掉期交易结合进行。

假设在上例中，3 个月的美元期汇贴水 10 点，即期汇汇率为 GBP1 = USD2.0010，那么，英国投资者在买入美元现汇存入美国银行的同时，卖出 3 个月期的美元期汇，以后不论美元汇率如何变动，他都可以确保赚取一定的利差收益。3 个月后，他将投资收进的本息额 206000 美元，按 GBP1 = USD2.0010 换回 102949 英镑，扣除成本 102000 英镑，仍可净赚 949 英镑。

然而，不断进行这种抛补套利的结果是高利率货币的现汇汇率上升，期汇汇率下跌，即贴水额加大。如上例由于套利者大量买进美元现汇，卖出美元期汇，美元贴水就会不断扩大，套利成本也由此相应提高，套利收益逐渐减少。这种趋势继续到利差与贴水接近平衡，套利活动即会停止。

六、套期保值

套期保值（hedging）交易是指交易者在存在敞口头寸或风险头寸的情况下通过做现汇、期汇、外汇期货、外汇期权等交易来避免风险的外汇交易。

例如，一美国进口商从英国进口价值10000英镑的货物，3个月以后用英镑付款。目前外汇市场上即期汇率为 GBP1 = USD2。这个美国商人现在存在着10000英镑敞口头寸。3个月以后，如果英镑对美元升值，他要付出比现在更多的美元来清偿货款。此商人为避免汇率风险，可以在现汇市场按 GBP1 = USD2 的价格购入一笔英镑，然后投资于英镑资产生息，3个月以后，再用收回的投资本息来支付到期的英镑货款。这样，此商人将货币兑换所用汇率由原来未知的3个月后的即期汇率变为目前的已知即期汇率，从而避免了汇率波动的风险。如果上述商人是一个出口商，则要做类似的反向交易。具体地讲，出口商要先借入英镑并立即兑换成美元，然后将美元投资，当远期英镑收入到期时，出口商用收回的英镑货款来支付所借英镑。这样做同样也能避免汇率波动风险。

上述例题是使用现汇交易做套期保值，其缺陷是商人或投资者要在一定期限内（如上例中的3个月）套牢自己的资金。但如果是在期汇市场上动用期汇交易做套期保值则可避免此缺陷。如在上例进口商条件下，此进口商可在期汇市场上买入3个月的英镑期汇10000英镑来避险，在付款期到时交割远期英镑来付货款，由于买进英镑期汇时将交割时的汇率固定下来，因而该进口商也可以避免汇率风险。此进口商用远期外汇交易做套期保值时不需要套牢自己的资金。但是如果3个月英镑期汇与现汇相比升值1%，那么该商人就要支付20200美元货款，而不是按即期汇率所算出的20000美元。如果该商人是出口商，他须做反向期汇交易。但无论是哪一种情况，用期汇交易来做套期保值只有在期满后才发生资金的转移，可以不实际占用客户资金。

七、投机

投机（speculation），是指根据自己对汇率的预测，有意持有敞口头寸以从对自己有利的汇率变动中牟取利润的行为。投机是与套期保值性质相反的交易。但投机与套期保值一样可以用现汇、期汇、外汇期货及外汇期权等外汇交易来做。

利用现汇交易来投机：如果投机者预测某种货币将有大幅升值，那么他便在现汇市场购入一定数量的该种货币。如果日后该种货币果然如他所料升值了，那么他便抛出以赚取差价收益。如果投机者预测某种货币将要贬值，他可以先卖后买该种即期货币来获取差价收益。

利用期汇交易来投机：当投机者预测某种货币将要升值，且将要比目前此种货币的远期价格还要高时，该投机者首先买进这种远期货币，等他的预测果然实现时再卖出此种货币现汇来对冲，差价（实现后的现汇价与当时期汇价之差）即为他的收益。若投机者预测某种货币将要贬值时，则先卖出该种货币期汇，然后等预测实现时买入该种货币现汇来对冲，同样可获得投机利润，运用期汇交易投机与运用现汇投机的不同之处在于：运用期汇交易投机为获同样利润所需资金要少得多。也正因为如此，期汇投机非常活跃。

例如，某外汇投机者预期英镑有进一步贬值的可能，于是按 GBP1 = USD1.6 的价格卖出 3 个月的英镑远期外汇 10 万英镑，3 个月后，如英镑确已贬值为 GBP1 = USD1.5 美元，则该投机者以 15 万美元买入 10 万英镑，再以此 10 万英镑履行原来卖出的英镑远期外汇合同，收进 16 万美元，净投机利润为 1 万美元。在实际外汇投机交易中，如上例，投机者只收付因汇率变动而发生的差价 1 万美元，实际并不进行英镑期汇的交割。

无论运用哪种外汇交易来投机，只要投机者采取购买行为并希望日后卖出以赚取利润，他便是在做多头（long position）；否则，便是在做空头（short position）。

本 章 小 结

本章介绍了国际外汇市场、国际货币市场、国际证券市场、国际商品市场等各个子市场，以及外汇市场的交易方式。通过以上内容的帮助学习者了解外汇市场的交易内容、交易技术，并可能进一步运用所学内容的在外汇市场上进行初步的操作。

习　题

1. 外汇的含义及分类?

2. 什么是汇率? 汇率的标价方法有几种?

3. 什么是外汇市场? 外汇市场的功能有哪些?

4. 远期汇率的报价方法有几种? 应如何计算远期汇率?

5. 如何判断外汇市场是否存在套汇机会?

6. 运用本章所学内容, 结合我国现有外汇市场交易品种, 尝试进行模拟外汇交易。

第五章

金融衍生品市场

金融衍生产品是指以杠杆或信用交易为特征，在传统的金融产品如货币、债券、股票等的基础上派生出来的具有新的价值的金融工具，如期货合同、期权合同、互换及远期协议合同等。它是金融市场创新的核心，因此，本章对金融衍生市场的讲解是从源头开始，逐步深入，层层递进，能都对金融衍生市场有全面的理解。

第一节　金融市场创新经历的历史阶段

一、布雷顿森林体系的崩溃

1973 年布雷顿森林体系的崩溃，使得国际汇率体系走向了浮动化，汇率水平起伏不定，由于各国普遍出现了物价上涨的通货膨胀现象，名义利率水平居高不下，并且波动剧烈，整个经济的不确定性大大提高，同时为各种先进的通信设备、通信技术的发展也提供了可能性，正是在这种背景下，初衷为了帮助经济主体规避风险的金融衍生产品开始出现——1972 年，第一种金融衍生产品外汇期货出现，此后的 20 年间，金融衍生产品的金融创新不断，品种不断丰富，利率期货、股票指数期货等金融衍生产品目前已经成为证券市场的重要组成部分。

金融衍生产品的出现是为了规避某种风险，但金融衍生产品，作为股票、债券等虚拟资产基础之上的再虚拟，更加远离了实体经济，其本身就蕴涵着巨大的风险。对于当时已经有 200 多年的英国巴林银行而言，恐怕怎么也想不到自己这一堪称英国银行界泰斗的金融机构，竟会由于这一种东西，在一个年仅 28 岁的交易员手中鸣响丧钟。

事件回忆：尼克·利森的"神话"

1995 年 2 月 26 日，英格兰银行宣布具有 233 年历史的英国商业银行巨头——巴林银行拯救无望，进入财产清点阶段，一个古老的王国在一夜之间倒塌了。2 月 27 日，亚洲、欧洲、美洲的汇市出现动荡局面，股市也受到了不同程度的打击，股票价格几乎是全线下滑：英镑对马克的汇率跌至有史以来的最低点，日经 225 平均数下跌 3.8%，香港恒生指数倾泻 1.12%……世界各地所有的新闻媒介都以最夺目的标题报道了同一个事件："英国最古老的商业银行倒闭""巴林银行一名交易员神秘失踪""世纪末的金融风暴"。

事情的起因，就是巴林银行新加坡巴林期货有限公司年仅 28 岁的经理尼克·利森对日经 225 指数期货的投机失败，导致了巴林银行损失了近 8 亿英镑，而巴林银行的总资本仅 4 亿英镑。为什么利森的交易能够产生如此巨大的破坏力呢？关键在于金融衍生工具提供了杠杆化交易的可能性。正是利用这种杠杆，单单利森一个人就独占了新加坡国际金融交易所市场的 40% 份额。最后，利森在其账户中拥有了 6 万多份日经股指期货合约和 26000 份日本政府债券合约，总价值累积高达 110 亿英镑之多，单是日经指数每下跌一个百分点，他就要赔 7000 万美元，当然从理论上说，一旦指数上升一个百分点，他就可能净赚 7000 万美元——这就是金融衍生交易，在蕴涵巨大风险的同时，也提供了巨大的获利空间。

二、1971 年美国 NASDAQ 市场出现

作为美国证券交易的场外市场，NASDAQ 市场原来仅仅是为美国的一些不能达到纽约证券交易所股票发行条件的中小公司提供融资场所的市场，但却在事实上成为美国孵化高科技公司的重要场所，创造了如英特尔（Interl）等这样的"神话"。

事件回忆："微软"与比尔·盖茨

数年之前，《纽约时报》曾载文评述道："不久，人们就会感受到自己生活在一种连做梦都未想到的舒适和方便的世界中，但前提是必须向比尔·盖茨国王的微软帝国申请签证"。短短 20 年左右的时间，从一名

在校的大学生演变为一位拥有数百亿财富的世界首富，比尔·盖茨创造了一个新的"美国神话"，说比尔·盖茨是一位计算机世界里的天才，应该丝毫不过分——他成功地为 IBM 公司开发出 MS – DOS 操作系统，使得"微软"搭上 IBM 这条"巨轮"，为称霸软件市场打下了基础；1995 年，凭借"Windows 95"操作系统软件，6000 万套的销售使微软迅速占领了全世界市场 80% 的份额；到 1997 年，微软公司销售额达113.58 亿美元，进入"世界企业 400 强"；1998 年，比尔·盖茨也早已拥有 617 亿美元的财富高居世界首位。

但比尔·盖茨的财富扩张，一个很大的推动因素，应该说是借助于证券市场提供的资金支撑：1986 年 3 月 13 日，微软公司股票正式在纽约股票交易所上市，此前，盖茨拥有微软的 1100 多万股股票，约占 41% 左右，当日微软股票开盘价为 25.17 美元，一周内股价出人意料地上升至35.50 美元；一年后飚升为 90.75 美元……正是借助于股价的这种上升态势，比尔·盖茨迅速成为世界首富，短短的几年之内就使得盖茨的财富可以与历史上一些大财团，如洛克菲勒、卡内基等相提并论——这就是现代股票市场创造的一个"奇迹"。

三、1987 年的"黑色星期一"与全球性股市动荡

由于政府宏观调控政策（里根"新经济政策"）——扩大财政支出，减低税收，起到了对经济的明显刺激作用，1986 年的石油价格下跌，也对美国与西欧经济的增长起到了推动作用。1982 ~ 1987 年，美国经济发展速度非常之快（可用 1982 ~ 1990 年经济增长的数据说明），经济的繁荣，带动股票市场一直呈上升态势，最高达到了 2722 点。

1982 年 10 月 21 日，道·琼斯工业平均指数达到 1036 点，创战后最高纪录。自此之后，股票价格持续 5 年保持上升势头，股票价格指数不断刷新纪录，1986 年 12 月，道·琼斯工业平均指数涨至 1896 点，较1982 年上升了 78%。进入 1987 年，涨势更猛，8 月，道·琼斯工业平均指数到达最高点——2722 点，持续的牛势使得人们进入一种盲目乐观状态，认为股市的长期繁荣是理所当然的，其实此时股票价格已经远远超过内在价值，股票价格高达企业利润的 22 倍。

在股价不断创新高的时候，美国贸易逆差和财政赤字惊人增长，贸易逆差从 1980 年的 225 亿美元到 1986 年猛增到创纪录的 1630 亿美元，

而财政赤字从 1980 年的 761 亿美元增加到 1986 年的 2207 亿美元。此时的美国已经是世界的头号净债务国，负债达 1075 亿美元。

10 月 14 日，美国政府公布了 8 月份商品贸易赤字为 157 亿美元，比市场预期高了近 15 亿美元，几秒钟之后，外汇市场预期美元将会贬值，纷纷抛售美元，道·琼斯工业平均指数跌 95 点，10 月 16 日，再跌 108 点，接连打破纪录。10 月 19 日，美国道·琼斯指数下跌 508 点，跌幅为 22%，在纽约证券交易所挂牌的 1600 种股票中，只有 52 种股票上升，其余全部下跌，其中的 1152 只股票跌至 52 星期以来的最低水平，5000 亿美元的财富在一天之内化为乌有。大萧条的阴影迅速笼罩在美国之上。但借助于美国联邦储备系统的果断行动以及世界各主要国家的支持，股市危机并没有爆发。但此后股票市场却没有走出阴影，指数呈下滑态势，一周内累计跌幅达 31%，市值损失大约为 1 万亿美元。

在国际经济一体化的现实中，此次美国股市崩溃震动了整个世界金融市场，并在全球范围内引发了连锁反应。伦敦股票市场在"黑色星期一"也难逃厄运，出现了剧烈波动的状况，伦敦金融时报股票交易所（FT—SE）100 种股票指数在 10 月 19 日和 20 日下跌 500 点（几乎为 22%），当日收盘 1749.8 点，跌幅为 26.04%。

东京日经指数在 10 月 19 日、20 日下跌 4456.7 点，跌幅为 16.9%，10 月 30 日收盘价为 23328.91 点，下跌 10.31%。

香港股市 10 月 19 日被迫闭市 4 天。

人物回忆：垃圾债券大王——米切尔·米尔肯的失败。

米切尔·米尔肯是美国 20 世纪 80 年代最炙手可热的一位投资银行家。70 年代，他首先引入了"垃圾债券"这种高风险、高收益的金融工具（所谓"垃圾债券"是指发行债券公司信用评级的级别低于信用评级机构设定的投资级公司，如标准普尔公司的 BBB 公司和穆迪公司的 Baa 公司，发行的债券），为中小公司的发展创造了条件。但在 80 年代，垃圾债券逐渐成为杠杆收购的收购资金来源。垃圾债券的成功，使米切尔·米尔肯名声大振，同时也积累了巨额财富（据估计，1985 年为 5.5 亿美元）。

1987 年 3 月，米尔肯所在银行（德雷塞尔银行）并购业务的竞争对手斯泰雷公司向法院递交了控告米尔肯的诉状，称米尔肯的银行在并没有通知对方的情况下，通过预谋的敲诈勒索和欺骗活动，积累了 5% 以上的斯泰雷公司股票。随后的几年中，有关部门对米尔肯的指控进行了调查，《华尔街日报》刊登了米尔肯 1988 年以后"非法内幕交易"的丑闻。丑闻的揭发，米切尔·米尔肯转瞬之间从"垃圾债券"大王变成了华尔街最大的骗子，最终法院判决米尔肯以重罪。

四、日本经济奇迹、股市泡沫与 1990 年日本股市泡沫的崩溃

日本是二次世界大战的战败国，战争给日本留下的是满目疮痍，一片废墟。但是从 20 世纪 50 年代起，日本经济开始起飞——可以说，从来没有一个国家像日本在 1953～1973 年那样迅速实现经济的转型。在短短 20 年里，日本的经济增长速度平均达到 9.3%，从一个大型的农业经济国转型为世界最大的钢铁和汽车出口国，东京也成为一个世界都会城市。20 年间，日本的丰田（Toyota）汽车、本田（Handa）汽车逼得美国底特律三大汽车公司只有招架之功而无还手之力，日本的索尼（Snoy）电视机，三洋（Sanyo）电器、照相机几乎把美国自家的产品统统赶出了北美市场。

虽然在 70 年代的石油危机的冲击下，日本经济增长的速度大幅下降，下降为不足 4%，但这一速度在西方发达国家仍然是遥遥领先。随着经济的连年快速发展，日本经济连年出现巨额顺差，因此日本逐渐成为世界最大的资本输出国——大量的日资流入美国，在 1989 年达到顶峰：日本在纽约买下了著名的洛克菲勒中心，在洛杉矶买下了好莱坞的许多房地产。日本经济的成功，当时受到了世界许多其他国家的羡慕。

但在日本经济的发展过程中，金融政策一直较为宽松，这在很大程度上是由于在美日巨额贸易量差日益扩大的趋势下，美国向日本施加了巨大的压力，迫使日元升值，美元贬值，以减少逆差所造成的巨额贸易顺差。这一点可以从 1985 年 9 月由五个发达国家（日本、美国、德国、英国、法国）财政部长和中央银行于纽约广场饭店达成的《广场协议》得到明显的体现。巨额贸易顺差，美国强大的要求日元升值的压力，使得日本金融当局长期实行低利率政策——日本的利率水平，在西方各国中是最低的。

与大藏省扩张性的金融政策相适应的极低利率水平，促使日本房地产市场和股票市场价格在进入 80 年代以后持续上涨，如果以 1980 年土地价格为 100，东京、大阪、名古屋等六个城市的商业用地价格 1990 年上升为 625.3，全国平均地价也上升 1 倍多，美国的土地面积是日本的

25 倍，而 1990 年日本的土地总值是美国的 4 倍，相当于日本当年国内生产总值的 5 倍多。

房地产市场总是与股票市场的运行紧密联系在一起——房地产的升值，使得企业可以贷到更多的贷款投入股票市场，所以自 20 世纪 80 年代中期起出现了日本股市的暴涨（1985 年以前的日本股市上扬，可以从经济发展与股市繁荣的联系中找到依据），1985 年日经指数 225 平均数为 12000 点上下，1986 年开始急剧上升，到了 1989 年底，指数已经突破了 39000 点，四年之内翻了 2 倍多，股票总市值从 1985 年底的 242.2 百亿日元到 1989 年底变成了 890 万亿日元，股市暴涨给日本投资者带来了巨额财富，个人消费出现了所谓"西码现象"（西码是一种高级轿车，当时极为畅销）的高消费现实。

1986～1989 年，是日本股市与经济泡沫膨胀的时期。由于股票和土地价格猛涨，资产性收益几乎等于名义国民生产总值——日本的股市泡沫越吹越大了。

物极必反，利率水平在 1989 年 12 月的上调（从 2.5 上升到 4.25%），使得"低利率神话"不攻自破，投资者信心受到极大冲击，80 年代末的"海湾危机"与 1990 年的"海湾战争"带来的石油价格上涨，更是加大了这种冲击。1990 年 3 月上调利率到 5.25%，1990 年 8 月利率又上调 0.75% 个百分点，达到 6%。日经 225 平均数迅速作出强烈反应，从 1989 年 12 月到 1990 年 1 月的最高点 39000 点（为 38915 点）暴跌为 1990 年 2～4 月的 29000 点，到 1992 年只剩下 14000 余点（1992 年 8 月 11 日，为 14822 点），几乎跌掉了 2/3，与美国 1929 年股灾类似。

股市的崩溃，对日本的金融业，尤其是银行带来了巨大的灾难，股市崩溃不仅在银行外部造成许多坏账，资产质量急剧下降，其本身的投资收益也大幅下降。据粗略估算，股灾给日本金融业造成的坏账损失为 7000 亿～12000 亿美元，坏账造成大量的金融机构破产，进而把日本经济带入了一个向下的恶性循环之中，直到现在停产、"泡沫"破灭仍然对日本经济产生着影响，金融机构倒闭事件不绝，日本经济依然处于一种衰退的状况。

事件回忆：日本山一证券公司的破产

1997 年 11 月 24 日，号称日本"四大证券公司"之一的山一证券宣布倒闭，留下了 3.6 万亿日元（288 亿美元）债务。如加上关联企业的债务，总债务超过 6 万亿日元（480 亿美元）。

山一证券公司是日本最著名的金融机构，成立于 1897 年。1997 年 3 月注册资金 4313 亿日元，总资产 36091 亿日元，员工 1 万多人，在日本国内有 107 个分支机构，山一证券在国际金融界中实力雄厚，声名赫赫，排名第十。在日本泡沫经济崩溃后，日本股市暴跌，使得山一证券公司持有的大量股票等金融资产迅速贬值，自 1992 年起，山一证券公司开始亏损，到 1997 年达到 1647 亿日元，公司自有资产比率大幅度下降，1997 年 1 月山一证券股票价格为 528 日元，到 1997 年 1 月 21 日仅每股 58 日元，价格跌去 90%。

五、东南亚经济"奇迹"与中国股票市场的崛起

东南亚经济体，主要以"四小龙"（中国香港、韩国、中国台湾、新加坡）以及"四小虎"（泰国、马来西亚、印度尼西亚、菲律宾）为代表的经济，自 20 世纪 70 年代末以来，利用类似美国—日本—东南亚（先小龙，后小虎）的"雁行发展模式"，大都明确实行"出口导向"的发展策略，利用东南亚劳动力资源相对廉价的比较优势，发展劳动密集型产业，同时实施积极创造吸引外资的优惠条件，吸引了大量的外资，为促进本国经济的发展提供了新的动力。世界银行的报告中曾经明确把东南亚国家的这段发展历程称为"亚洲奇迹"。

中国作为东南亚经济的组成部分，自 1978 年改革开放以来，经济取得了长足的发展，年均经济增长速度达到了 9% 以上，创造了"中国奇迹"（用中国改革开放取得的巨大成就作为背景）。但伴随着经济体制改革的深入，中国国有企业的问题日趋严重，同时中国国民收入分配格局也发生了较大的变化，中国原有的融资格局难以满足经济发展的客观需要。正是在这样一种大背景下，80 年代以来，随着中国经济体制改革的深入，作为一种现代市场经济条件下的企业组织制度的典型形式——股份制逐步在中国经济、实业界得到了承认和发展。与之相对应，证券市场作为股份制改革的必然产物，开始登上中国新的历史舞台。中国现代意义上的证券市场、股票市场应以 1990 年 12 月上海证券交易所的产生作为标志。1990 年上海证券交易所的成立，标志着在沉寂了近 40 年之后，中国股票集中交易市场的正式形成，这无疑是 20 世纪最后 10 年中国金融领域的一场"最深刻的革命"。

中国的股票市场一出现，便以其特有的方式在中国经济社会中产生了强大的吸引力和示范效应。回顾中国证券市场的这段发展历程，我们可以发现无论从哪一方面来看，股票市场都应该是中国经济转轨过程中发展最快、影响最广、对传统社会触动最深的领域——短短9年的时间，中国股票市场从无到有，从小到大，从场外分散交易到场内集中交易，从A股到B股、H股等境外筹资，交易手段已经采用世界先进设备和技术，实现"计算机配对、无纸化操作"等，一个全新的、以最先进的科学技术装备起来的证券市场已经屹立于世界证券市场之林。中国证券市场的这段发展轨迹足以令世界为之瞩目。

六、1997年7月开始的东南亚金融危机

经过长达二十几年的经济发展，与东南亚地区外向型、粗放型的战略相适应的单纯依靠巨大劳动力、资金的投入来维持经济发展很难继续下去，同时在金融自由化的大潮中，大量的资金进入不动产和股票市场等领域，经济出现了虚假繁荣的状况，实体经济发展速度开始减缓，这种经济本身就蕴涵着巨大的风险。1997年，在国际金融投机者携巨额资金，采用现代立体金融投机方式冲击之下，东南亚的经济以股票市场、外汇市场崩溃为起点，普遍陷入了困境，经济遭受了巨大的打击，长期经济发展过程中积累的财富或化为乌有，或为国际投机家所获得，大批人员失业，人们生活水平出现了明显的下降。

以金融危机为起点，在东南亚引发了一场深刻的经济危机、社会危机，亚洲经济神话在危机中很不情愿地画上了一个句号。

"金融大鳄"乔治·索罗斯——世界级的金融投机家，在公共证券投资基金领域创下了可能是最高的长期投资纪录。他借助于借贷以及保证金交易等财务杠杆，19年间保持了一个年盈利水平34%的惊人赢利率。如果在1969年投入1万美元，到1988年变成288万美元，1993年竟然达到1000万美元。

乔治·索罗斯真正为世界所知，是在1992年冲击欧洲汇率体制中的惊人之举——一举迫使英国退出欧洲汇率体系，英镑贬值，此役不仅使得索罗斯获利10亿美元以上，也使索罗斯名扬世界。而中国认识到索罗斯，则是1997年夏天的那场世纪末的灾难。对于东南亚地区而言，1997年7月无疑是一个噩梦的开始，无数国民多年辛勤积累的财富在数月之

间化为了乌有；而对以索罗斯为首的国际投机家们而言，则是一个黄金时期，他们攫取了巨额利润。

"苍蝇不叮无缝的蛋"。20多年的高速增长，使得东南亚各国经济增长迅速。进入20世纪90年代以来，由于东南亚各国对外开放步伐迈得过大，纷纷较早地实现金融的自由化，而同时本国或地区的经济结构尚未实现根本转换，实体经济的发展出现了停滞，而国外流入的大量资金流入股市、房地产市场，股市与房地产市场相互促进，出现了自我支持的上升态势；股市的繁荣又使得人们普遍发现财富迅速增加，刺激消费，进而带动经济进入一个过度繁荣时期，短期内吹大了经济中的泡沫成分。

索罗斯敏锐地把握了机会，以他为首的国际投机家们利用利率、汇率、股市和股票指数期货市场之间的内在联动关系，采取了"立体冲击（或称立体投机）"的方式大举进攻以泰国为起始点的整个东南亚地区。他们以冲击汇率制度为切入点，同时估空股市、股指期货，来迫使当局为稳定汇率而提高利率，进而引发股市下跌，从股市，尤其是股市期货市场的"淡仓"中获利，一旦汇率无法支持下去，他们还可从货币贬值中获取利润。借助于这种方式，以索罗斯"量子基金"等为首的对冲基金以摧枯拉朽之势，横行东南亚各国，赚取了巨额利润。

但天才也有失手的时候，乔治·索罗斯没有想到会由东南亚金融危机导致的美国、欧洲等全球股市出现了暴跌，使他损失惨重——仅1997年10月美国股市下跌就使量子基金两天之内就输掉20亿美元。而中国香港政府竟会以巨额外汇准备入市支持恒生指数也出乎以乔治·索罗斯为首的很多国际炒家意料——在中国香港索罗斯等投机家与中国香港政府进行的四次"搏斗"之后，在中国香港巨额外汇储备以及中国香港政府修改"游戏"规则的情况下，索罗斯等国际投机家损失惨重。

七、2000年以来美国"新经济"与美国股市的强劲发展势头

里根新经济政策的效果开始显现，美国经济成功地实现了经济转型，出现了所谓"新经济"的概念——伴随着科学技术的进步，尤其是通信技术、计算机技术、基因工程等技术的发展，美国又一次站在世界经济发展潮流的"领头羊"位置。自20世纪90年代初以来，美国经济实现了长达110多个月的持续强劲增长。经济增长的强势，为美国股票市场的繁荣打下了基础——道·琼斯指数连创新高，从90年代初的2000多

点，迅速实现了向上跃升的过程，短短不到10年，道·琼斯指数目前在10000余点左右。

证券市场出现了若干发展趋势：证券交易的国际化——交易所的国际化与投资者的国际化；NASDAQ的国际化与证券交易的网络化——网络时代发展的必然；证券交易（投资者）的机构化——伴随保险基金、投资基金等机构投资者的发展，机构掌握财富日益扩张，越来越占据主要地位；证券交易策略的指数化——与机构投资者相对应的一种趋势。

八、2007年8月美国次贷危机开始并蔓延全球的金融危机使金融市场的创新和监管受到了挑战

美国爆发次贷危机的根源在于房地产泡沫的破裂，而房地产泡沫的形成又与美国社会的"消费文化"、不当的房地产金融政策和长期维持的宽松货币环境有直接关系。美国经济长期以来一直有高负债、低储蓄的特征，不但居民习惯于借债消费，而且国家也鼓励大规模借贷和超前消费。此外，为阻止美国经济陷入衰退，美国联邦储备委员会一度长期实行扩张的货币政策。2001年1月至2003年6月，美联储连续13次下调联邦基金利率，使利率从6.5%降至1%的历史最低水平。货币的扩张和低利率的环境降低了借贷成本，促使美国民众纷纷进入房地产领域。对未来房价持续上升的乐观预期，又促使银行扩大向信用度极低的借款者推销住房贷款，也就是发放次级抵押贷款，以赚取更高的利率收入。因此，美国的次级抵押贷款市场迅速发展，规模不断扩大，房地产市场泡沫也日益膨胀。2006年，美国房市泡沫开始破裂。两年内，美联储连续17次提息，将联邦基金利率从1%提升到5.25%。利率攀升大大加重了购房者的还贷负担。同时，自2006年第二季度起，美国房市大幅降温，房价下跌，购房者难以将房屋出售或者通过抵押获得融资。这种局面直接导致大批次级抵押贷款的借款人不能按期偿还贷款，次贷违约率不断上升。

2007年4月2日，美国第二大次级抵押贷款机构新世纪金融公司向法院申请破产保护。另外，一些提供次贷的金融机构也出现财务危机，次贷危机开始显现，并引发了美国股市剧烈动荡。此外，美国大批放贷机构在中介机构的协助下，把数量众多的次贷转换成证券在市场上发售，吸引各类投资机构购买。然后，这些投资机构再将购买的证券开发成多

种金融衍生品，出售给对冲基金、保险公司等。据美国经济分析局的调查，美国次贷总额为 1.5 万亿美元，但在其基础上发行了近 2 万亿美元的住房抵押贷款支持债券，进而衍生出超万亿美元的担保债务凭证和数十万亿美元的信贷违约掉期。

而在这一所谓金融创新过程中，美国政府并没有加强相关监管，使得金融市场变得越来越缺乏透明度，处于巨大的风险之中。因此，美国次贷危机自 2007 年初显现以来，影响面逐渐扩大，一些过度投资次贷金融产品的银行和保险公司被迫宣布破产或被政府接管。美国次贷危机愈演愈烈，最终引发为遍布全球的金融危机，致使全球金融市场面临巨大风险。

第二节　金融衍生品市场概述

一、金融衍生品市场的产生

（一）金融衍生工具的定义

金融衍生工具（derivative instruments）是指其价值依赖于传统金融工具价格的金融工具。它可以是一类特定的交易方式（杠杆或信用交易），也可以指由这种交易方式形成的一系列合约。如金融远期、金融期货、金融期权和金融互换等都属于金融衍生工具。

（二）金融衍生市场的产生

第二次世界大战后建立的布雷顿森林体系，实行各国货币与美元挂钩，美元直接与黄金挂钩，实质上是一种固定汇率制。它的建立为世界经济的发展和各国的投资及贸易起到了极大的促进作用。然而到了 20 世纪 60 年代，由于美国与联邦德国、日本等主要工业国家之间产生了巨额的贸易逆差，使美国的对外负债远远大于它的黄金储备。1971 年 8 月，尼克松政府直接宣布美元不能兑换黄金。同年 12 月，西方主要国家在华盛顿签订史密森协定，较大幅度调整了主要货币对黄金的比价，并试图减少汇率波动。然而，在 1973 年 3 月，这一努力宣告失败，各国纷纷实行浮动汇率制，汇率的波动随之加剧。频繁而大幅度波动的汇率带来了多方面的风险，为了防范汇率波动带来的风险，芝加哥期货交易所于1972年5月16日开辟了国际货币市场分部（IMM），并办理澳元、英镑、加元、日元、瑞士法郎和西德马克等6种主要外币的期货交易。这标志着金融衍生工具和市场的产生。此后，各种金融衍生工具应运而生。1975年，芝加哥期货交易所（CBOT）率先开办了抵押协会债券利率期货。1982年2月24日，美国堪萨斯市推出了第一份股票指数期货合约。

股票选择权是金融期权市场最早出现的品种。20世纪20年代就出现了股票选择权交易，但由于是场外交易，规模不大，所以影响力较小。1973年4月26日，全球第一家选择权集中交易所芝加哥期权交易所成立（COBE），该所最初交易的是16种以股票为标的物的买权契约。1982年10月1日，芝加哥交易所推出第一份利率选择权合约。1981年8月，世界银行发行了2.9亿美元欧洲债券，并决定将其本金与利息同IBM公司进行法郎和德国马克的货币互换，开创了金融互换市场的先例。1992年，第一笔利率互换在美国完成。之后又出现了期货互换、期权互换等其他互换交易。

二、金融衍生市场的功能

（一）价格发现功能

金融衍生市场的建立和完善，可形成一种较为优良的价格形成机制，这是因为金融衍生工具的交易大多是在专门的交易场所进行。这些交易场所作为一种有组织的正规化的统一市场，它聚集了众多的交易者，这些买者和卖者都能充分表达自己对其所交易的金融衍生工具的价格愿望，所有的交易都是通过竞争来实现的。从而使这些市场成为一个公开的自由竞争的市场，影响价格的各种因素都能通过交易在市场上及时体现，由此形成的价格就能较为准确地反映标的资产的真实价格。

（二）转移价格风险

现货市场的价格经常处于瞬息万变的状态。这给生产者和投资者带来了价格波动的风险。金融衍生工具交易的产生，为生产者和投资者规避风险提供了一个较为理想的方式。需要规避风险的生产者和投资者通过"套期保值"就可以达到规避风险的目的。即利用现货市场和衍生市场相同或相似标的资产的价格差异，通过在现货市场和衍生市场进行标的资产的相同数量、相反方向的交易，就可在两个市场之间建立一种互相冲抵的机制，进而达到保值的目的。

三、金融衍生市场的主要参与者

（一）商业银行

商业银行是金融衍生市场的重要参与者。其参与衍生市场的目的主要有：进行资产负债管理的需要、拓展业务空间、提供金融衍生市场相关的中介服务。

（二）投资银行和证券公司

投资银行和证券公司是从事证券发行和交易的金融机构。它们参与金融衍生市场的目的主要有：防范证券发行与自营业务的风险、通过金融衍生市场交易，赚取利润、提供经纪和咨询服务，赚取佣金和手续费、开展金融衍生市场业务，拓展业务空间。

（三）基金经理人

基金经理人在金融衍生市场进行交易，一方面是利用金融衍生工具为其所持有的金融资产避险；另一方面则是为了在金融衍生市场利用金融衍生工具的交易盈利。如美国"量子基金"经理人乔治·索罗斯在1992 年利用外汇远期和金融期货等交易，使该基金由同年 8 月份的 33 亿美元上升到 10 月份的 70 亿美元。

（四）工商企业

工商企业持有的金融资产同样也面临着利率和汇率变动的风险。因此，工商企业在金融衍生市场利用相应工具规避风险是其基本目的。近年来，一些实力雄厚的企业也开始利用金融衍生市场交易增加其利润。

（五）套期保值者和投机者

套期保值者和投机者对金融衍生市场而言都是不可缺少的。套期保值的存在决定了金融衍生市场存在的必要性，而投机的存在决定了金融衍生市场存在的可能性。套期保值者为了保值参与金融衍生工具的交易，有了对该市场存在的要求，而投机者参与该市场提高了市场的流动性、充当价格发现的主力军，使该市场充满了活力而得以存在。

第三节 金融远期市场

一、金融远期市场概述

（一）金融远期的概念

金融远期合约是指交易双方约定在未来的某一约定时间，按照约定的价格买卖一定数量的某种金融资产的合约。

（二）金融远期合约的特点

金融远期合约是一种非标准化的合约，其交易也不在交易所内进行。这样就使金融远期交易具有了相应的优点和缺点。金融远期合约的内容由双方谈判达成。交易双方可以就交易地点、交割时间、交割价格、合约规模及其标的物的品质等级等内容进行谈判。金融远期合约的这一特点使其与金融期货合约相比具有很大的灵活性，这也是金融远期合约的最大优点。金融远期合约的非标准化使得每份合约千差万别，这又使金融远期合约的流动性较差。金融远期合约没有固定的交易场所，不利于形成统一的价格。与金融期货合约交易相比，金融远期合约没有履约保证，导致其交易的风险性很大，这又是金融远期合约交易的最大缺点。

二、金融远期合约的种类

（一）远期利率协议

远期利率协议（forward rate agreement）是指买卖双方同意从未来某个商定的时间开始，在某一特定时期内按协议利率借贷一笔数额确定、以具体货币表示的名义本金的协议。在远期利率协议中，协议中的买方是名义借款人，其订立远期利率协议的目的是为了规避利率上升的风险或投机。远期利率协议中的卖方则是名义借款人，其订立远期利率协议的目的主要是为了规避利率下降的风险或投机。之所以称为"名义"，是因为借贷双方不必交换本金，只是在结算日根据协议利率和参照利率之间的差额以及名义本金额，由交易一方付给另一方相应的结算金。到结算日，如果参照利率大于协议利率，那么，卖方要向买方支付相应金额的结算金，相反，买方就要向卖方支付相应金额的结算金。一般来说，实际借款利息是在贷款到期时支付，而结算金则是在结算日支付，所以，在这种情况下，差额必须以贴现的方式预扣结算。结算金额的计算公式如下：

$$结算金 = \frac{(L-R) \times D \times A}{(B \times 100) + (L-D)}$$

其中，L = 参照利率；R = 表示合同利率；A = 协议期限天数；B = 天数计算惯例（如美元为 360 天，英镑为 365 天）。

远期利率协议最重要的功能是通过固定将来实际交付的利率而避免了利率变动风险，但由于远期利率协议是场外交易，故存在信用风险和流动性风险，然而，这种风险是有限的，因为它最后实际支付的只是利差而非本金。

例如，假设美国一家银行 3 个月后将有一笔期限为 6 个月、利率是 LIBOR 的 500 万美元的贷款，此时客户需要立即确定贷款利率，该银行也想锁定贷款利率，但银行难以确定适当的利率，于是，银行与一个远期利率协议交易商联系，并得到了"3 × 9"LIBOR 远期报价是 8.32%，于是这家银行作为合约的买方接受了这个价格。同时以 LIBOR 加 50 个基本点的利率水平向其客户确定了 3 个月后的贷款利率，以承担其所面对的风险，实现其所希望的收益。现在假设到远期利率协议结算日，6 个月的 LIBOR 利率上升为 8.95%，同时假设"6 个月期"为 182/360，试问银行的盈亏如何？

3 个月后，当利率为 8.95% 时，显然，银行向客户贷款时会有损失，其损失如下：

（8.82% − 8.95%）× 5000000 × 182 ÷ 360 = 3286.11（美元）

3 个月后，当利率为 8.95% 时，银行所购买的远期利率协议会给其带来收益，其收益如下：

（8.95% − 8.32%）× 5000000 × 182 ÷ 360 = 15925（美元）

从前面的基础知识可知，远期利率协议的实际支付是在贷款开始时支付，所以我们还需要对刚才的计算结果进行折现，即 15925 ÷（1 + 8.95% × 182 ÷ 360）= 15235.59（美元）。也就是说，在贷款日，银行可从远期利率协议交易中获得 15235.59 美元的收益。可是在计算盈亏时，我们却不能用折现值，因为，贷款利息的实际支付日与没有折现的远期利率协议收益在同一时点发生。可见，从贷款到期日来看，银行的实际收益是 $15925 - 3286.11 \approx 12639$（美元）。

（二）远期外汇合约

远期外汇合约（forward exchange contracts）是指双方约定在将来某一时间按约定的远期汇率买卖一定金额外汇的合约。交易双方在签订合同时，就确定好将来进行交割的远期汇率，到交割日不论汇率是多少，双方都应按约定的汇率进行交割。到交割时，双方只是交割合同中约定汇率与当时的即期汇率之间的差额。

（三）远期股票合约

远期股票合约（equity forward）是指在将来某一特定日期按特定价格交付一定数量单个股票或一揽子股票的协议。

第四节　金融期货市场

一、金融期货的定义

金融期货（financial futures）是指交易双方在集中性的交易场所，以公开竞价的方式所进行的标准化金融期货合约的交易。金融期货合约（financial futures contracts）是指协议双方同意在未来某个约定日期按约定的条件（价格、交割地点、交割方式）买入或卖出一定标准数量的某种金融工具的标准化协议。

二、金融期货合约的基本要素

（一）交易单位

交易单位（trading unit）也称合约规模（contract size），是指交易所对每一份金融期货合约所规定的交易数量。人们在交易中只能买进或卖出这一标准数量的整数倍，也就是说，只能买卖多少份这样的合约。

（二）最小变动价位

最小变动价位（minimum price change），即一个刻度，是指由交易所规定的在金融期货交易中每一次价格变动的最小幅度。刻度乘以交易单位所得的积，就是每份金融期货合约的价值因价格变动一个刻度而增减的金额，这一金额称为"刻度值"。例如，IMM 规定德国马克期货合约的最小变动价位是 1 点（每德国马克 0.0001 美元），而每份德国马克期货合约的交易单位是 12.5 万马克，因此，一份德国马克期货合约的刻度值为 12.50 美元。也就是说，在 IMM 期货交易所的德国马克期货合约交易中，每份合约的每次价格变动最小必须是 12.50 美元，在每日价格波动限制内，每次价格变动必须是 12.50 美元的整倍数。

（三）每日价格波动幅度

在金融期货交易中，为了防止期货价格过分剧烈波动，从而引起相应的风险，每个期货交易所通常都来对金融期货合约的每日价格波动的最大幅度做出了相应的限制，这种限制称为"每日价格波动限制"（daily limit）。如在 IMM 期货交易所，对德国马克期货合约在每日 7：20～7：35 所作的价格波动限制为 150 点，也就是说，在每日的这一时间，每份合约价格的最大变动不得超过前一个交易日结算价格上下 1875 美元（即 12.50×150）。

（四）合约月份

合约月份（contract months）是指期货合约到期交收的月份。在金融期货交易中，除个别合约有特殊的交收月份外，绝大多数期货合约的交收月份都定为每年的 3 月、6 月、9 月和 12 月。

（五）交易时间

交易时间（trading hours）是指由交易所规定的每种合约在每天可以进行交易的具体时间。每个交易所对在其交易所交易的每个交易品种都有具体的交易时间的规定。可见，不同的交易所有不同的交易时间，即使在同一交易所，不同的交易品种也有不同的交易时间。

（六）最后交易日

最后交易日（last trading day）是指由交易所规定的每种合约在到期前的最后一个交易日期。金融期货交易大多数都不进行实际交割，而是通过对冲结清交易的。如果持仓者在最后交易日交易结束前仍没作对冲交易，那么，他只能通过合约到期时进行实物交收或现金结算结清其交易。

（七）交割

交割（delivery）是指由交易所规定的每种到期未平仓金融期货合约

在实际交收时的各项条款。主要包括交割日期、交割方式、交割地点等。

三、金融期货的种类

（一）外汇期货

外汇期货（foreign exchange futures）是指在期货交易所内以公开竞价方式进行的外汇期货合约的集中性交易。外汇期货合约是指由期货交易所制定的一种标准化合约，合约中对交易币种、合约金额、交易时间、交割月份、交割方式、交割地点等都有统一规定。在外汇期货交易中交易双方买卖的就是这种标准化的合约。外汇期货交易实际上就是买卖双方在接受外汇期货合约既定内容的前提下，双方通过公开竞价的方式按照交易所规定的报价方式和报价范围而进行的外汇期货的买卖。

1. 外汇期货的套期保值

外汇期货的套期保值主要有两种，一种是多头套期保值，是指进口商或需要支付外汇的人，因担心自己所拥有的货币对所需支付的外汇贬值，而在外汇期货市场买进所需支付的外汇期货合约的行为。另一种是空头套期保值，是指出口商或将来有外汇收入的人，为避免外汇对本币贬值而可能造成的损失，而先行卖出外汇的行为。

例如，一家从事国际信贷的美国银行将在 3 个月后收到一笔 200 万英镑的贷款，为防范英镑对美元贬值的风险，该银行进行了卖出套期保值（见表 5 - 1）。

表 5 - 1　　　　　　　　　　　外汇期货套期保值过程

现货市场	期货市场
1 月 1 日	1 月 1 日
1 英镑 = 1.6769 美元 买入 250 万英镑， 支付 4192250 美元	1 英镑 = 1.6573 美元 卖出 10 份 3 月期英镑期货合约， 收入 4143250 美元
4 月 1 日	4 月 1 日
1 英镑 = 1.5382 美元 卖出 250 万英镑， 收入 3845500 美元	1 英镑 = 1.5463 美元 买进 10 份同类英镑期货合约， 支付 3840750 美元
亏损 346750 美元	盈利 302500 美元

从表 5 – 1 可知，尽管汇率发生了对这家银行的不利变化，但由于该银行采取了相应的套期保值措施，通过期货交易减少了汇率变动所带来的损失。

2. 外汇期货的投机

外汇期货投机是通过买卖外汇期货合约，从外汇期货价格的变动中获利并同时承担风险的行为。投机者根据其对外汇期货价格走势的判断，买卖一定数量的某一交割月份的外汇期货合约。一旦外汇期货价格的走势与其判断一致，则通过对其所进行的外汇期货合约对冲交易，就可从中赚取差价。如果外汇期货价格的走势与其判断相反，则投机者就要承担相应的损失。外汇期货投机分为多头投机和空头投机。

（1）外汇期货的多头投机。多头投机是投机者预期外汇期货价格将要上升，而采取先买后卖的措施，希望从中获利的交易。例如，6 月 10 日，某投机者预测瑞士法郎将进行牛市，于是以 1 瑞士法郎 = 0.7387 美元的价位买入 2 份 6 月到期瑞士法郎期货合约。6 月 20 日，瑞士法郎期货价格果然上升，该投机者在 1 瑞士法郎 = 0.7485 美元的价位卖出 2 份 6 月到期的瑞士法郎期货合约平仓。其交易与盈亏如下：

6 月 10 日买入期货合约 1 瑞士法郎 = 0.7387 美元，共支付美元 0.7387 × 125000 × 2 = 184375（美元），6 月 20 日卖出期货合约 1 瑞士法郎 = 0.7487 美元，共收入美元 0.7487 × 125000 × 2 = 187175（美元）。此交易盈利 2500 美元（瑞士法郎的交易单位为 125000 法郎）。

（2）外汇期货的空头投机。空头投机是投机者预期外汇期货价格将要下降，而采取先卖后买的措施，希望从中获利的交易。例如，2 月 1 日，IMM 交易的 3 月份英镑期货的价格为 1 英镑 = 1.8930 美元，某投机者预测英镑期货价格将下跌，于是以此价位卖出 2 份 3 月份到期的英镑期货合约。3 月 10 日，英镑期货价格果然下跌，该投机者在 1 英镑 = 1.8880 美元的价位买入 2 份 3 月期的期货合约进行平仓，在不计手续费的情况下，该投机者的盈亏为（1.8930 – 1.8880）×62500 × 2 = 625（美元）。也就是说该投机者在此交易中盈利 625 美元（英镑的交易单位为 62500 英镑）。

3. 外汇期货的套利

外汇期货的套利是指交易者同时买进和卖出两种相关的外汇期货合约，然后再将其手中的合约进行对冲，从两种合约相对的价格变动中获利。外汇期货的套利分为跨市套利、跨币种套利和跨期套利三种类型。

跨市套利是指交易者根据其对同一外汇期货合约在不同交易所的价格走势的预测，在不同交易所同时买进和卖出相同交易月的同种金融期货合约或类似金融期货合约，以赚取价差的行为。交易者之所以能够套利，是因为相同的或相似的金融期货合约在不同的市场未必有相同的价格，也未必有相同的价格变动方向和价格变动幅度，但是这些合约却有相同的标的物，因此，各市场之间的标的物价格纵有不同，也应该保持在一个比较合理的价差水平上，如果这种价差超过合理的、正常的幅度，那么，此两个市场的同种合约之间，必有一个市场的合约被相对高估或低估，这样就产生了无风险套利的机会。

例如，1 月 10 日，某交易者在国际货币市场以 1 英镑 = 1.43 美元的价格买进 5 份 6 月期英镑期货合约，同时他还在伦敦国际金融期货交易所以 1 英镑 = 1.45 美元的价格卖出 2 份 6 月期英镑期货合约（伦敦国际期货交易所的英镑期货合约的交易单位为 62500 英镑，国际货币市场英镑期货合约的交易单位是 25000 英镑。62500 ÷ 25000 = 2.5，因此，为保证实际价值基本一致，在国际货币市场买进 5 份英镑期货合约，只需在伦敦国际期货交易所卖出 2 份英镑期货合约就可以了）。2 月 10 日，该交易者以 1 英镑 = 1.46 美元的相同价格分别在两个交易所对其手中的合约进行对冲。其交易过程和结果如表 5 - 2 所示：

表 5 - 2　　　　　　　　　跨市套利合约对冲过程

国际货币市场	伦敦国际期货交易所
1 月 10 日	1 月 10 日
买进 5 份英镑期货合约，价格为 1.43 美元/英镑总价值为 1.43 × 25000 × 5 = 178750（美元）	卖出 2 份英镑期货合约，价格为 1.45 美元/英镑总价值为 1.45 × 62500 × 2 = 181250（美元）
2 月 10 日	2 月 10 日
卖出 5 份英镑期货合约，价格为 1.46 美元/英镑总价值为 1.46 × 25000 × 5 = 182500（美元）	买进 2 份英镑期货合约，价格为 1.46 美元/英镑总价值为 1.46 × 62500 × 2 = 182500（美元）
盈利 3750 美元	亏损 1250 美元

从表 5 - 2 中可知，该交易者在国际货币市场上盈利 3750 美元，在伦敦国际金融期货交易所中亏损 1250 美元。通过跨市套利，其净收益为 2500 美元。

跨币种套利是交易者根据对交割月份相同而币种不同的外汇期货合约在某一交易所的价格走势的预测，买进某一币种期货合约的同时卖出另一币种的相同交割月份的期货合约，从而进行套利的行为。

例如，6 月 5 日，国际货币市场 6 月期瑞士法郎期货价格为 1 瑞士法郎 = 0.5500 美元，6 月期德国马克期货价格为 1 马克 = 0.4200 美元，那么，6 月期的瑞士法郎期货对德国马克期货的套算汇率为 1 瑞士法郎 = 1.3 德国马克。某交易者在国际货币市场买入 10 份 6 月期瑞士法郎期货合约，同时卖出 13 份 6 月期德国马克期货合约（瑞士法郎期货合约的交易单位是 125000 瑞士法郎，德国马克期货合约的交易单位是 125000 德国马克）。6 月 20 日，该交易者分别以 0.6555 美元/瑞士法郎和 0.5060 美元/德国马克的价格对冲了手中的期货合约。其交易过程和交易结果见表 5 - 3：

表 5 - 3　　　　　　　　跨币种套利期货合约交易过程

瑞士法郎	德国马克
6 月 5 日	6 月 5 日
买入 10 份 6 月期瑞士法郎期货合约 价格：0.5500 美元/瑞士法郎， 总价值为 687500 美元	卖出 13 份 6 月期德国马克期货合约 价格：0.4200 美元/德国马克， 总价值为 682500 美元
6 月 20 日	6 月 20 日
卖出 10 份 6 月期瑞士法郎期货合约 价格：0.6555 美元/瑞士法郎， 总价值为 819375 美元	买入 13 份 6 月期德国马克期货合约， 价格：0.5000 美元/德国马克， 总价值为 812500 美元
盈利 131875 美元	亏损 130000 美元

从表 5 - 3 中可知，该交易者通过跨币种期货交易净盈利是 1875 美元。

跨期套利是交易者根据对相同币种而交割月份不同的期货合约在某一交易所的价格走势的预测，买进某一交割月份的期货合约，同时卖出另一交割月份的同种期货合约，从而进行套利的行为。

例如，2 月 10 日，某交易者在国际货币市场买入 1 份 6 月期德国马克期货，价格为 0.5786 美元/德国马克，同时，卖出 1 份 9 月期德国马克期货合约，价格为 0.5428 美元/德国马克。5 月 10 日，该交易者分别以 0.5734 美元/德国马克和 0.5334 美元/德国马克的价格将手中的合约对冲，其交易过程和结果见表 5 − 4：

表 5 − 4　　　　　　　　　跨期套利合约对冲交易过程

6 月期德国马克期货	9 月期德国马克期货
2 月 10 日	2 月 10 日
买入 1 份 6 月期德国马克期货合约 价格：0.5786 美元/德国马克 总价值 72325 美元	卖出 1 份 9 月期德国马克期货合约 价格：0.5428 美元/德国马克 总价值 67850 美元
5 月 10 日	5 月 10 日
卖出 1 份 6 月期德国马克期货合约 价格：0.5734 美元/德国马克 总价值 71675 美元	买入 1 份 9 月期德国马克期货合约 价格：0.5334 美元/德国马克 总价值 66675 美元
亏损 650 美元	盈利 1175 美元

从表 5 − 4 中可知，该交易者通过跨期期货交易，净盈利 525 美元。

（二）利率期货

利率期货是指交易双方在期货交易所内以公开竞价的方式所进行的利率期货合约的集中性交易。同样，利率期货合约也是由期货交易所制定的一种标准化合约。交易双方按照交易所规定的报价方式和报价范围通过公开竞价的方式约定在未来某日以成交时确定的价格交收一定数量的某种利率相关商品的标准化契约。

1. 利率期货交易的产生

从第二次世界大战结束到 20 世纪 60 年代中期，美元的利率始终受到联邦政府的严格管制，从而处于相对稳定状态。然而，进入 60 年代中期以后，通货膨胀开始在美国抬头，此后的对越战争和两次石油危机，更是引起美国国内物价水平全面上涨。为了抑制通货膨胀，美国政府通过紧缩的货币政策，迅速提高利率水平。然而高利率又引起经济衰退，又迫使政府降低利率，这样，这种两难选择使利率的波动十分频繁。

利率的波动使各经济主体，尤其是各金融机构面临着越来越严重的利率风险。在这种情况下，人们迫切需要一种有效的管理利率风险的工具。利率期货正是在这种情况下应运而生的。

1975 年，芝加哥期货交易所率先推出了第一种利率期货合约——政府国民抵押协会证券期货合约，并获得成功。在交易开始的前三个月，交易量就达到20000 份合约之多。1976 年该交易所又推出了90 天美国国库券期货合约。进入20 世纪80 年代后，短期国库券交易得到了迅速发展。短期国库券期货合约的成功，使各交易所纷纷引入各种各样的利率期货。1977 年8 月，芝加哥期货交易所创设了美国长期国库券期货合约。它满足了金融机构和公司企业对中长期利率进行套期保值的需要。1981 年7 月，国际货币市场分部又推出了90 天期存单合约，1982 年又推出了10 年期国库券期货合约，1987 年5 月，开始进行美国政府5 年期债券交易，1988 年4 月，又进行了5 年期债券期货交易。目前，利率期货在美国各种期货交易量是最大的，利率期货的种类也发展到19 种。

2. 利率期货合约的种类

利率期货合约的种类繁多，但大体可分为两类，一类是以短期固定收入为主的债务凭证，主要有国库券（treasury bill）、商业票据（commercial paper）、可转让定期存单（certificate of deposit，CD），以及各种欧洲货币（eurocurrencies）等。另一类是以长期固定收入为主的债务凭证，主要有各国政府发行的中长期公债，如美国的中期债券（treasury notes，T – notes）、长期债券（treasury bonds，T – bonds）、英国的金边债券（gilt – edged securities）、日本的日本政府债券（japanese government bonds，JGB）。下面我们主要介绍几种常见的利率期货合约。

（1）短期国库券期货合约。美国短期国库券是期限在1 年以内的美国政府债券，是美国货币市场的主要金融工具，其发行以拍卖方式定期贴现出售，到期以面值偿还。按期限分美国国库券有91 天、184 天和364 天3 种（见表5 – 5）。

表 5 – 5　　　　　　　　　IMM90 天国库券期货合约

交易单位	1000000 美元面值短期国库券
最小变动价位	0.01
最小变动值	25 美元

每日交易限价	0.60（1600 美元）
合约月份	3、6、9、12
交易时间	芝加哥时间：8：00—14：00
最后交易日	交割前一日
交割日	交割月份中 1 年期国库券尚余 13 周期限的第一天
交割等级	还剩余 90 天、91 天或 92 天期限，面值为 1000000 的短期国库券

短期国库券期货在现货市场是以贴现率报价的，而在国库券期货市场上则是以 IMM 指数报价的。例如，一份年贴现率为 8% 短期国库券期货合约，IMM 指数就是 92（100 - 8）。IMM 指数只是一种报价方法，并不是期货合约的实际价格，但通过 IMM 指数可以计算出期货价格。例如，IMM 指数是 92.00，则国库券期货合约的实际价格为 98 万元（即 $1000000 - 1000000 \times 8\% \times 90 \div 360$）。

（2）定期存单期货合约。定期存单是一种由银行发行的面额较大、不可以提前支取但可转让的存单。定期存单以面值发行，到期一次偿还本金和利息。定期存单的面值最少为 10 万美元，通常都在 100 万美元以上，期限最少为 14 天，一般在 30~90 天。与国库券相比，银行定期存单的风险性较大，所以其利率也相应较高，但就具体的某一银行的定期存单而言，其利率水平还取决于该银行的信誉以及所发行的定期存单的流动性。与国库券期货合约相同，定期存单的报价方式也是以 IMM 指数报价的（见表 5 - 6）。

表 5 - 6　　　　　　　　IMM90 天 CD_s 期货合约

交易单位	1000000 美元面值短期国库券
最小变动价位	0.01
最小变动值	25 美元
每日交易限价	0.80（2000 美元）
合约月份	3、6、9、12
交易时间	芝加哥时间：7：00—14：00

续表

最后交易日	交割前—营业日
交割日	交割月份的 15 日至交割月月底
交割等级	到期价值为 1000000 ~ 1200000 美元的合格银行发行的 CD_S，其到期日应在交割月 3 个月之后的那个月 16 日至该月月底之间

（3）中期国库券期货合约。中期国库券是可以转让美国政府债务凭证，期限在 1 ~ 10 年不等。中期国库券由联邦储备委员会按面值或接近面值的价格以拍卖方式出售，偿还时以面值为准，其付息方式是在中期国库券到期前每半年付息一次。最后一笔利息在期满之日与本金一起支付。中期国库券的二级市场是一个由交易商通过计算机网络联系的、交易额很大、流动性很强的市场。中期国库券现货和期货市场的主要参与者是政府证券的交易商，他们主要通过回购协议融通资金（见表 5 - 7）。

表 5 - 7 　　　　　　　　　CBOT 5 年期国库券期货合约

交易单位	100000 美元面值的中期国库券
最小变动价位	1/64
最小变动值	15. 625 美元
每日交易限价	上一交易日结算价格上下各 $3—4\frac{1}{2}$ 点
合约月份	3、6、9、12
交易时间	芝加哥时间：7：20—14：00
最后交易日	从交割月份最后营业日往回数第 8 个营业日
交割等级	任何最近拍卖的 5 年期国库券，特别以原偿还期不超过 5 年零 3 个月，而剩余有效期限从交割月第一天算起，仍不少于 4 年零 3 个月的中期国库券为最好
交割方式	联邦电子过户簿记系统

表 5 - 7 是芝加哥期货交易所 5 年期国库券期货合约。这一合约的最小变动价位是 1/64，其所代表的最小变动值是 15. 625 美元（即 100000 × 1/64）。中期国库券的报价方式是相对于面值的百分比。如 COBT5 年期

国库券的报价为 81（即 85 − 4），则合约的实际价格为 100000 ×（85 + 4÷64）% = 85062.5（美元）。

（三）股票价格指数期货

1. 股票价格指数期货交易的特点

（1）股票价格指数期货既可防范非系统性风险，又可防范系统性风险。股票价格指数代表了整个股票市场的走向，股票价格指数期货本身就是代表了股票投资组合。所以购买了股票价格指数期货相当于投资于一批股票组合，这样就可以防范个别股票价格波动的非系统性风险。如果投资者还希望利用股票价格指数期货来防范系统性风险，那么，它可以通过股票现货市场与股票期货市场的反向操作达到降低系统性风险的作用。

（2）股票价格指数期货交易实际上是把股票指数换算成现金进行交易。股票价格指数期货合约的价值是由交易单位乘以股价指数来计算的。例如，S&P − 500 的交易单位是 500 美元，那么，当 S&P − 500 的价格为 400 点时，合约的价值就是 500 × 400 = 200000（美元）。

（3）股票价格指数期货是以现金结算。在股票价格指数期货合约到期时，如果投资者并没有对手中的合约进行对冲，那么，其交割是以股票市场的收市指数作为结算的标准，投资者只需交付或收取到期时的股价指数与开仓时的股价指数的现金差额，就可以完成交收。

2. 股票价格指数期货合约

美国是最早进行股票价格指数期货交易的国家，目前有四个交易所分别依据四种主要股票指数进行期货交易。下面我们简单介绍一下美国标准普尔 500 种股票指数期货合约和纽约证券交易所综合指数期货合约及香港恒生指数期货合约（见表 5 − 8 和表 5 − 9）。

表 5 − 8　　　　　　　　标准普尔 500 种股票指数期货合约

交易所名称	芝加哥期货交易所
股票指数的计算	以纽约证券交易所上市的 500 家公司股票为组成股票，采用股票市值为权数的加权平均法计算
合约规模	500 美元乘以该指数
最小变动价位	0.05 指数点（每张合约 25 美元）
合约月份	3、6、9、12

交易时间	美国东部时间：10：00—14：15
最后交易日	每个合约交易月份的第3个星期四
保证金存款	每个合约5000美元
股票指数的计算	以纽约证券交易所上市的1500家公司股票为组成股票，采用股票市值为权数的加权平均法计算
合约规模	500美元乘以该指数
最小变动价位	0.05指数点（每张合约25美元）
合约月份	3、6、9、12
交易时间	美国东部时间：10：00—14：15
最后交易日	每个合约交易月份的第3个星期五
保证金存款	每个合约5000美元

表5－9　　　　　　　　纽约证券交易所综合指数期货合约

股票指数的计算	以纽约证券交易所上市的500家公司股票为组成股票，采用股票市值为权数的加权平均法计算
合约规模	以恒生股票指数（以整数计）乘以50港元
最小变动价位	恒生指数的1点（每份合约为50港元）
合约月份	3、6、9、12
交易时间	周一至周五，上午10：00—12：30，下午2；30—3：30，每星期三交易上半天
最后交易日	每个合约交易月份的最后一个交易日
保证金存款	每份合约15000港元
交收及结算	所有合约以现金交收，清算价格由清算所公布，以恒生银行在最后交易日所计算的收市恒后指数为准香港恒生指数期货合约

四、金融期货合约的套期保值及其程序

在一般情况下，金融期货合约标的物的期货价格与现货价格因受相同因素的影响，从而有相同的变动方向，因此，我们只要在金融期货市场与现货市场上同时作相反交易，那么，由于两个市场上标的物价格的变动方向一致，所以，当价格变动时，两个市场的交易结果一定是一个市场获利，另一个市场亏损。这样，盈亏可以相互抵消，达到保值的目的。但在这里需要强调的是，在大多数情况下，两个市场的盈亏额不相同，也就是说不能实现完全的套期保值，导致人们不能实现完全套期保值的原因主要有两个：一是由于期货合约的标准化的交易单位和交割日期，难以与人们的需要相吻合；二是虽然金融期货合约的标的物的期货市场价格与现货市场价格同方向变动，但却未必同幅度变动，从而导致一定的"基差风险"（basis risk）。即使如此，利用金融期货合约进行套期保值仍是人们规避风险的一种有效工具。利用金融期货套期保值的程序大致如下。

（一）金融风险的估计

我们知道，在金融市场上风险是永远存在的。因此，人们希望能够消除或转移这些风险，金融期货的套期保值就是其中的一种方法。然而，利用这种方法，人们必须付出一定的成本，如付给经纪人的佣金以及因金融期货交易中缴纳的保证金而产生的机会成本等。我们知道，风险不一定产生损失，金融工具未来价格的变动可能使投资者产生收益，我们可以根据所掌握的信息，对未来金融工具价格的变动方向做出相应的判断，从而决定是否需要进行保值。另外，我们还可以对金融工具未来价格的变动幅度进行大致判断，然后决定我们需要在多大程度上进行保值。

（二）套期保值工具的确定

如果投资者决定利用金融期货进行保值，那么，就需要决定利用哪一种期货合约来保值。一般来说，人们利用外汇期货交易来规避汇率变动而产生的外币资产或负债风险，利用利率期货交易来规避投资者因持有固定收入证券而面临的利率变动所产生的风险，而用股票价格指数期货交易来规避股票价格变动持有股票现货而产生的风险。

（三）套期保值比率的确定

在确定了套期保值的工具后，投资者还必须确定买卖多少份这样的工具才能达到保值的目的。这一数量的确定是否得当，在一定程度上决定了保值的效果。然而，利用不同的期货合约进行保值的比率确定是不同的。

1. 外汇期货合约比率的确定

外汇期货合约份数的确定，一般将现在或将来所拥有的外汇资产或负债按现汇汇率换算成所要购买的外汇期货合约的币种，然后再除以外汇期货合约的交易单位。例如，美国某进口商2月份从德国购进一批价值为250000德国马克的货物，一个月以后支付货款，为防止德国马克到时升值而使进口成本增加，该进口商决定买入2份3月份到期的德国马克期货合约（德国马克期货合约的交易单位是125000德国马克）。由于进口商所购买的期货合约的币种与他所拥有的债务币种相同，因此，只需用他所拥有的债务价值除以德国马克期货合约的交易单位（250000÷125000＝2），也就是说，他需要购买2份德国马克期货合约。又如，日本某公司4月份向美国出口一批物品，价值300万美元，2个月后收回货款，该公司预测，到时美元可能贬值，所以决定在期货市场上买入6月份到期的日元期货合约，由于他所拥有的债权币种与他所购买的期货合约的币种不同，所以需要换算，假定，他在购买期货合约时的现汇汇率为140日元/美元，那么，他需要购买336份（即3000000×140÷125000＝336）期货合约。

2. 利率期货合约比率的确定

一般而言，保值效果的好坏，取决于所选择期货合约的标的物的期货价格和现货价格的正相关程度，正相关程度越高，保值效果就越好，相反，就越差。最理想的状况是期货价格与现货价格的变动方向与幅度完全相同，也就是说，从投资者在期货市场开始交易到结束交易，合约的标的物的期货价格与现货价格是完全正相关的。然而，在大多数情况下，这两个价格是正相关，但却不是完全正相关，也就是说，存在着"基差风险"。为了减少"基差"对套期保值效果的影响，从而使现货市场与期货市场的损益能更好相互抵消，就需要确定期货合约的套期保值比率。在所有的期货合约保值比率的确定上，利率期货合约套期保值比率的确定最为复杂。这里介绍一种基本点价值模型。在这种模型中，套期保值所需的期货合约数量可用下面公式计算：

$$套期保值的合约数量 = \frac{现货基本点价值}{期货基本点价值} \times （现货价格波动/期货价格波动）$$

在这里，现货基本点价值和期货基本点价值是指收益率水平（价格）变动一个基本点，现货价值与期货合约价值变动的情况。现货价格波动/期货价格波动，是指投资者所拥有的现货资产或负债在一段时间内的价格波动与他在期货市场所交易的期货合约的标的物在相同时间内的价格波动的比值。例如，某投资者拥有面值为 1000000 美元的 1 年期商业票据，如果他以 90 天的欧洲美元期货合约进行套期保值，假定，根据历史分析，1 年期商业票据利率变化两个基本点时，而欧洲美元的利率变化为一个基本点，那么，根据上述公式，投资者所需交易的欧洲美元的期货合约数量可这样获得：先计算出现货基本点价值和期货合约标的物基本点价值：

商业票据基本点价值 $= 0.01\% \times 360 \div 360 \times 1000000 = 100$ （美元）

欧洲美元基本点价值 $= 0.01\% \times 90 \div 360 \times 1000000 = 25$ （美元）

再计算价格波动比率 $= 0.02\% \div 0.01\% = 2$

投资者就购买的欧洲美元期货合约数量 $= 100 \div 25 \times 2 = 8$ （份）

3. 股票价格指数期货合约比率的确定

与其他期货的交易一样，股票价格指数期货的套期保值同样需要确定合约的交易数量。最简单的方法是用现货市场所拥有的股票总价值，除以每份合约的交易单位与交易时股票价格指数的积，用公式表示为：

$$合约数量 = \frac{现货市场所拥有的股票总价值}{期货合约交易单位 \times 股价指数}$$

这个公式应用的前提是投资者所拥有的现货市场的股票组合与他所选择的股票价格指数期货合约的样本股票完全相同，同时，两个市场的股票价格还必须同方向同幅度变动。然而，在现实中，这个前提很难实现。我们知道，股票价格指数期货是以股票价格指数为标的物的，而股票价格指数是反映整个股票市场上股票总体价格平均水平及其变动状况的，而投资者所持有的股票投资组合不一定与整个市场股票价格的变动相同，也就是说，投资者所拥有的股票投资组合的风险与整个市场的风险不一定一样。如果忽略了这一点，就很难达到保值的效果。为了实现更好的保值效果，人们通常用 β 系数来调整套期保值所需的合约数。β

系数是用来反映某一种证券或证券投资组合的价格变动相对于整个证券市场价格变动程度的指标。β 系数大于 1，说明其所代表的证券或证券投资组合的风险大于整个市场的风险，相反，则小于整个市场的风险。单个股票的 β 系数可以根据历史资料，利用回归方法计算，也可从某些数据库获得。而对于股票投资组合的 β 系数可以通过计算其加权平均数来获得。其权数等于投向这些股票的资金的相对比例。这样我们就可以得到"β 系数加权套期保值"合约数量。

$$套期保值的期货合约数量 = \frac{现货股票或证券投资组合的总价值}{期货合约的交易单位 \times 股价指数} \times β 系数$$

（四）套期保值策略的制定与实施

金融期货套期保值的基本策略有两种，一种是多头套期保值（long hedge）；另一种是空头套期保值（short hedge）。多头套期保值是指投资者先买进金融期货合约，在合约到期前再做相反的交易，而空头套期保值是指投资者先卖出期货合约，在合约到期前再做相反的交易。当投资者已经确定了套期保值所需的合约数量后，他就可以根据自己在现货市场所持有的部位来决定其套期保值策略。如前所述，投资者应该在现货市场与期货市场持有相反的部位以达到套期保值的目的。也就是说，如果他在现货市场持有多头部位，那么，他在期货市场就应该持有空头部位；相反地，他在现货市场如果持有空头部位，在期货市场他就应该持有多头部位。

（五）套期保值过程的监控与套期保值策略的修正

在投资者实施了相应的保值措施后，他还应该对其整个的套期保值过程进行监控，并根据市场变化对其原有的套期保值策略进行相应的修正，直至整个套期保值结束。之所以需要这样，是因为投资者在前期所做的套期保值是基于当时市场的状况，而在其整个套期保值行为结束前，市场情况会不断发生变化，因此，需要根据新的情况来调整自己的保值策略，以达到更好的保值效果。

（六）套期保值效果的评价

在整个套期保值行为结束后，投资者还应对其所进行的套期保值的整个过程进行评价。把他保值的结果与他原来所希望达到的保值目的进行对比，总结套期保值的经验和教训，为以后的套期保值提供参考。

第五节　金融期权市场

一、金融期权的概念

"金融期权"（financial options），是指赋予其购买者在规定的期限内有权选择是否以特定的价格买进或卖出一定数量的某种金融商品或金融期货合约的交易。在金融期货交易中，买卖双方的权利和义务是对等的。而在期权交易中，期权合约的购买者只有权利（可以选择执行或放弃合约所赋予的权利），没有义务；期权合约的出售者却只有义务，没有权利。当期权购买者按合约规定要求行使其买进或卖出标的资产时，期权出售者必须依约与其进行交易。当然，期权的出售者会获得期权购买者支付给他的承担义务的报酬。

二、金融期权合约的基本要素

（一）协定价格

协定价格（strike price）或执行价格（exercise price），是期权交易双方在交易时所确定的、期权购买者在行使其权利时，针对合约标的物买卖所执行的价格。这个价格一经确定，期权合约的购买者如果在其权利有效期内行使权利，则无论期权合约标的物的市场价格如何变化，期权交易的双方必须按此价格买卖期权合约所规定的标的物。

（二）期权费

期权费（premium），是期权购买者为获得其权利而向期权出售者所支付的费用。也是期权合约出售者承担其义务的报酬。这个费用一经支出，则无论期权的购买者是否行使其权利，都不能再收回。

（三）有效期限

有效期限，是期权购买者行使权利的期限。如前所述，期权的购买者在向期权的出售者支付期权费之后，就获得了按协定价格买卖合约所规定的金融商品的权利。然而，期权的购买者只能在期权合约所规定的时间内行使权利。这个时间就是期权合约的有效期限。

三、金融期权的种类

（一）买入期权与卖出期权

买入期权是指期权购买者可在未来约定的日期，以协定价格向期权出售者购买约定数量的某种金融商品或金融期货合约的期权。期权的购买者如果购买了买入期权，则他未来在其权利有效期内只能选择买或不买。由此看来，当投资者对金融商品或金融期货合约的标的物价格看涨时，他才会购买买入期权，如果将来价格上涨，则他可以以协定价格（低于市价）向期权出售者买进这种金融商品或期权合约，从中获利。所以买入期权也叫看涨期权。

卖出期权是期权购买者可以在未来约定的日期，以协定价格向期权出售者卖出约定数量的某种金融商品或金融期货合约的期权。期权的购买者在购买了卖出期权后，则他未来在其权利有效期权内只能选择卖或不卖权利。同样可知，当投资者对某种金融商品或金融期货合约的标的物的未来价格看跌时，他才会购买卖出期权。如果将来价格下跌，则他可以以协定价格（高于市价）向期权的出售者出售合约所规定的相应数量的金融商品或金融期货合约，以期从中获利。所以卖出期权也叫看跌期权。

（二）欧式期权与美式期权

如前所述，期权都有其行使权利的有效期限。所谓欧式期权、美式期权就是根据期权有效期限的不同进行划分的。欧式期权是指期权的购买者只能在期权到期这一天行使其权利。而美式期权的购买者可以期权的购买者从其购买期权的那一天起，直到期权到期日这一天之内的任何一天都可以行使其权利。可见，美式期权对期权购买者而言，有更大的选择权，因此，美式期权的期权费比欧式期权的期权费高。

（三）场内期权与场外期权

场内期权是指在交易所内集中进行的标准化金融期权合约的交易；而场外期权是指在非集中性的交易场所进行的非标准化金融期权合约的交易。

（四）现货期权与期货期权

现货期权是指以各种金融工具作为期权交易的标的物的期权交易。

如股票期权、外汇期权、利率期权等。期货期权是指以期货合约作为期权交易的标的物的期权交易。如外汇期货期权、利率期货期权、股票价格指数期货期权等。

四、金融期权的价格构成及其影响因素

（一）金融期权的价格构成

期权的价格也就是我们所说的期权费，从理论上讲，期权的价格由两方面构成。一是期权的内在价值；二是期权的时间价值。

1. 金融期权的内在价值

内在价值（intrinsic value）是立即执行期权合约时所获得的总收益。它反映了期权合约中事先约定的协定价格和相关标的物的市场价格的关系。一种期权有无内在价值及其大小，取决于该期权的协定价格与其标的物价格的比较。

根据期权协定价格与其标的物市场价格的关系，我们把期权分为"实值期权"（in the money）、"虚值期权"（out of the money）和"平价期权"（at the money）。我们把内在价值大于零的期权称为"实值期权"；把内在价值小于零的期权称为"虚值期权"；把内在价值等于零的期权称为"平价期权"。

2. 金融期权的时间价值

在实际的期权交易中，期权费并不等于期权的内在价值。这是因为，在期权到期前，期权合约的价值一方面会受到期权内在价值的影响；另一方面它还受时间因素的影响。我们把期权购买者所支付的超过期权内在价值的那部分价值称为期权的时间价值。期权的购买者之所以愿意以高于期权内在价值的价格购买期权，是他认为，随着时间的变化，期权的内在价值可能增大。

（二）影响期权价格的主要因素

期权的价格由内在价值与时间价值两部分构成。所以影响期权内在价值和时间价值的因素都是影响期权价格的因素。

1. 协定价格与市场价格

协定价格与市场价格都是影响期权价格的重要因素。当期权交易成交时，协定价格随之而定，在期权到期前，随着时间的变化，期权的标的物的市场价格将不断变化，有时高于协定价格，有时低于协定价格，

这种变化一方面影响期权的内在价值，另一方面也影响期权的时间价值。

期权的标的物市场价格与协定价格的关系，对看涨期权和看跌期权来说，其结果是不同的。对看涨期权来说，当期权的标的物的市场价格大于协定价格时，其内在价值为正（实值期权），市场价格与协定价格的差距越大，期权的内在价值越大，当市场价格小于协定价格，则期权的内在价值为负（虚值期权），当市场价格等于协定价格，则期权的内在价值为零（平价期权）。对看跌期权来说，正好相反，当期权的标的物的市场价格小于协定价格时，期权的内在价值为正（实值期权），当市场价格大于协定价格时，期权的内在价值为负（虚值期权），当市场价格等于协定价格时，期权的内在价值为零（平价期权）。期权的标的物的市场价格的关系，不但决定了期权内在价值的大小，同时，也对期权的时间价值有很大影响。时间价值是人们对期权的标的物的市场价格与协定价格未来变化及其程度的预期所支付的费用。一般来说，如果这两个价格未来变化的可能性和程度越大，则人们所愿意支付的费用也就越高，期权的时间价值就越大。可见，平价期权的时间价值最大，市场价格与协定价格差异程度越大，其时间价值越小。

2. 期权的有效期限

期权的有效期限对期权的价格也有很大影响。期权的有效期限越长，期权的标的物的市场价格与协定价格变化的可能性越大，因此，期权的时间价值就越大。

3. 利率

利率对期权价格的影响是很复杂的。利率的变化导致投资者的机会成本发生变化，从而引起其投资决策的变化。假设，投资者对某种金融商品的未来价格看涨，此时，他可以选择直接购买这种金融商品，也可以购买以这种金融商品为标的物的看涨期权。如果此时利率上升，那么，投资者所支付的期权费的机会成本提高，可能引起投资者将资金从期权市场转向其他市场，从而导致期权价格下降。相反，若利率下降，投资者所支付的期权费的机会成本下降，投资者可能将更多的资金投放到期权市场，从而导致期权价格上升。利率的变化也会引起金融工具价格的变化，也会导致投资者投资决策的变化。利率的变化会引起金融工具市场价格的变化，使金融期权标的物的协定价格与市场价格之间的关系发生变化，从而导致期权的内在价值发生变化。期权的价格也随之变化。

事实上，利率对期权价格的影响是同时的、多方面的。我们分析时，应全面分析。如，投资者对某金融商品的未来价格看涨，他想购买一定数量的这种金融商品以期获利。如果此时利率上升，投资者可能会选择购买以这种金融工具为标的物的看涨期权，这时，他只需要支付购买相应数量金融商品的期权合约的期权费就可达到目的。同时，还可将节约的资金（现货投资价款与期权费之差）进行其他投资。这样将会导致期权价格上升。然而，利率上升，也会引起金融工具市场价格下降，这样金融期权的标的物的协定价格与市场价格的价差也将缩小，对于看涨期权来说，其内在价值就会减少，期权的价格又会因此而下降。可见，利率变化对期权价格的影响是复杂的。

4. 期权的标的物价格的波动性

投资者之所以购买或出售期权，就是因为他们认为，期权标的物的价格将变动，这种变化可能会给他们带来好处。如前所述，期权合约对交易双方的权利和义务规定是不等的。对期权的购买者来说，不管标的物的价格变动对自己的不利程度如何，他都可以将损失限定在一定范围（期权费）内，相反，期权的出售者将无法限定自己的损失。可见，标的物价格变化的程度越大，对期权的购买者就越有利，对期权的出售者就越不利，期权出售者减少损失的方法就是收取较高的期权费。所以，期权的标的物在有效期限内波动的程度越大，期权的价格就越高。

5. 期权的标的资产的收益状况

标的资产的收益会影响标的资产的价格。在期权交易中，协定价格是不变的。然而标的资产分红、付息会降低标的资产的价值，从而影响期权的标的资产协定价格与市场价格的差异。导致期权价格发生变化。一般来说，在期权有效期内，标的资产的收益率越大，看涨期权的价格越低，看跌期权的价格越高。

五、金融期权的基本投资策略

（一）买进看涨期权

当投资者预测某种金融资产的市场价格将会上涨，他就可以选择购买以此金融资产为标的物的看涨期权。此后，如果这种金融资产的市场价格真的上涨，且在他所购买的期权合约的协定价格之上，这时，他就可以通过执行期权，以协定价格向期权的出售者购买合约规定数量的这种金融标的资产，并从中获得收益（至少可以降低损失，如果执行期权所获得的收益小于期权费的支出）。收益的多少，取决于协定价格与市场价格之差。相差越大，收益越高，从理论上讲，看涨期权购买者的收益是无限的。如果这种金融资产的市场价格下降，他可以放弃执行期权，此时，他所面临的是损失期权费。

（二）卖出看涨期权

当投资者预测某种金融资产的市场价格将要下降，他就可以选择出售以此金融资产为标的物的看跌期权。此后，只要期权合约的标的物的市场价格在期权有效期内低于或等于期权的协定价格，他就可以获得由于期权购买者放弃执行权而产生的最大收益——期权费。即使期权的标的物的市场价格高于其协定价格，只要他所收取的期权费大于期权购买者执行期权后给他带来的损失，他依然可以有收益。若期权标的物的市场价格高于协定价格很多，他就会产生损失。其损失的多少，取决于市场价格高于协定价格的程度。从理论上讲，期权出售者的损失是无限的。然而，在现实中，期权出售者因市场价格与协定价格的巨大差额而导致损失的概率较小。

（三）买进看涨期权

当投资者预测某种金融资产的市场价格将下降，他就可以选择购买以此金融资产为标的物的看跌期权。此后，他就可以根据期权的标的资产的市场价格与协定价格之差，决定是否执行期权，如果标的资产的市场价格果真下降且低于协定价格，那他将会选择执行期权，并从中获得收益或至少减少损失。相反，标的资产的市场价格上涨，他将放弃执行期权，从而承担他的最大损失——期权费。

（四）卖出看跌期权

当投资者预测某种金融资产的市场将上涨，他就可以选择出售以这种金融资产为标的物的看跌期权。同样，日后市场价格发生变化，当市场价格低于协定价格时，期权的购买者将放弃执行期权，看跌期权的出售者将获得其最大收益——期权费。即使市场价格的变化导致期权购买者选择执行期权，只要购买者执行期权时对期权出售者所产生的损失小于期权费，看跌期权的出售者仍可有一定收益。

我们用表 5-10 将期权交易投资策略的结果汇总。

表 5 –10　　　　　　　　金融期权交易基本策略

交易策略	买进看涨期权	卖出看涨期权	买进看跌期权	卖出看跌期权
市场预测	看涨	看跌	看跌	看涨
潜在最大利润	∞	C	X – P	P
潜在最大损失	C	∞	P	X – P
盈亏平衡点价格	X + C	X + C	X – P	X – P

注：X 为协定价格；C 为看涨期权的期权费；P 为期权的标的物的市场价格。

第六节　金融互换市场

一、金融互换的概念

金融互换（financial swaps）是两个或两个以上的交易者按事先商定的条件，就各自所持金融商品的相关内容进行交换的合约。在这里需要说明的是，金融互换是一种经济行为，在现实中，它并不改变双方原有的债权、债务关系。

二、金融互换的种类

（一）货币互换

货币互换（currency swaps）是互换双方按约定汇率在期初交换两种不同货币的本金，然后按预先规定的日期，进行利息的分期交换。货币互换有两种基本形式。一是定息—定息货币互换，是指交易双方在进行互换时，均按固定利率相互交换利息支付；一是定息—浮息货币互换，是指交易双方在进行互换时，其中一方承担按固定利率支付利息的义务，另一方承担按浮动利率支付利息的义务。

（二）利率互换

利率互换（interest swaps）是指交易双方同意在未来的约定期限内，以特定数量、同种货币的本金和利率为基础，彼此交换支付利息的义务。利率互换有两种基本形式，一是定息—浮息利率互换，即交换的一方支付固定利率的利息，收取浮动利率的利息，另一方则相反；另一是浮息—浮息利率互换。这种互换双方交换的利率都是浮动利率，是一种利率为参考的浮动利率对另一种利率为参考的浮动利率的互换。

利率互换常常是为了减少融资成本。在这种情况下，一方具有相对便宜的固定利率资金的筹资机会，但其所需要的是浮动利率的资金。通过互换，双方可获得它们所需要的融资方式，同时，互换也发挥了它们各自的借款优势。

例如，A 银行在欧洲美元市场筹资，其筹资成本是固定利率为 12%，浮动利率为 6 月期 LIBORA 加 10 个基本点，B 公司的实力、名声逊于 A 银行，B 公司的筹资成本相对高一些，B 银行在欧洲美元市场的筹资成本为固定利率 13%，浮动利率为 6 个月期 LIBOR 加 3 个基本点，见表 5 – 11：

表 5 – 11

种类	A 银行	B 公司
固定利率	12%	13%
浮动利率	LIBOR + 0.01%	LIBOR + 0.03%

为了与已发放的浮动利率贷款相匹配，A 银行需要浮动利率的负债，B 公司为了锁定财务成本，需要固定利率负债。于是，他们在互换交易商安排下进行了定息—浮息利率互换。按照互换交易商的安排，A 银行在欧洲美元市场上发行利率 12% 的 1 年期债券，金额为 5000 万美元。B 公司则按 LIBOR + 0.3% 借入 5000 万美元 1 年期限贷款，确定了互换的本金基础。然后，在互换交易商的安排下进行定息—浮息利率互换。

表 5 – 12

方式	A 银行	B 公司	互换交易商
互换前	发行固定利率债券 利率 12%	借浮动利率贷款 利率 LIBOR + 0.03%	无任何行为
互换后	LIBOR	12.5% + LIBOR + 0.03% – (LIBOR + 0.25%) = 12.55%	收益：12.5% – 12% + LIBOR – (LIBOR + 0.25%) × 0.25%
结果	节约利率成本 0.01%	节约利率成本 0.45%	获利 0.25%

从表 5 - 12 的互换交易结果来看，在互换交易商的安排下，A 银行通过互换使其所需要的浮动利率从 LIBOR + 0.01% 下降为 LIBOR，节约利率成本 0.01%，B 公司通过互换后，其固定利率由原来的 13 下降为 12.55%，节约利率成本 0.45%，而互换交易商在此交易中也有互换金额 0.25% 的收益。

本 章 小 结

金融衍生工具市场是金融市场的重要组成部分。本章主要对金融衍生市场发展的历史变革以及主要衍生工具的特点及其作用进行了描述。同时，我们还介绍了金融远期、金融期货、金融期权及金融互换等市场的特点及其运作，并通过相应的例题介绍了各种金融衍生工具的具体作用。目的是使学习者了解金融衍生市场的主要内容和运作过程，并能够运用所学知识进行基本的投资模拟。

习　　题

1. 金融衍生工具的功能有哪些？

2. 有人说"金融期货交易是零和游戏"，请结合金融期货市场的内容解释其理由。

3. 为什么说"期权的内在价值不可能为负值"？

4. 根据中国股指期货的运行现状，模拟股票指数期货的投资过程，考察你所获得的投资收益和面临的风险。

第六章

保险与不动产市场

第一节　保险与保险市场发展

一、保险的概念和性质

日常生活中，我们经常可见与"保险"有关的词汇，一般指办事稳妥或有把握的意思。中国保险学中的"保险"是一个外来词，从英文"insurance"和"assurance"翻译而来。在保险学理论中，"保险"一词有其特定的内容和深刻的含义。

（一）保险概念的界定

1. 保险的定义

传统意义上的保险是指集合同类危险聚资，对特定危险的后果提供经济保障的一种危险财务转移机制。广义上的保险是指集合具有同类风险的众多单位和个人，以合理计算风险分担金的形式，向少数因该风险事故发生而受到经济损失的成员提供保险经济保障。

现代意义上，我们所说的保险是狭义的保险，即商业保险。《中华人民共和国保险法》明确指出：本法所称保险，是指投保人根据合同约定，向保险人支付保险费，保险人对于合同约定的可能发生的事故因其发生所造成的财产损失承担赔偿保险金责任，或者当被保险人死亡、伤残、疾病或者达到合同约定的年龄、期限时承担给付保险金责任的商业保险行为。

2. 构成保险的条件

根据定义，保险作为一种补偿或给付的经济制度，它的构成应具备以下四个条件：（1）保险必须有危险存在。建立保险制度的目的是对付特定危险事故的发生，无危险则无保险。（2）保险必须对危险事故造成的损失给予经济补偿。所谓经济补偿是指这种补偿不是恢复已毁灭的原物，也不是赔偿实物，而是进行货币补偿。因此，意外事故所造成的损失必须是在经济上能计算价值的。（3）保险必须有互助共济关系。通过保险，投保人共同交纳保险费，建立保险补偿基金，共同取得保障。（4）保险的分担金必须合理。

（二）保险的性质

保险是最古老的风险管理方法之一，也是一种非常复杂的经济行为。发展到今天，保险已经成为一个很完善的体系，与人们的日常生活息息相关，一般从经济、法律、社会功能三个角度阐述其本质特征。

1. 从经济角度看

保险属于经济范畴，它所体现的经济关系是保险的本质属性：保险人与被保险人的商品交换关系；保险人与被保险人之间的收入再分配关系。保险以契约形式确立双方经济关系，以缴纳保险费建立起来的保险基金，对保险合同规定范围内的灾害事故所造成的损失，进行经济补偿或给付的一种经济形式。

投保人向保险人支付的费用被称为"保险费"。大量客户所缴纳的保险费一部分被用来建立保险基金用来应付预期发生的赔款；另一部分被保险人用作营业费用支出。如果自始至终保险人所支出的赔款和费用小于保险费收入，那么差额就成为保险公司的利润。

2. 从法律角度看

保险是一种经济制度，同时也是一种法律关系。它是一种合同行为，即通过签订保险合同，明确双方当事人的权利与义务，被保险人以缴纳保费获取保险合同规定范围内的赔偿，保险人则有收受保费的权利和提供赔偿的义务。其法律特点是：（1）保险是一种合同法律关系；（2）保险合同对双方当事人均有约束力；（3）保险合同中所约定的事故或事件是否发生必须是不确定的，即具有偶然性；（4）事故的发生是保险合同的另一方当事人即被保险人无法控制的；（5）保险人在保险事故发生后承担给付金钱或其他类似的补偿；（6）保险应通过保险单的形式经营。

3. 从社会功能角度看

保险是一种危险转移机制。这种危险转移机制有助于整个社会的经济生活稳定运行，因此保险有"社会稳定器"之称。

保险使众多单位和个人结合起来，变个体对付危险为大家共同对付危险，从整体上提高了对危险事故的承受能力。当然，这里的转移危险损失并不是说保险能将危险事故转移出去，它转移的是危险，即用确定的支出代替了不确定的损失，投保人在付出一定的保费后换取了未来经济上的稳定。

（三）保险的要素、特征和分类

根据定义，我们可以细化出保险所具备的基本要素和特征，并在此基础上进行分类，以便更加明晰地了解保险。

1. 保险的要素

保险有下列五大要素：（1）可保风险的存在；（2）大量同质风险的集合与分散；（3）保险费率的厘定；（4）保险准备金的建立；（5）保险合同的订立。根据合同来明确投保人与保险人之间的权利义务关系，只有保险合同有效订立之后，才能实现保险的目的和意义。

2. 保险的特征

现代保险具有下述五个新的特征：（1）互助性。通过保险人用多数投保人缴纳的保险费建立的保险基金对少数受到损失的被保险人提供补偿或给付得以体现。（2）契约性。从法律的角度看，保险是一种契约行为。（3）经济性。保险是通过保险补偿或给付而实现的一种经济保障活动。（4）商品性。保险体现了一种等价交换的经济关系。（5）科学性。保险是一种科学处理风险的有效措施。

3. 保险的分类

保险业发展到现阶段，形成了众多不同的分类方式。下面主要介绍几种常用且重要的分类方式。

（1）根据保险标的的不同，可分为财产保险和人身保险。财产保险是一类补偿性保险，以财产及其相关利益为保险标的，包括财产损失保险、责任保险、信用保险、保证保险、农业保险等。人身保险以人的寿命和身体为保险标的，主要包括人寿保险、健康保险、伤害保险、老年保险、残废保险、生育保险、失业保险、教育保险等。

（2）按照保险性质的不同，可以分为商业保险、社会保险与政策保险。商业保险是指按商业原则经营，以营利为目的的保险形式，保险公司的经济补偿以投保人交付保险费为前提，具有有偿性、公开性和自愿性，并力图在损失补偿后有一定的盈余。社会保险是指在既定的社会政策的指导下，由国家通过立法手段对公民强制征收保险费，形成保险基金，用以对其中因年老、疾病、生育、伤残、死亡和失业而导致丧失劳动能力或失去工作机会的成员提供基本生活保障的一种社会保障制度。社会保险不以营利为目的，具有强制性。政策保险是政府为了一定的政策性目的，运用普通保险的技术开发的保险。一般分为四类：为实现农业增产增收政策开办的农业保险，为实现扶持中小企业发展政策开办的信用保险，为实现促进国际贸易政策开办的输出保险，巨灾保险。

（3）根据实施形式的不同，可以分为强制保险和自愿保险。强制保险，又称法定保险，基于国家社会政策或经济政策而举办。自愿保险，是通过自愿的方式，即由投保人和保险人双方在平等互利、协商一致的基础上，签订保险协议来实现的一种保险关系。投保人有权选择是否投保，而保险人也有权决定是否承保。

（4）根据承担责任次序的不同，可以分为原保险和再保险。发生在保险人和投保人间的保险行为，称之为原保险。发生在保险人与保险人之间的保险行为，称之为再保险。再保险是保险人通过订立合同，将自己已经承保的风险，转移给另一个或几个保险人，以降低自己所面临的风险的保险行为。再保险即"保险人的保险"，以原保险为基础，仅对原保险人负责。

（5）按保险保障的对象分，可以把人身保险分为个人保险和团体保险。个人保险是为满足个人和家庭需要，以个人作为承保单位的保险。团体保险是用一份总的保险合同向一个团体中的众多成员提供人身保险保障的保险，一般用于人身保险。它包括团体人寿保险、团体年金保险、团体人身意外伤害保险、团体健康保险等。

（四）保险的基本原则和职能功用

保险的发展必须遵循一定的原则，才能有效发挥它经济补偿、资金融通和社会管理的三大功能，进而促进保险业务的长足发展。

1. 保险的基本原则

保险主要应遵循以下 4 个基本原则：保险利益原则、最大诚信原则、损失补偿原则、近因原则。

（1）保险利益原则。保险利益（又称为可保权益、可保利益）是指投保人对保险标的具有的法律上承认的经济利益。通常投保人会因为保险标的的损害或者丧失而遭受经济上的损失，当保险利益是法律上认可的，经济上的确定的而不是预期的利益时，保险利益就成立。保险利益原则在财产保险、海上货物运输保险和人身保险中都有明确的规定，一般财产保险的保险利益原则是最严格的，只有在保险事故发生时，保险利益存在的话才能补偿损失；人身保险的保险利益必须在订立保险合同时存在，主要用来防止道德风险。保险利益原则使保险与赌博从本质上划清了界限，防止了道德风险的发生。

（2）最大诚信原则。最大诚信原则保证保险合同当事双方能够诚实守信，对自己的义务善意履行。它是针对保险市场信息不对称容易产生道德风险和逆向选择问题提出的。主要包括告知、保证、弃权与禁止反言三方面内容。它们可以概括为：保险人的告知义务。保险人应该对保险合同的内容即术语、目的进行明确说明；投保人的如实告知义务。投保人应该对保险标的的状况如实告知；投保人或者被保险人的保证义务；当事人放弃在合同中的某种权利；当事人已经放弃某种权利，就不得再主张该权利等。

（3）损失补偿原则。损失补偿原则是保险人必须在保险事故发生导致保险标的遭受损失时根据保险责任的范围对受益人进行补偿。简单来说就是有损失有赔偿，损失多少赔偿多少。该原则以实际损失为限，以保险金额为限，以保险利益为限。一般来说，财产保险遵循该原则，但是由于人的生命和身体价值难以估计，所以人身保险并不适用该原则。损失补偿原则有效地防止了被保险人从保险中赢利，规避了道德风险。

（4）近因原则。近因原则是判断风险事故与保险标的的损失之间的关系，从而确定保险补偿或给付责任的基本原则。近因是造成保险标的损失最直接、最有效的、起决定性作用或起支配性作用的原因，而并不是指最近的原因。在损失发生的原因有两个以上时，这些原因中可能既有近因又有远因。在损失的原因中既有承保风险又有非承保风险的情况下，需要找出一个造成事故损失的主要原因。近因原则是在保险理赔过程中必须遵循的原则，如果近因属于被保风险，则保险人应赔偿，如果近因属于除外责任或者未保风险，则保险人不负责赔偿。

2. 保险的职能

保险的三大功能是一个有机联系的整体。经济补偿功能是最基本的功能，也是保险区别于其他行业的最鲜明的特征。资金融通功能是在经济补偿功能的基础上发展起来的，社会管理功能必须在保险业发展到一定程度并深入到社会生活诸多层面之后，在经济补偿功能和资金融通功能实现以后才能发挥作用。

（1）经济补偿功能。经济补偿功能是保险的立业之基，最能体现保险业的特色和核心竞争力。具体体现为两个方面：一是财产保险的补偿：保险是在特定灾害事故发生时，在保险的有效期和保险合同约定的责任范围以及保险金额内，按其实际损失金额给予补偿。通过补偿使得已经存在的社会财富因灾害事故所致的实际损失在价值上得到补偿，在使用价值上得以恢复，从而使社会再生产过程得以连续进行。这种补偿既包括对被保险人因自然灾害或意外事故造成的经济损失的补偿，也包括对被保险人依法应对第三者承担的经济赔偿责任的经济补偿，还包括对商业信用中违约行为造成经济损失的补偿。二是人身保险的给付：人身保险的保险数额是由投保人根据被保险人对人身保险的需要程度和投保人的缴费能力，在法律允许的情况下，与被保险人双方协商后确定的。

（2）资金融通的功能。资金融通的功能是指将形成的保险资金中的闲置的部分重新投入到社会再生产过程中。保险人为了使保险经营稳定，必须保证保险资金的增值与保值，这就要求保险人对保险资金进行运用。一方面，由于保险保费收入与赔付支出之间存在时间差；另一方面，保险事故的发生不都是同时的，保险人收取的保险费不可能一次全部赔付出去，也就是保险人收取的保险费与赔付支出之间存在数量差。这些都为保险资金的融通提供了可能。保险资金融通要坚持合法性、流动性、安全性、效益性的原则。

（3）社会管理的功能。社会管理是指对整个社会及其各个环节进行调节和控制的过程。目的在于正常发挥各系统、各部门、各环节的功能，从而实现社会关系和谐、整个社会良性运行和有效管理。它包括社会保障管理、社会风险管理、社会关系管理、社会信用管理四个方面。

3. 保险的意义

保险的作用可以从宏观和微观两个方面来考察：一方面，保险在微观经济中的作用，主要是保险对作为经济的单位或个人产生的影响。体现在有利于受灾企业及时地恢复生产；有助于安定人民生活；有利于企业加强经济核算和对危险进行管理；有利于民事赔偿责任的履行；有助于均衡个人财务收支。另一方面，保险在宏观经济中的作用，主要指保险对整个国民经济产生的影响。体现在有利于稳定社会再生产循环；有助于推动商品的流通和消费；有助于扩大保险基金的积累规模；有助于推动科学技术向现实生产力转化；有利于财政和信贷收支平衡的顺利实现；增加外汇收入，增强国际支付能力；有利于在世界范围内分散风险。

（五）保险市场发展

近代保险制度最显著的标志是专门格式的保险单和专门从事保险的机构和人员的出现，现代保险制度建立和发展的基础则是海上保险、火灾保险的产生。时至今日，保险业在世界范围内已经成为构成金融系统不可或缺的一部分，它作为"经济助推器"和"社会稳定器"，保障了各国经济的平稳运行和社会的全面进步。对于中国的保险业，它正逐步发展成为一个市场体系完善、服务领域广泛、经营诚信规范、偿付能力充足、综合竞争力较强，发展速度、质量和效益相统一的现代保险业。

1. 中国保险市场发展历史

早在 1949 年 10 月 20 日，中国人民保险公司在北京成立，宣告了新中国第一家全国性大型综合国有保险公司的诞生，保险业在国内就有发展。但是在 1958 年 12 月，全国财政会议正式决定全面停办国内保险业务。到 1979 年 11 月 19 日，中国人民银行在北京召开了全国保险工作会议，停办了 20 多年的国内保险业务开始复业，并成立了中国保险学会。到 2009 年，中国保险业已经走过了 30 年的发展历程。1985 年 3 月 3 日，国务院颁布实施的《保险企业管理暂行条例》是新中国成立之后第一部对保险企业管理的法律文件。1988 年 5 月 28 日，中国平安保险公司成立，这是中国第一家股份制保险企业，也是在国内成立的第二家全国性商业保险公司，它的成立与后来发展所创造的贡献对中国保险业的发展产生了巨大的影响。1993 年，中国平安保险公司引进美国摩根斯坦利和美国高盛集团两大国际投资银行入股平安 13.7% 的股份，成为新中国第一家引进外资的保险企业。1995 年 10 月 1 日起施行《中华人民共和国保险法》，标志着中国保险业迈进了法制建设的新时期。2000 年 6 月，国内首家保险经纪人——江泰保险经纪有限公司在北京揭牌，成为中国第一家全国性的综合保险经纪公司。自 2004 年 12 月 11 日起，中国加入WTO 之后，保险业已经全面对外开放。党的十六大以来，以《国务院关于保险业改革发展的若干意见》颁布实施为标志，保险业改革发展进入了一个全新的历史时期。

2. 中国保险市场发展现状

中国保险业自1979年恢复经营以来，不断改革和发展，正逐步成为一个市场体系完善、偿付能力充足、经营诚信规范、服务领域广泛、综合竞争力较强，发展速度、质量和效益相统一的现代保险业。如今，保险业的服务领域不断拓宽，保险的经济补偿、资金融通和社会管理功能逐步得到充分发挥，保险业不仅成为关系国计民生的重要行业，而且成为市场经济条件下防范经济风险和优化资源配置的重要手段。

三十多年来，保险业坚持改革创新，在探索中国特色保险业发展道路上迈出了坚实的步伐，取得了令人瞩目的发展成就。（1）市场体系日益完善。初步形成了多种组织形式和所有制形式并存，公平竞争、共同发展的保险市场体系。以不同的所有制形式如国有独资、国有控股、民用资本控股、中外合资、外资独资等存在着许多综合性保险公司、专业性保险公司、保险资产管理公司和专业性中介公司等。（2）行业规模快速扩大。保险业恢复经营以来，中国保费年均增长20%，2008年保费收入近万亿元，世界排名第六位。保险业务领域也不断拓展，基本覆盖了所有可保的风险领域，保险资产规模迅速增长。（3）经营管理水平不断提高。保险公司按照现代保险企业要求，从内部控制、管理、技术、服务各个方面发生了深刻变化。保险业在金融行业中最早对外开放，积极稳妥的对外开放政策为中国保险业带来了先进经营理念、风险管理技术、企业管理经验和保险营销技术。（4）国际竞争能力明显增强。中国人寿、中国平安进入世界五百强，中国人寿成为全球市值最高的寿险公司，中国保险业已经在世界保险业占据一席之地。（5）全社会保险意识显著提高。随着保险业的蓬勃发展和保险消费者队伍不断扩大，保险知识普及日渐深入，社会保险意识大幅度提高。（6）服务经济社会发展能力显著提升。保险业的服务领域不断拓宽，保险功能作用逐步得到充分发挥，不仅成为关系国计民生的重要行业，而且成为市场经济条件下风险管理的重要手段，保障了经济平稳运行，优化了金融结构，有效改善了民生，尤其是促进了新农村的建设。（7）保险监管发生深刻变化。近年来，伴随保险业快速发展，保险监管工作不断改进完善。树立了科学监管理念，监管体制机制不断完善，保险理论不断丰富成熟，监管实践取得重大进展。初步形成了偿付能力、公司治理和市场行为监管三支柱的现代保险监管框架，健全了政府监管、企业内控、行业自律和社会监督"四位一体"的风险防范体系，构筑了以公司治理和内控为基础、以偿付能力监管为核心、以现场检查为重要手段、以资金运用监管为关键环节、以保险保障基金为屏障的防范风险的五道防线。

但是不可避免的也存在着一些问题，主要表现在保险市场基本上还处于一种寡头垄断阶段，保险市场结构分布不均衡，专业化经营水平还不高，保险市场还未形成完整体系，再保险市场发展滞后和保险监管亟待加强。为使中国保险业创造更加辉煌的业绩，我们还需要不断努力。

第二节　不动产市场

一、不动产与不动产市场

随着社会的不断进步和经济的飞速发展，不动产已经日益成为居民家庭财富的主要形式之一，不动产业也逐渐成为国民经济的支柱产业，并对中国经济增长做出了令世人瞩目的贡献。不动产市场包含了从市场运行、投资分析、价值评估到融资渠道、项目开发等一系列与之相关的经济决策的制定和完善过程，而且它与金融市场联系越来越紧密，它的健康运行需要相应的法律和国家政策（如税收）等宏观环境的支持，这是一个内容全面、内涵丰富的经济体系。

（一）不动产的概念和特性

1. 不动产的界定

不动产指所有者对其拥有使用、控制或处置权利的事物。它具有自然和经济双重属性：从自然属性角度看，它包括土地、建筑物和其他附属物，是实物、权益和区位三者的综合体；从经济属性角度看，它总是在一定的社会关系中存在，是生产力的组成部分，作为一种资产表现为权利、利益和收益，即拥有土地不是拥有自然土地，而是拥有在一定限制条件下使用和处置土地的权利。

2. 不动产的特点

按照定义不动产具有下列两类特点：

第一，自然的（物理的）不可移动性。不动产交易中，流动的不是土地和房屋实体，而是与其相关的权益。独特的位置（异质性）。土地是不可移动的，即每份不动产都有一个唯一的、独特的、不能复制的位置。异质性也意味着能使资源有效配置的完全竞争市场不可能存在。而且由于公共建筑的服务效用位置的特质性，基础设施对不动产的价值有重要影响。不灭性。作为有形资产和合法权益的载体的土地成分被认为是不可磨灭的，它在地球表面上指定的位置是永远存在的。

第二，经济特性。使用寿命的长期性：在适当的条件下，通过开发和再开发，土地具有生产能力的永续性，房屋和建筑物的耐用年限也很长；使用功能的多样性：不动产就其本身来说，有不同的功能，具有相同功用的不动产，利用方式也不尽相同；投资消费的双重性：不动产既可以用于居住、生活等消费活动，又可以成为投资工具，土地总量固定，随着人口的增长，房屋价格会不断上升，有保值和增值的功能；不动产价值的相关性：不动产与周围的土地用途相关，其价值往往受周围环境的影响；不动产投资的可合并和可分性：土地及房屋在一定条件下进行合并或者分割，实现功能的扩大或改变，这要求开发企业要有足够的经济实力，做好规划和布局。

（二）不动产市场概述

1. 不动产市场的概念

不动产的不可移动性的一个结果是不动产市场，可以是地区性的、全国性的，甚至国际性的市场。该市场是从事不动产买卖、租赁、抵押、典当等交易的活动场所，由参与不动产交换的当事者、不动产商品、交易组织机构等要素构成。

2. 不动产市场的分类和特点

分类：根据交易对象的不同，不动产市场可以分为房产市场和地产市场。通过买卖和租赁两种交换形式，将房屋出售或者出租出去，形成转移产权关系的买卖市场和租赁市场，就是房产市场。地产市场是地产交易的场所，是地产商品交换关系的总和。

特点：（1）政府干预。表现为以税收、投资刺激和不动产的使用及转让的管制等形式实现的政府干预比其他绝大多数市场都要多。（2）不动产市场供给在短期内缺乏弹性。由于不动产位置、环境和档次的差异，市场供给具有异质性；由于土地的有限性及不动产投资规模巨大，市场具有高度的垄断性。（3）市场需求具有广泛性和多样性。（4）市场交易的特殊性。交易实质是不动产产权的流转及其再界定，通常需要经过复杂的法律程序、耗费大量时间、专业的估价和代理人员才能完成交易流程。

3. 不动产市场运行机制简介

价格机制作为市场运行的主要机制，在不动产市场同样适用。由于不动产使用周期一般较长，一年内不动产投资的流量与全社会的既有不动产存量相比所占的份额相对较小，所以可以从不动产的存量入手分析不动产市场的需求和供给状况。

不动产存量市场的需求分析：不动产兼有消费品和投资品的双重特性，既为家庭和企业提供生活空间，又被家庭和企业持有和交易以获取投资收益。由此可以看出影响其需求的因素主要有：不动产本身的价格水平、消费者的财产总量、其他资产的实际收益、拥有不动产所得到的净收益、消费者对未来的预期等，在其他因素既定的条件下，不动产需求与不动产价格呈反方向变动关系。

不动产存量市场供给的决定：在任何一个时间，不动产供给量是固定的，不动产开发周期也较长，所以不动产供给不能对价格变动做出迅速反应，则其供给曲线是一条垂线。当不动产市场有新投资增加时，不动产存量也随之增加，新增不动产供给主要受下列因素影响：不动产的价格水平、不动产的开发成本、不动产的开发技术水平、投资者对未来的预期。新增不动产供给与价格同方向变动。

当不动产市场上供给与需求有共同交点时，不动产存量市场也就达到了均衡。不动产市场上还存在着周期循环特性，其投入和产出有相当明显的重复波动现象。

二、不动产投资与不动产投资市场

不动产投资分析的理论框架包含的内容较为繁杂。投资的目的是为了评估不动产投资的利益，包括投资的现金流、资本收益和税收等。因此需要考察投资目标的风险及相应的约束条件，做出公正合理的市场评估，以使投资者的投资价值和收益最大化。

（一）不动产投资的含义与方式

1. 不动产投资的概念和特征

不动产投资既有一般投资的共性，也有自己的特性。它也必须具备一般投资的五个要素：投资主体、投资目的、投资资金、投资客体、投资方式。不动产投资就是指投资者为了获得不确定的预期效益而将现期的一定收入转化为不动产的经济行为。

它具有以下几个特点：（1）不动产投资的巨额性。将土地开发成不动产商品需要巨额资金，从几百万元到几亿元不等。而且由于不动产项目在未完成之前不具有使用价值，所以它必须在建设过程中一次性支出，实质上加大了不动产的投资强度。不动产投资需求量较大，投资支出的集中性也较强。（2）不动产投资的高度风险性。不动产业是一种高投入、高收益的特殊行业，通常获利机会大，但是应承受的风险也越多。风险可以归纳为流动性风险、购买力风险、经营性风险、政策性风险、自然灾害风险等。（3）不动产投资具有较强的盈利性和保值增值性。正常情况下，不动产的长期供不应求导致不动产价格总的趋势是不断上涨的，而且其上涨幅度通常大于等于一般物价的上涨幅度，投资者可以获取增值。还可以获得租金收益、销售收益等，不动产投资的收益空间非常大。（4）不动产投资具有较强的金融依赖性。不动产投资者在很大程度上依赖于金融部门的支持，不动产商品的消费，也依赖于金融部门的抵押贷款，投资不动产也比较容易获得银行贷款。（5）不动产投资具有较强专业性。由于不动产项目类型多样而且不可移动，风险大，需要投资者具备一定的专业知识，比如把握不动产市场的走势、了解国家宏观经济运行情况等。

2. 不动产投资方式

不动产投资按照不同的分类标准可以分成不同的投资方式。这里主要介绍按照投资方式的不同，不动产投资分为直接投资和间接投资的情况。

（1）直接投资是指不动产投资者直接参与不动产开发或购买并参与有关经营活动的过程，包括从购地开始的开发投资和物业建成后的置业投资两种方式。不动产开发投资可以分为地产开发和房产开发投资，投资者购买土地后，经过项目策划、规划设计和施工建设等一系列过程获得不动产产品，然后在市场上采取出售、转让等行动获取收益。不动产置业投资是投资者或者为了满足自身生活居住或生产经营的需要，或者为了将购入的物业出租给最终的使用者，以获取较为稳定的经常性收入进而获得收益的行为。

（2）间接投资是指资金投入到与不动产相关的金融市场的行为。间接投资者不需要直接参与有关不动产投资的管理活动。具体的方式有不动产抵押贷款、购买不动产开发投资企业的债券和股票、购买不动产投资信托基金及不动产抵押贷款证券等。不动产间接投资为直接投资提供资金，可以向直接投资转化。

（二）不动产投资的价值评估

不动产自身所具有的独特性决定了进行不动产投资时必须对投资组合进行完备具体的估计和衡量。投资活动可能给投资者带来丰厚利润，也可能使投资者血本无归，因此要评价不动产投资的现期投入与未来收益的关系，就要求投资者必须明确货币的时间价值观念和投资的风险价值观念。

1. 货币的时间价值

它是指货币经历一定时间的投资和再投资所增加的价值，货币所代表的价值量会随着时间的推移而发生变化，不同时间单位的货币其价值不相等，所以对于在不同时间发生的货币收支应该将其换算到相同的时间基础上，进行大小的比较和比率的计算。具体到不动产投资上意味着，计算不同时间现金流的价值，以便对投资项目的效益与成本做出正确评估并为投资决策提供依据。

最常使用的度量货币时间价值的指标是贴现率，即将未来时点资金换算为现在时点资金的折算比率，折算过程亦称为折现。通常采用的折算方法有现值折现法（即贴现）和将来值折算法（即终值计算）两种，都涉及货币时间价值的三个要素：现值、货币增值额和将来值，并且三要素之间具有下列关系：现值＋利息＝将来值。可以看出，货币时间价值的计算，实质上就是对利息的计算。利息的高低取决于货币本金、计息时间的长短和利率的高低等，通常采用单利法和复利法计算。国际上通常采用的货币时间价值的计算方法有终值现值法、现值计算法和年金现值法，运用的都是贴现原理。

2. 投资的风险价值

投资者进行投资都存在着不同程度的风险，但是投资者往往也能得到额外收益，否则就没人去冒险。这种额外收益成为投资的风险收益，在进行不动产投资时，必须研究风险、计量风险、控制风险，以求最大限度地扩大投资收益。

不动产投资的风险具有以下几个特点：一是随投资项目的内容、规模、额度不同而不同，投资的具体内容决定了投资风险的大小。二是随着项目的不断进行，各种因素对项目影响的不确定性逐渐减小，即风险是"一定条件下的风险"。三是风险可能给投资人带来超出预期的收益或者损失，当然投资者对意外损失的关切比意外收益强烈，所以研究风险是侧重于怎样减少损失。四是风险及其变动程度在事先是可以预测的，只是不同的预测手段和方法，导致了不同的处理方式，结果自然不同。

由于边际效用递减规则，投资者偏好于无风险投资，即对投资收益的波动性和不确定性表示厌恶。那么市场为了促使风险厌恶者购买收益不确定的资产，向他们提供的额外的预期收益率即为风险价值，也称为风险报酬。

3. 风险价值的评估

常用的衡量风险价值的指标有：（1）期望收益率，表示实际收益率取值的平均数。风险与收益被认为是正相关的，根据马克维茨的现代投资组合理论，投资者将在给定风险下追求收益最大化或在给定收益水平下追求风险最小化。风险越高，投资者就期望越高的收益。（2）方差，描绘了预期收入对预期收入期望值的离散程度，即可能收益值与期望收益值之间的偏离程度。方差越大，离散程度越大，表示受益变化程度越大，与获取收入有关的风险也就越大。（3）标准差，是方差的正平方根，常用来衡量不同投资项目的风险程度。期望收益相同时，标准差越大，投资风险越大；标准差相同时，期望收益越大，风险越小。

一般从单一资产投资和投资组合的角度考量风险价值。鉴于不动产投资的高风险性，可以通过多角化投资或者投资组合来分散风险。投资组合是指两项或者多项证券或其他资产投资的组合，投资组合的期望收益是构成组合的各项投资期望收益的加权平均值。在组合中，投资种类越多，分散风险的作用越大。学术界就投资组合的运用形成了不同的理论，如马克维茨的现代投资组合理论、威廉·夏普的资本资产定价模型（CAPM）、套利定价模型、期权定价理论等，在不动产组合投资中，要合理安排资产，注重宏观层面上的投资组合战略分析与微观层面上的传统交易技术，这样投资组合才能成功。

（三）不动产投资的市场调查分析与市场定位

在进行理论上的价值评估之后，开发商和投资商为了最大程度地获取利益，将风险降到最低，应对不动产投资市场进行详细勘察。

1. 不动产投资市场分析

不动产投资市场上宏观环境和微观因素都在不停变化，这些因素影响了市场的区域决定、需求和供给。用于不动产投资市场分析的手段和方法随着不动产投资的发展越来越多，也越来越有效。

首先，宏观因素分析，主要指认识国家和地方的经济特性，确定区域整体经济形势是处在上升阶段还是下降阶段，分析所选择的特定开发地区的城市发展与建设情况。要收集和分析的数据有国家和地方的国民生产总值和增长速度、人口规模和结构、居民收入和就业情况、基础设施状况、社会政治稳定情况、政策法规的完善程度、产业结构、国内外投资规模和比例、各行业投资收益率、国家宏观金融政策等。

其次，微观因素分析，主要包括需求方面和供给方面对人的行为和需求供给指标的分析。需求方面是人的购买决策受理性思考和非理性因素的影响，如社会文化因素、个人因素、心理因素等，要了解消费者的购买决策、对产品的需求强度、对产品的态度等。要分析的需求指标有项目所在区域内就业、人口和家庭、收入、与不动产开发项目有关的信息、吸纳率分析、购买者的产品功能需求分析等。供给方面主要是对竞争者行为的分析，内容有识别竞争者，估计竞争者对不同竞争行为的反应，明确主要的竞争对手以制定相应的应对战略，判断竞争者表现的好坏和反应模式等。要分析的供给指标有不动产当前的存量、过去的趋势和未来可能的供给，当前城市规划及其可能发生的变化，不动产市场的商业周期和建造周期循环运动情况，分析未来有关市场区域内供求之间的数量差异。

再其次，相关因素分析，对于不动产开发，市场分析最终要落实到对某一具体物业类型和开发项目所处地区的不动产市场状况的分析，包括项目所处的位置、周围环境、用地情况、政府对此项目的态度、基础设施，针对项目的成本、价格、租金、空置率、市场吸纳能力、金融信息等。市场分析的方式和内容随着不动产开发项目所面对的市场范围的不同而不同，比如，对于住宅开发项目和商业购物中心开发项目，采取的分析方法就不一样。

最后，分析的方法和手段，主要包括市场规模的预测和市场趋势的分析。前者指一般从产品层次、空间层次和时间层次上估计市场上购买者或承租者对不动产商品的需求数量。考虑需求者的兴趣、收入和途径，判断潜在购买人数，进而估算出一个地区某种不动产商品的市场潜量。后者通常包括宏观环境预测、行业预测、企业销售预测三个环节。即在分析了某地的宏观形势之后，结合不动产市场环境指标来预测行业市场状况，进而对不动产附近区域竞争楼盘及消费者需求趋向进行分析。趋势分析主要有购买者意图调查法、意见综合法、专家意见法、时间序列分析法、相关分析法 5 种常见方法。

2. 不动产市场的市场定位

产品市场定位是确定市场营销组合策略的基础，只有在明确定位之后，投资者才能进一步研究和制定与之相应的价格、渠道、促销策略。投资者需要将"无差异的产品"差异化，突出自身产品特色，确定目标顾客对于产品的实物属性和心理方面的要求与重视程度，在此基础上投资者根据产品的属性、用途、质量、顾客心理满足程度、产品在市场上的满足程度进行市场定位。不动产产品的功能定位是建立在市场定位基础上的，它体现为以未来潜在使用者的功能需求特征为导向，结合不动产产品类型的特点，为市场提供适销对路、有较高性能价格比的产品，能否进行正确的功能定位对不动产投资目标的实现有重要影响。

3. 不动产投资的市场调查分析

投资者的投资决策是否正确，在很大程度上取决于能否对准市场，必须经过市场检验才能从事投资活动。市场调查是投资者进行市场分析与预测、正确制订投资计划和市场营销战略的前提。不动产的市场调查包含了对政治法律环境、经济环境、社区环境、项目微观环境、市场需求和消费行为、不动产产品价格及市场占有率等各方面的内容，经过下列过程：确定问题及调查目标，收集信息资料，初步市场调查，调查设计和计划制订，现场调查，信息分析，撰写和提交调查报告完成市场调查分析。市场调查运用系统的、科学的方法，有计划地收集和分析相关的不动产信息，通过对过去与现在的营销状况及动态性影响因素的分析研究，从而为企业确定投资经营的方向，制定出正确的开发决策。

（四）不动产投资的法律和税收环境分析

由于不动产投资本身所具有的特点，国家必须对不动产投资高度监控，制定了一系列法律、法规和规定。企业投资不动产也必须依法纳税。

第六章 保险与不动产市场

1. 不动产投资中的法律环境

国家制定不动产法律，是为了管理不动产市场，规范投资商的行为，保护不动产权利人的合法权益，促进不动产业的发展。它要调整的社会经济关系主要有房地产开发关系、房地产交易关系、房地产管理关系。中国房地产法律制度进入完善时期是在 1995 年《中华人民共和国城市房地产管理法》开始实施以后。

一是房地产开发中的法律制度。它要调整的是房地产开发而产生的房地产开发人与土地所有权人之间及其他法人或经济组织之间所发生的经济关系。投资商依法取得土地使用权后，在国有土地上进行基础设施和房屋的建设，这一系列过程中都要遵循法律条文，比如房地产企业的设立资质需要法律的认定，房地产企业的开发需要遵循一定的原则，房地产企业在建设过程中要承担相应的法律责任等。

二是房地产交易中的法律制度。它是国家为了加强房地产市场管理，规范各种交易行为，维护正常的经济秩序和社会秩序，保证房地产业的健康发展而制定的各种法律规范。中国现行法律制度主要规范了房地产的交易原则，房地产转让、抵押、租赁等交易过程，这些交易行为必须依法进行。

三是房地产管理中的法律制度。依据《中华人民共和国城市房地产管理法》的规定，国家对不动产的土地使用权和房屋所有权实行登记发证制度。在出让或者划拨土地使用权，在开发用地上建设房屋，房地产转让或者变更，房地产抵押时，均要向县级以上地方人民政府规定的部门办理登记手续。

2. 不动产投资税收

不动产税收是国家税收体系中相对独立且具有特色的一部分，有利于国家对宏观经济的调控，增加收入，引导资金流向，调节产业结构，协调经济发展。依据中国现行制度，不动产税主要指土地税收和房产税收。两者的征税对象、目的、适用税率不同，但是纳税环节都发生在不动产的占有、使用和经营活动中。

土地税收主要包括耕地占用税、土地使用税和土地增值税等，国家用法律规范了相应纳税义务人的范围、计税的依据和税率，以及在何种条件下使用何种税收优惠政策等。

房产税收主要包括房产税、固定资产投资方向调节税、契税、印花税、销售不动产营业税等，现行房产税的基本规范是《中华人民共和国房产税暂行条例》，房产税属于财产税范畴，该法规定了相应税种的纳税义务人和征税范围、计税依据和税率，及各种税收可以使用的税收优惠政策。

三、金融市场与不动产金融

随着经济的快速发展和社会化进程的加快，金融系统对经济的影响越来越明显，金融市场联系了资金供给者和需求者，协调着现代市场经济，它是整个金融系统的核心和灵魂。不动产业的融资和资本运作，必须借助金融手段，借助大量的金融工具和金融产品，开创专业的、独特的不动产业运作模式，才能使不动产业在未来竞争中独占鳌头。

（一）不动产金融市场的内涵和参与者

1. 不动产金融市场的概念

现代发达经济条件下，投资和融资都是通过金融市场而来。不动产金融市场指基于不动产基础上的金融商品和相关金融工具交易买卖的场所，不动产自身的特征决定了融资以及作为融资渠道的金融市场在不动产生产和交易中的核心地位。不动产金融市场已经日益成为一个通过现代化通信手段联成的跨国境、跨地区的广阔市场。它具有融资规模大、政策性强、安全程度高的特点，不仅为不动产业的发展提供了融资平台，也为国家推行土地、不动产等政策提供了市场调控手段。不动产金融市场丰富了金融市场的内容，也促进了不动产业的发展，两者相互促进，共同进步。

2. 不动产金融市场的参与者

不动产金融市场的参与者一般都是为了双重或多重目的进入该市场，包括资金的余缺双方、金融中介机构和监管者，主要指政府部门、企业、居民个人、金融机构和中央银行。它们分别在不动产金融市场上扮演着不同的角色。比如，政府可以作为市场上的投资者、借款者或调节者出现，企业既是资金的需求者又是供给者，居民个人是市场上直接融资的资金供给者和重要资金需求者，金融机构通过不动产信用工具的发行和流通进行资金融通。

这里主要介绍一下作为非银行性金融机构的保险公司。保险公司在不动产金融市场中通常以资金供给者的身份出现，它从个人或者机构那里获得一定的资金，同时承诺在未来特定事件发生时赔付一定款项。保险资金特别是寿险资金规模大、期限长，适宜于投资具有长期稳定收益的基础设施项目，以实现资产负债的匹配管理。从国际经验看，保险资金投资基础设施不动产的领域十分普遍。美国、日本、德国、韩国、新加坡等国家的保险公司不动产投资，占总资产的比例都达到 5%~8%，最高超过 10%。因此，它们成为不动产资金的供给者。

（二）不动产抵押贷款市场分析

不动产金融市场是不动产业发展的主要融资渠道，通常有直接融资和间接融资两种方式。不动产融资以金融工具交易为核心，以金融合同为保证，在我国具体的融资方式有不动产贷款融资、不动产证券融资、不动产信托及租赁、项目融资等。从现实来看，不动产抵押贷款是中国最普遍的不动产融资方式。

1. 不动产抵押贷款的基本含义和特征

不动产抵押贷款是信贷市场上重要的金融工具，也是不动产市场重要的融资方式，更是迄今为止世界上最大的债务市场领域。在中国，由于经济体制改革的深化，城镇居民住房制度改革的不断推进以及房地产市场的迅速壮大，不动产贷款规模随之扩大。

不动产抵押贷款是指以某项特定的不动产作为抵押担保所进行的借贷活动，它是贷款人和借款人双方同意把不动产抵押给贷款人，以用作借款人付款偿还贷款的担保。借款者必须预先确定贷款偿还计划，如果借款者违约，贷款者（一般指银行等金融机构）就有权取消抵押物的赎回权，通过处置抵押物而收回债权。当然，在抵押贷款中，借款者有权提前偿付贷款。

不动产抵押贷款市场由一级和二级市场组成。一级市场向借款人提供实际的贷款，二级市场则是投资者通过从贷款人手中购买贷款组合的方式将流动性引入一级市场。

它有以下特点：（1）不动产抵押贷款中用作抵押物的不动产价值高于贷款的额度，比如住宅、农场和商业性资产等，用于抵押的不动产应接受评估作价。（2）不动产抵押贷款金额大、期限比较长，通常在 5 年以上，最长可达 30 年。（3）不动产抵押贷款的工具创新非常活跃。随着金融业的发展，不动产抵押工具种类越来越多，并且新的工具还在不断涌现。

2. 抵押贷款一级市场和二级市场概述

从世界范围看，美国的不动产抵押贷款市场发展最为迅速。

（1）在一级市场上，根据相应的利率和支付特征，可以将不动产抵押贷款分为固定利率不动产抵押贷款、可变利率不动产抵押贷款、住宅房地产抵押贷款、收益型房地产抵押贷款和不动产项目抵押贷款。其主要参与者包括借款者、政府、贷款方、抵押贷款服务者和抵押贷款保险者。

借款方在进行融资决算即考虑借债所产生的融资杠杆会提高或降低权益所有者的预期收益率后，申请从贷款人处即抵押贷款发放者——商业银行、储蓄机构和抵押贷款银行进行贷款，贷款方也要对申请者的信用情况和抵押物的具体情形进行评估，合理发放贷款。发放和出售贷款后，服务者将对存续期内的抵押贷款进行处理，包括收取每月偿还的本金、利息、代收的税收、保险费；必要时向借款者发出通知；定期通知借款人、贷款人和投资者有关的抵押贷款情况等一系列后续动作。

在进行抵押贷款时，往往还需要一些附加措施来保护贷款者的利益，最重要的措施之一就是在贷款金额对抵押物价值比例过高的时候要求借款者购买抵押保险，以防止抵押物出现问题，价值降低。

（2）二级市场是提高抵押贷款的流动性，增加其资本来源的重要渠道。抵押转手证券就是在二级市场非常流行的一种融资方式，它有两种形式：标准形式和变化形式。抵押贷款的发行人将许多满足一定要求的抵押贷款集合在一起形成资产池，然后以该资产池为抵押发行证券，该证券每月支付的本息现金流直接来源于资产池中抵押贷款每月获得的计划本金偿还、利息和提前偿还的金额。通过转手，证券的信用等级提升，大大提高了其对投资者的吸引力，因此近年来在美国市场上获得了长足发展。

不动产抵押贷款市场的良性发展离不开健全的法律环境的支持，而且在抵押贷款市场存在着不可回避的诸如利率风险、抵押物价格风险、贷款条件风险、违约风险、欺诈风险等，国内不动产抵押贷款市场应加强风险防范意识，完善管理程序，强化交易、评估、保障等方面的约束能力，促进该市场的健康快速发展。

第三节　保险业与不动产市场

　　保险业与不动产市场的联系主要体现在保险业参与不动产抵押贷款市场。在国外，不动产抵押贷款市场上的参与者，除了政府创立的抵押贷款保险公司外，还允许众多私人抵押贷款保险商参与。而国内保险业参与不动产市场需要以国家政策和法律准则为依据。

　　保险公司对不动产投资的热情期待，源于当前保险资金投资渠道的限制。国际统计资料显示，只有当保险公司的资金年收益率在 7% 以上时，其经营才能进入良性发展轨道。但国内保险公司除 2007 年因资本市场大牛市创造出 12% 的历史高点外，平均投资收益只有 4% 左右，投资渠道的限制无疑是原因之一。

　　据了解，已于 2009 年 10 月 1 日生效的新《保险法》拟定股权投资办法和不动产投资办法，保险资金投资不动产和未上市企业股权细则将很快出台。《保险资金投资不动产的实施细则》和《保险资金投资基础设施、行业龙头企业等未上市股权的实施细则》已基本完成内部审批程序，也出台在即。保险资产管理机构开始探索进入不动产投资等投资领域，以分散投资风险，提高投资收益率。国寿、平安和人保等保险公司已经纷纷采取一系列大动作，积极布局，纷纷开展与大型房地产集团的战略合作。

　　国内对保险业投资不动产持有不同的观点。有的业内人士指出，不动产投资渠道的开拓将有利于实现保险长期资金的合理配置，为保险公司带来长期稳定的收入，保险公司负债久期长，资产久期相对较短，投资商业地产正好可以纠正"久期错配"问题。也有业内人士指出，投资不动产有一个明显的问题，就是在退出机制上受到制约，变现能力很差，存在流动性风险。但是不可否认，随着国家确定性政策的出台，保险业在不动产市场必将打开一片新的天地。

　　【案例】　中国平安保险（集团）股份有限公司进军房地产业

平安的地产梦始于 1994 年，当年成立了一家"福州平安房地产有限公司"。

1996 年，平安信托投资有限责任公司成立。作为国内注册资本最大的信托公司，平安信托一直将房地产作为其非资本市场投资的核心业务单元。平安信托自成立之初就成立了专业的物业投资部，经过数年的发展，现在已经拥有了国内信托公司最为专业的房地产投资和资产管理团队。同时，平安信托的第三方资产管理方面具有领先优势，其团队在国内拥有较强的金融创新能力，同时建立了完备的风险管理体系，目前管理的第三方资产规模超过 800 亿元。平安信托目前以近 70 亿元的注册资金，继续保持中国信托业的"老大"地位。

2005 年，平安信托成立了全资子公司"平安置业投资有限公司"。之后从 2006 年开始，两者"一唱一和"潜入地产投资行业，平安利用这两个重要平台，曲线进入地产的步伐提速。

2006 年 8 月，平安信托 30 亿元投资中信集团深圳公司，其中 20 亿元购买深圳中信城市广场合作项目，另外 10 亿元资金用于中信深圳集团公司的长沙、苏州项目建设；11 月，平安信托又与深圳泛华置业进行股权合作，投资额度近 10 亿元，用于开发北京、南宁、玉溪的商业地产项目。

2007 年 5 月，平安斥资近 40 亿元购得北京燕莎商圈的美邦国际中心；11 月，平安在深圳市福田商业中心区地段，以 16.57 亿元获得未来的"深圳第一高楼"的地块，总建筑面积规划超过 30 万平方米，此地已于 2007 年 8 月开工，建设资金预计超 100 亿元。

2008 年，平安在北京收购了位于 CBD 区域的世纪财富中心西座，价格 10 亿元左右；另外，平安还与北京东直门春秀路的华夏宾原业主合作，重新修建一个快捷式酒店。

2008 年 4 月，平安信托与四川锦弘集团签署合资股东协议，共同出资成立弘安投资管理公司，拓展四川地区物业投资业务领域。锦弘集团被称为"宾馆业航母"，拥有诸多商业物业，此次正是以土地等存量资产入股，平安则以现金出资，此举标志着平安正式进入房地产市场。双方首批合作项目确定为投资 18 亿元对成都一环以内核心地带的 3 个项目进行改造，投资建设酒店、写字楼等综合性物业。

2009 年 8 月 6 日，平安信托与金地集团正式签署合作投资战略框架协议，平安信托将与金地集团展开房地产信托业务合作，针对合作项目设计具体的股权信托计划，和金地集团一起投资优质住宅项目以及城市综合体项目。未来 3 年内，平安信托投入到上述项目上的资金总额有望达到 100 亿元人民币，其中 2009 年投资额预计约为 30 亿元人民币。占预期总额的 1/3。

2009 年 9 月 10 日，平安信托与国内领先房地产企业绿城集团签署合作投资战略框架协议。平安信托将对绿城集团负责开发的房地产项目展开投资，有望在未来三年内实现 150 亿元的信托资金投资规模。此次合作将全面整合平安信托在信托计划设计和发行、房地产专业投资上的优势以及绿城集团在房地产开发管理方面的专业能力，建立起一套完整的房地产投资管理链条。双方首期募集资金将投向不同区域的不同目标项目，以保证风险的分散可控。同时，将对房地产投资信托计划进行优先劣后的多层分级，设计出匹配不同收益和风险的产品，满足投资者的资金保值、增值的需要。本次双方战略合作顺应时代潮流，对国内房地产行业和金融行业来讲都是一个创举。

2009 年 12 月，平安信托与金地集团合作开发的首款房地产信托投资产品——"平安财富·安鑫 1 号房地产信托计划"上市。计划与金地集团共同投资青浦赵巷镇特色居住区 10 号地块的房地产开发。总投资额 33 亿元，其中信托计划出资 16.17 亿元。

2009 年 12 月 24 日，金地集团公告表示，平安信托已经为金地上海赵巷项目成功募集了 16.17 亿元的信托资金。至此，平安信托与金地集团的"未来 3 年 100 亿元"战略协议在经过了几个月的筹备后，终于结出第一枚果实。这也是 2009 年下半年，平安信托相继签约金地、绿城后，狂揽 500 亿元战略协议以来的第一单。平安信托在地产行业的"跑马圈地"终于进入了实战阶段。

对于 2010 年的平安信托公司的业务战略，平安公司内部人士表示仍会加强和拓展与优质房地产企业的战略合作。平安公司已经从起初的商业地产投资介入到住宅地产投资，投资领域也越来越宽，从股权投资到项目合作等形式也多种多样。平安集团总经理张子欣强调："房地产投资收益和股权投资收益，可以帮助保险公司锁定长期收益，也能起到平滑利润的作用。"投资商业地产对于平安来说，无论是资金还是经验等方面，都是"万事俱备，只欠东风"。

本 章 小 结

保险作为一种补偿或给付的经济制度，它的构成具备四个条件：(1) 保险必须有危险存在。(2) 保险必须对危险事故造成的损失给以经济补偿。(3) 保险必须有互助共济关系。(4) 保险的分担金必须合理。遵循以下四个基本原则：保险利益原则、最大诚信原则、损失补偿原则、近因原则。

不动产指所有者对其拥有使用、控制或处置权利的事物。它具有自然和经济双重属性。而不动产金融市场指基于不动产基础上的金融商品和相关金融工具交易买卖的场所，不动产自身的特征决定了融资以及作为融资渠道的金融市场在不动产生产和交易中的核心地位。不动产金融市场已经日益成为一个通过现代化通信手段联成的跨国境、跨地区的广阔市场。它具有融资规模大、政策性强、安全程度高的特点，不仅为不动产业的发展提供了融资平台，也为国家推行土地、不动产等政策提供了市场调控手段。不动产金融市场丰富了金融市场的内容，也促进了不动产业的发展，两者相互促进，共同进步。

习 题

1. 保险的四大原则的主要含义及其理解。
2. 什么是保险？保险的基本功能是什么？
3. 发展保险的意义是什么？
4. 什么称作不动产？不动产市场？
5. 不动产市场的运行机制是什么？
6. 如何对不动产市场进行分析？
7. 不动产市场的分类及其特点。
8. 不动产抵押贷款的含义及特征？
9. 中国不动产市场的发展状况如何？
10. 保险市场和不动产市场的发展有怎样的关系？

第二部分

金融市场价格机制

第七章

无风险套利定价原理

无套利分析方法的基本思想非常简单,研究者唯一需要确定的是:当市场中其他资产价格给定的时候,某种资产的价格应该是多少,才使市场中不存在套利的机会?无套利分析方法不考虑价格运动后面的数量变化,而是将市场价格作为输出变量,以"相对定价"为核心,寻求各种近似替代品价格之间的合理联系,通过对"无套利"目标的追求确定合理的市场价格。本章将介绍无风险套利的基本思想,探讨确定条件下和不确定条件下的无套利定价问题。

第一节　无风险套利的基本思想

一、无套利定价原理

计算机网络技术的发展使金融市场上实施套利行为变得非常方便和快速,套利的便捷性也使金融市场上套利机会的存在总是短期和暂时的,因为一旦有套利机会,投资者就会很快实施套利而使得市场又回到无套利机会的均衡中。因此,无套利均衡被用于对金融产品进行定价。金融产品在市场的合理价格应是市场不存在无风险套利机会时的价格,这就是无风险套利定价原理,也称为无套利定价原理。根据这个原则,在有效的金融市场上,任何一项金融资产的定价,应当使得利用该项金融资产进行套利的机会不复存在。

二、无套利定价原理的特征

无套利定价原理的主要特征如下：

第一，无套利定价原理要求套利活动在无风险的状态下进行。当然，在实际的交易活动中，纯粹零风险的套利活动比较罕见。因此，实际中交易者在套利时往往不要求零风险，实际的套利活动有相当大一部分是风险套利。

第二，无套利定价的关键技术是"复制"技术，即用一组资产来复制另外一组资产。复制技术的要点是使复制组合的现金流特征与被复制组合的现金流特征完全一致，复制组合的多头（空头）与被复制组合的空头（多头）之间应完全实现头寸对冲。由此得出的推论是，如果有两个金融工具的现金流相同，但其贴现率不一样，它们的市场价格必定不同。这时通过对价格高者做空头、对价格低者做多头，就能够实现套利。套利活动推动市场走向均衡，并使两者的收益率相等。因此，在金融市场上，获取相同资产的资金成本一定相等。产生完全相同现金流的两项资产被认为完全相同，因而它们之间可以互相复制。而可以互相复制的资产在市场上交易时必定有相同的价格，否则就会发生套利活动。

第三，无风险的套利活动从即时现金流看是零投资组合，即开始时套利者不需要任何资金的投入，在投资期间也没有任何的维持成本。在没有卖空限制的情况下，套利者的零投资组合不管未来发生什么情况，该组合的净现金流都大于零。通常把这样的组合称作"无风险套利组合"。从理论上说，当金融市场出现无风险套利机会时，每一个交易者都可以构筑无穷大的无风险套利组合来赚取无穷大的利润。这种巨大的套利头寸成为推动市场价格变化的力量，迅速消除套利机会。所以，理论上只需要少数套利者（甚至一位套利者），就可以使金融市场上失衡的资产价格迅速回归均衡状态。

三、套利机会存在的等价条件

金融产品在市场的合理价格是这个价格使得市场不存在套利机会。那么，什么是套利机会呢？无风险套利机会的等价条件如下：

第一，存在两个不同的资产组合，它们的未来损益（payoff）相同，但它们的成本却不同；在这里，可以简单把损益理解成是现金流。如果现金流是确定的，则相同的损益指相同的现金流。如果现金流是不确定的，即未来存在多种可能性（或者说存在多种状态），则相同的损益指在相同状态下现金流是一样的。

第二，存在两个相同成本的资产组合，但是第一个组合在所有的可能状态下的损益都不低于第二个组合，而且至少存在一种状态，在此状态下第一个组合的损益要大于第二个组合的损益。

第三，一个组合其构建的成本为零，但在所有可能状态下，这个组合的损益都不小于零，而且至少存在一种状态，在此状态下这个组合的损益要大于零。

四、无套利机会的等价性推论

第一，同损益同价格：如果两种资产具有相同的损益，则这两种资产具有相同的价格。

第二，静态组合复制定价：如果一个资产组合的损益等同于一个资产，那么这个资产组合的价格等于该资产的价格。这个资产组合称为该资产的"复制组合"（replicating portfolio）。

第三，动态组合复制定价：如果一个自融资（self – financing）交易策略最后具有和一个资产相同的损益，那么这个资产的价格等于该自融资交易策略的成本。这称为动态套期保值策略（dynamic hedging strategy）。所谓自融资交易策略，简单地说，就是交易策略所产生的资产组合的价值变化完全是由于交易的盈亏引起的，而不是另外增加现金投入或现金取出。一个简单的例子就是购买并持有（buy and hold）策略。

第二节　确定条件下无套利定价

一、市场环境假设

1. 单期市场

为简单起见，假设市场中有 n 种风险资产 S_1，S_2，S_3，…，S_n 和无风险资产 S_0，且仅有两个投资时刻，开始时刻 0 和结束时刻 1。投资者可持有这些资产及它们的组合的多头（买进）或空头（卖出），持有多头相当于在结束时刻获得资产的损益，而持有空头则相当于在结束时刻要付出资产的损益。

记资产 S_i 在初始时刻 0 的价格为 $P_0(S_i)$，在结束时刻 1 的价格为 $P_1(S_i)$，且 $P_1(S_i)$ ($i = 0$，1，2，$\cdots$，n) 确定已知。记投资于资产 S_i 的数量为 N_i，$N_i > 0$，表示买入；$N_i < 0$，表示卖出，将 (N_0，N_1，N_2，$\cdots$，N_n) 称为资产组合。

令 $W_i = \dfrac{N_i P_0(S_i)}{\sum\limits_{j=0}^{n} N_j P_0(S_j)}$ ($i = 0,1,2,L,n$)，则称 $W = (W_0, W_1, W_2, L, W_n)$ 为投资组合。

2. 共同信念

市场上所有投资者一致认为：资产市场上所有资产在 1 时刻的价格均为正，即 $P_1(S_i) > 0$ ($i = 0$，1，2，$\cdots$，n)。

3. 无摩擦市场

资产市场上无任何交易成本，无税收，无卖空限制，资产数量单位无限可分。

4. 竞争市场

资产市场不存在价格垄断。

5. 无套利市场

资产市场不存在任何套利机会。此时，价格函数（定义域与值域均为实数）满足以下性质：

（1）价值可加性。组合的价值应该等于其组成成分的价值之和，即

$$P(N_0, N_1, N_2, L, N_2) = \sum_{i=0}^{n} N_i P(S_i)$$

因为无论在 0 时刻还是在 1 时刻，如果该关系式不成立，就会出现套利机会。无妨设 $P(N_0, N_1, N_2, L, N_2) > \sum_{i=0}^{n} N_i P(S_i)$，这时就可以卖空资产组合 ($N_0$，$N_1$，$N_2$，$\cdots$，$N_n$)，同时买入 N_i 份资产 S_i 资产 ($i = 0$，1，2，$\cdots$，n) 获利。

（2）优势性。未来值钱（价值为正）的，现在也值钱，即

假如 $\sum_{i=0}^{n} N_i P_1(S_i) > 0$，则 $\sum_{i=0}^{n} N_i P_0(S_i) > 0$

因为，假如 $\sum_{i=0}^{n} N_i P_1(S_i) > 0$，

而 $\sum_{i=0}^{n} N_i P_0(S_i) \leqslant 0$，则 0 时刻买入资产组合 $(N_0,\ N_1,\ N_2,\ \cdots,$ $N_n)$，无任何现金支出，而 1 时刻卖出该资产组合即可获利（这里需要假设 3 成立，即资产市场上无任何交易成本，无税收，无卖空限制，资产数量单位无限可分）。

二、无套利定价定理

（一）收益率的定义

1. 资产的收益率

记资产 S_i 的收益率为 r_i，可定义：

$$r_i = \frac{P_1(S_i) - P_0(S_i)}{P_0(S_i)}$$

2. 资产组合的收益率

假设资产市场不存在套利机会，记资产组合的收益率为 r_p，则满足 $\sum_{i=0}^{n} N_i P_0(S_i) > 0$ 的资产组合 $(N_0, N_1, N_2, \cdots, N_n)$ 的收益率为：

$$r_p = \sum_{i=0}^{n} W_i R_i$$

证明：

$$r_p = \frac{P_1(N_0,\ N_1,\ N_2,\ L,\ N_n) - P_0(N_0,\ N_1,\ N_2,\ L,\ N_n)}{P_0(N_0,\ N_1,\ N_2,\ L,\ N_n)}$$

$$= \frac{\sum_{i=0}^{n} N_i P_1(S_i) - \sum_{i=0}^{n} N_i P_0(S_i)}{\sum_{i=0}^{n} N_i P_0(S_i)}$$

$$= \frac{\sum_{i=0}^{n} N_i(P_1(S_i) - P_0(S_i))}{\sum_{i=0}^{n} N_i P_0(S_i)}$$

$$= \sum_{i=0}^{n} \frac{N_i(P_1(S_i) - P_0(S_i))}{\sum_{i=0}^{n} N_i P_0(S_i)}$$

$$= \sum_{i=0}^{n} \frac{P_0(S_i) N_i(P_1(S_i) - P_0(S_i))}{P_0(S_i) \sum_{i=0}^{n} N_i P_0(S_i)}$$

$$= \sum_{i=0}^{n} \frac{N_i P_0 \ (S_i)}{\sum_{i=0}^{n} N_i P_0 \ (S_i)} \frac{P_1 \ (S_i) \ - P_0 \ (S_i)}{P_0 \ (S_i)}$$

$$= \sum_{i=0}^{n} w_i r_i$$

（二）无套利定价定理

假设资产 S_0 在 1 时刻的价值为 1，r 为利率，则

$$P_0 \ (S_0) \ = \frac{1}{1+r}$$

无套利定价定理：在市场环境假设满足的条件下，

（1）对所有的 $i = 0, 1, 2, \cdots, n$，$P_0 \ (S_i) \ = \dfrac{P_1 \ (S_i)}{1+r}$

（2）每个资产的收益率都等于 r，即对所有的 $i = 0, 1, 2, \cdots, n$，

$$\frac{P_1 \ (S_i) \ - P_0 \ (S_i)}{P_0 \ (S_i)} = r$$

证明：① 若存在 $1 \leqslant i_0 \leqslant n$，使 $P_0 \ (S_{i_0}) \ \neq \dfrac{P_1 \ (S_{i_0})}{1+r}$，无妨

设 $P_0 \ (S_{i_0}) \ > \dfrac{P_1 \ (S_{i_0})}{1+r}$，

现构造一资产组合：持有 $P_1 \ (S_{i_0})$ 单位的资产 S_0，同时卖空 P_1 (S_0) 单位的资产 S_{i_0}，并且不持有其他资产（即当 $i \neq 0, i_0$ 时，$N_i = 0$），则该投资组合在 0 时刻的价值为：

$$\frac{P_1 \ (S_{i_0}) \ P_0 \ (S_0)}{1+r} - P_1 \ (S_0) \ P_0 \ (S_{i_0}) \ < 0$$

该投资组合在 1 时刻的价值为：

$$P_1 \ (S_{i_0}) \ P_1 \ (S_0) \ - P_1 \ (S_0) \ P_1 \ (S_{i_0}) \ = 0$$

这是一套利机会，与资产市场无套利机会的假设矛盾。因

此，$P_0 \ (S_i) \ = \dfrac{P_1 \ (S_i)}{1+r}$。

②由（1）移项整理即得（2）。

无套利定价定理的（1）表明，假如 $P_0 \ (S_i) \ > 0$，那么 $P_1 \ (S_i) \ =$ $(1+r) \ P_1 \ (S_i) \ > 0$；无套利定价定理的（2）表明，在确定条件下，只需要知道一种资产的收益率，即可知道其他资产的收益率。

第三节　不确定条件下无套利定价

不确定条件下，资产的未来价格不确定，市场 M 中的组合的未来随机价值所形成的随机变量全体 M，称为可交易的未定权益，未定权益是指其未来价值不确定，可交易指这一未定权益可以与市场 M 中的某个组合相对应。如果所涉及的未定权益都是可交易的，这种市场就是完全市场。在不确定情况下，价格函数的定义域从实数域 R 变为可交易的未定权益全体 M。其他有关市场环境的假设与确定条件下相同。为简单起见，先考虑市场中只有两种资产的情况，然后推广到多种资产的情形。

一、两资产情形

假设有两种资产，其中一种为风险资产 S_1，一种为无风险资产 S_0。无风险资产的收益率记为 r，总收益记为 $1 + r$。再假设风险资产 S_1 在时刻 0 的价格为 $P_0(S_1)$，在时刻 1 的价格有上涨和下跌两种状态，其中上涨的概率为 q，下跌的概率为 $1 - q$，上涨时价格为 P_u，下跌时价格为 P_d，并设 $P_u = uP_0(S_1)$，$P_d = dP_0(S_1)$，即 u、d 分别为价格上涨和下跌的倍数。

显然 $d < 1 + r < u$，否则就会出现套利机会。

为复制风险资产 S_1，定义两种基本资产：基本资产 1，在时刻 1，上涨状态时价格为 1，下跌状态时价格为 0；基本资产 2，在时刻 2，上涨状态时价格为 0，下跌状态时价格为 1。构造一资产组合：$uP_0(S_1)$ 单位的基本资产 1 和 $dP_0(S_1)$ 单位的基本资产 2。则无论价格是上涨还是下跌，资产组合的价值都与风险资产 1 的价格一样。这样，风险资产 S_1 的定价问题就演变为该资产组合的定价问题，进而演变为基本资产的定价问题。下面考虑基本资产的定价问题。

设基本资产 1 和 2 在时刻 0 的价格分别为 π_u 和 π_d。由于在时刻 1，上述资产组合的价值与风险资产 S_1 的价格一样，根据无套利定价原则，在时刻 0，上述资产组合的价值与风险资产 S_1 的价格也应该一样，即

$$P_0 (S_1) = \pi_u \cdot uP_0 (S_1) + \pi_d \cdot dP_0 (S_1) \qquad (7-1)$$

$$\pi_u u + \pi_d d = 1 \qquad (7-2)$$

另外，1 单位基本资产 1 和 1 单位基本资产 2 构成的资产组合，在时刻 1，价格无论是上涨还是下跌，其价值都是 1，根据确定条件下的套利定价原理，有：

$$\pi_u u + \pi_d d = \frac{1}{1+r} \qquad (7-3)$$

由式（7-2）和式（7-3）得：

$$\pi_u = \frac{(1+r) - d}{(1+r)(u-d)} \qquad (7-4)$$

$$\pi_d = \frac{u - (1+r)}{(1+r)(u-d)} \qquad (7-5)$$

令 $p = \dfrac{(1+r) - d}{(u-d)}$，则 $1-p = \dfrac{u - (1+r)}{(u-d)}$，那么

$$\pi_u = \frac{p}{(1+r)} \qquad (7-6)$$

$$\pi_d = \frac{(1-p)}{(1+r)} \qquad (7-7)$$

$$P_0 (S_1) = \pi_u \cdot uP_0 (S_1) + \pi_d \cdot dP_0 (S_1)$$

$$= \frac{puP_0 (S_1) = (1-p) dP_0 (S_1)}{1+r} \qquad (7-8)$$

式（7-8）说明，风险资产 S_1 在时刻 0 的价格为其在时刻 1 的价格（随机变量）对于概率分布 $(p, 1-p)$ 的期望的折现值，而概率分布 $(p, 1-p)$ 与资产 S_1 在时刻 1 上涨和下跌的概率 q 及 $1-q$ 无关。也就是说，风险资产 S_1 在时刻 0 的价格是由其上涨和下跌的倍数和无风险利率确定的。

例：设有一资产 S，其在时刻 1 的价格有上涨和下跌两种状态，上涨时价格为 110，下跌时价格为 90，上涨和下跌的倍数分别为 1.07 和 0.98，无风险利率为 2%。

根据式（7-3）和式（7-4），可计算出 π_u 和 π_d 分别为 0.4357 和 0.5447，根据式（7-1），资产 S 在时刻 0 的价格为：

$$P_0 (S_1) = \pi_u \cdot uP_0 (S_1) + \pi_d \cdot dP_0 (S_1)$$

$$= 0.4357 \times 110 + 0.5447 \times 90 = 96.95$$

二、多资产情形

假设市场上有 n 种资产 S_1，S_2，$\cdots$，S_n，资产 S_i 在时刻 0 的价格记为 V_i，则 n 种资产的价格向量 $V = (V_1, V_2, \cdots, V_n)^T$，每种资产在时刻 1 的价格有 k 种状态，第 i 种资产在第 j 种状态下的价格为 P_{ij}。这些资产在时刻 1 的价格矩阵为：

$$P = \begin{pmatrix} P_{11} & K & P_{1k} \\ M & O & M \\ P_{n1} & L & P_{nk} \end{pmatrix}$$

P 的第 j 列 P_j 表示时刻 1 时处于第 j 种状态下 1 个单位的 n 种资产的价格向量。假设价格矩阵 P 的值对于投资者是已知的，但是投资者无法提前知道在时刻 1 这些资产处于 k 种状态中的哪一种，当然在同一时刻这些资产都处于同一种状态下。

资产组合用向量 N 表示，$N = (N_1, N_2, \cdots, N_n)$，其中 N_i 表示资产 S_i 的数量，$N_i > 0$，表示买入；$N_i < 0$，表示卖出。

资产组合 N 在时刻 0 的价格为：

$$N \cdot V = \sum_{i=1}^{n} N_i V_i$$

该组合在第 j 种状态下的价格为：

$$N \cdot P_{\cdot j} = \sum_{i=1}^{n} N_i P_{ij}$$

（一）套利组合的定义

资产组合 N 可以被定义为套利组合，如果它满足以下条件：

$$\begin{cases} N_g V = 0 \\ N_g P_{\cdot j} \geq 0, \text{ 对于所有的 } 1 \leq j \leq 1 \\ N_g P_{\cdot j} > 0, \text{ 存在某些 } j \end{cases}$$

或者

$$\begin{cases} N_g V < 0 \\ N_g P_{\cdot j} \geq 0, \text{ 对于所有的 } 1 \leq j \leq 1 \end{cases}$$

（二）无套利组合等价定理

无套利组合等价定理：市场不存在套利组合的等价条件是：存在一个正向量 $\pi = (\pi_1, \pi_2, \cdots, \pi_k)^T$，使得 $V = P. \pi$

即 $\qquad V_i = \sum_{j=1}^{k} P_{ij}\pi_j, \; i=1, 2, \cdots, n$ $\qquad$ (7-9)

该定理也被称为阿罗－德布鲁（Arrow－Debreu）无套利组合等价定理。

（三）状态价格

阿罗－德布鲁的无套利组合等价定理说明，如果市场不存在套利组合，则资产的当前价格与未来价格之间要满足一定的条件。这个条件是存在一个对应于 k 个状态的向量，一般称之为状态价格（state－prices）。

状态价格的具体含义为：假设市场另外存在 k 种资产 S_{n+1}，S_{n+2}，$\cdots$，S_{n+k}。这 k 种资产的未来价格为：只在一种状态下为 1，其余状态下都是 0，即对于资产 S_{n+j}，它的未来价格只是在第 j 种状态为 1，其余状态为 0。这 k 种资产就构成了"基本资产"，由它们生成的组合的未来价格可以表示任意一种资产的未来价格。比如，对于资产 S_1，它的未来价格为 $(P_{11}, P_{12}, \cdots, P_{1k})$，则由 P_{11} 个 S_{n+1}，P_{12} 个 S_{n+2}，$\cdots$，P_{1k} 个 S_{n+k} 组成的资产组合的未来价格就与资产 S_1 的未来价格一样。如果市场不存在套利机会，则资产 S_1 的价格应该等于由基本资产构成的组合的价格。

假设 k 个基本资产的价格分别为：U_1，U_2，$\cdots$，U_k，则上述组合的价格为：$\sum_{j=1}^{k} P_{1j}U_j$，根据式（7-9），资产 S_1 的价格为：$V_1 = \sum_{j=1}^{k} P_{1j}\pi_j$，两者相等，所以，$\sum_{j=1}^{k} P_{1j}U_j = \sum_{j=1}^{k} P_{1j}\pi_j$。

因此，可以令 $U_j = \pi_j$，$j=1, 2, \cdots, k$ $\qquad$ (7-10)

式（7-10）表明 $\boldsymbol{\pi} = (\pi_1, \pi_2, \cdots, \pi_k)^T$ 实际上是基本资产的价格向量，即每种状态下单位未来资产价格，所以称之为状态价格。如果能够得到状态价格，则任意一种资产的价格都是状态价格的线性函数，都可以由状态价格计算得到。

（四）风险中性概率

如果把状态价格归一化，即让 k 个分量的和变为 1，即

$$\hat{\pi}_j = \frac{\pi_j}{\sum_{i=1}^{k} \pi_i}$$

如果存在一个资产，它在未来的价格是确定的，都是 1，即在每一种状态下都是 1，那么根据式（7-9），这个资产的价格 $V = \sum_{i=1}^{k} \pi_i$。假设

这种资产就是人们通常所说的无风险债券，或者现金借贷，则 $V = \sum_{i=1}^{k} \pi_i = \frac{1}{1+r}$

$$V_1 = \sum_{j=1}^{k} P_{ij} \pi_j = \sum_{j=1}^{k} P_{ij} \hat{\pi}_j \sum_{i=1}^{k} \pi_i = \sum_{i=1}^{k} \pi_i \sum_{j=1}^{k} P_{ij} \hat{\pi}_j = \frac{1}{1+r} \sum_{j=1}^{k} P_{ij} \hat{\pi}_j = \frac{1}{1+r} E\left(P_{ij}\right)$$

推论：如果市场不存在套利组合，假设无风险借贷的利率为 r，则存在一个概率测度，使得任意一个资产的价格等于其未来可能价格的期望值以无风险借贷利率贴现的贴现值。

（五）完全市场与不完全市场

一个具有 n 种资产，k 种价格状态的市场，如果对于任意一个未来价格向量 $P = (P_1, P_2, \cdots, P_k)$，都存在一个 n 种资产的组合 $N = (N_1, N_2, \cdots, N_k)$，其未来价格等于 $(P_1, P_2, \cdots, P_k)$，则称市场是完全市场。

市场完全性的定义是要求如下的线性方程存在解：

$$N \cdot P = P$$

即
$$\sum_{i=1}^{n} P_{ij} N_j = P_j, \quad j = 1, 2, \cdots, k \qquad (7-11)$$

根据线性代数的知识，方程式（7-11）有解的条件是未来价格矩阵 P 的秩等于 k。

市场完全性是一个很强的假设，但它大大简化了金融产品的定价。因为只要知道一种金融产品的未来价格，那么在市场完全性假设下，就可由市场中已有的资产构造（复制）出相同损益的组合来。而在无套利组合假设下，该金融产品的价格就由已有的资产完全确定。

在市场不存在套利组合的假设下，市场是完全的充要条件是：只有唯一的一组状态价格满足式（7-9），即状态价格唯一或者风险中性概率唯一。

第四节 无套利定价原理的应用

一、确定条件下无套利定价原理的应用

【例1】 假设两个零息票债券 A 和 B 都是在 1 年后的同一天到期，

其面值为 100 元（到期时都获得 100 元现金流，即到期时具有相同的损益）。如果债券 A 的当前价格为 98 元，并假设不考虑交易成本和违约情况。问：（1）债券 B 的当前价格应该为多少？（2）如果债券 B 的当前价格只有 97.5 元，问是否存在套利机会？如果有，如何套利？

分析：按照无套利定价原理，债券 A 与债券 B 具有一样的损益（现金流），所以债券 B 的合理价格也应该为 98 元。

当债券 B 的价格为 97.5 元时，说明债券 B 的价值被市场低估了。那么债券 A 与债券 B 之间存在套利机会。实现套利的方法很简单，买进价值低估的资产，卖出价值高估的资产。所以，套利的策略就是卖空债券 A 获得 98 元，用其中的 97.5 元买进债券 B，这样套利的盈利为 0.5 元。因为，在 1 年后的到期日，债券 B 的面值刚好用于支付卖空债券 A 的面值。

【例 2】 假设 3 种零息票债券面值都为 100 元，它们的当前市场价格分别为：（1）1 年后到期的零息票债券的当前价格为 98 元；（2）2 年后到期的零息票债券的当前价格为 96 元；（3）3 年后到期的零息票债券的当前价格为 93 元；并假设不考虑交易成本和违约。问：（1）如果息票率为 10%，1 年支付 1 次利息的三年后到期的债券 A 的当前价格应该为多少？（2）如果息票率为 10%，1 年支付 1 次利息的三年后到期的债券 A 的当前价格为 120 元，问是否存在套利机会？如果有，如何套利？

分析：先看一个息票率为 10%，1 年支付 1 次利息的 3 年后到期的债券 A 的损益情况。面值为 100 元，息票率为 10%，所以在第 1 年末、第 2 年末和第 3 年末的利息为 $100 \times 10\% = 10$（元），在第 3 年末另外还支付本金面值 100 元。

构造与债券 A 有相同损益的复制组合为：（1）购买 0.1 张 1 年后到期的零息票债券，其损益刚好为 $100 \times 0.1 = 10$（元）；（2）购买 0.1 张 2 年后到期的零息票债券，其损益刚好为 $100 \times 0.1 = 10$（元）；（3）购买 1.1 张 3 年后到期的零息票债券，其损益刚好为 $100 \times 1.1 = 110$（元）。

所以上面的复制组合的损益就与债券 A 的损益一样，根据无套利定价原理，具有相同损益时，证券的价格应等于复制组合的价格，所以息票率 10%，1 年支付 1 次利息的 3 年后到期的债券 A 的当前价格应该为：$0.1 \times 98 + 0.1 \times 96 + 1.1 \times 93 = 121.7$（元）。

债券 A 的当前价格 120 元，小于应该价格 121.7 元，因此根据无套利定价原理，存在套利机会。当前市场价格为 120 元，而无套利定价的价格为 121.7 元，所以市场低估了这个债券的价值，则应该买进这个债券，然后卖空复制组合。即基本的套利策略为：

买进 1 张息票率为 10%，1 年支付 1 次利息的 3 年后到期的债券 A；卖空 0.1 张的 1 年后到期的零息票债券；卖空 0.1 张的 2 年后到期的零息票债券；卖空 1.1 张的 3 年后到期的零息票债券。

二、不确定条件下无套利定价原理的应用

【例 1】 假设有一风险证券 A，当前的市场价格为 100 元，1 年后的市场价格会出现两种可能的状态：在状态 1 时证券 A 价格上升至 105 元，在状态 2 时证券 A 价格下跌至 95 元。同样，也有一证券 B，它在 1 年后的损益为，在状态 1 时上升至 105 元，在状态 2 时下跌至 95 元。另外，假设不考虑交易成本。问：（1）证券 B 的合理价格为多少？（2）如果 B 的价格为 99 元，是否存在套利？如果有，如何套利？

分析：根据无套利定价原理，只要两种证券的损益完全一样，那么它们的价格也会一样。所以，证券 B 的合理价格也应该为 100 元。

因为证券 B 的价格为 99 元，因此存在套利机会。只要卖空证券 A，买进证券 B，就可实现套利 1 元。

【例 2】 假设有一风险证券 A，当前的市场价格为 100 元，1 年后的市场有两种状态，在状态 1 时证券 A 价格上升至 105 元，在状态 2 时证券 A 价格下跌至 95 元。同样，也有一证券 B，它在 1 年后的损益为状态 1 时上升至 120 元，状态 2 时下跌至 110 元。另外，假设借贷资金的年利率为 0，不考虑交易成本。问：（1）证券 B 的合理价格为多少呢？（2）如果证券 B 的现在价格为 110 元，是否存在套利？如果有，如何套利？

分析：本例中证券 B 的损益与证券 A 不同，两个证券的损益状态如图 7-1 所示。现在考虑如何利用证券 A 和无风险债券来构建一个与证券 B 损益相同的组合。

构建一个组合：x 份证券 A 和 y 份的借贷（y 大于零为借出钱，y 小于零为借入钱）。要使得组合的损益与 B 的损益完全相同，则：

$$x\begin{bmatrix}105\\95\end{bmatrix}+y\begin{bmatrix}1.0\\1.0\end{bmatrix}=\begin{bmatrix}120\\110\end{bmatrix}$$

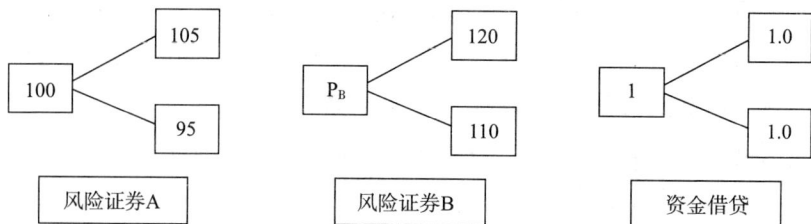

图 7 - 1　三种资产的损益状况

解之得：$x = 1$，$y = 15$。因此，买入 1 份证券 A 再借出现金 15 份的组合的损益与证券 B 的损益完全相同，所以证券 B 的价格等于组合的价格：即 $1 \times 100 + 15 \times 1 = 115$（元）。

证券 B 的现在价格为 110 元，存在套利机会。构造一个套利策略：买进证券 B，再卖空上面的等损益组合：1 份证券 A，15 份现金。所以整个套利组合为买进证券 B，卖空证券 A，借入资金 15 元。买进证券 B 的成本为 110 元，卖空证券 A 可得到 100 元，借入资金 15 元，所以还剩下 5，这部分实际上就是套利策略的盈利。因为期末的现金流为 0。这个组合的期初和期末现金流可见表 7 - 1。

表 7 - 1　　　　　　　　　组合的期初和期末现金流

任务	期初时刻的现金流	期末时刻的现金流	
		第一种状态	第二种状态
买进 B	-110	120	110
卖空 A	100	-105	-95
借入资金 15	15	-15	-15
合计	5	0	0

本 章 小 结

本章对无套利定价原理进行了全面的介绍。首先阐述了无风险套利的基本思想，并对无套利定价原理的特征、套利机会的等价条件及无套利机会的等价性推论做了简单介绍；接着分别对确定条件下和不确定条件下的无套利定价策略做了详细分析；最后给出了无套利定价原理的应用案例。

习　题

1. 无套利定价原理的特征有哪些?

2. 说明套利机会的等价条件。

3. 无套利机会的等价性推论有哪些?

4. 在推导确定条件下的无套利定价定理时，所给出的市场环境假设有哪些?

5. 分析阿罗－德布鲁的无套利组合等价定理的经济学意义。

6. 什么是完全市场和不完全市场?

7. 假设从现在开始1年后到期的零息票债券的价格为98元。从1年后开始，在2年后到期的零息票债券的价格也为98元。并且假设不考虑交易成本和违约情况。问：（1）从现在开始2年后到期的零息票债券的价格为多少呢？（2）如果现在开始2年后到期的零息票债券价格为97元，问是否存在套利机会？如果有，如何套利?

8. 假设两个零息票债券A和B两者都是在1年后的同一天到期，其面值为100元（到期时都获得100元现金流，即到期时具有相同的损益）。假设购买债券不需要费用和不考虑违约情况。但是假设卖空1份债券需要支付1元的费用，并且出售债券也需要支付1元的费用。如果债券A的当前价格为98元。问：（1）债券B的当前价格应该为多少？（2）如果债券B的当前价格只有97.5元，是否存在套利机会？如果有，如何套利?

9. 假设市场的未来损益只有两种状态，而且只存在两种资产，一种是无风险借贷，其借贷利率为r，另外一种是资产s，当前的价格为p。假设资产s在未来的损益为：状态1时为$p_u = p \times u$，状态2时为$p_d = p \times d$，其中u和d表示价格变化的倍数，假设$u > d$。如果市场不存在套利组合，求p。

10. 假设市场有三种状态，但仅有两种资产，无风险借贷，其利率为r；另外一种资产s，价格为p，其在未来损益为：状态1时，损益为pu（即为原价格的u倍）；状态2时为pm，状态3时为pd，假设$d < m < u$。问该市场是完全的吗?

第八章

债 券 定 价

第一节 利率期限结构

所谓利率的期限结构，就是收益和期限之间有关系。通常，金融工具到偿还期的收益率，随着这种工具到偿还期时间的增加而增加。然而，当利率非常高的时候，金融工具的偿还期越长，它的偿还期的收益率越低，这是债券价值与利率之间的逆向关系所决定的。只有在极少数的情况下，当偿还期延长时，到偿还期的收益率既不减少也不增加。

一、收益率曲线

在一个特定时期，一种债券的短期利率和长期利率之间的关系形成该种债券的利率期限结构，这种关系通常表示为一种收益率曲线，例如，图8－1所列三种普通类型的收益率曲线。

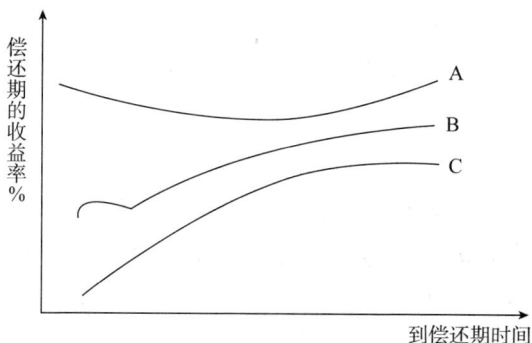

图 8－1　各种形状的收益率曲线

在图 8-1 中到偿还期收益（纵轴）和偿还期时间（横轴）相联系，代表一组债券。它们除了到偿还期时间外，其他所有方面都是一样的。当到偿还期增加时，曲线 C 到偿还期收益率也增加。这种正数收益率和偿还期之间的关系，通常被称为"正常的"收益率曲线，因为它最经常出现。相形之下，收益率曲线偶然也呈下倾斜线（如曲线 A），这种向下倾斜的收益率曲线是属于"颠倒的"收益率曲线，因为"正常的"偿还期和时间关系已经反转或颠倒。A、C 收益率曲线提供了一种关于收益率和偿还期的基本关系的简明观点，然而经常出现的是这些成分相混合的收益率曲线。例如，B 收益率曲线划分为不同阶段，上倾斜段代表偿还期范围的某一部分，下倾斜段则代表另一偿还区间。在利率上升时期，收益率曲线经过一年或两年上升，然后连续几年下降，从而变为水平线。这种曲线类型是属于"隆起的"。

这里要说明一点，我们在利率期限结构的定义中使用的是收益的概念。首先，债券的收益是债券为持有人带来的实际利息率，投资人在购买债券时关心的主要不是债券的票面利率，而是实际能得到的利率，因此，收益率的其他结构才是本质上的利率期限结构。其次，我们研究的债券发行人并不能凭主观意愿确定债券发行时的票面利率。债券的票面利率水平必须根据各种债券的二级市场收益率水平来确定。假如在债券发行时市场上距到期日还有 5 年的债券收益率。其他情况相同时，低于此水平则无人购买，高于此水平则发行成本过高。这样，某日的债券市场实际收益率的期限结构，便决定了这一天新发行利率期限结构。正是由于这个原因，一般在研究债券的利率期限结构时，都是从研究债券收益率的期限结构来入手的。

二、收益率曲线与贷款人和借款人

任何时间的特定收益率曲线，对金融市场的贷款人和借款人都是很重要的。如果收益率曲线向上倾斜，则借入资金的人必须支配较高的利息以"达到偿还期"。虽然贷款人靠借入长期资金可以减轻流动性压力，但是长期借入的有利因素会被支付高利的不利因素所抵消。从贷款人的观点来看，向上倾斜的收益率曲线表明较高的偿还期，收益率只有靠长期投资才能得到。可是，长期证券价格的可变性大于短期证券价格的可变性。从而，投资者或贷款人必须权衡长期证券的较高收益和联系于这些证券的较大利率风险。

如果收益率曲线向下倾斜，贷款人和借款人在短期和长期投资之间的有利和不利因素正好被颠倒过来。从借入的角度来看，向下倾斜的收益率曲线表明在金融市场筹集资金所需要利率，长期证券比短期证券低。在这种环境中，借款人将明确地选择长期证券，因为长的偿还期和低的利率可以同时得到。然而。这里忽视了颠倒的收益率曲线一般出于高利率时期（收益率曲线指的是短期和长期利率之间的关系，不是利率水平）。如果可能的话，对于借款人可能推迟筹集资金或者先借短期（尽管短期借款利率比长期利率高），将来用较低利率借到长期资金，这是较为可取的。

颠倒的收益率曲线对于贷款人也很重要。颠倒的收益率曲线存在时，利率一般较高，所有附息债券价格在二级市场都是低的，长期债券的价格则更低。而且，如果高利率预期要降低，那么所有固定收益证券的价格预期上升，但是长期证券的价格预期上升多于短期证券价格。在这种典型环境中，贷款人和借款人必须调查证券当时的收益率和价格，以及将来预期的收益率和价格，而后再做出选择。

三、收益率曲线解释

对收益率的期限结构及其周期性变化，市场分析家主要有三种解释：

一是预期论。预期论认为，在持有证券时间内，长期收益率等于预期短期收益率的几何平均数。根据这一论点，收益曲线的形状取决于投资者对未来短期利率趋势的共同看法。如果预期利率上升，收益率曲线向上倾斜。反之，如果预期短期利率下降，则收益率曲线向下倾斜。短期市场和长期市场之间的套利活动证实了这一结论。也就是说，投资者是选择一系列的短期证券来投资的，不是选择特定期限的长期证券。所以，长期债券的收益率必须至少等于预期短期债券收益率的平均数，否则投资者不愿持有长期证券。

二是流动性收益论。流动性收益论从长期债券的内在市场风险来解释收益曲线。如前所述，如果到期时间延长，证券价格的不稳定性会加剧，虽然其趋势是缓慢的。要鼓励敢冒风险的投资者持有长期债券，那么证券收益必须能够补偿他们所承担的较高风险。因此，这一理论认为，向上倾斜的收益曲线反映的是在证券期限内随着风险的增加而增加收益；

向下倾斜的曲线反映的是由于预期利率下降而造成的流动性收益的下降。

三是市场隔离论。市场隔离论对收益曲线的形状进行另一种解释。这种理论认为，期限不同的证券难以得到替代。也就是说，这些证券在市场与市场之间的流动是微不足道的。因此，各种不同期限的证券供求因素决定了收益曲线的形状。某一部分期限的证券供求不平衡也会导致收益曲线的重新变化。

对于圆丘形的收益曲线，通常解释为投资者认为将来利息率要下降，但近期会上升。由于担心中期证券的收益会受到损失，投资者将中期证券的期限延长到了最大限度。中期证券的价格下跌，促使收益上升，产生了圆丘形的收益期限结构。

第二节　债券定价的收入资本化法

收入资本化法认为任何资产的内在价值（intrinsic value）决定于投资者对持有该资产预期的未来现金流的现值。根据资产的内在价值与市场价格是否一致，可以判断该资产是否被低估或高估，从而帮助投资者进行正确的投资决策。所以，决定债券的内在价值成为债券价值分析的核心。下面将对不同的债券种类分别使用收入资本化法进行价值分析。

一、贴现债券

贴现债券（pure discount boond），又称零息票债券（zero - coupon bond），或贴息债券，是一种以低于面值的贴现方式发行，不支付利息，到期按债券面值偿还的债券。债券发行价格与面值之间的差额就是投资者的利息收入。由于面值是投资者未来唯一的现金流，所以贴现债券的内在价值由以下公式决定：

$$V = \frac{A}{(1+r)^T} \tag{8-1}$$

其中，V 代表内在价值；A 代表面值；r 是市场利率；T 是债券到期时间。

假定某种贴现债券的面值为 100 万美元，期限为 20 年，利率为 10%，那么他的内在价值应该是：$V = 100 \div (1+0.1)^{20} = 14.8644$（万美元）。换言之，该贴现债券的内在价值仅为其面值的15%左右。

二、直接债券

直接债券（level - coupon bond），又称定息债券，或固定利息债券，按照票面金额计算利息，票面上可附有作为定期支付利息凭证的息票，也可不附息票。投资者不仅可以在债券期满时收回本金（面值），而且还可定期获得固定的利息收入。所以，投资者的未来的现金流包括了两部分，本金与利息。直接债券的内在价值公式如下：

$$V = \frac{c}{1+r} + \frac{c}{(1+r)^2} + \frac{c}{(1+r)^3} + \cdots + \frac{c}{(1+r)^T} + \frac{A}{(1+r)^T} \quad (8-2)$$

其中，c 是债券每期支付的利息，其他变量与式（8-1）相同。

三、统一公债

统一公债（consols consolidated annuities，consolidated stock），是一种没有到期日的特殊的定息债券。最典型的统一公债是英格兰银行在18世纪发行的英国统一公债（english consols），英格兰银行保证对该公债的投资者永久性地支付固定的利息。直至如今，在伦敦的证券市场上仍然可以买卖这种公债。历史上美国政府为了巴拿马运河融资时也曾发行过类似的统一债。但是，由于在该种债券发行时含有赎回条款，所以美国的统一公债已经退出流通。因为，优先股的股东可以无限期地获得固定的股息，所以，在优先股的股东无限期地获取固定股息的条件得到满足的条件下，优先股实际上也是一种统一公债。统一公债的内在价值的计算公式见式（8-3）：

$$V = \frac{c}{1+r} + \frac{c}{(1+r)^2} + \frac{c}{(1+r)^3} + \cdots = \frac{c}{r} \quad (8-3)$$

第三节 债券价值分析

影响债券市场价格的因素。债券的理论价格是由债券的现值（内在价值）所决定的，而债券的市场价格经常与其理论价格不一致。引起债券市场价格变动的具体因素有市场利率、债券的供求关系、财政收支状况、货币政策、社会经济发展状况、各国间利差和汇率的影响等。其中，市场利率和债券的供求关系为主要影响因素。

一、市场利率

债券的市场价格与市场利率的变动是反方向的，两者成反比。当市场利率上升，高于债券票利利率，债券持有人将以较低价格出售债券，所得资金转向其他利率较高的金融资产上，从而导致对债券的需求减少，价格下降；若市场利率下降，债券利率相对较高，资金流向债券市场，对债券的需求上升，导致债券的价格上升。

二、债券市场的供求关系

债券的市场价格直接受债券市场供求关系变化的影响。债券的供给包括两个方面：一是新债券的发行；二是已发行债券的出售。如果新债券的发行数量适中，发行条件优越，被顺利吸收，就不会对市场构成压力；如果发行数量过大，发行条件不利，就会对债券市场带来不利的影响。老债券的出售以及对债券的需求则受投资者投资意向影响。投资者通过对各种金融资产的风险进行分析比较而加以选择。

三、财政收支状况

财政收支状况对债券价格也有很大影响。一般，当财政资金宽松，经常有剩余资金，则会增加银行存款，并可能买入一些金融债券和企业债券以提高资金收益，这样对债券的需求增加并推动债券价格上升。当财政资金紧张并有严重赤字时，财政会采取几种措施来弥补财政赤字：（1）减少在银行存款或向银行贷款透支；（2）减少各项拨款；（3）发行大量的政府债券；（4）增加税收等。这样会引起整个社会资金紧张并大量增加债券供应，从而导致债券价格下降。

四、货币政策

中央银行的货币政策会对金融市场产生巨大影响，从而影响债券价格的变化。中央银行为实施货币政策而采用的货币政策工具主要有公开市场业务、法定存款准备率政策、再贴现率政策等。中央银行进行公开市场业务操作时，会直接影响债券供给状况。如果实施紧缩货币政策，中央银行则在金融市场上抛售债券，使债券供给增加，引起债券价格下降。中央银行法定存款准备率的变动对债券价格也造成一定的影响。中央银行提高法定存款准备率时，资金会趋于紧缩，利率上升，如果债券利率低于市场利率，对债券的需求则下降，债券的价格随之下降；反之，当中央银行降低法定存款准备率时，债券价格会上升。中央银行再贴现率政策的运用，会直接引起市场利率的变动。当提高再贴现率时，使得市场利率上升，债券价格下降；而再贴现率下降时，市场利率随之下降，债券价格上升。

五、社会经济发展状况

债券价格会随着社会经济发展状况的不同而变动。当经济景气时，对资金的需求增加，对企业而言，一方面减少所持有的国债、金融券或其他企业债券，将它们转变为现金；另一方面会增加向银行借款，或是发行新的企业债券。对银行等金融机构而言，会因企业对资金需求的增加而感到资金紧张，采取相应的措施之一是减少对证券的投资或发行金融债券以筹措资金。因此，在经济发展阶段，债券的供应增加，而对债券的需求减少，引起债券价格下降。当经济衰退时，对资金需求减少，企业和金融机构都会出现资金过剩，此时，企业和金融机构对发行债券筹资的需求减少，并且会把闲置资金转向债券投资。因此，这一阶段债券的供给减少，而对债券的需求增加，债券价格则会上升。

六、各国间利差和汇率的影响

对于开放型的金融市场来说，本国货币与外国货币间汇率的变化，以及国内外市场利率的变化也会影响债券价格。当本国货币升值时，国外资金会流入本国市场，增加对债券的需求，债券价格上升；当本国货币贬值时，国内资金又会转移到国外，减少对债券的需求，债券价格下跌。同样，当国内市场利率高于国外市场利率时，资金内流；而国内市场利率低于国外市场利率时，资金外流，从而影响债券供求的变动，导致债券价格变动。利差和汇率的变动给债券供求带来的影响往往是综合的，投资者应考虑两者共同影响的损益，再做出投资抉择。

第四节　债券定价原理

决定债券价值的主要三个因素为债券期值、债券待偿期限和市场利率。债券价值与市场利率和债券收益率之间的关系为：当市场利率水平上升时，债券价格下跌、债券收益率上升；当市场利率水平下降时，债券价格上升，债券收益率下降。债券价值的评价方法主要有单利法和复利法两类。下面将分别应用单利法和复利法对一次还本付息债券、分期还本息债券和贴现债券的价值和收益率进行分析。

一、一次还本付息的债券价值

一次还本付息的债券其预期货币收入是期末一次性支付的利息和本息，如果按单利计算其价格为：

$$P = \frac{M(1 + i \cdot n)}{1 + r \cdot n}$$

其中，P 表示债券价格；M 表示债券面值；i 表示债券票面利率；r 表示市场利率；n 表示债券到期时间。

若按复利计算，一次还本付息债券的价格则为：

$$P = \frac{M(1 + i)^n}{(1 + r)^n}$$

若按单利计息按复利折现，则一次还本付息的债券价值为：

$$P = \frac{M(1 + i \cdot n)}{(1 + r)^n}$$

二、一年付息一次的债券价值

对于一年付息一次的债券按单利计算的价格为：

$$P = \sum_{i=1}^{n} \frac{c}{1 + i \cdot r} + \frac{M}{1 + n \cdot r}$$

如果按复利方式计算，一年付息一次的债券价格为：

$$P = \frac{c}{1 + r} + \frac{c}{(1 + r)^2} + \cdots + \frac{c}{(1 + r)^t} + \cdots + \frac{c}{(1 + r)^n} + \frac{M}{(1 + r)^n}$$

$$= \sum_{i=1}^{n} \frac{c}{(1+r)^t} + \frac{M}{(1+r)^n}$$

$$= c \times \frac{(1+r)^n - 1}{r \times (1+r)^n} + \frac{M}{(1+r)^n}$$

其中，c 表示每年支付的债券利息；t 表示时间变量。

假如某公司发行了面值为 1000 元，票面利率为 5%，期限为 5 年的一年付息一次的债券，若市场利率为 8%，则其市场价格应为：

1. 按单利法计算

$$P = \frac{1000 \times 5\%}{1 + 8\%} + \frac{1000 \times 5\%}{1 + 2 \times 8\%} + \frac{1000 \times 5\%}{1 + 3 \times 8\%} + \frac{1000 \times 5\%}{1 + 4 \times 8\%}$$

$$+ \frac{1000 \times 5\%}{1 + 5 \times 8\%} + \frac{1000}{1 + 5 \times 8\%} = 917.60 \text{（元）}$$

2. 按复利法计算

$$P = 1000 \times 5\% \times \frac{(1 + 8\%^5 - 1)}{8\% \ (1 + 8\%)^5} + \frac{1000}{(1 + 8\%)^5} = 880.22 \text{（元）}$$

可见，采用复利法计算的债券价格要比采用单价法计算的债券价低。即投资者在以复利法计算的价格购进债券时要获得较高的投资回报。

3. 贴现债券的价格

按单利法计算的贴现债券价格的计算公式为：

$$P = M - C = M - [\ (n_1/360) \ \times r] \ \times M$$

其中，n_1 表示距到期天数；r 表示贴现率（年利率）；C 表示贴现金额；其他符号含义同前。

按复利方法计算的贴现债券价格的计算公式为：

$$P = \frac{M}{(1+r)^n}$$

$$n = \frac{n_1}{365}$$

其中，n 表示债券剩余年限。

假如面额为 1000 元的短期国库券，有效期限为 182 天，贴现率为 5%，某人持有 90 天后卖出，则该债券市场价格分别为：

$$P = 1000 + \left(\frac{182 - 90}{360} \times 5\% \right) \times 1000 = 987.22 \text{（元）}$$

$$n = \frac{(182 - 90)}{365} = 0.252 \text{（年）}$$

$$P = \frac{1000}{(1 + \times 5\%)^{0.252}} = 987.78 \ (元)$$

本章小结

　　首先，讲述了利率的期限结构，就是收益和期限之间有关系。通常金融工具到偿还期的收益率，随着这种工具到偿还期时间的增加而增加。其次，讲述了债券定价的收入资本化法，收入资本化法认为任何资产的内在价值决定于投资者对持有该资产预期的未来现金流的现值。根据资产的内在价值与市场价格是否一致，可以判断该资产是否被低估或高估，从而帮助投资者进行正确的投资决策。所以，决定债券的内在价值成为债券价值分析的核心。第三节分析影响债券市场价格的因素，引起债券市场价格变动的具体因素有：市场利率、债券的供求关系、财政收支状况、货币政策、社会经济发展状况、各国间利差和汇率的影响等。其中，市场利率和债券的供求关系为主要影响因素。第四节应用单利法和复利法对一次还本付息债券、分期还本息债券和贴现债券的价值和收益率进行分析。

习　题

1. 收益率曲线的形式和意义是什么？
2. 收益率曲线变动对借款人和贷款人有何影响？
3. 债券的价值受到那些因素的影响？
4. 什么是债券定价的资本化方法？
5. 贴现债券、直接债券、统一公债的定价公式分别是什么形式？
6. 影响债券价值的因素主要有哪些？
7. 货币政策的变化是如何影响债券价值的？
8. 简述债券定价原理的主要内容？
9. 一次还本付息的债券是如何定价的？
10. 一年付息一次的债券是如何定价的？

第九章

股 票 定 价

第一节　收入资本化法在普通股价值分析中的运用

一、收入资本化法的一般形式

收入资本化法认为任何资产的内在价值取决于持有资产可能带来的未来的现金流收入。由于未来的现金流取决于投资者的预测，其价值采取将来值的形式，所以，需要利用贴现率将未来的现金流调整为它们的现值。在选用贴现率时，不仅要考虑货币的时间价值，而且应该反映未来现金流的风险大小。用数学公式表示（假定对于所有未来的现金流选用相同的贴现率）为：

$$V = \frac{C_1}{1+r} + \frac{C_2}{(1+r)^2} + \frac{C_3}{(1+r)^3} + \cdots + \sum_{t=1}^{\infty} \frac{C_t}{(1+r)^t} \quad (9-1)$$

式（9-1）中，V 代表资产的内在价值；C_t 表示第 t 期的现金流；r 是贴现率。在第十章第一节中，债券的现金流（C_t）采取利息或本金的形式，并用市场利率代表贴现率。

二、股息贴现模型

收入资本化法运用于普通股价值分析中的模型，又称股息贴现模型[1]。其函数表达式如下：

---

[1]　最早的股息贴现模型是 1938 年由威廉姆斯（J. B. Williams）和戈登（M. J. Gordon）提出的，见 J. B. Williams：The Theory of Investment Value. Harvard. Cambridge，Mass，1938。

$$V = \frac{D_1}{1+r} + \frac{D_2}{(1+r)^2} + \frac{D_3}{(1+r)^3} + \cdots + \sum_{t-1}^{\infty} \frac{D_t}{(1+r)^t} \qquad (9-2)$$

其中，V 代表普通股的内在价值，D_t 是普通股第 t 期支付的股息和红利，r 是贴现率。又称资本化率（capitalization rate）。股息贴现模型假定股票的价值等于它的内在价值，而股息是投资股票唯一的现金流。事实上，绝大多数投资者并非在投资之后永久性地持有所投资的股票，即在买进股票一段时间之后可能抛出该股票。所以，根据收入资本化法，卖出股票的现金流入也应该纳入股票内在价值的计算。那么，股息贴现模型如何解释这种情况呢？

假定某投资者在第三期期末卖出所持有的股票，根据式（9-2），该股票的内在价值应该等于：

$$V = \frac{D_1}{1+r} + \frac{D_2}{(1+r)^2} + \frac{D_3}{(1+r)^3} + \frac{V_3}{(1+r)^3} \qquad (9-3)$$

其中，V_3 代表在第三期期末出售该股票时的价格。根据股息贴现模型，该股票在第三期期末的价格应该等于当时该股票的内在价值，即：

$$V_3 = \frac{D_4}{1+r} + \frac{D_5}{(1+r)^2} + \frac{D_6}{(1+r)^3} + \cdots + \sum_{t=1}^{\infty} \frac{D_{t+3}}{(1+r)^t} \qquad (9-4)$$

将式（9-4）代入式（9-3），得到：

$$V = \frac{D_1}{1+r} + \frac{D_2}{(1+r)^2} + \frac{D_3}{(1+r)^3} + \frac{D_4/(1+r)^1 + D_5/(1+r)^2 + \cdots + \sum_{t=1}^{\infty}\frac{D_{t+3}}{(1+r)^t}}{(1+r)^3}$$

$$(9-5)$$

由于 $\dfrac{D_{t+3}/(1+r)^t}{(1+r)^3} = \dfrac{D_{t+3}}{(1+r)^{t+3}}$，所以式（9-5）可以简化为：

$$\frac{D_1}{1+r} + \frac{D_2}{(1+r)^2} + \frac{D_3}{(1+r)^3} + \frac{D_4}{(1+r)^{3+1}} + \frac{D_5}{(1+r)^{3+2}} + \cdots + \frac{D_t}{(1+r)^t}$$

$$= \sum_{t-1}^{\infty} \frac{D_t}{(1+r)^t} \qquad (9-6)$$

所以，式（9-3）与式（9-2）是完全一致的，证明股息贴现模型选用未来的股息代表投资股票唯一的现金流，并没有忽视买卖股票的资本利得对股票内在价值的影响。如果能够准确地预测股票未来每期的股息，就可以利用式（9-2）计算股票的内在价值。在对股票未来每期股息进行预测时，关键在于预测每期股票的增长率。如果用 g_t 表示第 t 期的股息增长率，其数学表达式为：

$$g_t = \frac{D_t - D_{t-1}}{D_{t-1}} \tag{9-7}$$

根据对股息增长率的不同假定，股息贴现模型可以分成零增长模型、不变增长模型、多元增长模型、三阶段股息贴现模型等形式。

三、利用股息贴现模型指导证券投资

所有的证券理论和证券价值分析，都是为投资者投资服务的。换言之，股息贴现模型可以帮助投资者判断某股票的价格属于低估还是高估。判断股票价格高估或低估的方法也包括两种。

第一种方法，计算股票投资的净现值。如果净现值大于零，说明该股票被低估；反之，该股票被高估。用数学公式表示：

$$NPV = V - P = \left[\sum_{t-1}^{\infty} \frac{D_t}{(1+r)^t}\right] - P \tag{9-8}$$

式（9-8）中，NPV 代表净现值；P 代表股票的市场价格。当 NPV 大于零时，可以逢低买入；当 NPV 小于零时，可以逢高卖出。

第二方法，比较贴现率与内部收益率的差异。如果贴现率大于内部收益率，证明该股票的净现值大于零，即该股票被低估；反之，当贴现率小于内部收益率时，该股票的净现值小于零，说明该股票被高估。内部收益率（internal rate of return，IRR），是当净现值等于零时的一个特殊的贴现率[①]，即：

$$NPV = V - P = \left[\sum_{t-1}^{\infty} \frac{D_t}{(1+IRR)^t}\right] - P - 0 \tag{9-9}$$

第二节　股票定价的股息贴现模型

一、股息贴现模型之一：零增长模型

零增长模型（zero-growth model）是股息贴现模型的一种特殊形式，

---

① 有时，可能存在几个使净现值等于零的贴现率，即内部收益率的数口大于1。

它假定股息是固定不变的，换言之，股息的增长率等于零。零增长模型不仅可以用于普通股的价值分析，而且适用于统一公债和优先股的价值分析。股息不变的数学表达式为：

$$D_0 = D_1 = D_2 = \cdots = D_\infty，或者，g_t = 0。$$

将股息不变的条件代入式（9-2），得到：

$$V = \sum_{t=1}^{\infty} \frac{D_t}{(1+r)^t} = D_0 \Big[\sum_{t=1}^{\infty} \frac{1}{(1+r)^t} \Big]$$

当 r 大于零时，$1/(1+r)$ 小于1，可以将上式简化为：

$$V = \frac{D_0}{r} \qquad\qquad (9-10)$$

例如，假定投资者预期某公司支付的股息将永久性地固定为1.15美元/每股，并且贴现率定为13.4%，那么，该公司股票的内在价值等于8.58美元，计算过程如下：

$$V = \frac{1.15}{1+1.134} + \frac{1.15}{(1+1.134)^2} + \frac{1.15}{(1+1.134)^3} + \cdots + \frac{1.15}{(1+1.134)^n}$$

$$= \frac{1.15}{1+0.134} = 8.58（美元）$$

如果该公司股票当前的市场价格等于10.58美元，说明它的净现值等于负的2美元。由于其净现值小于零，所以该公司的股票被高估了2美元。如果投资者认为其持有的该公司股票处于高估的价位，他们可能抛售该公司的股票。相应地，可以使用内部收益率的方法，进行判断。将式（9-10）代入式（9-9），可以得到：

$$NPV - D - P = \frac{D_0}{r} - P = 0，或者，IRR = \frac{D_0}{r}$$

所以，该公司股票的内部收益率等于0.109%（1.15/10.58）。由于它小于贴现率13.4%，所以该公司的股票是被高估的。

二、股息贴现模型之二：不变增长模型

不变增长模型（constant-growth model）是股息贴现模型的第二种特殊形式。

不变增长模型有三个假定条件：

（1）股息的支付在时间上是永久性的，即式（9-2）中的 t 趋向于无穷大（$t \to \infty$）；

（2）股息的增长速度是一个常数，即式（9-7）中的 g_t 等于常数 $(g_t = g)$；

（3）模型中的贴现率大于股息增长率，即式（9-2）中的 r 大于 g $(r > g)$。

根据上述3个假定条件，可以将式（9-2）改写为：

$$V = \frac{D_1}{1+r} + \frac{D_2}{(1+r)^2} + \frac{D_3}{(1+r)^3} + \cdots + \sum_{t-1}^{\infty} \frac{D_t}{(1+r)^t}$$

$$= \frac{D_0(1+g)}{(1+r)} + \frac{D_0(1+g)^2}{(1+r)^2} + \cdots + \frac{D_0(1+g)^{\infty}}{(1+r)^{\infty}}$$

$$= D_0 \left[\left(\frac{1+g}{1+r} \right) + \left(\frac{1+g}{1+r} \right)^2 + \cdots + \left(\frac{1+g}{1+r} \right)^{\infty} \right]$$

$$= D_0 \left[\frac{(1+g)/(1+r) - [(1+g)/(1+r)]^{\infty}}{1 - [(1+g)/(1+r)]} \right]$$

$$= \frac{D_0(1+g)}{r-g} = \frac{D_1}{r-g} \qquad (9-11)$$

式（9-11）是不变增长模型的函数表达形式，其中的 D_0、D_1 分别是初期和第一期支付的股息。当式（9-11）中的股息增长率等于零时，不变增长模型就变成了零增长模型。所以，零增长模型是不变增长模型的一种特殊形式。

例如，某公司股票初期的股息为 1.8 美元/每股，经预测该公司股票未来的股息增长率将永久性地保持在 5% 的水平，假定贴现率为 11%。那么，该公司股票的内在价值应该等于 31.50 美元。

$$V = \frac{1.8(1+0.05)}{(0.11-0.05)} = \frac{1.89}{(0.11-0.05)} = 31.5 \text{（美元）}$$

如果该公司股票当前的市场价格等于 40 美元，则该股票的净现值等于负的 8.50 美元，说明该股票处于被高估的价位。投资者可以考虑抛出所持有的该公司股票，利用内部收益率的方法同样可以进行判断，并得出完全一致的结论。首先将式（9-11）代入式（9-9），得到 $NPV = V - P = \frac{D_0(1+g)}{r-g} - P = 0$，推出内部收益率（$IRR$）$= \frac{D_1}{P} + g$。将有关数据代入，可以算出当该公司股票价格等于 40 美元时的内部收益率为 9.72%。因为，该内部收益率小于贴现率（11%），所以，该公司股票是被高估的。

三、股息贴现模型之三：三阶段增长模型

（一）三阶段增长模型

三阶段增长模型（three – stage – growth model）是股息贴现模型的第三种特殊形式。最早是由莫洛斯基（N. Molodovsky）提出，现在仍然被许多投资银行广泛使用。三阶段增长模型将股息的增长分成了三个不同的阶段：在第一个阶段（期限为 A），股息的增长率为一个常数（g_a）；第二个阶段（期限为 $A+1$ 到 B）是股息增长的转折期，股息增长率以线性的方式从 g_a 变化为 g_n，g_n 是第三阶段的股息增长率。如果，$g_a > g_n$，则在转折期内表现为递减的股息增长率；反之，表现为递增的股息增长率；第三阶段（期限为 B 之后，一直到永远），股息的增长率也是一个常数（g_n），该增长率是公司长期的正常的增长率。股息增长的三个阶段，可以用图 9 – 1 表示。

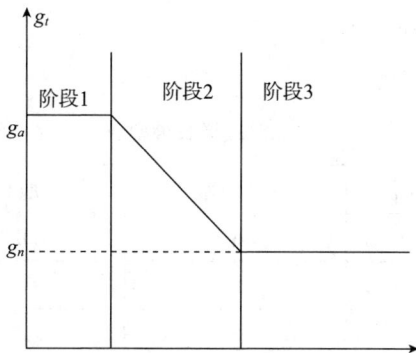

图 9 – 1　三阶段股总增长模型

在图 9 – 1 中，在转折期内任何时点上的股息增长率 g_t 可以用式（9 – 12）表示。例如，当 t 等于 A 时，股息增长率等于第一阶段的常数增长率；当 t 等于 B 时，股息增长率等于第二阶段的常数增长率。

$$g_t = g_a - (g_a - g_n) \frac{(t - A)}{(B - A)}, \ g_a > g_n \qquad (9 - 12)$$

在满足三个阶段增长模型的假定条件下，如果已知 g_a、g_n、A、B 和初期的股息水平 D_0，就可以根据式（9 – 12）计算出所有各期的股息；然后，根据贴现率，计算股票的内在价值。三阶段增长模型的计算公

式为：

$$V = D_0 \sum_{t=1}^{A} \left(\frac{1+g_a}{1+r} \right)^t + \sum_{t=A-B}^{B} \left[\frac{D_{t-1}(1+g_t)}{(1+r)^t} \right] + \frac{D_B(1+g_n)}{(1+r)^B(r-g_n)}$$

$$(9-13)$$

式（9-13）中的三项分别对应于股息的三个增长阶段。

假定某股票初期支付的股息为 1 美元/每股；在今后两年的股息增长率为 6%；股息增长率从第 3 年开始递减；从第 6 年开始每年保持 3% 的增长速度。另外，贴现率为 8%。所以，$A=2$，$B=5$，$g_a=6\%$，$g_n=3\%$，$r=8\%$，$D_0=1$。代入式（9-12），得到：

$$g_3 = 0.06 - (0.06 - 0.03) \frac{(3-2)}{(5-2)} = 5\%$$

$$g_4 = 0.06 - (0.06 - 0.03) \frac{(4-2)}{(5-2)} = 4\%$$

$$g_5 = 0.06 - (0.06 - 0.03) \frac{(5-2)}{(5-2)} = 3\%$$

将上述数据整理，列入表 9-1。

表 9-1   三阶段增长模型

阶段	年份	股息增长率,%	股息，美元/每股
第 1 阶段	1	6	$1.000 \times 1.06 = 1.06$
	2	6	$1.060 \times 1.06 = 1.124$
第 2 阶段	3	5	$1.124 \times 1.05 = 1.180$
	4	4	$1.180 \times 1.04 = 1.227$
	5	3	$1.227 \times 1.03 = 1.264$
第 3 阶段	6	3	$1.264 \times 1.03 = 1.302$

将表 9-1 中的数据代入式（9-13），可以算出该股票的内在价值等于 22.36 美元，即：

$$V = 1 \times \sum_{t=1}^{2} \left(\frac{1+0.06}{1+0.08} \right)^t + \sum_{t=3}^{5} \left[\frac{D_2(1+g_t)}{(1+0.08)^t} \right]$$

$$+ \frac{D_5(1+0.03)}{(1+0.08)^5(0.08-0.03)} = 22.36(美元)$$

如果该公司股票当前的市场价格等于 20 美元，则根据净现值的判断原则，可以证明该股票的价格被低估了。与零增长模型和不变增长模型不同，在三阶段增长模型中，很难运用内部收益率的指标判断股票的低估或高估。这是因为，根据式（9－13），在已知当前市场价格的条件下，无法直接解出内部收益率。此外，式（9－13）中的第二部分，即转折期内的现金流贴现计算也比较复杂。为此，佛勒（R. J. Fuller）和夏（C. C. Hsia）1984 年在三阶段增长模型的基础上，提出了 H 模型，大大简化了现金流贴现的计算过程。

（二）H 模型

佛勒和夏的 H 模型假定：股息的初始增长率为 g_a，然后以线性的方式递减或递增；从 $2H$ 期后，股息增长率成为一个常数 g_n，即长期的正常的股息增长率；在股息递减或递增的过程中，在 H 点上的股息增长率恰好等于初始增长率 g_a 和常数增长率 g_n 的平均数。当 g_a 大于 g_n 时，在 $2H$ 点之前的股息增长率为递减，见图 9－2。

在图 9－2 中，当 $t = H$ 时，$g_H = \dfrac{1}{2}(g_a + g_n)$。在满足上述假定条件情况下，佛勒和夏证明了 H 模型的股票内在价值的计算公式为：

$$V = \frac{D_0}{r - g_a}[(1 + g_n) + H(g_a - g_n)] \qquad (9-14)$$

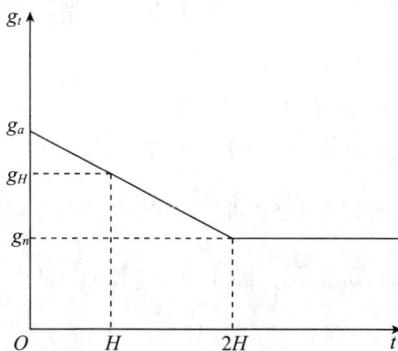

图 9－2　H 模型

图 9－3 形象地反映了 H 模型与三阶段增长模型的关系。

与三阶段增长模型的公式（9－13）相比，H 模型的公式（9－14）

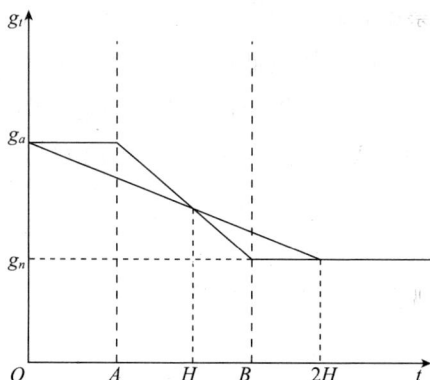

图 9 - 3   H 模型与三阶段增长模型的关系

有以下几个特点：

（1）在考虑了股息增长率变动的情况下，大大简化了计算过程；

（2）在已知股票当前市场价格 P 的条件下，可以直接计算内部收益率，如：

$$NPV = V - P = \frac{D_0}{rg_n}[(1+g_n) + H(g_a - g_n)] - P = 0$$

可以推出， $IRP = \frac{D_0}{P}[(1+g_n) + H(g_a - g_n)] - g_n$ （9 - 15）

（3）在假定 H 位于三阶段增长模型转折期的中点（换言之，H 位于股息增长率从 g_a 变化到 g_n 的时间的中点）的情况下，H 模型与三阶段增长模型的结论非常接近。

沿用三阶段增长模型的例子，已知：

$$D_0 = 1, \ g_a = 6\%, \ A = 2, \ B = 5, \ g_n = 3\%, \ r = 8\%$$

假定 $H = \frac{1}{2}(2 + 5) = 3.5$，那么，代入式（9 - 14），可以得出该股票的内在价值等于 22.70 美元，即 $V = -[1.03 + 3.5(0.06 - 0.03)] = 22.70$（美元）

（4）当 g_a 等于 g_n 时，式（9 - 14）等于式（9 - 11），所以，不变股息增长模型也是 H 模型的一个特例：

（5）如果将式（9 - 14）改写为：

$$V = \frac{D_0(1+g_n)}{r - g_n} + \frac{D_0 H(g_a - g_n)}{r - g_n}$$ （9 - 16）

可以发现，股票的内在价值由两部分组成：式（9-16）的第一项是根据长期的正常的股息增长率决定的现金流贴现价值；第二项由超常收益率 g_a 决定的现金流贴现价值，并且这部分价值与 H 成正比例关系。

四、股息贴现模型之四：多元增长模型

第一、第二和第三部分的模型都是股息贴现模型的特殊形式。本部分简要列出股息贴现模型的最一般的形式——多元增长模型（multiple - growth model）供参考。多元增长模型假定在某一时点 T 之后股息增长率为一常数 g，但是在这之前股息增长率是可变的。多元增长模型的内在价值计算公式为：

$$V = \sum_{t=1}^{r} \frac{D_t}{(1+r)^t} + \frac{D_{r-1}}{(r-g)(1+r)^r} \qquad (9-17)$$

第三节　股票定价的市盈率模型之一：不变增长模型

与股息贴现模型相比，市盈率模型的历史更为悠久。市盈率模型仍然是一种被广泛使用的股票价格分析方法。市盈率模型同样可以分成零增长模型，不变增长模型和多元增长模型等类型。本节以不变增长模型的市盈率模型为例，重点分析市盈率是由哪些因素决定的。

不变增长的市盈率模型的一股表达式

$$\frac{P}{E} = \frac{b}{r-g} \qquad (9-18)$$

从式（9-18）中可以发现，市盈率（P/E）取决于三个变量：派息比率（payout ratio）、贴现率和股息增长率。市盈率与股票的派息比率、股息增长率成正比，与贴现率成反比。派息比率、贴现率和股息增长率还只是第一个层次的市盈率决定因素。下面将分别讨论贴现率和股息增长率的决定因素，即第二层次的市盈率决定因素。

一、股息增长率的决定因素分析

为简单起见，做以下三个假定条件：（1）派息比率固定不变，恒等

于 b；（2）股东权益收益率（return on equity，ROE）固定不变，即 ROE 等于一个常数；（3）没有外部融资。

根据股息增长率的定义，$g = \dfrac{D_1 - D_0}{D_0}$，而股息、每股收益与派息比率之间的关系表现为：$D_1 = bE_1$，$D_0 - bE_0$，所以：

$$g = \frac{D_1 - D_0}{D_0} = \frac{b\,(E_1 - E_0)}{b\,(E_0)} = \frac{E_1 - E_0}{E_0} \qquad (9-19)$$

根据股东权益收益率的定义，$ROE_1 = \dfrac{E_1}{BV_0}$，$ROE_0 = \dfrac{E_0}{BV_{-1}}$，代入式（9-19），得到：

$$g = \frac{E_1 - E_0}{E_0} = \frac{ROE\,(BV_0 - BV_{-1})}{ROE\,(BV_{-1})} = \frac{BV_0 - BV_{-1}}{BV_{-1}} \qquad (9-20)$$

其中，BV_t 表示第 t 年末每股股东权益的账面价值。

由于没有外部融资，所以账面价值的变动（$BV_0 - BV_{-1}$）应该等于每股收益扣除支付股息后的余额，即 $E_0 - D_0 = E_0\,(1-b)$，代入式（9-19），得到：

$$g = \frac{BV_0 - BV_{-1}}{BV_{-1}} = \frac{E_0\,(1-b)}{BV_{-1}} = ROE\,(1-b) \qquad (9-21)$$

式（9-21）说明股息增长率 g 与股东权益收益率 ROE 成正比，与派息比率 b 成反比。那么，股东权益收益率 ROE 又由哪些因素决定呢？ROE 可以有两种计算方式：

$$ROE = \frac{E}{BV} \text{和} ROE = \frac{EAT}{EQ} \qquad (9-22)$$

其中，前者是以每股的（税后）收益除以每股的股东权益账面价值，后者是以公司总的税后收益（EAT）除以公司总的股东权益账面价值（EQ）。所以，这两种计算方式的结论应该是一样的。我们把股东权益收益率 ROE 的第二种公式略作调整，可以得到以下变化形式：

$$ROE = \frac{EAT}{EQ} = \frac{EAT}{A} \times \frac{A}{EQ} \qquad (9-23)$$

其中 A 代表公司的总资产。根据定义，式（9-23）等号右侧的第一项（EAT/A）等于公司总的税后收益与公司的总资产的比率，即资产收益率（return on assets，ROA）；第二项（A/EQ）是公司的总资产与公司总的股东权益账面价值的比率，即杠杆比率或权益比率（leverage ratio，

L)。所以，股东权益收益率取决于资产收益和权益比率二者的乘积，用数学形式表达：

$$ROE = \frac{EAT}{A} \times \frac{A}{EQ} = ROA \times L \qquad (9-24)$$

式（9-24）又被称为杜邦公式（dupont formula）。同样道理，可将净资产收益率 ROA 进一步分解为税后利润率（after—tax profit margin，PM）与总资产周转率（asset turnover ratio，ATO）的乘积，即：

$$ROA = \frac{EAT}{A} = \frac{EAT}{S} \times \frac{S}{A} = MP \times ATO \qquad (9-25)$$

其中，S 代表公司销售额。现在，将式（9-25）代入式（9-24），将式（9-24）代入式（9-21），得到了经分解后的股息增长率的决定公式（9-26）。该式反映了股息增长率与公司的税后利润率、总资产周转率和权益比率成正比，与派息比率成反比。

$$g = ROE\,(1-b) = ROA \times L\,(1-b) = MP \times ATO \times L \times (1-b)$$

$$(9-26)$$

二、贴现率的决定因素分析

资产定价模型中，证券市场线的函数表达式为：$r_i = r_f + \beta_i\,(r_m - r_f)$ 其中，$\overline{r_i}$ 是投资第 i 种证券期望的收益率，即贴现率 r；r_f 和 r_m 分别是无风险资产的收益率和市场组合的预期收益率；β_i 是第 i 种证券的贝塔系数，反映了该种证券的系统性风险的大小。所以，贴现率取决于无风险资产的收益率，市场组合的平均收益率和证券的贝塔系数等三个变量，并且与无风险资产的收益率和市场组合的平均收益率成正比，与证券自身的贝塔系数成反比。那么，贝塔系数又是出什么因素决定的呢？哈马达（R. Hamada）1972 年从理论上证明了贝塔系数是证券所属公司的杠杆比率或权益比率的增函数，并在之后的实证检验中得到了验证。哈马达认为，在其他条件不变的情况下，公司的负债率与其贝塔系数成正比；而公司增发股票，将降低其杠杆比率，从而降低其贝塔系数。我们把杠杆比率之外影响贝塔系数的其他因素，用变量 δ 表示。所以，可以将证券市场线的表达式改写为：

$r_i = r_f + (r_m - r_f)\,\beta_i$，其中，$\beta_i = f\,(L,\ \delta)$。

三、市盈率模型的一般形式

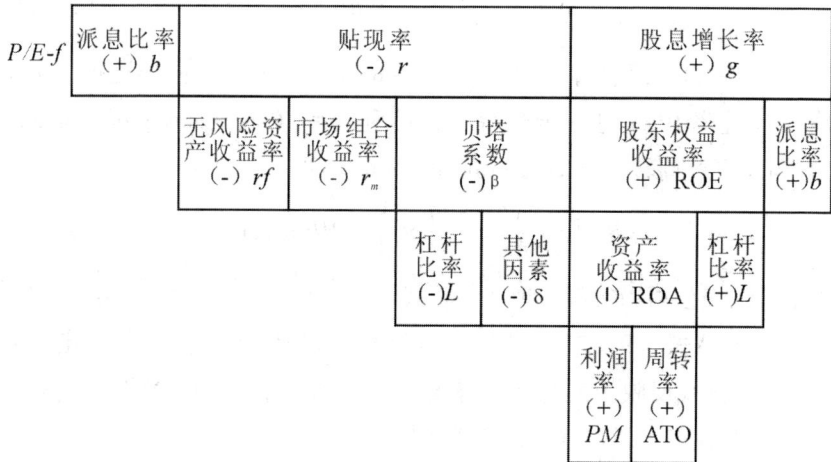

$P/E\text{-}f$	派息比率 (+) b	贴现率 (-) r			股息增长率 (+) g	
		无风险资产收益率 (-) rf	市场组合收益率 (-) r_m	贝塔系数 (-) β	股东权益收益率 (+) ROE	派息比率 (+) b
				杠杆比率 (-) L ／ 其他因素 (-) δ	资产收益率 (I) ROA	杠杆比率 (+) L
					利润率 (+) PM ／ 周转率 (+) ATO	

图 9-4　市盈率的决定因素

在具体分析了影响股息增长率和现率的因素之后，图 9-4 汇总了市盈率决定的各种因素。其中，括号内的正或负表示相应的变量与市盈率是正相关或负相关。在图 9-4 中的第一层，市盈率的大小取决于派息比率、贴现率和股息增长率；在第二层，市盈率取决于派息比率、无风险资产收益率、市场组合收益率、贝塔系数和股东权益收益率等变量；在第三层，市盈率取决于派息比率、无风险资产收益率、市场组合收益率、杠杆比率、影响贝塔系数的其他因素、资产收益率等变量；在第四层，市盈取决于派息比率、无风险资产收益率、市场组合收益率、杠杆比率、影响贝塔系数的其他变量、税后净利润率、总资产周转比率等变量。在影响市盈率的上述变量中，除了派息比率和杠杆比率之外，其他变量对市盈率的影响都是单向的，即无风险资产收益率、市场组合收益率、贝塔系数、贴现率以及影响贝塔系数的其他变量，与市盈率之间的关系是负相关的；而股息增长率、股东权益收益率、净资产收益率、税后利润率和总资产周转率，与市盈率之间的关系都是正相关的。下面分别分析杠杆比率和派息比率与市盈率的关系。

首先，派息比率与市盈率之间的关系是不确定的。将式（9-26）

代入式（9-19），得到：

$$\frac{P}{E}=\frac{b}{r-g}=\frac{b}{r-ROE\ (1-b)}=\frac{b}{r-ROA\times L\times\ (1-b)}$$

$$=\frac{b}{r-MP\times ATO\times L\times\ (1-b)} \qquad (9-27)$$

很明显，派息比率同时出现在市盈率决定公式的分子和分母之中。在分子中，派息比率越高，市盈率越高；但是，在分母中，派息比率越高，市盈率越低。这是因为当派息比率高时，当前的股息支付水平也就比较高，所以市盈率较高；然而，当派息比率高时，股息增长率就会降低（如式（9-19）、式（9-26）），所以市盈率较低。

其次，杠杆比率与市盈率之间的关系也是不确定的。在式（9-27）的分母中，减数和被减数中都含有杠杆比率项。在被减数（贴现率）中，当杠杆比率上升时，股票的贝塔系数上升，所以，贴现率也将上升，而市盈率却将下降；在减数中，杠杆比率将资产收益率成正比，所以，当杠杆比率上升时，减数加大，从而导致市盈率上升。

本 章 小 结

本章首先介绍了收入资本化法在普通股价值分析中的运用，主要分析了股息贴现模型及利用其指导证券投资。其次介绍了股票定价的两种主要理论，其一是股票定价的股息贴现模型，包括零增长模型、不变增长模型、三阶段增长模型、多元增长模型。股票定价的另一种重要模型是市盈率模型，其中分析了不变增长模型的情况。

习 题

1. 普通股价值分析中是如何运用收入资本化方法的？
2. 如何利用股息贴现模型指导证券投资？
3. 贴现率和内部收益率有何差异？
4. 股息贴现模型中的零增长模型的公式是什么？
5. 戈登模型的假定条件是什么？
6. 股息贴现模型中的三阶段模型的一般形式是什么？

7. 简述不变增长的市盈率模型的那个 P/E 主要取决于哪几个变量?

8. 股息增长率的决定性因素分析包括哪些主要内容?

9. 贴现率主要取决于哪些方面?

10. 市盈率的决定因素主要有哪些方面?

第十章

远期和期货定价

第一节　远期价格和期货价格的关系

一、远期合约和期货合约的异同点

远期合约和期货合约都是交易双方约定在未来某一特定时间、以某一特定价格、买卖某一特定数量和质量资产的交易形式。

期货合约是期货交易所制定的标准化合约，对合约到期日及其买卖的资产的种类、数量、质量作出了统一规定。

远期合约是根据买卖双方的特殊需求由买卖双方自行签订的合约。因此，期货交易流动性较高，远期交易流动性较低。

期货合约与远期合约虽然都是在交易时约定在将来某一时间按约定的条件买卖一定数量的某种标的物的合约，但他们存在诸多区别，主要有：

（一）标准化程度不同

远期合约遵循契约自由原则，合约中的相关条件如标的物的质量、数量、交割地点和交割时间都是依据双方的需要确定的；期货合约则是标准化的，期货交易所为各种标的物的期货合约制定了标准化的数量、质量、交割地点、交割时间、交割方式、合约规模等条款。

（二）交易场所不同

远期合约没有固定的场所，交易双方各自寻找合适的对象；期货合约则在交易所内交易，一般不允许场外交易。

（三）违约风险不同

远期合约的履行仅以签约双方的信誉为担保，一旦一方无力或不愿履约时，另一方就得蒙受损失；期货合约的履行则由交易所或清算公司提供担保。

二、远期价格和期货价格

（一）基本的假设

（1）没有交易费用和税收。

（2）市场参与者能以相同的无风险利率借入和贷出资金。

（3）远期合约没有违约风险。

（4）允许现货卖空行为。

（5）当套利机会出现时，市场参与者将参与套利活动，从而使套利机会消失，我们算出的理论价格就是在没有套利机会下的均衡价格。

（6）期货合约的保证金账户支付同样的无风险利率。这意味着任何人均可不花成本地取得远期和期货的多头和空头地位。

（二）两者关系

根据罗斯等美国著名经济学家证明，当无风险利率恒定，且对所有到期日都不变时，交割日相同的远期价格和期货价格应相等。

但是，当利率变化无法预测时，远期价格和期货价格就不相等。至于两者谁高则取决于标的资产价格与利率的相关性。当标的资产价格与利率呈正相关时，期货价格高于远期价格。

这是因为当标的资产价格上升时，期货价格通常也会随之升高，期货合约的多头将因每日结算制而立即获利，并可按高于平均利率的利率将所获利润进行再投资。而当标的资产价格下跌时，期货合约的多头将因每日结算制而立即亏损，而他可按低于平均利润的利率从市场上融资以补充保证金。相比之下，远期合约的多头将不会因利率的变动而受到上述影响。因此，在这种情况下，期货多头比远期多头更具吸引力，期货价格自然就大于远期价格。相反，当标的资产价格与利率呈负相关性时，远期价格就会高于期货价格。远期价格和期货价格的差异还取决于合约有效期的长短。当有效期只有几个月时，两者的差距通常都很小。此外，税收、交易费用、保证金的处理方式、违约风险、流动性等方面的因素或者差异都会导致远期价格和期货价格的背离。

（1）如果即期价格低于远期价格，市场状况被描述为正向市场或溢价。

（2）如果即期价格高于远期价格，市场状况被描述为反向市场或差价。

在现实生活中，大多数情况下，我们仍可以合理地假定远期价格与期货价格相等，并都用 F 来表示。

第二节　远期、期货合约的定价

原则上，计算远期价格是用交易时的即期价格加上持有成本（carrycost）。根据商品的情况，持有成本要考虑的因素包括仓储、保险和运输等等。远期价格 = 即期或现金价格 + 持有成本。

一、无收益资产远期合约的定价

（一）无套利定价法

无套利定价法的基本思路为：构建两种投资组合，让其终值相等，则其现值一定相等；否则就可以进行套利，即卖出现值较高的投资组合，买入现值较低的投资组合，并持有到期末，套利者就可赚取无风险收益。众多套利者这样做的结果，将使较高现值的投资组合价格下降，而较低现值的投资组合价格上升，直至套利机会消失，此时两种组合的现值相等。这样，我们就可根据两种组合现值相等的关系求出远期价格。

为给无收益资产的远期定价，构建如下两种组合：

组合 A：一份远期合约多头加上一笔数额为 $Ke^{-r(T-t)}$ 的现金；组合 B：一单位标的资产。

在组合 A 中，$Ke^{-r(T-t)}$ 的现金以无风险利率投资，投资期为 $(T-t)$。到 T 时刻，其金额将达到 K。这是因为：$Ke^{-r(T-t)}e^{r(T-t)}=K$

在远期合约到期时，这笔现金刚好可用来交割换来一单位标的资产。这样，在 T 时刻，两种组合都等于一单位标的资产。由此我们可以断定，这两种组合在 t 时刻的价值相等。即：

$$f + Ke^{-r(T-t)} = S$$

$$f = S - Ke^{-r(T-t)} \qquad (10-1)$$

式（10-1）表明，无收益资产远期合约多头的价值等于标的资产现货价格与交割价格现值的差额。或者说，一单位无收益资产远期合约多头可由一单位标的资产多头和 $Ke^{-r(T-t)}$ 单位无风险负债组成。

（二）现货—远期平价定理

由于远期价格（F）就是使合约价值（f）为零的交割价格（K），即当 $f = 0$ 时，$K = F$。据此可以令（10-1）式中 $f = 0$，则

$$F = Se^{r(T-t)} \qquad (10-2)$$

这就是无收益资产的现货—远期平价定理，或称现货期货平价定理。式（10-2）表明，对于无收益资产而言，远期价格等于其标的资产现货价格的终值。

可用反证法证明式（10-2）不成立时的情形是不均衡的。

假设 $F > Se^{r(T-t)}$，则套利者可以按无风险利率 r 借入 S 现金，期限为 $T-t$。然后用 S 购买一单位标的资产，同时卖出一份该资产的远期合约，交割价格为 F。在 T 时刻，该套利者就可将一单位标的资产用于交割换来 F 现金，并归还借款本息 $Se^{r(T-t)}$，这就实现了 $F - Se^{r(T-t)}$ 的无风险利润。

若 $F < Se^{r(T-t)}$，则套利者就可进行反向操作，即卖空标的资产，将所得收入以无风险利率进行投资，期限为 $T-t$，同时买进一份该标的资产的远期合约，交割价为 F。在 T 时刻，套利者收到投资本息 $Se^{r(T-t)}$，并以 F 现金购买一单位标的资产，用于归还卖空时借入的标的资产，从而实现 $Se^{r(T-t)} - F$ 的利润。

（三）远期价格的期限结构

远期价格的期限结构描述的是不同期限远期价格之间的关系。设 F 为在 T 时刻交割的远期价格，F^* 为在 T^* 时刻交割的远期价格，r 为 T 时刻到期的无风险利率，r^* 为 T^* 时刻到期的无风险利率，为 T 到 T^* 时刻的无风险远期利率。则不同期限远期价格之间的关系：

$$F^* = Fe^{\hat{r}(T^*-T)} \qquad (10-3)$$

读者可以运用相同的方法，推导出支付已知现金收益资产和支付已知红利率资产的不同期限远期价格之间的关系。

二、支付已知现金收益资产远期合约的定价

（一）支付已知现金收益资产远期合约定价的一般方法

为了给支付已知现金收益资产的远期定价，可构建如下两个组合：

组合 A：一份远期合约多头加上一笔数额为 $Ke^{-r(T-t)}$ 的现金；

组合 B：一单位标的证券加上利率为无风险利率、期限为从现在到现金收益派发日、本金为 I 的负债。

组合 A 和组织 B 在 T 时刻的价值都等于一单位标的证券。因此，在 T 时刻，这两个组合的价值应相等，即：

$$f + Ke^{-r(T-t)} = S - I \tag{10-4}$$

$$f = S - I - Ke^{-r(T-t)} \tag{10-5}$$

公式（10-5）表明，支付已知现金收益资产的远期合约多头价值等于标的证券现货价格扣除现金收益现值后的余额与交割价格现值之差。或者说，一单位支付已知现金收益资产的远期合约多头可由一单位标的资产和 $I + Ke^{-r(T-t)}$ 单位无风险负债构成。

我们同样可以用反证法来证明公式（10-5）。

假设 $F > (S-I)e^{r(T-t)}$，则套利者可借入现金 S，买入标的资产，并卖出一份远期合约，交割价为 F。这样在 T 时刻，他需要还本付息 $Se^{r(T-t)}$，同时他将在 $T-t$ 期间从标的资产获得的现金收益以无风险利率贷出，从而在 T 时刻得到 $Ie^{r(T-t)}$ 的本利收入。此外，他还可将标的资产用于交割，得到现金收入 F。这样，他在 T 时刻可实现无风险利润 $F-(S-I)e^{r(T-t)}$。

假设 $F < (S-I)e^{r(T-t)}$，则套利者可以借入标的资产卖掉，得到现金收入以无风险利率贷出，同时买入一份交割价为 F 的远期合约。在 T 时刻，套利者可得到贷款本息收入 $Se^{r(T-t)}$，同时付出现金 F 换得一单位标的证券，用于归还标的证券的原所有者，并把该标的证券在 $T-t$ 期间的现金收益的终值 $Ie^{r(T-t)}$ 同时归还原所有者。这样，该套利者在 T 时刻可实现无风险利润 $(S-T)e^{r(T-t)}-F$。

可见当公式（10-5）不成立时，市场就会出现套利机会，套利者的套利行为将促成公式（10-5）成立。

（二）中长期国债期货的定价

1. 长期国债现货和期货的报价与现金价格的关系

现金价格与报价的关系为：

$$现金价格 = 报价 + 上一个付息日以来的累计利息 \quad （10-6）$$

例如，假设现在是 1999 年 11 月 5 日，2000 年 8 月 15 日到期，息票利率为 12% 的长期国债的报价为 94~28 美元（即 94.875）。由于美国政府债券均为半年付一次利息，从到期日可以判断，上次付息日是 1999 年 8 月 15 日，下一次付息日是 2000 年 2 月 15 日。由于 1999 年 8 月 15 到 11 月 5 日的天数为 82 天，1999 年 11 月 5 日到 2000 年 2 月 15 日的天数为 102 天，因此累计利息等于：6 美元 × 82 ÷ 184 = 2.674（美元）

该国债的现金价格为：94.875 + 2.674 = 97.549（美元）

2. 交割券与标准券的转换因子

芝加哥交易所规定交割的标准券为期限 15 年、息票率为 8% 的国债，其他券种均得按一定的比例折算成标准券。这个比例称为转换因子。

转换因子等于面值为 100 美元的各债券的现金流按 8% 的年利率（每半年计复利一次）贴现到交割月第一天的价值，再扣掉该债券累计利息后的余额。在计算转换因子时，债券的剩余期限只取 3 个月的整数倍，多余的月份舍掉。如果取整数后，债券的剩余期限为半年的倍数，就假定下一次付息是在 6 个月之后，否则就假定在 3 个月后付息，并从贴现值中扣掉累计利息，以免重复计算。

算出转换因子后，我们就可算出空方交割 100 美元面值的债券应收到的现金：

$$空方收到的现金 = 期货报价 × 交割债券的转换因子 + 交割债券的累计利息$$

$$（10-7）$$

例如，某长期国债息票利率为 14%，剩余期限还有 2018 年 4 个月。标准券期货的报价为 90—00，求空方用该债券交割应收到的现金。

首先，我们应计算转换因子。根据有关规则，假定该债券距到期日还有 2018 年 3 个月。这样我们可以把将来息票和本金支付的所有现金流先贴现到距今 3 个月后的时点上，此时债券的价值为：

由于转换因子等于该债券的现值减累计利息。因此，我们还要把 163.73 美元贴现到现在的价值。由于 3 个月的利率等于 1.9804%，因此该债券现在的价值是 163.73 ÷ 1.019804 = 160.55（美元）。

由于 3 个月累计利息等于 3.5 美元，因此转换因子为：转换因子 = 160.55 – 3.5 = 157.05（美元）

然后，我们可根据公式（10 – 7）算出空方交割 10 万美元面值该债券应收到的现金为：1000 ×[（90.00 ×1.5705）+ 3.5] = 144845（美元）

3. 确定交割最合算的债券

交割最合算债券就是购买交割券的成本与空方收到的现金之差最小的那个债券。

交割差距 = 债券报价 + 累计利息 – [（期货报价×转换因子）+ 累计利息]

= 债券报价 – （期货报价×转换因子）　　　　　　（10 – 8）

例如，假设可供空头选择用于交割的三种国债的报价和转换因子如表 10 – 1 所示，而期货报价为 93.50 美元。请确定交割最合算的债券。

表 10 – 1

国债	报价	转换因子
1	144.50	1.5186
2	120.00	1.2614
3	99.80	1.0380

根据以上数据，我们可以求出各种国债的交割差距为：

国债 1：　　144.50 – （93.50 ×1.5186）= 2.5109（美元）

国债 2：　　120.00 – （93.50 ×1.2614）= 2.0591（美元）

国债 3：　　99.80 – （93.50 ×1.0380）= 2.7470（美元）

由此可见，交割最合算的国债是国债 2。

4. 国债期货价格的确定

国债期货的空方拥有交割时间选择权和交割券种选择权，如果我们假定交割最合算的国债和交割日期是已知的，则可通过以下四个步骤来确定国债期货价格：

（1）根据交割最合算的国债的报价，运用式（10 – 6）算出该交割券的现金价格。

（2）运用公式（10 – 5），根据交割券的现金价格算出交割券期货理论上的现金价格。

（3）运用公式（10－6）根据交割券期货的现金价格算出交割券期货的理论报价。

（4）将交割券期货的理论报价除以转换因子即为标准券期货理论报价，也是标准券期货理论的现金价格。

例如，假定我们已知某一国债期货合约最合算的交割券是息票利率为14%，转换因子为1.3650的国债，其现货报价为118美元，该国债期货的交割日为270天后。该交割券上一次付息是在60天前，下一次付息是在122天后，再下一次付息是在305天后，市场任何期限的无风险利率均为年利率10%（连续复利）。请根据上述条件求出国债期货的理论价格。

首先，我们可以运用公式（10－6）求出交割券的现金价格为：

$$118 + （60/182）\times 7 = 120.308（美元）$$

其次，我们要算出期货有效期内交割券支付利息的现值。由于期货有效期内只有一次付息，是在122天（0.3342年）后支付7美元的利息，因此利息的现值为：$7e^{-0.3342 \times 0.1} = 6.770$（美元）

再次，由于该期货合约有效期还有270天（即0.7397年）我们可以运用（10－5）算出交割券期货理论上的现金价格为：（120.308 － 6.770）$\times e^{0.7397 \times 0.1} = 122.255$（美元）

再次，我们要算出交割券期货的理论报价。由于交割时，交割券还有148天（即270－122天）的累计利息，而该次付息期总天数为183天（即305天－122天）运用公式（10－6），我们可求出交割券期货的理论报价为：

$$122.255 - 7 \times \frac{148}{183} = 116.594（美元）$$

最后，我们可以求出标准券的期货报价：

$$\frac{116.594}{1.3650} = 85.417（美元）$$

三、支付已知收益率资产远期合约的定价

为了给出支付已知收益率资产的远期定价，可构建如下两个组合：

组合A：一份远期合约多头加上一笔数额为$Ke^{-r(T-t)}$的现金；

组合B：$e^{-q(T-t)}$单位证券并且所有收入都再投资于该证券，其中q

为该资产按连续复利计算的已知收益率。

组合 A 和 B 在 T 时刻的价值都等于一单位标的证券。因此在 T 时刻两者的价值也应相等，即：

$$f + Ke^{-y(T-t)} = Se^{-q(T-t)}$$

$$f = Se^{-q(T-t)} - Ke^{-y(T-t)} \qquad (10-9)$$

公式（10-9）表明，支付已知红利率资产的远期合约多头价值等于 $e^{-q(T-t)}$ 单位证券的现值与交割价现值之差。或者说，一单位支付已知红利率资产的远期合约多头可由 $e^{-q(T-t)}$ 单位标的资产和 $Ke^{-r(T-t)}$ 单位无风险负债构成。

"现货—远期"平价公式

根据远期价格的定义，我们可根据公式（10-9）算出支付已知收益率资产的远期价格：

$$F = Se^{(y-q)(T-t)} \qquad (10-10)$$

这就是支付已知红利率资产的现货—远期平价公式。公式（10-10）表明，支付已知收益率资产的远期价格等于按无风险利率与已知收益率之差计算的现货价格在 T 时刻的终值。

例：假设 S&P500 指数现在的点数为 1000 点，该指数所含股票的红利收益率预计为每年 5%（连续复利），连续复利的无风险利率为 10%，3 个月期 S&P500 指数期货的市价为 1080 点，求该期货的合约价值和期货的理论价格。

根据公式（10-9），我们可得：

$$f = (1000e^{-0.05 \times 0.25} - 1080e^{-0.1 \times 0.25}) = -65.75$$

由于 S&P500 指数合约规模为指数乘以 500，因此一份该合约价值为 $-65.75 \times 500 = -32877$（美元）。

根据公式（10-10），我们可求出 S&P500 指数期货的理论价格：

$$F = 1000e^{(0.1-0.5) \times 0.25} = 1012.58 \text{（美元）}$$

四、外汇远期和期货的定价

外汇属于支付已知收益率的资产，其收益率是该外汇发行国连续复利的无风险利率，用 r_f 表示。我们用 S 表示以本币表示的一单位外汇的即期价格，K 表示远期合约中约定的以本币表示的一单位外汇的交割价格，即 S、K 均为用直接标价法表示的外汇的汇率。根据公式（10-9），我们可以得出外汇远期合约的价值：

$$f = Se^{-y_f(T-t)} - Ke^{-y(T-t)} \qquad (10-11)$$

根据公式（10-10）可得外汇远期和期货价格的确定公式：

$$F = Se^{(y-y_f)(T-t)} \qquad (10-12)$$

这就是著名的利率平价关系。它表明，若外汇的利率大于本国利率，则该外汇的远期和期货汇率应小于现货汇率；若外汇的利率小于本国的利率，则该外汇的远期和期货汇率应大于现货汇率。

五、远期利率协议的定价

远期利率协议多方的现金流为：

$$T \text{ 时刻：} A\text{；} \quad T^* \text{ 时刻：} \quad -Ae^{y_K(T^*-T)}$$

这些现金流的现值即为远期利率协议多头的价值：

$$f = Ae^{-y(T-t)} - Ae^{y_K(T^*-T)} \times e^{-\hat{y}(T^*-T)} \times e^{-y(T-t)}$$

$$= Ae^{-y(T-t)} \times [1 - e^{(y_K-\hat{y})(T^*-T)}] \qquad (10-13)$$

这里的远期价格就是合同利率。根据远期价格的定义，远期利率就是使远期合约价值为 0 的协议价格（r_K）。因此 $r_F = \hat{r}$ $\qquad (10-14)$

我们知道

$$\hat{r} = \frac{r^*(T^*-t) - r(T-t)}{T^*-T}$$

代入公式（10-14）得：

$$r_F = \frac{r^*(T^*-t) - r(T-t)}{T^*-T} \qquad (10-15)$$

例假设 2 年期即期年利率（连续复利，下同）为 10.5%，3 年期即期年利率为 11%，本金为 100 万美元的 2 年×3 年远期利率协议的合同利率为 11%，请问该远期利率协议的价值和理论上的合同利率等于多少？

根据公式（10-14）和公式（10-15），该合约理论上的合同利率为：

$$r_F = \hat{r} = \frac{0.11 \times 3 - 0.105 \times 2}{3-2} = 12.0\%$$

根据公式（10-13），该合约价值为：

$$F = 100 \times e^{-0.105 \times 2} \times [1 - e^{(0.11-0.12)(3-2)}] = 8065.31$$

六、远期外汇综合协议的定价

远期外汇综合协议多头的现金流为：

T 时刻：A 单位外币减 AK 本币

T^* 时刻：AK^* 本币减 A 单位外币

这些现金流的现值即为远期外汇综合协议多头的价值（f）：

$$f = Ae^{-y(T-t)}[(Se^{y-y_f)(T-t)} - K]$$
$$+ Ae^{-Y^*(T^*-t)}[K^* - Se^{(y^*-t_f^*)(T^*-t)}] \qquad (10-16)$$

七、远期汇率和远期外汇综合协议的价值

由于远期汇率就是合约价值为零的协议价格（这里为 K 和 K^*），因此 T 时刻交割的理论远期汇率（F）和 T^* 时刻交割的理论远期汇率（F^*）分别为：

$$F = Se^{(y-y_f)(T-t)} \qquad (10-17)$$
$$F^* = Se^{(y^*-y_f^*)(T^*-t)} \qquad (10-18)$$

其结论与公式（10 – 12）是一致的。将公式（10 – 17）和公式（10 – 18）代入公式（10 – 16）得：

$$f = Ae^{-y(T-t)}(F-K) + Ae^{-y^*(T^*-t)}(K^*-F^*) \qquad (10-19)$$

八、远期差价

有的远期外汇综合协议直接用远期差价规定买卖原货币时所用的汇率，我们用 W^* 表示 T 时刻到 T^* 时刻的远期差价，则 $W^* = F^* - F$。将公式（10 – 17）和公式（10 – 18）代入，可得：

$$W^* = Se^{(y-y_f)(T-t)}[e^{(\hat{y}-\hat{y}_f)(T^*-T)} - 1] \qquad (10-20)$$

用 W 表示 t 时刻到 T 时刻的远期差价，可得：

$$W = F - S \qquad (10-21)$$

例如，假设美国 2 年期即期年利率（连续复利，下同）为 8%，3 年期即期年利率为 8.5%，日本 2 年期即期利率为 6%，3 年期即期利率为 6.5%，日元对美元的即期汇率为 0.0083 美元/日元。本金 1 亿日元的 2 年×3 年远期外汇综合协议的 2 年合同远期汇率为 0.0089 美元/日元，3 年合同远期汇率为 0.0092 美元/日元，请问该合约的多头价值、理论上的远期汇率和远期差价等于多少？

根据公式（10-17），2 年期理论远期汇率（F）为：

$$W = S\left[e^{(y-y_f)(T-t)} - 1\right]$$　　　　　美元/日元

根据公式（10-18），3 年期理论远期汇率（F^*）为：

$$F = 0.0083 \times e^{(0.08-0.06)\times 2} = 0.0086$$　　　　　美元/日元

根据公式（10-20），2 年×3 年理论远期差价（W^*）为：

$$W^* = F^* - F = 0.0002$$

$$F^* = 0.0083 e^{(0.085-0.065)\times 3} = 0.0088$$　　　　　美元/日元

根据公式（10-21），2 年期理论远期差价（W）为：

$$W = F - S = 0.0086 - 0.0083 = 0.0003$$

根据公式（10-19），该远期外汇综合协议多头价值（f）为：

$$f = 1 \times e^{-0.008\times 2} \times (0.0086 - 0.0089) + 1 \times e^{-0.0085\times 3} \times (0.0092 - 0.0088) = 0.00043$$

第三节　期货价格与现货价格的关系

任一交割日现货价格与期货价格的关系可被定义为商品价格期限结构。由于它综合了市场上可获得的信息和市场参与者对未来的预期，因而为期货市场的套期保值或投机交易提供了有价值的信息，有利于对现货市场上的价格风险进行回避或者据此调整存货水平和生产率，以及为基于期货合约的衍生品工具估值。在许多期货市场上，期限结构的概念之所以重要，是因为期货合约的现货性随着市场到期时间的临近而增加。

一、商品价格期限结构静态分析

现货升水是指现货价格高于期货价格的逆向市场或倒价市场。期货升水是指远期价格、期货价格高于现货价格的正向市场或顺价市场。标准的现货升水和仓储理论往往被用来解释商品市场现货与期货价格的关系。现货升水理论集中分析套期保值地位与期货市场价格风险转移功能，而仓储理论则基于仓储成本提出了一个理论解释。更准确地说，期货价格的决定因素分别是现货价格、便利收益和仓储成本。后者包括纯仓储成本和财务成本。仓储理论分析重点落在解释持有现货的原因，以此解释商品市场上期货与现货的关系。分析期货市场与现货市场之间的套利操作可以解释引起期货和现货升水的机制。实际上，期货升水被限制为当前日与合约到期日之间的存储成本，同时也说明了在正值或负值两种情况下，基差的表现也不一样。而这种限制对于现货升水并不存在。

仓储理论构成了商品价格期限结构型推导的重要基础，事实上，它为构造模型提供了有用的结论。首先，现货和期货价格的关系界定了决定期货价格的至少三个变量：现货价格，扣除仓储成本的纯便利收益和暗含在融资成本中的利率。其次，便利收益和现货价格正相关，两者是库存水平的反函数。最后，分析现货市场合约市场的套利关系显示基差有一个非对称的行为：在期货升水中，其水平被限制到仓储成本。在现货升水中，则并非如此。进一步，在期货升水中基差是稳定的；在现货升水中，基差是变动的，因为在这种情况下，库存不能吸收价格的变动。这种非对称性对便利收益的动态有一定启示。仓储理论研究的一个重要部分是对便利收益的定义与分析。这一概念是商品价格期限结构分析的中心。在金融市场上，便利收益对应于债券的息票，或是股票组合的红利。

就仓储理论而言，它首先考虑期货升水和现货升水期限结构的存在。在这种情况下，出现此现象是因为商品供给和需求的季节性。例如，一个期货升水或一个期货升水的存在可以对农产品购销进行这样的解释：在作物生产年度结束时，库存达到了更低的水平。那时，在收获前后的交割期货价格反映了两种不同的情况：在收获后交割价格表现为期货升水。因此，仓储理论解决了价格关系的跨时分析。然而，当合约到期日超过一个或两个生产周期时，这个理论的解释是否依旧管用呢？为此，必须引入期限结构动态分析。

二、商品价格期限结构动态分析

商品价格曲线的动态最重要的特点是最近合约月与后续合约月价格行为的差别。现货月合约价格波动幅度巨大而不确定，而远期合约价格波动相对稳定。这导致了沿着价格曲线减少的波动图形。实际上，期货价格的方差与最近期货合约价格与后续合约价格的相关性随着合约到期时间的临近而下降，这一现象通常被称作"萨缪尔森"效应 samuelson effect。由于对近期合约价格的冲击会对后续的合约价格产生影响，随着合约到期日的临近，这种对后续合约价格的影响逐渐减少。实际上，由于期货价格与现货价格最终趋向一致，当期货合约达到到期日时，它们对信息冲击的反应会更强烈。影响曲线短期部分的价格扰动来自于现货市场的需求和供给冲击。安德森等（Anderson，1985；Mikmas，1986；Fama and French，1987）曾经以实证分析支持了许多商品和金融资产的这一假说。迪顿和拉罗克等（Deaton and Laroque 1992，1996；Cheanbers and Bailey，1996）证明萨缪尔森效应是仓储成本的函数，具体而言，一个较高的仓储成本导致相对更低的集中跨期向库存传递。法玛等（Fama and French，1998）说明萨缪尔森效应的背离也许在库存水平较高时的更短的期限内发生。特别是，在最近交割月由于有足够商品，库存出尽也许是不可能的，在这种情况下，价格的波动随着合约临近到期日而增加。

有一些研究者曾运用主成分法分析了原油期现货价格曲线，得到如下结论：一是出现价格曲线运动的多类型，即三种不同类型的运动，曲线上的一个平行移动（水平因素）、一个相对移动（险度因素）和曲率因素。二是主成分分析使得计算每个成分波动贡献成为可能，通过微积分计算显示在原油和铜期货中，前两个因素占到期货价格整个方差的99%，因此，可以认为与期货价格波动相关的大多数风险被两因素所解释。

三、商品价格期限结构模型分析

商品价格期限结构的理论目标是在市场上产生出尽可能精确的期货价格。研究者建立了从最简单的（单因素）到最复杂（三因素）的商品价格期限结构模型，考虑了四个因素：现货价格、便利收益、利率和长期价格。商品价格期限结构模型有三个前提假设：一是资产市场不存在摩擦、税收和交易成本；二是交易连续发生；三是借贷利率相等，不存在卖方售出限制。现在使用与利率理论相同的手法构建商品价格期限结构模型。首先，期货合约的价格是状态变量、时间、合约到期时间的函数，用 Lemma 获得期货价格的动态行为。其次，使用套利推理和跨期保值组合分析，得到期限溢价和模型的基本评价方程。最后，在可能的情况下，获得方程的解。

1. 单因素模型研究

期货价格往往被定义为现货价格在未来 t 日可获得信息的理性预期。实际上，现货价格是期货价格的主要决定因素。因此，大多数单因素模型取决于现货价格。在商品价格研究文献中，有几个单因素模型，这些模型可按照两种现货价格的动态行为进行分类：用一个几何 *Brownian* 运动来描述现货价格行为（Brennan and Schwartz，1985；Gibson and Schwartz，1989，1990；Brenram，1991；Gabillon，1992，1995）；用一个平均自回归过程来描述现货价格行为（Schwartz，1997；Cortazar and Schwartz，1997；Routledge、Seppi and Start，2000）。

2. 双因素模型研究

在商品价格期限结构中引入第二个随机变量时，状态变量选择的同质性消失。在大多数时间内，第二个状态变量是便利收益。在所有这些模型中，第二个状态变量的引入是为了获得比单因素模型更为丰富的曲线形状（特别是对于较长的到期时间）和波动结构。基于长期价格水平或现货价格波动性的模型也被发展出来，但是，鉴于两因素模型更复杂，这一改进的成本很高。Schwartz（1997）模型是最著名的商品价格期限结构模型，因此它被研究者作为基础（ltilllard and Reis，1998；Schwartz，1998；Neoherger，1999；Schwartz and Smith，2000；Laufier and Gdlli，2001；Yan，2002；Richter and Sorensen，2002；Veld - Merkoulova and de Roon，2003），用以构建更为复杂的两因素模型，与以前的模型相比，这些模型更具有操作性，因为它们有一个分析解。在这些模型中，便利收益是平均自回归，并介入到现货价格动态中。Ornstein - Uhlenbeck 过程基于保有存货的假设，即拥有满足正常条件下的产业需求的库存。在现货市场中经营者的行为保证这一正常水平的存在。当便利收益低时，库存是富余的，与持有原材料所获收益相比，经营者维持一个高的仓储成本。因此，他们就试着减少多余的库存。相反，当库存稀少时，他们就试着重购。另一类研究商品价格期限结构的方法是关注价格曲线波动性减小的情形。在这种情形下，可以参考的两状态变量是价格曲线上的极端情况。即现货价格和长期价格（Gabillon，1992）在这个模型中，便利收益是内生变量，取决于上述两因素。长期价格作为第二状态变量，能够被现货市场外生因素如预期通货膨胀率、人利率或可再生的能源价格所影响的事实证明。因此，现货价格和长期价格综合了所有描述期限价格运动的因素。分析者将长期价格行为定义为几何 Brownian 运动。此外，这两个状态变量被认为是正相关的。施瓦兹和 Smith（2000）提出了一个两因素模型，模型允许短期价格平均回复的不确定性与价格回复均衡水平的不确定性。这些因素虽不可观察，但是可以从期货和现货价格得到估计值。较长到期时间的期货合约价格运动可以提供关于价格均衡水平的信息，短期与长期合约价格的差别提供了关于价格短期误差的信息。模型没有精确地考虑便利收益跨期产生的变化，但它与 Gibson 和 Schwartz（1990）的双因素模型一致，在这些模型中，一个模型状态变量可以表达为其他模型状态变量的线性组合。该模型的最大优点在于它避免了关于便利收益及其经济重要性和估计值的问题。长期均衡的思想也在与商品期货市场上有关长期记忆的研究相一致。Mazaheri（1999）和 Barkoulas 曾研究过便利收益中的长期记忆问题。Labys 和 Onochie（1999）的研究证明：期货价格存在长期记忆。长期记忆或长期相存描述了在长期对数（Log）中的序列相关结构。如果一个序列表现为长期记忆，则在观察值之间有一个持续的时间相关性。这种序列表现出明确的、但非周期性的循环类型。然而，新模型也引发了一个新问题：用一个随机变量来表示均衡水平是否管用？

3. 三因素模型研究

直到 1997 年，每一个商品价格期限结构模型都假设利率是常数，即假设利率的期限结构是平稳的。Schwartz（1997）提出一个包括现货价格、便利收益和利率三种状态变量的模型。从理论上看，引入随机利率在价格关系分析中是重要的。固定利率的假设意味着期货价格和远期价格是相等的，但这不符合事实。在随机利率下，考虑使用期货市场的保证金调用机制是可能的。最后，引入利率作为第三个解释变量与仓储理论的内容相一致。

自从 1997 年以来，学术界提出了多个三因素模型。由于特定商品，特别是能源商品的供给和需求冲击引发了巨大和突然的变化。Trdliard 和 Rds（1998）在现货定价过程引人跳跃，他们修正了 Schwartz 在 1997 年提出的三个模型。Schwartz 和 Stoltb（2000）提出了他们的短期/长期扩展模型，在扩展模型中均衡价格水平的增长率是随机的。第三个模型改进了模型适应长期期货价格的能力。Yah（2002）提出了三个因素模型的另一个改进，在他的模型中，融合了现货价格波动中随机便利收益、随机利率、随机波动性和随机跳跃。便利收益服从一个 Ornstein—Uhlenbeck 过程，而利率服从一个平方根过程，波动紧随着一个平方根跳跃扩散过程。然而，分析者发现随机性波动和跳跃在时点上并没有及时地改变期货价格，但是它们在期货期权定价中却发挥重要作用。于是，Cortazar 和 Sehwam（2003）提出一个与 Schwartz（1997）模型有关的三因素模型，在该模型中三个因素都使用唯一的商品价格来计量。分析者将长期现货价格回报视作第三个风险因素，允许它是随机和对长期平均值的平均回复。其他两个随机过程是现货价格和便利收益。分析者利用便利收益对由于库存的变化引起的价格临时性变化建模，利用长期回报对由于技术、通货膨胀或需求的变化引起的长期波动进行建模计算。

在商品价格期限结构模型构建中，由单因素模型向三因素模型的发展，使得商品价格期限结构模型在描述期货价格随机形成的能力方面得到改善。但是，在价格模型可测度和简洁性之间仍需要保持一个平衡，特别是当模型被用于计算更为复杂的衍生品时。三因素模型的发展引发了关于现实性和简单性判断的问题，也成为商品价格期限结构模型和构建发展的下一个方向。

本 章 小 结

本章主要讲述远期价格和期货价格，首先介绍了两者的定义、关系，进而讲述了远期、期货合约的定价，主要包括无收益资产远期和约定价，支付已知现金收益资产远期合约定价、国债期货价格的确定、外汇远期和期货的定价、远期外汇综合协议的定价。最后论述了期货价格和现货价格的关系。

习　题

1. 简述远期价格和期货价格的异同点及相互关系。
2. 无套利定价的核心思想是什么？
3. 现货—远期平价定理的主要形式及如何应用？
4. 长期国债现货和期货的报价与现金价格的关系是怎样的？
5. 国债期货的价格是如何确定的？

6. 支付已知收益率资产远期合约时如何定价的？

7. 利率平价关系的一般表达式及如何应用？

8. 商品价格期限结构静态分析的主要内容是什么？

9. 商品价格期限结构动态分析的主要内容是什么？

10. 商品价格期限结构模型分析主要包括那些方面？

第十一章

期 权 定 价

在 17 世纪，荷兰郁金香热中期权就得到广泛运用。当时，郁金香的交易商和种植者之间进行一种合同交易，这种合同的实质是在未来某一时刻以特定的价格买入或卖出某一种郁金香的买权或卖权。股票期权于 1973 年首次在有组织的交易所内进行交易。从此，金融期权市场迅猛发展。现在，在世界各地的不同交易所中都有期权交易。银行和其他金融机构同时也进行巨额的期权合约的场外交易。期权的标的资产包括股票、股票指数、外汇、债务工具、各种商品和期货合约等。

期权（option）是赋予其购买方在规定期限内按双方约定的价格，即协议价格（striking srice）或执行价格（exercise price），购买或出售一定数量某种金融资产（即标的资产，underlying financial assets）的权利的一种合约。对于期权的买方来说，期权合约赋予他的只有权利，而没有任何义务。他可以在规定期限以内的任何时间（美式期权）或到期日（欧式期权）行使其购买或出售标的资产的权利，也可以不行使这个权利。对期权的卖方来说，他只有履行合约的义务，而没有任何权利。当期权买方按合约规定行使其买进或卖出标的资产的权利时，期权卖方必须依约相应地卖出或买进该标的资产。从投资者的角度来看，当预期标的资产价格将会上涨时（不持有标的资产），就买入看涨期权；当预期标的资产价格将会下跌时（持有标的资产），就买入看跌期权，期望获利。这也是看涨与看跌的原本意义。当然，其他投资者会有不同的预期，市场上也就有相应的卖方。

期权可以使买方在某个方向的市场走势中获利，却不会在相反的走势中发生亏损，不再存在买卖双方之间的对称性。所以，作为给期权卖方承担义务的报酬，期权买方要支付给期权卖方一定的费用，称为期权费（premium）或期权价格（option price）。期权费视期权种类、期限、标的资产价格的易变程度的不同而不同。确定期权价格或者说对期权进行定价是期权理论的核心内容，对它的理解不仅有助于理解其他衍生产品的定价，而且有助于灵活运用期权这一工具。期权价格是买方为了获取未来的某种权利而支付给卖方的对价，确定这个对价相对复杂。本章以股票期权为例来说明金融期权的定价。首先分析期权价格的特性，其次讨论两类基本的期权定价方法，最后分析期权价格公式的性质。为了方便，用 S 表示标的资产的价格，X 表示期权的协议价格，c 与 p 分别表示欧式看涨期权与看跌期权的价格，C 与 P 分别表示美式看涨期权与看跌期权的价格。

第一节　期权价格的特性

投资者买卖期权最关注的就是未来可能获得的收益和承担的风险。本节先分析买卖双方（多空双方）在期权到期时面临的回报（payoff）与盈亏（gain or loss），再分析期权价格的特性。回报与盈亏之间的区别是回报没有考虑期权价格，而盈亏是考虑了期权价格后交易双方的收益。

一、期权合约的回报与盈亏分布

（一）看涨期权的回报与盈亏分布

当欧式期权到期时，随着标的资产市场价格的不同，买卖双方就会面临不同的收益。看涨期权买方的回报和盈亏分布如图 11 – 1（a）所示，其中协议价格是40。由于标的资产的市场价格不可能是负数，所以横轴是从 0 开始。在图中，粗线表示的是不同的回报情况，细线表示的是不同的盈亏情况，两线之间的差异是期权价格（以下相同）。由于期权合约是零和博弈，买方的回报和盈亏和卖方的回报和盈亏刚好相反，因而可以得到看涨期权卖方的回报和盈亏分布如图 11 – 1（b）所示。从图中可以看出，当标的资产价格大于 40 后，看涨期权买方的回报会越来越大；当标的资产价格小于 40 后，其回报为 0。当标的资产价格大于 40 + 期权价格（盈亏平衡点）后，看涨期权买方的盈利越来越大；当标的资产价格小于 40 + 期权费后，看涨期权买方会面临亏损。但其亏损风险是有限的，其最大亏损限度是期权价格，而其盈利却可能是无限的。相反，看涨期权卖方的亏损可能是无限的，而盈利是有限的，其最大盈利限度是期权价格。

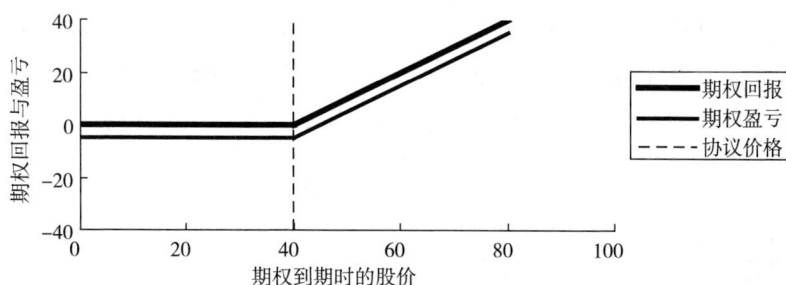

（a） 买方的回报和盈亏分布

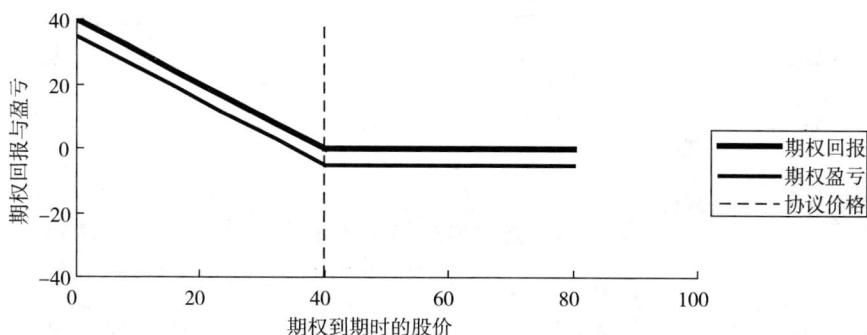

（b） 卖方的回报和盈亏分布

图 11 - 1 看涨期权的回报与盈亏分布

因而，期权买方以较小的期权价格为代价换来了较大盈利的可能性，而期权卖方则为了赚取期权费而冒着大量亏损的风险。这意味着期权的买方和卖方获利和损失的机会不是均等的。期权的买方获得了好处而没有任何坏处，拥有一种权利而不是义务，如果买方不支付任何费用是不可能获得的。同样，对于只会损失或者收益有限的卖方而言，收取一定费用是合理的。这和远期、期货及互换不同，这些合约双方的权利和义务是对等的，因此事前没有必要进行支付。

（二）看跌期权的回报与盈亏分布

在期权的到期日，随着标的资产市场价格的不同，看跌期权的买卖双方也面临不同的收益。看跌期权买方的回报与盈亏分布如图 11 – 2 （a）所示，其中协议价格是40。当标的资产的市场价格跌至盈亏平衡点以下时看跌期权买方就可获利，其最大盈利限度是协议价格减去期权价格，此时标的资产的市场价格为零。如果标的资产市场价格高于协议价格，看跌期权买方就会亏损，其最大亏损是期权费。看跌期权卖方的盈亏状况则与买方刚好相反，如图 11 – 2 （b）所示，即看跌期权卖方的盈利是有限的期权费，亏损也是有限的，其最大限度为协议价格减期权价格。

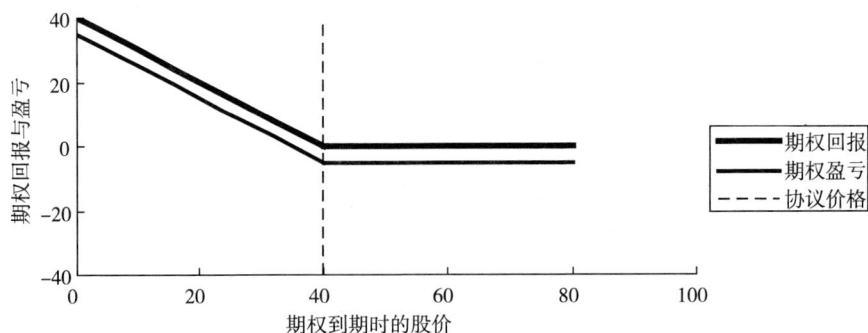

（a） 看跌期权买方的回报和盈亏分布

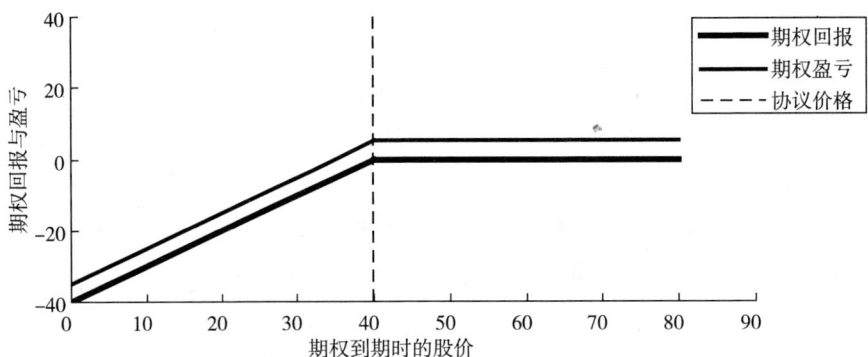

（b） 看跌期权卖方的回报和盈亏分布

图 11 – 2 看跌期权的回报和盈亏分布

看涨期权和看跌期权之间具有很大的不同，看涨期权的买方理论上具有无限的盈利机会（卖方具有无限的亏损机会），而看跌期权的买方理论上只具有有限的盈利机会（卖方具有有限的亏损机会）。

二、期权的内在价值和时间价值

持有期权就拥有一种权利，这种权利具有价值。期权的价值可以分为内在价值和时间价值两部分。

（一）期权的内在价值

只有执行期权对买方有利时，期权才会得到执行。期权的内在价值（intrinsic value）代表当期权被立即执行时的正净值，或者说是指买方行使期权时可以获得的收益的现值。例如一份协议价格是40，而标的资产市场价格是50的看涨期权，它的内在价值是10。因为买方如果立即执行期权只需支付40获得该标的资产，然后立即在市场上以50卖出，获得10的净利润。相反，协议价格是40，而标的资产市场价格是50的看跌期权，它的内在价值是0。因为如果标的资产的市场价格是50，期权买方会以市场价格卖出标的资产而不是按期权合约卖出标的资产，所以不会执行期权。

对于欧式看涨期权来说，因买方只能在到期时行使期权，因此，其内在价值为执行时 $S_T - X$ 的现值。由于对于无收益资产而言，S_T 的现值就是当前的市场价格 S，而对于支付现金收益的资产来说，S_T 的现值为 $S - D$，其中 D 表示在期权有效期内标的资产收益的现值。因此，无收益资产欧式看涨期权的内在价值等于 $(S_T - X)\,e^{-r(T-t)} = S - Xe^{-r(T-t)}$，而有收益资产欧式看涨期权的内在价值等于 $S - D - Xe^{-r(T-t)}$。

对于无收益资产美式看涨期权而言，虽然买方可以随时行使期权，但在期权到期前行使无收益美式期权是不明智的，因此，无收益资产美式看涨期权价格等于欧式看涨期权价格，其内在价值也就等于 $S - Xe^{-r(T-t)}$，而有收益资产美式看涨期权的内在价值也等于 $S - D - Xe^{-r(T-t)}$。

同理，对于看跌期权，无收益资产欧式看跌期权的内在价值为 $Xe^{-r(T-t)} - S$，有收益资产欧式看跌期权的内在价值为 $Xe^{-r(T-t)} + D - S$。美式看跌期权由于提前执行有可能是合理的，因此其内在价值与欧式看跌期权不同。其中，无收益资产美式期权的内在价值等于 $X - S$，有收益资产美式期权的内在价值等于 $X + D - S$，其中 S 和 D 表示执行期权时标的资产的价格和现金收益。

（二）期权的时间价值

对于到期前的实值期权来说，它的当前价值通常要高于它的内在价值，因为只要尚未执行，它还存在获取未来更高收益的机会。对于虚值期权来说，虽然立即执行期权会给持有人带来损失，但这并不意味着该期权已经完全没有任何价值，因为在到期前的时间里，股票价格很有可能会重新提升，从而使得未来执行该期权仍有获取收益的可能性。反之，即使是最坏的结果，也只不过是最终到期日以零值放弃期权，故而此时期权的总价值仍应为正值。一般把期权价值超过内在价值的那一部分称为期权的时间价值（time value）。所以，期权的时间价值是指在期权有效期内标的资产价格波动为期权持有者带来收益的可能性所隐含的价值。这是基于期权买方的权利和义务的不对称性，是到期前标的资产价格的变化可能给期权买方带来的收益的一种反映。一般来说，在其他条件相同的情况下，距离到期时间越长，期权的时间价值越大。因为时间越长，标的资产价格变化的可能性越大，而价格的变化用波动率这个概念来表示，所以，标的资产价格的波动率越高，期权的时间价值就越大。

此外，期权的时间价值还受期权内在价值的影响。以无收益资产看涨期权为例，当 $S = Xe^{-r(T-t)}$ 时，期权的时间价值最大。当 $S - Xe^{-r(T-t)}$ 的绝对值增大时，期权的时间价值是递减的，如图 11 – 3 所示。

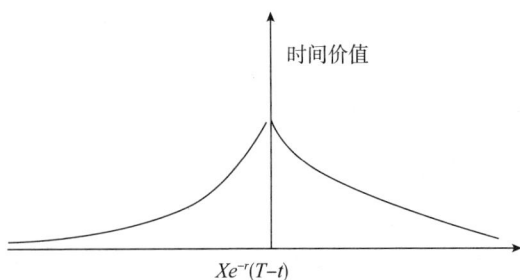

图 11 – 3　无收益资产看涨期权时间价值

例如，假设无红利的 A 股票的市场价格为 9.05 元，对 A 股票有两种看涨期权，其协议价格分别为 $X_1 = 10$ 元，$X_2 = 8$ 元，它们的有效期都是 1 年，1 年期无风险连续年利率为 10%。则这两种期权的内在价值分别为 0 和 1.81 元，期权 1 是平价期权，期权 2 是实值期权。那么这两种期权的时间价值哪个高？

假设这两种期权的时间价值相等，都等于 2 元，则第一种期权的价格为 2 元，第二种期权的价值为 3.81 元。那么投资者更愿意持有哪一种期权？为了比较这两种期权，假定 1 年后出现如下三种情况：

情况一：$S_T = 14$ 元，则持有者可从期权 1 中获利（$14 - 10 - 2e^{0.1}$）= 1.79（元），可从期权 2 中获利（$14 - 8 - 3.81e^{0.1}$）= 1.79（元）。期权 1 的获利等于期权 2 的。

情况二：$S_T = 10$ 元，则期权 1 亏 $2e^{0.1} = 2.21$ 元，期权 2 也亏 $3.81e^{0.1} - 2 = 2.21$（元）。期权 1 的亏损等于期权 2 的。

情况三：$S_T = 8$ 元，则期权 1 亏 $2e^{0.1} = 2.21$ 元，而期权 2 亏 $3.81e^{0.1} = 4.21$ 元。期权 1 的亏损少于期权 2 的。

由此可见，无论未来 A 股票价格是涨是跌还是平，期权 1 均优于或等于期权 2。显然，期权 1 的时间价值不应等于而应高于期权 2。

再假定有期权 3，其协议价格 $X_3 = 12$ 元，其他条件相同。显然，期权 3 的内在价值虽然也等于 0，但 $S - Xe^{-r(T-t)}$ 却等于 -1.81 元，是虚值期权。通过同样的分析，可以得出期权 1 的时间价值应高于期权 3 的结论。综合这三种期权，就可以得出无收益资产看涨期权的时间价值在 $S = Xe^{-r(T-t)}$ 点最大的结论。

通过同样的分析，还可以得出如下结论：有收益资产看涨期权的时间价值在 $S = D + Xe^{-r(T-t)}$ 点最大，而无收益资产欧式看跌期权的时间价值在 $S = Xe^{-r(T-t)}$ 点最大，有收益资产欧式看跌期权的时间价值在 $S = Xe^{-r(T-t)} - D$ 点最大，无收益资产美式看跌期权的时间价值在 $S = X$ 点最大，有收益资产美式看跌期权的时间价值在 $S = X - D$ 点最大。

三、期权价值的影响因素

凡是影响期权的内在价值和时间价值的因素，都是影响期权价值的因素，从而影响期权的价格。总的来看，其影响因素主要有六个。

（一）标的资产的市场价格与期权的协议价格

由于看涨期权在执行时，其收益等于标的资产当时的市场价格与协议价格之差。因此，标的资产的价格越高、协议价格越低，看涨期权的价值就越高。

对于看跌期权而言，由于执行时其收益等于协议价格与标的资产市场价格的差额，因此，标的资产的价格越低、协议价格越高，看跌期权的价值就越高。

所以，标的资产的市场价格与期权的协议价格是影响期权价值的两个最主要的因素。因为这两个价格及其关系不仅决定着期权的内在价值，而且影响着期权的时间价值。

（二）期权的有效期

对于美式期权而言，由于它可以在有效期内任何时间执行，有效期越长，买方获利机会就越大，而且有效期长的期权包含了有效期短的期权的所有执行机会，因此有效期越长，期权价值越高。

对于欧式期权而言，由于它只能在期末执行，有效期长的期权就不一定包含有效期短的期权的所有执行机会。这就使欧式期权的有效期与期权价格之间的关系显得较为复杂。例如，同一股票的两份欧式看涨期权，一个有效期是 1 个月，另一个有效期是 2 个月。假定在 6 周后标的股票将有大量红利支付，由于支付红利会使股价下降，在这种情况下，有效期短的期权价值甚至会大于有效期长的期权价值。

在一般情况下，由于有效期越长，标的资产的风险就越大，卖方亏损的风险也越大，因此即使是欧式期权，有效期越长，其期权价值也越高，即期权的边际时间价值（marginal time value）为正值。但应注意到，随着时间的延长，期权时间价值的增幅是递减的（边际时间价值递减规律）。

（三）标的资产价格的波动率

简单地说，标的资产价格的波动率是用来衡量标的资产未来价格变动不确定性的指标。波动率对期权价值的影响是通过对时间价值的影响实现的。由于期权买方的最大亏损额仅限于期权价格，而最大盈利额则取决于执行期权时标的资产市场价格与协议价格的差额，因此波动率越大，对期权买方越有利，期权价值也应越高。波动率越大，在期权到期时，标的资产市场价格涨跌达到实值期权的可能性也就越大，而如果是虚值期权，买方的亏损有限。因此，无论是看涨期权还是看跌期权，其价值都随着标的资产价格波动率的增大而增大，随波动率的减小而减小。

（四）无风险利率

无风险利率是金融体系中的基本变量，衡量了资金的机会成本。它对期权价值的影响可从两个角度来考察。

首先，从比较静态的角度考察，即比较不同利率水平下的两种均衡状态。如果状态1的无风险利率较高，则标的资产的预期收益率也应较高，这意味着对应于标的资产的市场价格 S，未来预期价格 $E[S_T]$ 较高。同时由于贴现率较高，未来同样预期盈利的现值就较低。这两种效应都将减少看跌期权的价值。但对于看涨期权来说，前者将使期权价值上升，而后者将使期权价值下降。由于前者的效应大于后者，因此对应于较高的无风险利率，看涨期权的价格也较高。

其次，从动态的角度考察，即考察从一个均衡被打破到另一个均衡的形成过程。在标的资产价格与无风险利率呈负相关时（如股票、债券等），当无风险利率提高时，原有均衡被打破，为了使标的资产预期收益率提高，均衡过程通常是通过同时降低标的资产的期初价格和预期未来价格，只是前者的降幅更大来实现的。同时，贴现率也随之上升。对于看涨期权来说，两种效应都将使期权价值下降，而对于看跌期权来说，前者效应为正，后者为负，由于前者效应通常大于后者，因此其净效应是看跌期权价值上升。

应注意到，从两个角度得到的结论刚好相反。因此在具体运用时要注意区别分析的角度，根据具体情况作全面分析。

（五）标的资产的收益

按照美国市场惯例，标的资产分红或者获得相应现金收益时，期权的协议价格并不进行相应的调整。这样，标的资产进行分红付息，这些收益将归标的资产的持有者所有，同时将减少标的资产的市场价格，但期权的协议价格并不变。因此在有效期内，标的资产产生现金收益将使看涨期权价值 $S-X$ 下降，而使看跌期权价值 $X-S$ 上升。

表 11-1　　　　　　　　　六种因素对期权价值的影响

因素/变量	欧式看涨	欧式看跌	美式看涨	美式看跌
标的资产市场价格	正向	反向	正向	反向
期权协议价格	反向	正向	反向	正向

续表

因素/变量	欧式看涨	欧式看跌	美式看涨	美式看跌
期权有效期	不一定	不一定	正向	正向
标的资产价格波动率	正向	正向	正向	正向
无风险利率	不一定	不一定	不一定	不一定
标的资产收益（红利）	反向	正向	反向	正向

四、期权价格的上下限

当期的期权价格是期权未来价值的货币反映。在理解了期权价值的含义及决定因素之后，下面讨论期权价格的上下限，找到期权价格的合理区间，加深对期权价格的认识。如果期权的市场价格超出了合理区间，那就意味着市场出现了套利机会。当然这样的机会不会长期存在。

（一）期权价格的上限

1. 看涨期权价格的上限

在任何情况下，看涨期权的价格都不会超过标的资产的价格。因为投资者买入看涨期权的目的就是为了获取未来以确定价格 X 买入标的资产的权利，如果这个权利本身的价格高于标的资产当前的市场价格的话，投资者就不如直接买入标的资产本身。另外，如果期权价格高于标的资产价格，套利者就可以通过买入标的资产并卖出期权来获取无风险利润。因此，对于美式和欧式看涨期权来说，标的资产价格 S 都是看涨期权价格的上限，即：

$$c \leqslant S \text{ 和 } C \leqslant S$$

2. 看跌期权价格的上限

由于美式看跌期权的买方执行期权的最高回报为协议价格 S，投资者一定不会花费高于 X 的价格去买入一个可以以 X 卖出标的资产的美式看跌期权，因此，美式看跌期权价格 P 的上限为 X，即：

$$P \leqslant X$$

由于欧式看跌期权只能在到期日 T 时刻执行，因此，欧式看跌期权的价格 p 不能高于 X 的现值，即：

$$p \leqslant Xe^{-y(T-t)}$$

（二）期权价格的下限

从直觉上说，如果不管期权的时间价值，期权至少应该大于执行期权给买方带来的回报的现值。因此，期权价格的下限就是期权的内在价值。由于确定期权价格的下限较为复杂，这里先给出欧式期权价格的下限，并区分标的资产无收益与有收益两种情况。

1. 欧式看涨期权价格的下限

（1）无收益资产欧式看涨期权价格的下限。为了推导出这时期权价格的下限，考虑如下两个资产组合：

组合 A：一份欧式看涨期权加上金额为 $Xe^{-y(T-t)}$ 的现金。

组合 B：一单位标的资产。

在组合 A 中，如果现金按无风险利率投资则在 T 时刻价值将变为 X，恰好等于协议价格。此时买方是否执行看涨期权，取决于 T 时刻标的资产价格 S_T 是否大于 X。若 $S_T > X$，则执行看涨期权，组合 A 的价值为 S_T；若 $S_T \leqslant X$，则不执行看涨期权，组合 A 的价值为 X。因此，在 T 时刻，组合 A 的价值为：$\max\,(S_T,\,X)$

而在 T 时刻，组合 B 的价值为 S_T。由于 $\max\,(S_T,\,X)\geqslant S_T$，因此，在 t 时刻组合 A 的价格也应大于等于组合 B 的，即：

$$c + Xe^{-r(T-t)} \geqslant S$$
$$c \geqslant S - Xe^{-r(T-t)}$$

由于期权的价值一定为正，因此无收益资产欧式看涨期权价格的下限为：

$$c \geqslant \max\,\big[\,S - Xe^{-r(T-t)},\,0\,\big]$$

（2）有收益资产欧式看涨期权价格的下限。假定 D 为期权有效期内资产收益的现值，只要将上述资产组合 A 的现金改为 $D + Xe^{-r(T-t)}$，并经过类似的推导，就可得出有收益资产欧式看涨期权价格的下限为：

$$c \geqslant \max\,\big[\,S - D - Xe^{-r(T-t)},\,0\,\big]$$

2. 欧式看跌期权价格的下限

（1）无收益资产欧式看跌期权价格的下限。考虑以下两种资产组合：

组合 C：一份欧式看跌期权加上一单位标的资产。

组合 D：金额为 $Xe^{-r(T-t)}$ 的现金。

在 T 时刻，如果 $S_T < X$，期权将被执行，组合 C 价值为 X；如果 $S_T >$

X，期权将不被执行，组合 C 价值为 S_T，即组合 C 的价值为：$\max\,(S_T,\ X)$。假定组合 D 的现金以无风险利率投资，则在 T 时刻其价值为 X。由于组合 C 的价值在 T 时刻大于等于组合 D，因此，组合 C 的价格在 T 时刻也应大于等于组合 D，即：

$$p + S \geq Xe^{-r(T-t)}$$
$$p \geq Xe^{-r(T-t)} - S$$

由于期权价值一定为正，因此无收益资产欧式看跌期权价格的下限为：

$$P \geq \max\,\left[\, Xe^{-r(T-t)} - S,\ 0 \,\right]$$

（2）有收益资产欧式看跌期权价格的下限。只要将上述组合 D 的现金改为 $Xe^{-r(T-t)} + D$，就可得到有收益资产欧式看跌期权价格的下限为：

$$P \geq \max\,\left[\, D + Xe^{-r(T-t)} - S,\ 0 \,\right]$$

从以上分析可以看出，欧式期权的下限实际上就是其内在价值。对美式期权价格的下限的确定比较复杂，这里略去。

五、看涨期权与看跌期权价格之间的平价关系

看涨期权和看跌期权的价格之间有一定的联系，这种联系被称为平价关系。下面同样是分欧式和美式期权下，有收益和无收益的情况讨论。

（一）欧式看涨期权与看跌期权的平价关系

1. 无收益资产的欧式期权

在标的资产无收益的情况下，为了得出 c 和 p 之间的关系，考虑如下两个资产组合：

组合 A：一份欧式看涨期权加上金额为 $Xe^{-r(T-t)}$ 的现金。

组合 B：一份有效期和协议价格与组合 A 中的看涨期权相同的欧式看跌期权加上一单位标的资产。

在期权到期时，两个组合的价值均为 $\max\,(S_T,\ X)$。由于欧式期权不能提前执行，因此两组合在时刻 t 必须具有相等的价格，即：

$$c + Xe^{-r(T-t)} = p + S \qquad\qquad (11-1)$$

这就是它们之间的平价关系。如果此式不成立，则存在无风险套利机会。它表明欧式看跌期权的价格可根据相同协议价格和到期日的欧式看涨期权的价格推导出来，反之亦然。式（11-1）还可写为：

$$c = p + S - Xe^{-r(T-t)}$$

这意味着，借钱买入股票，并买入一个看跌期权，就等价于购买了一份看涨期权。由于在等式右边构造的资产组合中，借钱买入股票具有杠杆效应，买入看跌期权实质上是为股票提供了一个防止下跌的保险。因此，与直接购买股票相比，看涨期权多头有两个优点：保险和可以利用杠杆效应。式（11-1）还可写为：

$$-S = p - c - Xe^{-r(T-t)}$$

这意味着，借钱并卖出一个看涨期权，再买入一个看跌期权，等价于卖空标的资产。因此，在期权市场中，若不允许卖空现货，投资者就可以通过期权合约来实现卖空的目的。

2. 有收益资产的欧式期权

在标的资产有收益的情况下，只要把前面组合 A 中的现金改为 $D + Xe^{-r(T-t)}$，就可推导出有收益资产欧式看涨期权和看跌期权的平价关系为：

$$c + D + Xe^{-r(T-t)} = p + S \qquad (11-2)$$

（二）美式看涨期权与看跌期权的平价关系

1. 无收益资产美式期权

由于美式期权给持有者提供了更多的灵活性，所以 $P \geqslant p$，从式（11-1）中可得：

$$P \geqslant c + Xe^{-r(T-t)} - S$$

对于无收益资产看涨期权来说，由于 $C = c$，因此：

$$p \geqslant c + Xe^{-r(T-t)} - S$$
$$C - P < S - Xe^{-r(T-t)} \qquad (11-3)$$

为了推导出 C 和 P 之间更严格的关系，考虑以下两个组合：

组合 A：一份欧式看涨期权加上金额为 X 的现金。

组合 B：一份美式看跌期权加上一单位标的资产。

如果美式期权没有提前被执行，则在 T 时刻组合 B 的价值为 $\max(S_T, X)$，而此时组合 A 的价值为：$\max(S_T, X) + Xe^{-y(T-t)} - X$。因此，组合 A 的价值大于组合 B 的。

如果美式期权在 T 时刻提前被执行，则在 T 时刻，组合 B 的价值为 X，而此时组合 A 的价值大于等于 $Xe^{-r(\tau-t)}$。因此，组合 A 的价值也大于组合 B 的。这就是说，无论美式组合是否提前被执行，组合 A 的价值都不低于组合 B 的，因此在 t 时刻，组合 A 的价值也应不低于组合 B 的，即：

$$c + X \geqslant P + S$$

由于 $C = c$，因此，

$$C + X \geqslant P + S$$

$$C - P \geqslant S - X$$

结合式（11 – 3），可得：

$$S - X \leqslant C - P \leqslant S - Xe^{-r(T-t)} \tag{11 – 4}$$

由于美式期权可能提前被执行，因此得不到美式看涨期权和看跌期权的精确平价关系，但可以得出结论：无收益美式期权的价格必须符合式（11 – 4）的不等式。

2. 有收益资产美式期权

同样，只要把组合 A 的现金改为 $D + X$，就可得到有收益资产美式期权必须遵守的不等式：

$$S - D - X \leqslant C - P \leqslant S - Xe^{-r(T-t)} \tag{11 – 5}$$

第二节 布莱克—斯科尔斯期权定价模型

确定期权的确切价格是期权交易中的一个核心问题。1973 年，美国芝加哥大学教授布莱克（Fisher Black）和斯科尔斯（Paul Scholes）发表了《期权与公司负债定价》一文，提出了著名的布莱克—斯科尔斯期权定价模型，用于确定欧式股票期权的价格，奠定了现代期权定价理论的基础，具有划时代的意义。股票期权是基于股票的衍生证券，对同一种股票，随着协议价格和到期日的不同，衍生出多种不同的期权。在已知无风险利率、有效期、标的资产收益和协议价格的情况下，期权价格变化的唯一来源就是股票价格的变化，股票价格是影响期权价格的最根本因素。因此，要研究期权的价格，必须先研究股票价格的变化规律。由于股价不可能为负，所以未来某一时刻的股价本身不服从正态分布。但是可以假定其连续对数收益率服从正态分布，从而股价服从对数正态分布。随着时间的延续，股价遵循的变化过程被假定为几何布朗运动。这是期权定价的前提。

一、布莱克—斯科尔斯期权定价模型的指导思想

在对股票看涨期权定价时，布莱克和斯科尔斯敏锐地意识到，虽然影响股价和期权的因素不完全相同，但影响股价和期权的风险来源相同，股票看涨期权可以用来回避股票的投资风险。比如采取这样的投资策略：买入一种股票，同时卖出一定比例的该股票的看涨期权，可以构造一个无风险的投资组合，即投资组合的收益率将完全独立于股票价格的变化。在资本市场均衡条件下，根据 CAPM 理论，这种投资组合的收益率应该等于短期无风险利率。因此，期权的收益可以用标的股票和无风险资产构造的资产组合来加以复制。在不存在套利机会的情况下，期权价格应该等于购买该资产组合的成本，这说明期权价格的变动仅仅依赖于股票价格的波动率、无风险利率、期权到期时间、执行价格、股票时价。在这些变量中，除股票价格波动率以外，其他的量都是可以直接观察到的，而对股票价格波动率的估计比对股票价格未来期望值的估计也要简单得多，这就是其指导思想。

二、布莱克—斯科尔斯微分方程

由于期权价格和标的股票价格都受同一种不确定性 dz 的影响，若资产组合匹配适当，这种不确定性就可以相互抵消。因此布莱克和斯科尔斯建立了一个包括一单位看涨期权空头和若干单位标的股票多头的资产组合。若数量适当，标的股票多头盈利（或亏损）总是会与看涨期权空头的亏损（或盈利）相抵消，因此在很短时间 Δt 内该资产组合是无风险的。那么，在无套利机会的情况下，该资产组合在 Δt 内的收益率一定等于无风险利率。

推导布莱克—斯科尔斯微分方程需要用到如下假设：

（1）股票价格遵循几何布朗运动，即其预期收益率 μ 和波动率 σ 为常数；

（2）允许卖空标的股票；

（3）没有交易费用和税收，所有证券都是完全可分的；

（4）在衍生证券有效期内标的股票没有现金收益支付；

（5）不存在无风险套利机会；

（6）证券交易是连续的，价格变动也是连续的；

（7）在衍生证券有效期内，无风险连续复利年利率 r 为常数。

这些假定是对现实市场环境的简化。实际上，有些假设条件可以放松，如 μ、σ 和 γ 可以是 t 的函数。在这些假定前提下推导出来的定价公式是进一步分析的基石。

由于假设股票价格 S 遵循几何布朗运动，因此在时间连续情况下有：

$$dS = \mu S dt + \sigma S dz$$

股价的变化是随时间的一个确定的变化部分和一个随机的变化部分之和。其中，随机来源 dz 的大小为 $dz = \varepsilon \sqrt{dt}$，$\varepsilon$ 是服从标准正态分布的随机变量。其在一个小的时间间隔 Δt 中，S 的变化值 ΔS 为：

$$\Delta S = \mu S \Delta t + \sigma S \Delta z \tag{11-6}$$

此时，股价的对数服从正态分布，即：

$$d \ln S = \left(\mu - \frac{\sigma^2}{2} \right) dt + \sigma dz$$

所以，在任意时间长度 $T - t$ 内，$\ln S_T - \ln S$ 服从的正态分布是：

$$\ln S_T - \ln S \left[\left(\mu - \frac{\sigma^2}{2} \right) (T-t), \ \sigma \sqrt{T-t} \right]$$

假设 f 是依赖于 S 的衍生证券的价格，则 f 一定是 S 和 t 的函数，从而可得 f 遵循：

$$df = \left(\frac{\partial f}{\partial S} \mu S + \frac{\partial f}{\partial t} + \frac{1}{2} \frac{\partial^2 f}{\partial S^2} \sigma^2 S^2 \right) dt + \frac{\partial f}{\partial S} \sigma S dz$$

在一个小的时间间隔 Δt 中，f 的变化值 Δf 为：

$$\Delta f = \left(\frac{\partial f}{\partial S} \mu S + \frac{\partial f}{\partial t} + \frac{1}{2} \frac{\partial^2 f}{\partial S^2} \sigma^2 S^2 \right) \Delta t + \frac{\partial f}{\partial S} \sigma S \Delta z \tag{11-7}$$

式（11-6）和式（11-7）中的 Δz 相同，都等于 $\varepsilon \sqrt{\Delta t}$。因此，只要选择适当的衍生证券和标的股票的组合就可以消除不确定性。为了消除 Δz，可以构建一个包括一单位衍生证券空头和 $\frac{\partial f}{\partial S}$ 单位标的股票多头的组合。令 Π 代表该资产组合的价值，则：

$$\Pi = -f + \frac{\partial f}{\partial x} S \tag{11-8}$$

在 Δt 时间后，该资产组合的价值变化 $\Delta \Pi$ 为：

$$\Delta \Pi = -\Delta f + \frac{\partial f}{\partial S} \Delta S \qquad (11-9)$$

将式（11-6）、式（11-7）代入式（11-9），可得：

$$\Delta \Pi = \left(-\frac{\partial f}{\partial t} - \frac{1}{2} \frac{\partial^2 f}{\partial S^2} \sigma^2 S^2 \right) \Delta t \qquad (11-10)$$

由于式（11-10）中不含有 Δz，该组合的价值在时间间隔 Δt 内的变化是确定的，在无套利条件下，该组合在 Δt 内的瞬时收益率一定等于 Δt 内的无风险收益率。因此，在没有套利机会的条件下：

$$\Delta \Pi = r\Pi \Delta t \qquad (11-11)$$

把式（11-8）和式（11-10）代入式（11-11）得：

$$\left(\frac{\partial f}{\partial t} + \frac{1}{2} \frac{\partial^2 f}{\partial S^2} \sigma^2 S^2 \right) \Delta t = r \left(f - \frac{\partial f}{\partial S} S \right) \Delta t$$

化简为：

$$\frac{\partial f}{\partial t} + rS \frac{\partial f}{\partial S} + \frac{1}{2} \sigma^2 S^2 \frac{\partial^2 f}{\partial S^2} = rf \qquad (11-12)$$

这就是著名的布莱克—斯科尔斯微分方程，它是衍生证券价格 f 所满足的方程。这里一直使用 f 表示衍生证券价格，没有使用欧式看涨期权价格 c，是因为这个微分方程是否适用于其价格取决于标的证券价格 S 的所有衍生证券的定价，股票期权仅是其中的一个特例。

应该注意的是，当 S 和 t 变化时，$\frac{\partial f}{\partial s}$ 的值也会变化，因此上述资产组合的价值并不是永远无风险的，它只是在一个很短的时间间隔 Δt 内才是无风险的。在一个较长时间中，要保持该资产组合无风险，必须根据 $\frac{\partial f}{\partial s}$ 的变化而相应调整标的股票的数量。当然，推导布莱克—斯科尔斯微分方程并不要求调整标的股票的数量，因为它只关心 Δt 内的变化。

对于欧式看涨期权，微分方程中的 f 就可以换成 c。如果加上其价格应该满足的边界条件，求解该微分方程，就可得到布莱克—斯科尔斯期权定价公式。由于其求解过程复杂，这里略去。下面是基于另一种求解思路——风险中性定价原理得到的定价公式。

三、布莱克—斯科尔斯期权定价公式

一般把所有投资者都是风险中性的世界称为风险中性世界。在所有

投资者都是风险中性的条件下，所有证券的预期收益率都等于无风险利率 r，这是因为风险中性的投资者并不需要额外的收益来吸引他们承担风险。同样，在风险中性条件下，所有现金流都可以使用无风险利率进行贴现求得现值。这就是风险中性定价原理。在金融学的发展历程中，风险中性定价原理成为一条重要思想，它在衍生证券的定价分析中消除了至今还未能很好解决的主观风险收益偏好的度量问题。

从式（11 - 12）中可以看出，衍生证券的价格决定方程中出现的变量有标的证券当前市价 S、时间 t、证券价格的波动率 σ 和无风险利率 r，它们全都是客观变量，独立于主观变量——经济主体的风险收益偏好。而受制于主观的风险收益偏好的标的证券预期收益率 μ 并未包含在衍生证券的价格决定方程中。这意味着，无论投资者对不确定性 dz 的风险收益偏好状态如何，都不会对 f 的值产生影响。于是，就可以利用布莱—斯科尔斯微分方程所揭示的这一特性，作出一个可以大大简化求解工作的假设：在对衍生证券定价时，所有投资者都是风险中性的。

所谓的风险中性假设是如果对一个问题的分析过程与投资者的风险偏好无关，则可以将问题放到一个假设的风险中性世界里进行分析，所得的结果在真实的世界里也应当成立。利用风险中性假设可以大大简化问题的分析，因为在风险中性的世界里，对所有的资产（不管风险如何）都要求相同的收益率（无风险收益率），而且，所有资产的均衡定价都可以按照风险中性概率算出未来收益的预期值，再以无风险利率折现得到。最后，将所得的结果放回真实的世界，就获得有真实意义的结果。

在风险中性的条件下，欧式看涨期权到期时（T 时刻）的期望值为：

$$\hat{E}\left[\max\left(S_T - X,\ 0\right)\right]$$

其中，$\hat{E}$ 表示风险中性条件下的期望值，不同于客观风险条件下的期望值。根据风险中性定价原理，欧式看涨期权的价格 c 等于将此期望值按无风险利率进行贴现后的现值，即：

$$c = e^{-r(T-t)}\hat{E}\left[\max\left(S_T - X,\ 0\right)\right] \tag{11 - 13}$$

在风险中性条件下，可以用 r 取代 $\ln S_T$ 表达式中的 μ，得到：

$$\ln S_T \sim N\left[\ln S + \left(r - \frac{\sigma^2}{2}\right)(T-t),\ \sigma\sqrt{T-t}\right]$$

在这样的分布下，式（11－13）变为：$c = e^{-r(T-t)} \int_X^\infty (S_T - X)(S_T) dS_T$，其中，$g(S_T)$ 为 S_T 的密度函数，积分结果为：

$$c = SN(d_1) - Xe^{-r(T-t)}N(d_2) \qquad (11-14)$$

其中，

$$d_1 = \frac{\ln\left(\dfrac{S}{X}\right) + \left(r + \dfrac{\sigma^2}{2}\right)(T-t)}{\sigma\sqrt{T-t}}$$

$$d_2 = \frac{\ln\left(\dfrac{S}{X}\right) + \left(r - \dfrac{\sigma^2}{2}\right)(T-t)}{\sigma\sqrt{T-t}} = d_1 - \sigma\sqrt{T-t}$$

$N(x)$ 为标准正态分布变量的累计概率分布函数。根据标准正态分布函数特性，有 $N(-x) = 1 - N(x)$。

式（11－14）就是无收益资产欧式看涨期权的定价公式（Black－Scholes 公式）。目前，许多计算软件都有对该公式的计算。只要输入相应参数，就可得到期权价格结果。对于该公式，可以从三个角度来理解它的金融学含义。

首先，$N(d_2)$ 是在风险中性世界中 S_T 大于协议价格 S 的概率，或者说是欧式看涨期权被执行的概率，$Xe^{-r(T-t)}N(d_2)$ 是 X 的风险中性期望值的现值。$SN(d_1) = e^{-r(T-t)}S_T N(d_1)$ 是 S_T 的风险中性期望值的现值。期权价格是两者现值之差。

其次，公式的右边可以看作一个与欧式看涨期权等价的，或者说复制期权的资产组合，这个资产组合由股票和负债两部分组成。可以证明 $\Delta = N(d_1)$ 是复制资产组合中股票的数量，$SN(d_1)$ 是股票的市值，而 $Xe^{-r(T-t)}N(d_2)$ 则是复制资产组合中负债的价值。由于主要参数都是时变的，因此这种复制资产组合是动态复制组合，必须不断调整相应的头寸数量。

最后，从金融工程的角度来看，欧式看涨期权可以拆分成或有资产看涨期权（asset－or－noting call option）多头和或有现金看涨期权（cash－or－nothing option）空头，$SN(d_1)$ 是或有资产看涨期权的价值，$-Xe^{-r(T-t)}N(d_2)$ 是 X 份或有现金看涨期权空头的价值。

根据欧式看涨期权和看跌期权之间的平价关系，可以得到无收益资产欧式看跌期权的定价公式：

$$p = Xe^{-r(T-t)}N\ (\ -d_2)\ -SN\ (\ -d_1)$$

在标的资产无收益情况下，由于 $C = c$，因此式（11 - 14）也给出了无收益资产美式看涨期权的价值。

由于美式看跌期权与看涨期权之间不存在严格的平价关系，因此美式看跌期权的定价无法得到一个精确的解析公式，但可以用蒙特卡罗模拟、二叉树和有限差分三种数值方法以及解析近似方法求出。

四、有收益资产的期权定价公式

对于有收益的标的资产，如果收益可以准确地预测到，或者说是已知的，那么有收益资产的期权定价并不复杂。

（一）有收益资产欧式期权的定价公式

在收益已知情况下，可以把标的资产价格分解成两部分：期权有效期内已知现金收益的现值部分和一个风险部分。当期权到期时，这部分现值将由于标的资产支付现金收益而消失。当标的资产已知收益的现值为 D 时，只要用 $S-D$ 代替式（11 - 14）中的 S 即可求出固定收益资产的欧式看涨和看跌期权的价格。

当标的资产的收益为按连续复利计算的固定收益率 q（单位为年）时，只要将 $Se^{-q(T-t)}$ 代替式（11 - 14）中的 S 就可求出支付连续复利收益率资产的欧式看涨和看跌期权的价格，这适用于欧式货币期权和股价指数期权的定价。

（二）有收益资产美式期权的定价

1. 美式看涨期权

当标的资产有收益时，美式看涨期权就有提前执行的可能，因此有收益资产美式期权的定价较为复杂，布莱克提出了一种近似处理方法。该方法是先确定提前执行美式看涨期权是否合理。若不合理，则按欧式期权处理；若在 t 时刻提前执行有可能是合理的，则要分别计算在 T 时刻和 t 时刻到期的欧式看涨期权的价格，然后将二者之中的较大者作为美式期权的价格。在大多数情况下，这种近似效果都不错。

2. 美式看跌期权

由于收益虽然使美式看跌期权提前执行的可能性减小，但仍不排除提前执行的可能性，因此有收益美式看跌期权的价值仍不同于欧式看跌期权，它也只能通过较复杂的数值方法来求出。

五、波动率和波动率微笑

（一）历史波动率和隐含波动率

运用期权定价公式的一个重要前提是已知标的资产价格的波动率。但这个波动率是不可观测的，对它的估计也比较困难。一般地，根据估计方法的不同，有历史波动率和隐含波动率两种波动率。所谓历史波动率，就是从标的资产价格的历史数据中计算出价格对数收益率的标准差，用于对未来的估计。具体方法有两种：一是直接用统计方法计算样本对数收益率的标准差；二是运用计量模型来进行估计。在现实中，常常是市场已经报出了期权的价格，这时就可以利用期权定价公式倒推出其中隐含的波动率，这被称为隐含波动率。这样倒推得到的波动率可以看作是市场对波动率的预期。利用这个波动率可以对类似标的资产的期权进行定价。

在期权定价公式中，假定波动率是常数。尽管人们无法直接在市场中观测到价格波动率的大小，然而任何处于市场中的投资者都可以明显感觉到波动率不固定。如果波动率是常数，那么对于标的资产相同的一类期权，无论其执行价格或到期时间有多大的差异，从它们的期权价格中推导出来的隐含波动率都应该是大致相同的，否则就意味着期权市场存在着套利机会。具体地说，隐含波动率高的期权价值相对被高估，可以做空；隐含波动率低的期权相对被低估，可以做多，从而获得无风险收益。从理论上说，这种套利行为的大量存在会使得不同期权品种所对应的隐含波动率差异消失。但是，人们却发现这种差异始终存在，显然，不同的执行价格和不同的到期时间对应不同的隐含波动率，这一现象似乎是客观存在的，而非市场偶然性错误定价的结果。也就是说，波动率并非常数，因而期权公式得到的期权价格并不完全符合现实。

（二）波动率的变动规律

对资产价格时间序列数据的统计检验更进一步证实了价格波动率并非常数。通过研究发现，应用期权的市场价格和期权公式推算出来的隐含波动率的变动具有以下两个规律：

1. 波动率微笑

对具有相同标的资产和到期日，但执行价格不同的期权的隐含波动率进行比较，就可以绘出一个隐含波动率对执行价格的变化曲线。隐含波动率会随着期权执行价格的不同而不同，这个规律被称为"波动率微笑"（volatility smiles）；

股票期权的波动率微笑如图 11 - 4 所示。曲线看起来像一个偏斜了的微笑，波动率曲线是向右下方偏斜的，有时也被称为"波动率偏斜"（volatility skew）。即当执行价格上升的时候，波动率下降（见图 11 - 4）。

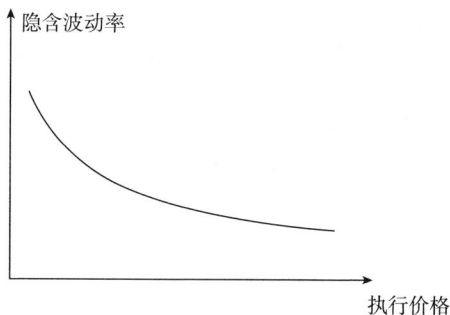

图 11 - 4　股票期权的波动率微笑（偏斜）

股票期权之所以会有偏斜的波动率微笑，一个可能的解释与股市的"崩盘"有关。偶尔发生的崩盘事件深刻影响了投资者的心理，投资者很担心一个类似于 1987 年 10 月的价格暴跌再次发生，因此市场对价格变化的概率估计是不对称的，即价格显著下跌的可能性远远大于显著上升的可能性，这导致了隐含波动率的偏斜。

对于货币期权而言，隐含波动率常常呈现如图 11 - 5 所示的曲线形状。也就是说，平价期权的波动率最低，而实值和虚值期权的波动率会随着实值或虚值程度的增大而增大，两边比较对称。

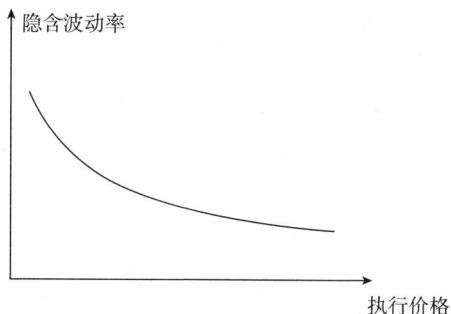

图 11 - 5　货币期权的波动率微笑

波动率微笑说明，当执行价格不同时（也就是说，当期权分别处于平值、实值和虚值状态），即使其他条件全都相同，标的资产价格的隐含波动率也并不相同。为了解释这一广泛存在的现象，人们提出了一些理论。由于波动率微笑的具体形状会随着标的资产的不同而不同，而这些形状往往可以在标的资产价格的概率分布中得到解释，因此最具说服力的是价格"分布理论"。该理论认为，Black－Scholes 公式假设标的资产价格服从对数正态分布，但实际分布不是这样，市场分布和 Black－Scholes 公式假设之间的差异导致了波动率微笑的出现。

2. 波动率的期限结构

在其他条件不变时，隐含波动率会随期权到期时间的不同而变化，这被称为波动率的期限结构（volatility term structure）。

一般来说，不同的标的资产所表现出来的期限结构具体形状会有所不同，但它们大都具有以下两个特点：一是从长期来看，波动率大多表现出均值回归（mean－reverting）的特性。即到期日接近时，隐含波动率的变化较剧烈，随着到期时间的延长，隐含波动率将逐渐向历史波动率的平均值靠近，呈现均值回归现象。二是波动率微笑的形状也受到期权到期时间的影响。大多时候，期权到期日越近，波动率微笑就越显著；到期日越长，不同价格的隐含波动率差异越小，波动率微笑越不明显，会逐渐接近于常数。

3. 波动率矩阵

把波动率微笑和波动率期限结构结合在一起，就可以得到任何执行价格和任何到期时间的期权所对应的隐含波动率，形成了波动率矩阵（volatility matrices），如表 11－2 所示。波动率矩阵的一个方向是协议价格，另一个方向是距离到期时间，矩阵中的内容是从 Black－Scholes 公式中计算得到的隐含波动率。在任意给定的时刻，该矩阵中的某些期权在市场中有交易，从而这些期权的波动率可以直接从它们的市场价格中计算出来，其余的点则可以用线性差值法确定。

当对某个新的期权定价时，交易人员就从矩阵中寻找适当的波动率。例如：当对一个协议价格为 1.05 的 9 个月期权定价时，交易人员将在 13.4 ~ 14.0 进行线性差值，得到适合的波动率为 13.7%，使用在 Black－Scholes 公式或二叉树定价方法中。

表 11 - 2		波动率矩阵		
距离到期时间	协议价格			
	0.90	0.95	1.00	1.05	1.10
1 个月	14.2	13.0	12.0	13.1	14.5
3 个月	14.0	13.0	12.0	13.1	14.2
6 个月	14.1	13.3	12.5	13.4	14.3
1 年	14.7	14.0	13.5	14.0	14.8
2 年	15.0	14.4	14.0	14.5	15.1
5 年	14.8	14.6	14.4	14.7	15.0

第三节 二叉树期权定价模型

二叉树期权定价模型是由考克斯（J. C. Cox）、罗斯（S. A. Ross）和鲁宾斯坦（M. Rubinstein）于 1979 年首先提出的，已经成为金融界最基本的期权定价方法之一。二叉树模型的优点在于其比较简单直观，不需要太多的数学知识就可以加以应用。二叉树期权定价模型假定在期权到期日时，标的资产的市场价格只有两种可能：或者上涨到某一较高的价格，或者下降到某一较低的价格。这看起来虽然简单，但可以帮助理解更现实与更复杂的模型。注意，在较大的时间间隔内，这种二值运动的假设当然不符合实际，但是当时间间隔非常小的时候，比如在每个瞬间，资产价格只有这两个运动方向的假设是可以接受的。因此，二叉树定价模型实际上是在用大量离散的小幅度二值运动来模拟连续的资产价格运动。

一、单期二叉树模型

（一）二叉树模型的数值例子

已知某种股票的当前价格为 20 美元，假设股票在此期间不支付红利，并且能够知道 3 个月后，股票价格的可能取值有两种：22 美元或 18 美元。现在有一份执行价格为 21 美元的欧式看涨期权，对该期权进行定价。根据期权合约的定义，很容易计算得出下面的结果：在期权的到期日，如果股票价格为 22 美元，则期权的价值将是 1 美元；如果股票价格为 18 美元，则期权的价值将是 0。股票和期权的取值情况如图 11 - 6 所示。

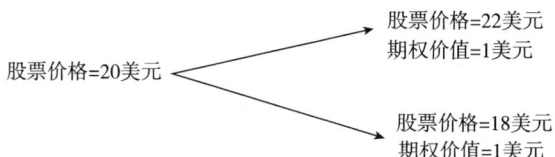

股票价格=20美元　→　股票价格=22美元　期权价值=1美元

股票价格=18美元　期权价值=1美元

图 11 - 6　股票和期权价格的取值变化

下面构造股票和期权的证券组合，对股票和期权分别取适当的头寸，将能够构造出一份股票和期权的无风险组合，从而无风险组合的价值在第 3 个月末是确定值。由于该证券组合是无风险的，根据无套利假设条件，该组合的收益率一定等于无风险利率，由此可以得出有关期权价格的方程，求解该方程，就可以得出期权的价格。由于组合中只有两种证券（股票和股票期权），并且只有两个可能的结果，所以只要选择合适的股票和期权的比率，便一定能构造出无风险组合。现在构造下面的证券组合，该组合中包含 Δ 股股票的多头头寸和一份看涨期权的空头头寸。

首先计算 Δ 的值为多少时，所构造的组合为无风险组合。当股票价格从 20 美元上升到 22 美元时，股票的价值是 22Δ，由于协议价格是 21 美元，因而期权的价值是 1 美元，在这种情况下，该证券组合的价值是 $22\Delta - 1$；当股票的价格从 20 美元下降到 18 美元时，股票的价值是 18Δ，由于协议价格是 21 美元，因而期权的价值是 0，在这种情况下，该证券组合的价值是 18Δ。如果选取某个合适的 Δ 的值，使得在两种情况下，该组合的最终价值相等，则该证券组合一定是无风险组合。

令 $22\Delta - 1 = 18\Delta$

求得 $\Delta = 0.25$

因此，按照上面求得的 Δ 的值，可以构造下面的无风险证券组合：0.25 股股票多头；一份看涨期权合约空头。如果股票价格上升到 22 美元，该组合的价值为：

$$22 \times 0.25 - 1 = 4.5 \text{（美元）}$$

如果股票价格下跌到 18 美元，该组合的价值将为：

$$18 \times 0.25 = 4.5 （美元）$$

可以看到，无论股票价格怎样变化，最终是上升还是下降，在期权有效期结束时，构造的该组合的价值总是 4.5 美元。在无套利假设条件下，无风险证券组合的收益率一定为无风险利率。假设无风险利率是年利率为 12%，可以计算该组合的现值一定是 4.5 美元的贴现值，即组合的现值为：

$$4.5e^{-0.12 \times 0.25} = 4.367 （美元）$$

如果用 c 表示期权合约现在的价格，已知股票现在的价格是 20 美元，因此该组合现在的价值为：

$20 \times 0.25 - c = 4.367$ （美元）

求得 $c = 0.633$ （美元）

在无套利假设条件下，期权的价格一定为 0.633 美元。如果期权价格超过了 0.633 美元，投资者构造该组合的成本就有可能低于 4.367 美元，并将获得超过无风险利率的额外利润，这与无套利假设条件矛盾；如果期权的价格低于 0.633 美元，投资者可以通过卖空该证券组合来获得低于无风险利率的资金，这也与无套利假设条件矛盾。

通过该数字例子可以看到，二叉树定价方法不仅相对简单得多，而且也很直观。但在运用时必须要知道股票未来的价格，而这在实际中却是很难获得的。

（二）期权的无套利定价

考虑一种不支付红利的股票，股票的现在价格为 S，以该股票为标的资产，有效期为 T 的某个欧式看涨期权的价格 c。假设股票价格遵循二叉树运动模式，即在未来 T 时刻，股票的价格只有两种取值情况：从开始的 S 上升到原先的 u 倍，即到达 Su；下降到原先的 d 倍，即 Sd，其中，$u > 1$，$d < 1$。如图 11 - 7 所示。假设股票价格上升的概率为 p，则下降的概率为 $1 - p$。在期权的有效期，可以根据股票的取值情况，计算期权的相应取值情况（与协议价格有关）。当股票价格变化到 Su 时，记期权的价值为 c_u；当股票价格变化到 Sd 时，记期权的价值为 c_d。

依前面数值例子的思想方法，可以利用股票和期权构造一份无风险的证券组合。在证券组合中，可选取 Δ 股的股票多头头寸和一份期权合约的空头头寸来组成证券组合。为使该证券组合为无风险组合，需要计算股票的多头头寸数量 Δ 的具体取值。

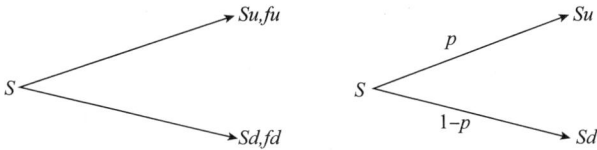

图 11-7　股票价格和期权价格的单期二叉树

如果股票价格由 S 上升到 Su，则在期权的到期日，该组合的价值为：

$$Su\Delta - c_u \qquad\qquad (11-15)$$

如果股票价格由 S 下降到 Sd，则在期权的到期日，该组合的价值为：

$$Sd\Delta - c_d \qquad\qquad (11-16)$$

要想使得上述证券组合为无风险组合，则不论股票价格是上升还是下降，在期权的到期日，式（11-15）和式（11-16）的取值应该相等，即：

$$Su\Delta - c_u = Sd\Delta - c_d$$

整理求解可以得到：

$$\Delta = \frac{c_u - c_d}{Su - Sd} \qquad\qquad (11-17)$$

当组合中的股票的头寸 Δ 取值为 $\dfrac{c_u - c_d}{Su - Sd}$ 时，所构造的组合一定是无风险组合。根据无套利假设条件，组合的收益率一定是无风险利率。用 r 表示无风险利率，则该组合的现值为：$(Su\Delta - c_u)\, e^{-rT}$ 或 $(Sd\Delta - c_d)\, e^{-rT}$

而该组合的初始价值为 $S\Delta - c$，因此，

$$S\Delta - c = (Su\Delta - c_u)\, e^{-rT} \qquad\qquad (11-18)$$

将式（11-17）中的 Δ 代入式（11-18）中，整理可得期权价格为：

$$c = e^{-rT}\left[pc_u + (1-p)\,c_d\right] \qquad\qquad (11-19)$$

其中，$p = \dfrac{e^{rT} - d}{u - d}$

（三）期权的风险中性定价

注意二叉树期权价格计算式（11 – 19）中并没有考虑股票价格上升和下降的概率。也就是说，当上升的概率是 0.5 时，计算得到的欧式期权价格，与上升的概率是 0.9 时计算得到的欧式期权价格是相等的。这与人们通常的直观不一致。直观上，人们很自然会感到，如果股票价格上升的概率增加，则基于该股票的看涨期权的价值也会增加，看跌期权的价值会减少。而事实上，情况并非如此。虽然对期权定价时不需要对股票价格上升和下降的概率做任何假设，在期权价格计算式（11 – 19）中，可以将公式中的变量 p 解释为股票价格上升的概率，相应地，$1 – p$ 也就是股票价格下降的概率，则期权的预期收益可表示为：

$$pc_u + （1 + p） c_d \qquad\qquad (11 – 20)$$

按照这种对 p 的解释，式（11 – 19）表示的含义就是期权的价格或者现值就是未来期权的预期收益按无风险利率的贴现值。当上升的概率为 p 时，考虑股票的预期收益。若在 T 时刻预期的股票价格是 S_T，则股票的预期收益可表示为：

$$E （S_T） = pSu + （1 - p） Sd = pS （u - d） + Sd \qquad (11 – 21)$$

将式（11 – 19）中的 p 代入式（11 – 21），化简可得：

$$E （S_T） = Se^{rT} \qquad\qquad (11 – 22)$$

式（11 – 22）意味着，平均来说，股票价格以无风险利率在增长。因此，设定股票价格上升变化的概率等于 p 等价于设定股票收益率等于无风险利率。

在这样的风险中性世界中，投资者对风险不要求补偿，证券市场上所有证券的预期收益率都是无风险利率。式（11 – 22）说明：当设定上升变化的概率为 p 时，等同于假设所有投资者都是风险中性的。式（11 – 22）也说明：在风险中性世界中给期权定价时，可以假设证券市场上所有证券的预期收益率都是无风险利率，期权的价值是其预期收益率按无风险利率的贴现值。风险中性定价方法是利用风险中性的假设对金融产品进行定价，其核心是构造出风险中性概率。

实质上，无套利和风险中性概率之间存在相互依存的关系，所以风险中性定价原理和无套利定价原理有密切的关系。为进一步说明风险中性定价方法，继续看前面的数值例子。已知股票的现价为 20 美元，3 个月后股票可能上涨到 22 美元或下降到 18 美元。本例中所考虑的是一份执行价格为 21 美元、有效期为 3 个月的欧式看涨期权的价格。无风险利率是 12%。在风险中性假设条件下，股票价格上升变化的概率是 p。在这样的世界中，股票的预期收益率一定等于无风险利率 12%。这意味着 p 一定满足：$22p + 18（1 - p）= 20e^{0.12 \times 0.25}$，即 $4p = 20e^{0.12 \times 0.25} - 18$，求得 $p = 0.6523$。在 3 个月末，看涨期权的价值是 1 美元的概率为 0.6532，价值是 0 的概率为 0.3477。因此，看涨期权的期望值为：

$$0.6523 \times 1 + 0.3477 \times 0 = 0.6523（美元）$$

利用无风险利率进行贴现，可以得到该期权的价格为：

$$0.6523e^{-0.12 \times 0.25} = 0.633（美元）$$

这一计算结果与前面所得结果相同。这说明利用无套利原理和风险中性定价原理计算的结果相同。

二、两期二叉树模型

可以将上面的单期二叉树模型推广到两期二叉树模型。如图 11 - 8 所示的两期二叉树的情况。已知股票的初始价格为 S，求某一协议价格下欧式看涨期权的价格 c。在每个单期二叉树中，股票价格或者上升到初始值的 u 倍，或者下降到初始值的 d 倍。相应的期权价值表示在二叉树图中股票价格的下方。例如，在两次上升变化达到结点 D 时，期权相应的价值为 c_{uu}。假设无风险利率为 r，每个单步二叉树的时间长度都相等且为 Δt 年。

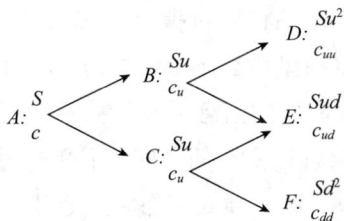

图 11 - 8　两期二叉树的股票价格和期权价格

计算期权价格还是从期末的价值往后倒推。重复单期二叉树计算式 (11 - 19)，可得到：

$$c_u = e^{-r\Delta t}\left[pc_{uu} + (1 - p)c_{ud}\right] \tag{11 - 23}$$

$$c_d = e^{-r\Delta t} \left[pc_{ud} + (1-p) c_{dd} \right] \qquad (11-24)$$

$$c = e^{-r\Delta t} \left[pc_u + (1-p) c_d \right] \qquad (11-25)$$

将式（11-23）和式（11-24）代入式（11-25）可得：

$$c = e^{-2r\Delta t} \left[p^2 c_{uu} + 2p (1-p) c_{ud} + (1-p)^2 c_{dd} \right] \qquad (11-26)$$

这与前面的风险中性估值的原理一致。变量 p^2，$2p(1-p)$ 和 $(1-p)^2$ 是达到最后上、中、下三个点的概率。可以利用同样的方法，将二期二叉树模型，推广到多期的二叉树模型。不管二叉树模型为多少期，风险中性定价的原理一直成立。期权的价格总是等于它在风险中性世界的预期收益按无风险利率贴现的现值。

三、布莱克—斯科尔斯期权定价模型与二叉树模型的比较

二叉树期权定价模型提供了一种期权定价的直观方法，但在运用时需要知道期权到期日标的股票在所有可能状态下的价格，从而获得期权在所有可能状态下的价值，然后往后倒推出期初期权的价格。这就需要获得并处理大量的数据（即每一时点上的预期价格）。

布莱克—斯科尔斯期权定价模型与二叉树期权定价模型的联系是：Black-Scholes 期权定价模型可以看做是二叉树期权定价模型的一种极限情形。二叉树模型中的时间段是离散的，考虑到期前股票价格变化的时间段不断增加的情况。比如说，到期前每天，甚至每小时、每分钟都有不同变化，将会得到一个非常大的二叉树。实际上，当时间段被无限细分时，二叉树模型中的期权定价公式就变为布莱克—斯科尔斯期权定价公式。布莱克—斯科尔斯期权定价模型是二叉树定价模型的一种特例，它是在 n 期二叉树定价模型中当 $n \to \infty$ 时的一种极限情形，借助于正态分布，可以大大减少所需要的信息量和计算量。在 n 期定价模型中当随着 n 的不断增大，股票价格变动的时间 t 不断缩短。若随着 $t \to 0$，股票价格变动幅度逐步缩小，则二项式分布将逼近于正态分布，此时股票价格运动是一个连续过程；若随着 $t \to 0$，股票价格变动幅度仍较大，则二项式分布将逼近于泊松分布，此时股票价格运动是一个跳跃过程。

布莱克—斯科尔斯期权定价模型与二叉树期权定价模型的主要差别是：

（1）二叉树模型在计算机发展的初期阶段比布莱克—斯科尔斯期权定价模型计算起来更为复杂，更为费时，但随着快速大型计算机和模型

计算的标准程序的出现，这个问题已经得到了解决。

（2）布莱克—斯科尔斯期权定价模型没有考虑期权提前执行的情况，而二叉树模型并未排除美式期权的情况，因而使用更广泛。

（3）二叉树模型假定标的股票价格的变化呈二项式分布，而 Black - Scholes 期权定价模型假设股票的价格呈对数正态分布，这个假设更接近于现实一些。

（4）二叉树期权定价模型得到的是近似解，而布莱克—斯科尔斯期权定价模型得到的是解析解，从这个解析解可以分析期权价格变化的许多特征，有利于对其价格的深入了解。

本 章 小 结

本章是从投资者的角度，简单分析了期权的定价问题，主要是布莱克—斯科尔斯定价模型和二叉树定价模型以及相关因素对期权价格的影响。在定价过程中应用了无套利原理和风险中性假设这两条金融学基本原理。二叉树定价模型相对具有更多的灵活性，但没有一个明确的解析式，难以分析相关因素对期权价格的影响。布莱克—斯科尔斯定价模型是在一系列假设条件下得到的，虽然和现实结果有一定的差距，但为人们确定期权价格提供了一个基石。在现实的市场上，模型的假设都可能不成立。有时，这可以通过修正公式来解决。其中，有两种情形需要本质上的修正。第一种是本章已经提到的波动率问题，第二种是随机利率问题。进一步的分析可以参考相应的文献。

从投资者的角度来看，期权是一种方向性工具。例如，持牛市观点的人认为，看涨期权会成为价内的，且当标的资产价格上涨后将会获利。看跌期权适用于那些认为标的资产价格将要下跌的投资者。但从做市商的角度来看，期权是交易波动率的工具，做市商将欧式看涨期权和看跌期权看成是一样的工具。这会得出对期权价格新的认识，也是一个新的研究方向。

习 题

1. 一位投资者购买了一个执行价格为 X 的看涨期权并出售了一个相

同执行价格的看跌期权。请描述他的盈亏状况。

2. 请解释为什么相同标的资产、相同期限、相同协议价格的美式期权的价值总是大于等于欧式期权的价值。

3. 基于无红利支付股票的看涨期权，期限为 4 个月，执行价格为 25 元，当前股票价格为 28 元，无风险年利率为 8%。该看涨期权价格的下限是多少？

4. 基于无红利支付股票的看跌期权，期限为 1 个月，执行价格为 15 元，当前股票价格为 12 元，无风险年利率为 6%。该看跌期权价格的下限是多少？

5. 假设某种不支付红利股票的市场价格为 50 元，年波动率为 30%。求该股票协议价格为 50 元、期限 3 个月的欧式看跌期权价格（无风险年利率为 10%）。

6. 某股票目前价格为 40 元，假设该股票 1 个月后的价格要么为 42 元、要么为 38 元。连续复利无风险年利率为 8%。请问 1 个月期的协议价格为 39 元的欧式看涨期权价格等于多少？

7. 请解释哪些因素影响期权的价值。

8. 交易成本的存在对期权价格有什么影响？

9. 隐含波动率和历史波动率的区别是什么？

10. 什么是波动率微笑、波动率期限结构和波动率矩阵？它们的作用何在？

11. 二叉树定价方法的基本原理是什么？

第三部分

金融市场风险管理

第〇十〇二〇章

金融风险机制

随着社会经济活动的金融化程度不断提高，现代金融已成为经济生活的核心和动脉，完善、健全的金融市场是当代市场经济得以健康、正常发展的基本保障。但是，现代经济是风险经济，金融市场当中更是处处充满了风险的印记。随着世界经济的发展和科学技术的进步，金融市场的内外部环境均发生了深刻的变化，特别是经济全球化、金融自由化以及信息技术的超速发展，使得金融市场面临着更多的不确定性和更加复杂的风险因素。

从本质上看，金融风险日趋严重和复杂并非是偶然的现象，既具有历史的必然性，又带有突出的空间特征，它是由时代变革，特别是金融业演进的客观规律所决定的。与此同时，从风险对于金融业发展的影响来看，它是一把"双刃剑"：一方面能够提供更多的发展机会和更大的收益空间；另一方面又将带来不同程度的风险损失。因而，对于市场主体来讲，风险与获利就是硬币的两面，甚至可以认为风险就是它们的孪生兄弟。

"流动、获利和避险"是金融市场上永恒不变的话题。在金融市场上直观的理解所谓的收益（获利）就是以一定的投资，得到的超额回报部分；而金融风险是指在金融活动中由于不确定性的存在造成的金融参与者的损失，这里的不确定性一般被认为与经济行为人面临的直接或间接影响经济活动的无法充分准确地加以分析、预见的各种因素相关。正是由于这些金融风险来自于金融变量如利率、汇率及资产价格等的变动，且这些变动一般是不可预测的，因此金融风险是客观存在的。但是这些不确定性导致的风险带来的损失往往是巨大的，给投资者或一个地区甚至一个国家带来灾难性的结果。

奥兰治县是美国最富庶的地区之一，但是 1993 年以后，由于其基金管理人罗伯特·西纯对长短期利率关系预期的失误，导致他使用大量的以高杠杆利率借来的短期资本进行长期债券投资，由于当时的短期利率高于长期债券利率，造成了基金的亏损，最后导致该自治县于 1994 年 12 月 6 日宣布破产；1995 年 2 月 26 日，在世界 1000 家大银行中按核心资本排名第 489 位的英国巴林银行，因交易员违规进行巨额期货投机交易，造成 9.16 亿英镑的巨额亏损，致使这家老牌银行倒闭；在亚洲金融危机期间，自 1997 年 7 月泰铢大幅贬值之后，韩国、菲律宾、印度尼西亚、新加坡等国的货币大面积贬值，到 1998 年 6 月 1 日日元汇率大幅下跌震惊了全球外汇市场。

正是由于金融风险的强大的破坏性以及其客观性、不可避免性，甚至由于其不确定性的存在而蕴涵的商机，使得诸多学者和金融界人士投入了大量的时间和精力去进行研究和分析，并且形成了系统性的金融风险管理的理论与方法。本章就金融风险的相关基本知识进行简要介绍。

第一节　金融风险的界定

一、金融风险的内涵

从理论上界定金融风险，需要从逻辑上准确把握风险的概念。风险是一个十分常见却又十分模糊的概念。经济学界对风险的定义可谓众说纷纭、莫衷一是。但概括起来说，理论和实践上对风险的认识主要有两大观点。其一是广义的风险，指预期事件的不确定性，包含了可能带来的风险收益和风险损失。其二是狭义的风险，即蒙受损失的可能性。广义风险的概念与社会大众对风险的一般认识不一致，易误导个体的行为选择，强化风险激励。此外，现代风险度量与管理理论和实践也侧重于不确定性引致的损失。所以，狭义风险概念就成为风险分析自然的起点。

金融风险是风险中最常见、最普通、影响最大的一种风险，金融实务界和理论界都十分关注金融风险。但是，如同对一般风险的定义一样，对金融风险也一直没有一个确切的定义。有人认为，金融风险就是人们在金融活动中所发生的损失或损失事件；也有人认为，金融风险就是发生在金融领域的风险。实际上，这些定义都不足以说明金融风险的实质。

因此，应当定义为：金融风险是在金融活动中，由于各种经济变量，尤其是金融变量发生不确定的变化，从而导致行为人蒙受损失的可能性。金融风险作为风险的范畴之一，本质上也是一种引起损失的可能性，即经济主体在金融活动当中遭受损失的可能性。金融风险是一种结果未知的未来事件。它是金融活动的内在属性，也是金融市场的一大特征。金融活动的每一个参与者都是金融风险的承担者。不确定性是金融风险产生的根源。在金融活动中，不确定性包括"外在不确定性"和"内在不确定性"两种。外在不确定性来自经济体系之外，是指经济运行过程中随机性、偶然性的变化或不可预测的趋势，如宏观经济的走势、政治局势的变化、市场资金供求状况、技术和资源条件等的变化。内在不确定性源自经济体系之内，它是由行为人主观决策以及获取信息的不充分性等原因造成的，主要体现个体特征。这里的风险是一个二维概念，既包括了损失的数量，又包含了损失发生概率的大小。

作为金融市场的重要参与者，金融机构是以经营风险业务为主要特征和内容的经营机构，在产品和行业都发生着很大变化的今天，其经营、管理和控制风险的能力大大落后于其实际经营业务的发展速度和规模，从而使金融机构面临各种损失的种类和程度都大大地增多和加强了。有的损失是已经发生了，有的是眼看就要发生，有的随时都有发生的可能性，而经营者和管理者目前对此还没有进行控制的有效办法。

金融风险可以产生于经营对象和经营者两个方面。例如，借款人的经营能力差而导致对银行贷款的无力偿还等信用风险是经营者无能为力的，这也是使金融风险成为一种客观存在甚至不可避免的重要原因之一。银行作为经营者，在这一点上能做的只是尽量减少对这种借款人的贷款，增强自己对这种借款人的识别能力。但这种风险和由此造成的损失是经营金融业务中永远不可避免的。另外，金融风险也来源于经营者的各种经营、管理决策失误。它包括决策失误、经营失误、管理失误、操作失误、控制失误、监督失误、技术失误等。随着金融风险形式的变化，金融管理的风险也已由对具体一笔业务的管理的风险逐步扩大到对一种业务、一条产品线、一个部门、一个机构乃至一个金融体系和全球金融体系出现的风险。

因此，管理风险也发展为管理风险本身和对风险管理者的管理风险等多个层次。具体地说，它包括金融机构作为经营者管理风险和监管机构作为监管者管理失误或监管不力的系统风险。这种层次的上升和扩大，不是一种简单的线性的风险量的增加，而是伴随着许多风险的性质的改变。它由授信对象的风险发展为管理的风险，进而成为监督的风险；由单笔业务的风险发展为对一个机构的风险，进而成为金融体系的风险。同时，随着现代科学技术的发展及其在金融业中的广泛运用，衍生出各种形式的金融技术的风险。

认清了金融风险的性质和它的客观存在，就没有理由、也没有必要对金融风险"谈险色变"。但仅从理论上认清了其性质和存在，并不等于在实践中已经认识到或充分重视了，更不能说已经管理好和控制住了目前存在的各种风险。相反，在实践中认识、管理和控制各种金融风险比在理论上弄清金融风险的内涵和性质要困难得多、复杂得多，还需要许多专业的技巧，如风险识别、风险测度、风险控制、风险管理评估等。

二、金融风险的类型

按照不同的划分标准，金融风险可以分为不同的类型：

第一，从风险产生的原因划分，可分为自然风险、社会风险和经营风险。（1）自然风险是指由于自然因素引起的风险，如雷电、火灾、地震等，都可使金融市场主体受损，且损失难以预估。（2）社会风险包括社会动荡、体制变革、总资金供求波动等宏观因素和盗抢、诈骗、意外事故等微观因素。（3）经营风险是指金融市场主体在运营中因主客观因素发生不利变化而受损，这也是主要的风险。

第二，从风险表现形态划分，可分为有形风险和无形风险。（1）有形风险是指可观察到、可计量的风险，如固定资产的有形磨损、不良贷款等。（2）无形风险是指无法观察到、不可计量、较大不确定的风险，如突发事故、自然灾害、政体变革、政府干预、信誉损失等情况。

第三，从风险的作用强度划分，可分为高度风险、中度风险和低度风险。一般而言，风险的强度是一个相对的概念，取决于经济环境的复杂程度和受损的量化值两个因素。依照作用强度来划分和判定风险，需要各个金融市场主体建立符合自身特点的历史数据库、现代风险度量技术以及先进的信息技术手段，从而能够在数量上精确地计量损失数额的大小。

第四，从风险影响范围划分，可分为系统性风险和非系统性风险。（1）系统性风险是指对所有金融市场交易都会产生相似影响的风险。这种风险一般由外部因素引起，市场个体无法控制和化解。（2）非系统性风险一般只与个别市场主体或业务活动相关，由某些不确定性因素引起，使其遭受损失。金融市场主体采取一定的措施可以消除或控制非系统性风险。

第五，从风险因素角度可划分为市场风险、信用风险、操作风险和流动性风险。

（1）市场风险，又称为价格风险，指由于金融市场因子（如利率、汇率、股价等价格）的不利波动而导致的金融资产损失的可能性。其中，利率风险更为基础和重要。由于金融机构的资产绝大部分是金融资产，利率波动会直接导致其资产价值的变化，使机构的持续经营能力受到威胁，因此金融机构的风险管理中常把利率风险单独列出。

由于在不同的风险类型中，金融市场风险具有较特殊的地位，几乎所有的企事业单位都会面临金融市场风险，金融市场风险也往往是其他类型金融风险产生的基础原因。

（2）信用风险是指由于借款人或市场交易对手的违约而导致的损失的可能性，当交易双方不愿意或不能够完成契约责任时，信用风险就会出现。更一般地，信用风险还包括由于借款人信用评级的降低导致其债务市场价值的下降而引起的损失的可能性。

（3）操作风险是指由于金融机构的交易系统不完善、制度不健全、管理失误、控制缺失、诈骗或其他一些人为错误而导致的潜在损失。它包括执行风险，即当交易执行错误或不能执行而导致的较大延迟成本或受到惩罚，以及由于机构后台操作出现的一系列相关问题。特别需要指出的是，操作风险还包括风险定价过程中的模型风险，即交易人员或风险管理人员使用了错误的模型，或模型参数选择不当，导致对风险或交易价值的估计错误而造成的损失的可能性。操作风险直接与机构的管理系统相关，虽然发生的概率相对较小，但引起的损失可能非常巨大。

（4）流动性风险主要包括两种形式——市场、产品的流动性风险和现金流（融资）、资金的流动性风险。前者是指由于市场交易不足而无法按照当前的市场价值进行交易所造成的损失。这种风险在 OTC 市场中进行动态对冲交易时表现得更为突出。后者是指现金流不能满足债务支出的需求，这种情况往往迫使机构提前清算，从而使账面上的潜在损失转化为实际损失，甚至导致机构破产。资金收支的不匹配包括数量上的不匹配和时间上的不匹配。

流动性风险可视为一种综合性风险，它是其他风险在金融机构整体经营方面的综合体现。例如，市场风险和信用风险的发生不仅直接影响金融机构的资产和收益而导致流动性风险，还可能引发"金融恐慌"而导致整个金融系统的非流动性。

三、金融风险的外在表现形式和特征

金融风险在理论上表现为因信息不完全或不对称使决策者无法确知价格的当前和未来水平，从而导致的获利或损失的可能性。在可观测的经济现象中则主要表现为以下四个层次：社会个体金融行为趋于投机和加剧动荡模式；金融机构具有内在脆弱性；金融资产价格具有过度波动倾向；金融危机时时爆发。

就个体而言，因金融风险而导致的损失和收益的可能性可相互对抵（不同个体同一交易的同期对抵或同一个体不同交易的跨期对抵），因而不会影响社会整体的福利水平。但个体的信息不完全及机会主义行为往往导致金融资产价格过度波动[1]，市场稳定预期难于形成，这一方面减小了风险厌恶者的交易愿望，另一方面增大了风险爱好者的交易欲望，从而使市场表现为越来越强烈的投机倾向，经济体于是经常处于动荡之中。这显然与经济的平稳发展要求不符，就这个意义看，有的研究者将建构在金融基础之上的现代经济称为泡沫化经济，也不为无因。对宏观经济运行而言，金融机构与一般个体一样，均为微观金融主体，其面临的外生性、内生性金融风险并无二致，金融资产价格的过度波动既会使投机性强的个体一夜暴富赤贫，也会使金融机构在短时间内经历大的盈亏逆转和兴衰变迁，而一般金融机构都是通过信用方式直接或间接地向社会大众融入资金的，金融机构的脆弱性遂使对之融资的社会大众（不管其风险偏好如何）必须共同负担金融风险，于是金融机构就将更多的

---

① 金融资产价格在数值上主要由该资产带来的未来收益的当期贴现值决定。

社会个体纳入高风险的市场环境中，迫使一部分风险厌恶者承担超过其偏好的风险，从而无形中大大放大了社会整体的风险偏好，使整个市场更趋向于投机。金融机构由专业人士运作，类似一个黑箱，它与社会公众之间存在着极大的信息不对称，此间又产生出巨大的内生性风险，它一方面使金融机构更趋脆弱[1]，另一方面则使社会个体（不管其风险偏好如何）的行为趋于扩大波动的非理性模式[2]。社会个体和金融机构的行为模式都倾向于加大金融资产价格波动，则金融风险得以自行累积，金融泡沫越吹越大，一旦具体因素稍有变更，泡沫破裂，金融危机就无可避免了。

相比一般经济风险，金融风险具有以下特征：

（1）潜在性和累积性。如上所述，金融机构和其融资者间存在着极大的信息不对称，而微观金融主体对金融资产价格变化的信息又是极不完全的，因此金融风险具有很大的潜在性，并主要在各金融机构中不断累积。

（2）突发性和加速性。由于微观金融主体的投机化行为模式，金融风险具有加速累积的特点，金融泡沫越吹越大。而一旦风险累积超过一定的临界值，随着某一具体金融事件的发生，社会个体的"信用幻觉"被打破，潜在风险遂突发为现实风险；个体的投机化行为模式再次起到加速器的作用，经济危机最终形成。

（3）扩散性和传染性。在一个统一的金融市场上，各种金融资产、各类金融机构密切联系，相互交织成一个复杂的体系，金融资产价格波动固然相互影响传递，不同种类的金融机构也基本上呈现出一荣俱荣、一损俱损的网络系统特性[3]。特定的金融资产价格或金融机构运营出现问题引发的局部挤兑风潮往往会扩散到整个金融体系中去。另外，由于国际金融交往日益频繁，一国的金融风险往往会通过各种渠道实现跨国

---

[1] 金融机构和其投资者之间的信息不对称是一柄双刃剑，金融机构因之固然有了进行机会主义行为的条件，而一旦因各种原因（有时甚至只是一句谣言）使金融机构的声誉有所亏蚀，就可能导致大规模的挤兑风潮，使之迅速走向崩溃。

[2] 最直观的例子莫过于股票市场的头部量大、底部量小的现象；另如三年前东南亚危机前的投资热和危机时的挤兑热，也属此种模式。当然，就个体掌握的信息而言，其行为是完全合乎趋利避害的理性模式的，但其行为的加总则在客观上加剧了投机和动荡，成为金融泡沫膨胀和破裂的加速器。这也是个体理性与集体理性相冲突、导致集体行为困境的一例。

[3] 同类金融机构则一方面存在着业务上的相互竞争关系，另一方面也存在因业务往来而产生的共生关系，一旦金融风险突发，金融危机到来，市场预期发生逆转，则后一种关系会占据主导地位。

"传染"，一旦一国风险突发酿成金融危机，很快就会传染给其他国家，于是形成所谓的"多米诺骨牌"效应。这一特征在全球金融一体化成为趋势的今天显得尤其突出。

第二节　金融风险的内生机制

一、金融风险生成的理论分析

从理论抽象的角度深入探索金融风险产生的源泉，才能从风险复杂的表象和急剧变化的形态当中，准确、全面地把握其内在机理，从而更加清晰地认识和理解金融风险。

（一）社会分工和多元化交易

只有存在社会分工，才能产生交易，进而导致商品这一经济范畴的产生和发展，所以社会分工是商品生产存在的前提。在市场经济环境中，广泛细致的社会分工导致了多元化交易活动，在外观上表现为多样化而又纯粹的商品交换，但从深层观察，这种交易实质上是不同经济主体之间的产权交易。而这些产权交易赖以存在和实现的基础是契约的达成与履行。但是，由于交易契约的双方都是独立的社会分工主体，具有各自不同的利益。与此同时，在现代市场经济动态演进的行程中，产权制度安排的规范和完备仅仅是一个理想的均衡点。契约一方利用产权制度及其制度安排的缺陷故意违约，则必将给另一方带来风险损失。因此，建立在社会分工基础上的经济生活内生着风险，经济风险是客观存在的，市场经济就本质而言就是一种风险经济。所以不难推论，金融市场主体之间以及与其他社会经济主体（包括居民、厂商和政府）的交易契约难以彻底实现完全履行，必然存在金融风险。

（二）经济主体的有限理性与机会主义倾向

主流经济学的一个基本理论假定就是任何经济主体都是追求利益最大化的理性经济人。但是在现实当中，由于环境的不确定性和复杂性以及人类先天的局限性，存在着信息的不对称，即市场交易的参与者掌握的交易对象信息在质和量上不相等。这就形成了经济人的理性并非是完全理性，而是有限理性。因此，实践当中的经济主体决策面临着难以避免的信息不对称问题，从而导致决策的滞后、片面，甚至扭曲错误，继而引发风险。商业银行也难以回避这一困境。另外，由于有限理性和信息不对称的存在，经济人天生具有机会主义倾向，并产生出借助不正当手段谋取自身利益的内在激励。反映在借贷市场上，就是著名的逆向选择和道德风险问题，构成了激发金融风险的内因和强化风险的动因。

（三）金融机构的内在脆弱性

马克思（1894）针对资本主义日益严重的经济与金融危机，在劳动价值论和商品与货币关系理论的基础上形成了金融危机理论。他认为金融体系加速了私人资本转变为社会资本的进程，但由于金融资本家夺取了产业资本家和商业资本家的资本分配能力，其本身也沦为引致危机的最有效工具。金融体系得以存在和运行的前提是人们对商品内在货币价值的信仰决不能脱离实物经济，但金融资本家的趋利心、虚拟资本运动的相对独立性却为信用崩溃提供了条件。

早期的西方经济学家维布伦（Veblen，1904）、Fisher（1932）等提出并发展了金融机构内在脆弱性理论，认为社会经济的周期震荡影响到包括商业银行在内的金融体系。明斯基（Minsky，1985）提出了金融不稳定假说，认为商业银行和其他拥有信用创造功能的非银行金融机构所具有的内在特性，使它们不得不经历周期性的危机和破产浪潮，金融中介的困境被传递到经济的各个领域，造成宏观经济的动荡和危机。明斯基通过企业分类和不同经济周期阶段上银行贷款行为分析，来研究银行风险和危机，并把原因归结为代际遗忘和竞争压力。金德勒贝格尔（1987）也从周期性角度解释了金融风险的孕育和发展。而货币主义学者则认为金融动荡的基础在于货币政策。与此同时，克瑞格（Kregel，1997）借助"安全边界"（margins of safety）概念来阐明金融机构的内在脆弱性。他认为商业银行在发放贷款前应确定安全边界，但银行倚重的是借款人以往的信用记录，随着时间推移，市场环境和借款企业均发生很大变化，将逐渐侵蚀安全边界，增大金融脆弱性，银行风险应运而生。

（四）金融资产价格波动性

汇率、股价等金融资产价格的剧烈波动是产生商业银行风险的重要原因。在外汇市场，汇率的不稳定源自浮动汇率的过度波动（即市场汇率的波动超过了可用真实经济因素来解释的范围）或固定汇率的意外变动。多恩布希（Dornbusch，1976）的汇率超调理论指出，浮动汇率制下汇率的剧烈波动及其错位是由于初始外部冲击发生后，资本和商品的价格过度反应，所以汇率波动几乎不可避免，风险也无法消除。而在股票市场上，任何影响资产未来收入流量的心理预期都会引起资产价格的波动。股市内在波动性归因于：其一，存在过度投机，即强调市场集体行为的非理性导致的过度投机对资产价格的影响；其二，宏观经济不稳定，影响到收益预期或市场贴现率，引致股市波动；其三，证券市场操纵行为，人为影响股价波动；其四，交易和市场机构的某些技术性特征影响，加剧股市的波动性；其五，股市投资者个体的非理性行为。投资者的乐观预期将推升股价至极度不合理，导致市场崩溃，而悲观预期引发的恐慌性抛售则足以摧毁健康的股市。

（五）委托—代理关系

在金融机构内部存在着委托—代理关系。金融机构的经济绩效由作为代理人的管理层的经营行为和其他不确定因素共同决定，而作为委托人的机构所有者由于信息不对称和不完全，不能直接观察到管理者的所有经营行为及其努力程度，也不可能了解所有影响运作的不确定性因素，故只能从可观察到的金融机构经营绩效来推测管理者的行为。信息拥有量的多少在相当程度上取决于委托人搜集信息的动力和能力，这又带来了一定的成本。此外，破产机制也无法有效地约束金融机构的代理人。金融机构和市场作为社会资金支付、转换、配置系统的核心，对社会经济的发展起着举足轻重的作用。同时，金融机构又是各类经济风险集聚和发散的中心，其风险具有扩散性和放大性。因而，世界各国均对金融机构的破产持谨慎态度。绝大多数情况下会采取多种援助手段，"大则不倒"（too big to fail）的法则使得破产机制对金融机构的约束力相对较小。由此可看出，委托—代理关系内化出的代理成本，亦是金融风险的一大根源。

二、当前金融风险复杂化的经济背景

第二次世界大战后至20世纪70年代，国际金融业处于一个相对平稳时期，大多数国家实施严格的金融监管，使金融机构单纯地经营规定业务，既限制了同业的竞争，又给金融机构带来了稳定可观的利润。监管机构着重于保护金融业的安全和控制货币的发行，并且限制了其他各类非金融机构的市场准入，这就降低了金融风险。然而，20世纪70年代以后，一浪高过一浪的经济变革推动着金融业发生剧变，在带来巨大商机的同时，也日益加剧了金融风险。

1. 金融市场功能扩张

首先，布雷顿森林体系的固定汇率制崩溃之后，普遍实行了浮动汇率制，建立起了牙买加货币体系，为解决各国的国际收支不平衡问题找到了解决途径，同时也由于其本身缺乏稳定性而使商业银行面临的市场风险大为增加。其次，融资证券化和资产证券化成为世界金融发展的新潮流。在国际金融市场上，以证券融资为代表的直接融资取代了银行贷款而成为主导的融资方式，出现了"脱媒"的金融现象，大批高端客户转向了资本市场进行融资，商业银行面临着客户群缩减和相对风险加大的严峻问题。此外，经济全球化和金融自由化浪潮迭起，国际资本在全球寻觅获利机会，国际资本流动的数量和速度均迅速增加。在提高金融效率的同时，加剧了国际经济的波动性，同样也增大了金融风险。

2. 放松管制与金融创新

最初，银行业的放松管制发端于废除关于经营范围的各类限制，并且向利率自由化、解除竞争壁垒等纵深发展。因为导致金融条块分割的旧有法规早已过时，其中具有代表性的有美国的"Q条例"、《格拉斯—斯蒂格尔法案》和日本的"65条款"等。这些法规的废止，使得商业银行与投资银行的传统差异日渐消失；而在实行全能银行制的欧洲国家，亦呈现出银行功能由分散走向集中的趋势。由规避管制和放松管制激发起金融创新的浪潮，货币市场基金、衍生工具、杠杆收购、项目融资、结构交易等新的金融产品层出不穷，不同类型的全能金融机构成为发展的主流方向，并购产生的超巨型金融机构不断涌现。这些既使金融机构进入了一个全新的历史发展阶段，又使原有金融风险所涵盖的范围急剧扩大，金融风险的多元化和复杂化成为这一时期最突出的现象。

3. 新技术浪潮

20世纪60年代以来，出现了以计算机和网络技术的开发与应用为标志的新技术革命，扩展到了金融领域，不仅改变了金融观念和实际运作，而且推动了金融创新，把金融发展推进到了金融科技革命的层次。

计算机在金融业的普及，不仅替代了人工操作，提高了效率，节约了人力资本，而更为重要的是把以前分散化、多层次的金融机构运营和管理体系整合成一个信息畅通、沟通便利的综合体系。自动存取款机、POS机、家庭银行、网上金融交易等新技术手段的应用，大大扩展了金融服务的时空范围和效率水平。此外，新技术革命使得全球金融市场联成一个整体，极大地便利了跨国金融交易和资金流动。但同时也带来了一些负面影响。科学技术的进步使得国际金融市场波动能以前所未有的速度进行传播，对金融风险产生了推波助澜的作用。同时，病毒、断电、系统故障、计算机犯罪、网络黑客等不同风险的影响，大大增加了对金融风险进行控制和管理的难度，特别是这些风险具备小概率事件的特征，准确度量的难度极大，且造成的损失巨大。

4. 制度变革与社会转型

在经济转型时期，旧有的一些矛盾得到化解，同时又会出现一些新的风险，这是转型经济的显著特点。尤其是中国正处于向社会主义市场经济的演进当中，走的是一条前所未有的、没有任何参照对象的制度变革之路，因而具有独特的情况。比如，从国内商业银行变革来看，目标是建立现代企业制度，成为自主经营、自负盈亏、自我约束、自我发展的商业银行。而从完全由国家掌控、国有独资到成为制度清晰、股权多元、管理高效的现代金融企业，中国商业银行经过的不啻是一条充满荆棘和风险的道路，需要进行制度架构设计、股份制改造、内部管理重塑、业务流程再造、机构布局调整、人力资源配置、资本金充实、公开上市等多项改革，其内在风险不言而喻。与此同时，商业银行的外部环境也发生了很大改变，国有企业改革、民营企业飞速发展、和谐化发展道路选择、社会信用体系构建、国际贸易和经济合作几何增长等，令人目不暇接，随之而来的风险倍增。

由此可以看出，金融风险的内涵和外延都已发生了巨大的变化，新的形势要求理论界、金融业、居民、企业和政府重新审视和正确看待金融风险问题，既不可掉以轻心，也不能因噎废食。如何正视当前复杂的金融风险已成为迫在眉睫的重要课题。

第三节　金融市场中的投资收益与风险

收益和风险是金融市场投资的核心要素，两者之间存在着密切的联系，正确理解收益和风险的概念，找到影响它们发生变化的因素，从数量上予以精确的衡量，是进行金融市场分析和投资选择的重要前提条件。

一、单个证券的收益与风险的衡量

证券投资的收益有两个来源，即股利收入（或利息收入）加上资本利得（或资本损失）。比如在一定期间进行股票投资的收益率，等于现金股利加上价格的变比，再除以初始价格。假设投资者购买了 100 元的股票，该股票向投资者支付 7 元现金股利。一年后，该股票的价格上涨到 106 元。这样，该股票的投资收益率是（7 + 6）/100 = 13%。

因此证券投资单期的收益率可定义为：

$$R = \frac{D_t + (P_t - P_{t-1})}{P_{t-1}} \qquad (12-1)$$

其中，R 是收益率；t 指特定的时间段；D_t 是第 t 期的现金股利（或利息收入）；P_t 是第 t 期的证券价格；P_{t-1} 是第 $t-1$ 期的证券价格。在公式（12-1）的分子中，括号（$P_t - P_{t-1}$）内的部分代表该期间的资本利得或资本损失。

由于风险证券的收益不能事先确知，投资者只能估计各种可能发生的结果（事件）及每一种结果发生的可能性（概率），因而风险证券的收益率通常用统计学中的期望值来表示：

$$\overline{R} = \sum_{i=1}^{n} R_i P_i \qquad (12-2)$$

其中，$\overline{R}$ 为预期收益率；R_i 是第 i 种可能的收益率；P_i 是收益率 R_i 发生的概率，n 是可能性的数目。

预期收益率描述了以概率为权数的平均收益率。实际发生的收益率与预期收益率的偏差越大，投资于该证券的风险也就越大，因此对单个证券的风险，通常用统计学中的方差或标准差来表示，标准差 σ 可用公式表示成：

$$\sigma = \sqrt{\sum_{i=1}^{n} (R_i - \overline{R})^2 (P_i)} \qquad (12-3)$$

标准差的直接含义是，当证券收益率服从正态分布时，2/3 的收益率在 $\overline{R} \pm \sigma$ 范围内，95% 的收益率在 $\overline{R} \pm 2\sigma$ 范围之内。

例 12 – 1   某一证券的预期收益率与标准差

可能的收益率 R_i	概率 P_i	预期收益率 $\overline{R}$	方差 σ^2
		$R_i P_i$	$\sum_{i=1}^{n} (R_i - \overline{R})^2 (P_i)$
– 0.10	0.05	– 0.005	$(-0.10 - 0.09)^2 (0.05)$
– 0.02	0.10	– 0.002	$(-0.02 - 0.09)^2 (0.10)$
0.04	0.20	0.008	$(0.04 - 0.09)^2 (0.20)$
0.09	0.30	0.027	$(0.09 - 0.09)^2 (0.30)$
0.14	0.20	0.028	$(0.14 - 0.09)^2 (0.20)$
0.20	0.10	0.020	$(0.20 - 0.09)^2 (0.10)$
0.28	0.05	0.114	$(0.28 - 0.09)^2 (0.05)$
$\sum$	1.00	0.090	0.00703

在可能收益率分布中，预期收益率等于 9%，标准差为 8.38%。

二、证券组合的收益与风险

现实当中，投资者很少把所合财富都投资在一种证券上，而是构建一个证券组合，关键就是分析证券组合的收益和风险。

假设投资者没有将所有资产投资于单个风险证券，而是将其资金分别投资于风险证券 A 和 B，投资比重分别为 X_A 和 X_B，$X_A + X_B = 1$，则该证券组合的预期收益率 $\overline{R}_p$ 等于单个证券预期收益 $\overline{R}_A$ 和 $\overline{R}_B$ 以投资比重为权数的加权平均数，用公式表示：

$$\overline{R}_p = X_A \overline{R}_A + X_B \overline{R}_B \qquad (12-4)$$

由于两个证券的风险具有相互抵销的可能性，两种证券组合的风险就不能简单地等于单个证券的风险以投资比重为权数的加权平均数。其收益率的方差 σ_p^2 计算公式为：

$$\sigma_p^2 = X_A \sigma_A^2 + X_B \sigma_B^2 + 2X_A X_B COV_{AB} \qquad (12-5)$$

第四节　金融风险管理

一、金融风险管理

金融风险管理是指设计和执行如何度量和控制金融风险的过程，是为了减少风险暴露进行效益和成本权衡而采取的行动。放松管制、全球化经营、交叉经营的背景下形成的发展趋势，使风险管理成为金融机构基本的战略性活动。实质上可以讲，金融机构的整个商业活动就是在反复地接收、转移和处理风险。但是，对金融风险全面系统的认识与管理却是最近几十年的事。随着全球金融市场的波动日益增大，20 世纪以来的金融自由化、全球化以及对金融创新的发展都对金融机构运营的稳定性构成威胁，于是金融风险管理便应运而生。尤其是，当今的利率、汇率、和商品价格的波动性日益增加，所以提高金融风险管理水平的必要性与迫切性也与日俱增，对新的金融工具和风险管理中的分析工具的需要也倍感迫切。

二、金融风险管理目标

金融风险管理目标，总的来说，是处置和控制风险，防止和减少损失，保障资金筹集和经营活动的顺利进行。具体来说，金融风险管理的目标有两个：一是安全性，它是金融风险管理的基本目标。对金融机构而言，其业务活动是建立在负债经营基础之上的，只有在资金安全的条件下，通过经营、运作，才能实现收益，才能实现企业的生存和发展。二是收益性，它是金融风险管理的最终目标。金融机构作为一个企业，追求利润最大化是它的天然属性。盈利性是它追求的主要目标，安全性必须服从于并服务于这个目标。安全目标是收益目标的前提，没有安全性，收益便无从谈起；收益目标是安全目标的归宿，若没有收益，安全目标也就失去了意义。

三、金融风险管理程序

金融风险管理的程序是对金融风险进行管理的基本步骤，是实施金融风险管理的主要内容和中心环节。通常分为金融风险的识别、金融风险的度量、金融风险管理技术的选择以及对金融风险的控制这四个步骤：

（一）识别金融风险

首先要搞清楚风险管理的对象，并且对经济主体面临的各种潜在风险因素进行认识、归类和分析。只有这样才能有针对性地对风险暴露进行风险管理，这一步也是金融风险管理得以进行的前提和基础。随着科研水平的提高，人们对风险的认识，及根据实际需要对引起个体风险的原因、达到的程度等的技术分析也越来越深入和细致，这无疑能够大大加深金融风险管理所达到的效果。

（二）度量金融风险

在识别出需要管理的风险之后，要对各种风险因素进行效益/成本、投资比重、风险偏好等量化分析，计算出不确定性的大小和概率，这便是金融风险的度量。所要解决的主要问题是：风险究竟有多大，会带来何种程度的损失。它要求我们通过运用概率论和数理统计的方法并借助于电子计算机等先进工具，对大量已发生的损失频率和损失的严重程度的资料，进行科学的风险定量分析，以准确地度量风险，选择有效的工具来处置风险，实现用最小的费用支出获得最佳风险管理效果的目的。

（三）选择金融风险管理技术

在对风险识别和度量之后将就金融风险的控制问题选择风险管理技术，即在风险分析的基础上，根据金融风险管理的目标和宗旨，选择金融风险管理的各种工具进行最优组合，以便有效地处理各种风险。金融风险管理对策主要分为两大类，即金融风险控制对策和金融风险财务处理对策。

（1）金融风险控制对策—控制法。控制法是损失发生前力图控制与消除损失的工具。它包括避免风险和损失控制两个方面的内容。

一是避免风险。避免风险的做法是终止或暂停某类活动或改变活动的性质和方式，因此，它是各种金融风险管理方法中最简单亦最为消极的一种，企图设法回避损失发生的可能。所以，在金融风险管理的过程中一般较少采用避免风险这一方法来处置金融风险问题。

二是损失控制。损失控制是指对于经济主体不愿意放弃也不愿意转移的金融风险，压低其损失频率、缩小其损失幅度的各种控制方法。损失控制是金融风险控制工具中最积极主动的一种，也是经济主体最适用、最常用的一种。它的做法是通过某种金融工具或方法来改善金融风险的特征，使经济主体能够接受或掌握各金融风险的运动规律。

（2）金融风险财务处理对策——财务法。财务法是指用所有筹集资金支付风险损失的方法，是在损失发生后的财务处理和经济补偿的手段。它包括自留风险和风险转移两种方法。

一是自留风险。自留风险是金融风险管理中的财务管理中的财务处理方法，是一种常用的方法。当某项金融风险无法避免或由于可以获利而需要冒险时，就必须承担和保留这种风险，由经济主体自行设立或筹集资金来进行补偿。比如，银行为了防范信用风险，就按贷款总额提取一定比例的坏账，以此来弥补呆滞或呆账贷款给银行带来的损失。

二是风险转移。风险转移是指经济主体将其面临的金融风险所可能导致的损失有意识地转移给另一经济主体的一种金融风险管理方法。由于金融风险既可能带来损失也可能带来收益，是一种动态的投机性风险，不属于保险理赔的范围，因此，非保险型金融风险转移是金融风险转移的主要方式。

（四）控制金融风险

这一步将利用所选择的风险管理技术，综合评价结果，设置交易头寸上下限，调整投资组合的资产结构与投资比重，将不确定性控制在预先设定的、可以承受的水平之内。这一步是金融风险管理的最终目的和归宿。同时，金融风险控制还应该包括管理措施及实施后的检查和调整，目的是为了发现金融风险管理过程中的隐患并进行迅速的纠正和补救。

事实上，简单地说控制金融风险就是分散和转移该金融风险，也是通过市场交易进行收益和风险的流动配置的最主要的方式（把自己不愿意承受的风险转移给其他人）。转移金融风险的基本方法有三种：保险、风险分散化和套期保值。

（1）保险是通过支付保险费（可以理解为保单的价格）的方法来避免损失转移风险的。实际上也就是利用确定的损失（所支付的保险费）来替代可能遭受的更大的损失。

（2）风险分散化是通过分散化的投资在投资组合内实现自然对冲，

消除非系统性风险。其结果是大大降低对单项有风险资产的风险暴露程度。

（3）套期保值是构建一项头寸来临时性地替代未来的另一项资产（或负债）的头寸，或是构建一项头寸来保护现有的某项资产（或负债）头寸的价值直到其可以变现而采取的行动。实际上，套期保值是利用金融衍生工具对冲头寸来管理价格风险的一种方法。套期保值与保险的不同在于减少风险暴露的同时，放弃了可能获利的机会。最常用的套期保值工具有金融期货、远期、期权和互换。

套期保值工具多数是因为市场发展到一定程度，为了规避越来越强的金融风险而产生的。随着金融衍生工具的迅速发展，其已经形成了特有的虚拟经济市场，并且交易量不断增加。但是这种虚拟经济市场的存在又从两个方面增大了金融市场的风险。首先由于金融衍生物是凌驾于实体经济之上的、虚拟的、并且有很大的投机性和以小博大功能，因此随着金融衍生物和虚拟经济的产生，金融市场的风险又大大增加了。另外，由于金融衍生物是依赖于实体资产而存在的，但是由于强大的投机性，人们对其很多时候是心理需求，这就很容易产生金融泡沫，过大的金融泡沫往往会形成金融危机，这从另一个角度又增加了金融市场的风险。显然要想对虚拟经济这部分进行正确的风险度量，对金融衍生工具的合理定价是必需的。但是金融衍生工具的价格却受到标的资产、利率等金融基准点的影响不易获得。

四、国际金融风险管理的发展

20 世纪 70 年代以来，国际金融业一直发生着显著的变化，为适应金融业发展的潮流，各国金融管理当局对金融风险的监管也在不断改革和完善，并呈现出以下特点。

（一）实行资产负债比例管理，强调保持资产的流动性

根据资产负债表的各科目之间的"对称性原则"，来实现流动性、盈利性和安全性的统一，谋求经营上的风险最小化和收益最大化。各国都强调银行要保持资产的流动性，根据业务发展情况建立有效的风险资产管理办法，不断降低经营成本和风险。在西方国家，银行业的经营采取相当谨慎和稳健的方针，一般规定向单个客户提供的贷款不得超过其自有资金的20%，并广泛采用银团贷款方式，以分散和降低风险。

（二）对新金融工具的监管得到重视和加强

在 70 年代出现的金融创新浪潮的推动下，各种新型金融工具层出不穷，极大地促进了金融市场整体效益的提高，给银行带来了巨大的盈利机会。但是金融创新也给金融业的安全稳定带来更多、更大、更复杂的问题。因为虚拟资本的过度交易所创造的只是一种"虚幻的金融价值"，造成了泡沫经济的虚假繁荣，一旦泡沫破灭，就会带来金融危机。这已经被事实所证明。近期发生的金融危机，迫使人们在运用金融的衍生工具创造收益的同时，更要把注意力集中至对新金融工具风险的预防与控制上来。

（三）遵循巴塞尔协议的各项规定，加强对资本充足率的监管

各国银行纷纷采取措施，制定达到《巴塞尔协议》规定标准的过渡时间表；各国中央银行参照《巴塞尔协议》精神，积极修订对金融业的监督管理体制。如美国于 1991 年制定了《联邦存款保险公司改进法》。将银行按资本水平分为五个等级，并区分不同等级制定不同的管制方案，加强了对银行业的监管。

（四）建立存款保险制度，保护存款者利益

美国在 1933 年建立了联邦存款保险公司，开创了现代银行存款保险制度的历史。大多数资本主义国家在 60 ~ 80 年代也陆续建立了存款保险制度。虽然大部分发展中国家尚未建立正式的存款保险制度，但有些国家已建立了各类存款的"保险基金"。尽管各国的存款保险计划或制度不尽相同，但各国都一致认为建立存款保险制度十分必要，不仅可以在发生银行破产、倒闭或其他重大危机时，有效地保护存款者利益和稳定储户信心，从而提高金融体系的信誉和稳定性，而且也有利于整个社会政治经济的繁荣和稳定。

（五）引导和督促金融机构加强内控制度建设

随着金融自由化的不断发展，西方国家相继放宽了金融管制，同时，把（完善金融机构内部控制制度建设）作为（风险管理的一项主要内容）和对中央银行金融监管的重要补充，更加注重金融机构内控制度建设。通过强化内控制度建设，抵御可能出现的各种风险，降低风险发生的可能性。

（六）在金融监管领域广泛使用高新技术

高新技术在金融领域的广泛应用，不仅极大地推动了金融业务的发展，而且在金融监控中也发挥着越来越大的作用。如美国中央银行的计

算机监控网络可以随时分析银行的最新统计资料，及时发现问题并"报警"，便于提前采取措施消除风险。

五、国外金融风险管理的主要成效

（1）已形成了比较完善的金融风险管理系统。经过几十年的努力，各国都已建立了一套比较完善的控制和管理金融风险的法律制度，在金融市场准入、业务动作、人员管理、监督考核、风险处理等方面形成了严密而科学细致的规定。金融机构自身也建立了比较完整有效的内部运作机制、管理制度，并形成了良好的制度再建设机制。同时，充分利用现代科学技术成果，不断改进管理方法、管理手段和信息反馈处理工具，建立了高效率的风险研究、分析机制，能较及时、全面地分析、反映出各种风险因素、风险趋势。

（2）政府在金融风险管理中发挥重大作用。一是通过金融管理当局对金融业实施管理、监督，促进其规范经营，控制风险。二是维护稳定的金融秩序，当金融机构出现危机或暂时性困难时，政府一般会积极提供援助，帮助渡过难关，或采取措施，对金融机构实施接管、重组、整治、破产，保护债权人利益。三是在协调解决国际性金融债务危机，以及加强国际性、区域性金融合作方面，政府发挥着主导的、关键性作用。

（3）不断强化跨行业金融风险的综合管理。对金融实行综合管理的国家，金融机构可经营多种金融业务，尤其是商业银行已成为"金融百货公司"。即使在实行分业管理的国家，由于竞争的加剧，金融创新的发展，原有的行业分工变得越来越模糊，业务交叉越来越多，特别是现代高科技成果广泛运用，大量表外业务的出现，"金融百货公司"也越来越多。银行、证券贸易、资产管理、保险等业务合并经营的情况越来越普遍，并且由于金融市场的高度发达，金融机构可以迅速变改其资产和负债的组合。相应地，不管是单一的金融机构，还是整个金融体系，多行业金融风险集中表现趋势日显突出。例如，巴林银行倒闭时，负债的相当部分与其证券和其他非银行经营活动的结算业务有关，其负债的15%是该集团资产管理公司的存款。

（4）金融风险管理的国际合作不断加强。跨国银行的扩张和金融资本国际化的飞速发展，一方面使得母国管理当局无法实现对国际金融业务及活动的完整有效的监管，另一方面为保证国与国之间国际金融业务的平等竞争，必须对所有参与国际金融活动的金融机构进行有效的、规范化的管理。在这种背景下，金融风险管理的国际合作不断加强。

（5）国际性金融组织在金融风险管理中的地位、作用不断提高。国际性金融组织在促进国际金融合作、管理、控制金融风险工作中，通常有两种形式：一种是签订正式协议（即谅解备忘录），以具有强制性的制度，明确各方应尽的义务（如欧盟的有关决定），使得相互间可以接触各国的官方文件和信息。另一种是非正式联系，广泛的接触和交流，为各国中央银行或监管当局之间，实现双边或多边信息共享。这种形式在加强合作方面发挥着越来越大的作用，尤其在危机管理期间，因其最具灵活性和及时性，作用更是无法估计。

（6）有力促进了发展中国家对金融风险的管理。发达国家金融风险管理的先进做法，为发展中国家提供了经验。同时，为了维护自身在国际金融活动中的利益，发达国家也经常主动帮助（甚至强制要求）发展中国家按照国际惯例管理金融业，强化金融风险控制机制，从而有力地推动了发展中国家管理金融风险。尤其是《巴赛尔协议》的实施，极大地促进了发展中国家努力增加资本，调整资产结构，改变风险资产权重，提高资产质量。

本 章 小 结

金融风险是伴随着金融活动的发生而产生，发展而加剧的。由于经济活动的金融化程度不断增强，现代金融已经成为经济生活的核心和动脉，对国民经济的健康稳定发展起着至关重要的作用，因此，社会各界对金融风险管理的关注程度日渐增强。本章就对金融风险的相关基本知识做了简要的介绍。首先，简要描述了金融风险的内涵，特征及其主要的划分类型；其次，通过对金融风险生成的理论和当前金融风险日趋复杂化的经济背景的分析，阐明了金融风险的内生机制；之后又对金融市场中的投资收益和风险的衡量方法做了概述；最后，系统地阐述了现在金融风险管理的过程，并对国外金融风险管理的发展和主要成效进行了简要的说明。

习　题

1. 如何理解金融风险的内涵及其产生的根源？

2. 根据影响范围的不同，金融风险可划分为哪几类？可以被消除或控制吗？

3. 金融风险的风险因素有哪些？据此划分的金融风险类型中什么是最基础的？

4. 比较金融风险与经济风险的区别和联系。

5. 金融风险作为一种获得收益或者遭受损失的可能性，它在可观测的经济现象中都有哪些主要的外在表现形式？

6. 某投资者投资了一个组合，包括两种资产 A 和 B，它们的全中分别是 40% 与 60%，此产组合的标准差是 50%，两种资产之间的相关系数为 0.5，已知资产 A 的标准差 10%，那么资产 B 的标准差是多少？

7. 如何理解金融机构的内在脆弱性？

8. 金融风险生成的原因有哪些？

9. 当前的金融风险为何日益复杂化？

10. 何为金融风险管理？为什么要对风险进行管理？

11. 怎样有效地管理金融风险？

12. 从国外的金融风险管理中我们可以得到哪些启示？

第十三章

市场风险的度量与管理

第一节　市场风险概述

一、市场风险

（一）市场风险的定义

市场风险是指因市场价格（利率、汇率、股票价格和商品①价格）的不利变动而使金融市场主体发生损失的风险。市场风险存在于金融市场各项活动之中。

市场风险可以分为利率风险、汇率风险（包括黄金）、股票价格风险和商品价格风险，分别是指由于利率、汇率、股票价格和商品价格的不利变动所带来的风险。

利率风险按照来源的不同，可以分为重新定价风险、收益率曲线风险、基准风险和期权性风险②。

1. 重新定价风险

重新定价风险（repricing risk）也称为期限错配风险，是最主要和最常见的利率风险形式，来源于银行资产、负债和表外业务到期期限（就固定利率而言）或重新定价期限（就浮动利率而言）所存在的差异。这种重新定价的不对称性使银行的收益或内在经济价值会随着利率的变动

---

① 这里所称商品是指可以在二级市场上交易的某些实物产品，如农产品、矿产品（包括石油）和贵金属（不包括黄金）等。

② 中国银行业监督管理委员．商业银行市场风险管理指引．2005.3.1

而变化。例如，如果银行以短期存款作为长期固定利率贷款的融资来源，当利率上升时，贷款的利息收入是固定的，但存款的利息支出却会随着利率的上升而增加，从而使银行的未来收益减少和经济价值降低。

2. 收益率曲线风险

重新定价的不对称性也会使收益率曲线斜率、形态发生变化，即收益率曲线的非平行移动，对银行的收益或内在经济价值产生不利影响，从而形成收益率曲线风险（yield curve risk），也称为利率期限结构变化风险。例如，若以五年期政府债券的空头头寸为 10 年期政府债券的多头头寸进行保值，当收益率曲线变陡的时候，虽然上述安排已经对收益率曲线的平行移动进行了保值，但该 10 年期债券多头头寸的经济价值还是会下降。

3. 基准风险

基准风险（basis risk）也称为利率定价基础风险，是另一种重要的利率风险来源。在利息收入和利息支出所依据的基准利率变动不一致的情况下，虽然资产、负债和表外业务的重新定价特征相似，但因其现金流和收益的利差发生了变化，也会对银行的收益或内在经济价值产生不利影响。例如，一家银行可能用一年期存款作为一年期贷款的融资来源，贷款按照美国国库券利率每月重新定价一次，而存款则按照伦敦同业拆借市场利率每月重新定价一次。虽然用一年期的存款为来源发放一年期的贷款，由于负债与利率敏感性资产的重新定价期限完全相同而不存在重新定价风险，但因为其基准利率的变化可能不完全相关，变化不同步，仍然会使该银行面临着因基准利率的利差发生变化而带来的基准风险。

4. 期权性风险

期权性风险（optionality risk）是一种越来越重要的利率风险，来源于银行资产、负债和表外业务中所隐含的期权。一般而言，期权赋予其持有者买入、卖出或以某种方式改变某一金融工具或金融合同的现金流量的权利，而非义务。期权可以是单独的金融工具，如场内（交易所）交易期权和场外期权合同，也可以隐含于其他的标准化金融工具之中，如债券或存款的提前兑付、贷款的提前偿还等选择性条款。一般而言，期权和期权性条款都是在对买方有利而对卖方不利时执行，因此，此类期权性工具因具有不对称的支付特征而会给卖方带来风险。比如，若利率变动对存款人或借款人有利，存款人就可能选择重新安排存款，借款人可能选择重新安排贷款，从而对银行产生不利影响。如今，越来越多的期权品种因具有较高的杠杆效应，还会进一步增大期权头寸可能会对银行财务状况产生的不利影响。

（二）市场风险的发展演变

在相当长的一段时间里，市场风险并没有如同信用风险一样引起金融市场主体和金融监管部门充分的重视，比较有代表性的就是1988年巴塞尔银行监管委员会颁布的资本协议，其在计算银行资本充足率时对银行资产风险的考虑也只是局限于信用风险，并没有包括市场风险因素在内。造成这一现象的原因主要在于以下几个方面：

（1）由于传统商业银行的收入主要来源于存贷款的利率差，且利率水平受到政府管制而相对稳定，因而利率风险并不突出。

（2）以美国为代表的主要金融市场长期实行银行业与证券业的分业管理，商业银行很少从事以市场风险为特征的证券业务，表外业务也不突出，因而商业银行的风险构成以中长期传统信贷业务带来的信用风险为主，所承担的市场风险相对并不突出。

（3）在西方金融市场的融资结构中，银行贷款的间接融资方式在相当长的时期内占主导地位，证券市场和投资银行所带来的市场风险特征在很大程度上被这种融资格局所掩盖，没有引起监管部门的充分重视。

（4）一直到20世纪70年代初布雷顿森林体系崩溃以前，国际货币体系都在实行固定汇率制度，汇率在各国政府和国际货币基金组织的严格管理之下非常稳定，因而给国际经济活动带来的汇率风险也很小。

然而，20世纪七八十年代以来，国际金融市场发生了很大的变化，金融自由化、全球化、融资证券化等发展趋势对金融领域产生了很大的影响。这些变化和影响一方面使金融市场风险大大增大了；另一方面，金融机构和监管部门对市场风险的管理技术和监管程度也有了很大的发展和提高。

具体而言，引起金融市场风险增大的原因主要有以下几个方面：

（1）随着各国利率管制的逐步被取消和利率市场化以及布雷顿森林体系逐步解体，利率、汇率的波动明显加剧。此外，外汇管制的解除和资本国际流动规模的日益扩大不仅加大了汇率波动的幅度，也使得各国证券市场的价格波动性加强。

（2）金融自由化和银行混业经营使得银行除从事传统的存贷款业务

外，证券交易业务也迅速发展，因而面临更多、更复杂的市场风险。

（3）市场全球化和业务国际化使得银行拥有越来越多的外币资产和负债，因而越来越多地暴露在汇率风险之中。

（4）衍生金融工具市场的迅速发展和银行大量介入这一市场，尤其是投机性交易使银行面临的市场风险被具有杠杆性质的衍生产品交易成倍放大。

（三）市场风险的影响

市场风险作为金融机构最主要的风险之一，给国际金融市场带来了巨大波动，这不仅使银行或公司遭受损失，而且给国家宏观经济政策的正常执行带来负面影响。

【案例1】 长期资本管理公司事件

长期资本管理公司（long—term capital management，LTCM）是美国一家主要从事套利活动的对冲基金，与量子基金、老虎基金、欧米伽基金一起被称为国际四大对冲基金。该公司网罗了华尔街一批证券交易的精英，包括1997年诺贝尔经济学奖得主默顿和舒尔茨。该公司依仗其雄厚的金融技术力量，尤其是默顿和舒尔茨代表的金融工程方面的权威，一方面在全球金融市场上大量从事套利活动；另一方面运用金融工程技术管理套利活动中的各种风险。

然而，该公司于1998年9月23日突然宣布清盘。原因是同年8月俄罗斯经济金融危机的爆发以及亚洲形势的恶化使LTCM的资金48亿美元急剧下降到6亿美元。原因在于市场变动判别失误、杠杆比率过高及风险管理失控。LTCM用23亿美元资本作抵押，进行总额达12500亿美元的衍生产品及远期合约等交易。市场走向的判断失误，使其遭受重创。

这个消息公布后，道·琼斯指数当日便下跌了150余点，并拖累欧洲和亚太股市刮起跌风。深陷其中的瑞士联合银行预计其在LTCM中的投资损失约为9.5亿瑞士法郎。为了避免金融体系流动性进一步恶化，阻止经济衰退，纽约联邦储备银行组织15家大型商业银行和投资银行共同向LTCM注资，收购LTCM大约90%的资产，宣布将耗时三年为其重整资本。同时，美联储于1999年被迫连续三次减息，才使这一情况得到遏制。

长期资本公司的清盘完全是市场风险管理失败的结果，其震撼金融界的原因并不在于业务上的损失对美国或全球金融市场所产生的实质性影响，而是在于其所代表的现代投资和风险管理理念受到了前所未有的挫折和打击。

一个重要启示就是，尽管现代金融技术为风险管理带来了革命性的变革，但它却远未成为金融风险的"解决之道"。相反，对技术手段的迷信和过度依赖，不仅会在微观上使金融市场主体疏忽更为全面的风险控制机制的建设，也会在宏观上导致市场投机力量的迅速上升，进而增加系统性风险。因此，金融风险管理的发展应该以全面系统的风险内部控制体系为核心，同时还要结合政府和行业组织的外部监管，使金融风险得到更加全面的监督和管理。

中国的金融市场尽管还处在发展阶段，无论市场规模及交易品种都无法与发达国家相比，但 1995 年发生的国债 327 交易品种事件导致了国发倒闭、万国证券被申银证券兼并并引发辽宁、上海两地两家公司的贷款银行产生大量坏账，1998 年亚洲金融危机期间广东省国际信托投资公司倒闭引发国内外金融机构产生大量呆账、坏账，国外评级机构下调了我国的国家信用等级及一些国有银行的信用等级，我国金融机构及驻外企业的对外融资几近停顿，由此可见市场风险的危害及其管理的必要性。

二、全球视角下的市场风险管理发展

（一）市场风险管理的新趋势

20 世纪 70 年代，期权定价模型的出现，使金融衍生产品市场得以迅速发展，给国际金融市场带来了巨大的获利机会，但由于交易量不大，其风险并没有引起广泛关注。80 年代，英国金融市场的开放和 1987 年的"大震"以及日本股票市场的上涨使熟悉金融衍生品的交易人员赚取了巨额利润，投资银行在国际金融市场当中的作用也超过了商业银行。但是，当时的风险管理由于技术和系统原因并没有起到应有的作用。1987 的股市暴跌，使诸如花旗银行（Citibank）、米特兰银行（Mdland Bank）、美林证券公司（Merrill Lynch）等许多著名的商业银行和投资银行蒙受了巨大损失。

进入 20 世纪 90 年代，信息技术和计算机的发展为有效的市场风险管理提供了技术上的支持。1992 年 1 月，前纽约联储主席杰瑞·克里根在纽约州银行家协会年会上对此发表讲话，指出银行界应将注意力转向表外交易，并发出警告："我希望这是一个警告，因为它的确是。必须对表外交易进行认真的管理，从银行的高层领导直至交易人员、火箭科学家都必须对此有深刻的认识"。这个讲话标志着官方对衍生产品，特别是场外交易衍生产品风险的高度重视。从此，研究该风险的机构相继出现，其中最著名的是 GROUP OF 30，它专门研究场外衍生产品交易，并在其中的一份报告中第一次提出建立独立的风险管理系统。在官方的影响下，高盛公司（Goldman Sachs）、美林证券公司（Merrill Lynch）、摩根·斯坦利（Morgan Stanley）、雷曼兄弟公司（Lehman brothers）、所罗门兄弟公司（Salomon Brothers）、瑞士信贷第一波士顿银行（CSFB）最大六家金融衍生产品交易商联合成立了衍生品政策小组（Derivatives Policy Group，DPG），对市场风险的评估、管理、报告等进行深入研究，以适应国际金融业务发展的需要。至此，市场风险的管理水平上升到了一个新层次。

（二）市场风险管理框架的建立

市场风险的危害性和管理的必要性引起国际金融领域的广泛关注，以巴塞尔委员会为代表的国际组织对此做了大量研究工作，对市场风险管理从制度到具体实施都有明确和科学的规定，各国银行的监管工作也因此完全依照《巴塞尔协议》的有关框架展开。1998 年，在《巴塞尔协议》的最新文件中要求银行的资本金除了满足以前巴塞尔协议规定的信用风险外，还要包括市场风险。抵御市场风险的合格资本，主要由一级资本和补充资本二级资本构成。经本国监管当局的同意，各家银行也可建立三级资本，但唯一目的是为了满足市场风险所需的资本要求。并规定市场风险的风险价值必须每日计算。在计算风险值时，使用99%的置信度，采用10 天作为考察区间，银行应至少每三个月对其设定的数据进行经常性更新，并应根据市场价格的大幅度变化而随时进行调整。通过外部审计者和（或）监管当局评估模型准确性和有效性，并提出如下原则：

1. 董事会和高级管理层的作用

原则1：为履行其责任，银行董事会应审批有关市场风险管理的战略与政策，并确保高级管理层采取必要的措施以监督与控制这些风险。董事会应定期被告知银行的市场风险头寸，以便了解风险监控的情况。

原则2：高级管理层必须确保银行有效地管理其业务结构及所承担的市场风险、设立控制和限制这些风险的适当政策与程序，并且有足够的资源以评估和控制市场风险。

原则3：银行应明确负责市场风险管理的个人和（或）委员会，并确保风险管理程序重点岗位的职责分离，避免潜在的利益冲突。银行应具有风险计量、监督与控制职能，且应分工明确，与银行的业务部门保持一定的独立，并直接向高级管理层和董事会报告风险头寸。较大或较复杂的银行应有一个独立的部门专门负责设计和管理银行的市场风险计量、监督和控制职能。对市场风险头寸应及时向董事会、高级管理层和各业务负责人提供报告。

2. 政策与程序

原则4：银行制定明确的、与其业务活动的性质与复杂程度相一致的市场风险政策与程序是至关重要的。这些政策应在并表基础上采用，并尽可能适用于各个附属机构，尤其是应注意各附属机构之间的法律差异和现金流动可能遇到的障碍。

原则5：银行必须辨别新产品、新业务中蕴含的风险，并确保在引入或参与之前为其制定适当的程序和控制方法。董事会或它指定的相应委员会应事先审批主要的保值或风险管理举措。

3. 计量与监测系统

原则6：银行必须具备市场风险计量系统，用于掌握所有市场风险的重要来源，并按照与银行业务范围相符的方式评估市场变动的影响。风险管理者与银行管理层应充分了解该系统的假设条件。

原则7：银行必须建立和执行操作限额以及其他与内部政策相一致的限制风险的做法。

原则8：银行应当衡量在严峻的市场条件下，包括重大假设条件不复存在时的损失承受能力，并在制定和审查其利率风险政策和限额时加以考虑。

原则9：银行必须具备适当的信息系统，以便衡量、监测、控制并通报市场风险头寸。应及时向董事会、高级管理层和各业务负责人提供报告。

4. 内部控制

原则10：银行必须为其市场风险管理程序设立适当的内部控制系

统。定期独立地评价内部控制系统的有效性与完整性是该系统的一个基本组成部分，必要时还应修改或加强内部控制。此类评估的结果应报送有关监管当局。

5. 给监管当局的信息

原则11：监管当局应从银行获取用以计量市场风险水平的充分的、及时的信息。此信息应适当包括每家银行资产负债表及表外项目的期限与币种分布及其他相关因素，例如，交易与非交易活动的区别等。

三、基于行为金融理论的市场风险分析

行为金融理论侧重从市场参与者的心理状态与群体行为入手，对市场现象进行分析，市场参与者的有限理性和套利活动的有限性造成了市场会出现异常的波动。由于各种原因，市场参与者的心态往往会出现较大的波动与改变，从而使他们的投资行为出现不同于寻常的变化，而市场参与者的合力决定市场的走向。未来市场的变化会由于市场参与者心态的微妙变化而变得异常复杂难测，从几个主要方面分析投资者在非常态市场状况下的心理行为变化，从而试图揭示风险的复杂性。

（一）投资者对风险态度的可能变化

主流金融理论以预期效用理论来分析不确定条件下的决策问题，这是一个在理性人假设以及一系列公理的保证下成立的理论。在预期效用理论下，人们是厌恶风险的，因此效用函数是凹的，期望效用小于期望值效用。然而心理实验发现了对预期效用理论的背离。如何更多地注意在概率接近于0和1时的微小变化丹尼尔·卡纳曼和阿莫斯·特沃斯基。这有助于解释对预期效用理论的一些异常偏离。一些研究者强调了决策权重与对收益和损失的不同态度之间的相互作用。阿莫斯·特沃斯基和丹尼尔·卡纳曼认为，人们的风险态度表现为：相对于收益的风险厌恶和相对于高概率损失的风险寻求，以及相对于低概率损失的风险厌恶。总而言之，这个特性引出了一些正式的模型，来代替预期效用模型。虽然其中没有一个像预期效用模型那么简单明了，但在解释行为方面，许多行为都有明显的改善，其中具有代表性的是展望理论。

该理论的重要发现之一是人们在面对收益和损失的决策时表现出不对称性。卡纳曼和特沃斯基的实验得到的结果是：人们并非厌恶风险，当他们认为合适时，他们会赌上一把，但如果不是厌恶风险又是什么呢？

他们认为，人们的动机主要是躲避损失，而不是那么厌恶不确定性，损失总显得比收益更突出、感受更强烈。损失厌恶是指人们面对同样数量的收益和损失时，感到损失令他们产生更大的情绪影响。他们发现同量的损失带来的负效用为同量收益正效用的 2.5 倍。展望理论认为，损失厌恶反映了人们的风险偏好并不是一致的，当涉及的是收益的时候，人们表现为风险厌恶；当涉及的是损失时，人们表现为风险寻求。

后悔厌恶是指当人们做出错误的决策时，对自己的行为感到痛苦。为了避免后悔，人们常常做出一些非理性行为。如投资者趋向于等待一定的信息到来后，才做出决策，即便是这些信息对决策来讲并不重要，没有它们也能做出决策。如果一个人想要避免后悔的痛苦，那就可能做出不理性的行为方式。与后悔厌恶相关的是"认知失调"，指的是当人们面对他们的观点或假设是错误的证据时内心的矛盾。同样地，认知失调可以认为是一种后悔厌恶，即对错误观点的后悔。认知失调理论声称人们可能不愿意接受新信息或提出歪曲的理念以继续维持自己的信念和假设。

后悔厌恶和损失厌恶能较好地解释"处置效应"，即投资者过长时间的持有损失资产或过早的卖出盈利资产。因为投资者盈利的时候，面对确定的收益和不确定的未来走势时，为了避免价格下跌而带来的后悔，倾向于风险回避而做出获利了结的行为。当投资者出现亏损时，面对确定的损失和不确定的未来走势，为避免立即兑现亏损而带来的后悔，倾向于风险寻求而继续持有资产。这种投资行为显然是不理性的。

在投资者以惯常的投资策略进行投资的时候，当市场因为一个突如其来的消息或受到人为的市场操纵等情况进入一个非正常的市场状态时，在绝大多数情况下，投资者会遭到一定的损失。这种情况下，上面提及的理论和效应的作用是非常明显的。

【案例 2】 "巴林银行"和"中海油"事件

"巴林银行"和"中海油"事件有很多相似之处，它们都是在新加坡金融市场上出现的震动世界的金融丑闻，前者导致了具有悠久历史的老牌英资银行的倒闭，后者使中航油新加坡公司辛辛苦苦打下的基业顷刻间灰飞烟灭。分别创下了 13 亿美元和 5.5 亿美元的巨额亏损，教训是十分惨痛的。而曾经辉煌的两起事件的关键人物巴林银行交易员李森和中航油新加坡负责人陈久霖都受到了应有的惩罚。两起事件相隔十年，然而都唤起了业界和学术界对风险管理和公司治理的大讨论，对操作风险、衍生品交易的风险以及公司治理的弊端进行了深刻的检讨。

值得注意的是，这么大损失其实是一个累积的结果，如果在损失发生的早期采取措施，那么最后的局面本来可以避免。早在1992年，李森手下的交易员金姆·王错误地造成了40手日经指数多头的短缺，按当日收市价，给巴林银行造成了2万英镑的损失。李森没有报告这次事故，三天后期价继续上扬，李森不得不补回40手多头部位，这样累计损失达到6万英镑。由于数额巨大，李森害怕影响其前途，不得不将其隐瞒，记入早已废弃的"88888"账户。此后，李森多次用这个账户承接交易过程中的错误与损失，使得这个账户上累积的亏损越来越多，到1994年亏损已达5000万英镑，不断亏损的直接原因是他为了赚取可观的期权金，不得不做没有套期的交易。而李森简单地以为只要不停地加码，只要市场向他预期的方向波动一次，他就可以挽回所有的损失。可是奇迹没有出现，神户和大阪的地震，使得李森不得不最后孤注一掷，他以编制假账的方式先行从巴林银行骗取46亿英镑保证金，买进了3万份期货，而1995年2月23日，日经指数达到17000点时，88888账户已经累计损失了6亿英镑。在长达三年的过程里，损失是一点点累积起来的，从一个方面可以看出，最初的损失，使李森变得更加冒险起来，他希望可以挽回损失，以弥补过错，当缺口越来越大的时候，他已经变得毫无理性可言了。诚然，制度上的缺失为他创造了机会，但是损失过后的心态失衡，造成了最后的赌博心理，正是造成巨额损失的根本原因。

无独有偶，在"中航油"事件中，在危机初露的时候，大约只要5000万美元就可以解围，但是陈久霖没有选择果断的斩仓，而是听取了著名的华尔街投资顾问高盛公司的建议，采用了"挪仓"的方式，这里的确有对著名公司迷信的成分，更重要的是陈久霖并不愿意面对损失和失败，一直寄希望于油价一旦下降可以减少损失甚至获利。此后，中航油放弃了多次斩仓的机会，直到最后不可挽回的局面发生。

两个例子都反映了在面临危机的非常时刻，市场参与者对风险态度的明显变化，尽管有些极端，但是也充分地反映了一般投资者普遍的心态。展望理论以及损失厌恶和后悔厌恶得到了很好的诠释。

（二）投资者心态与行为对市场风险的影响

与上述的风险偏好不同，投资者心态与行为可能产生负面的效果。必须指出的是，这些偏好与信念也许是一直伴随着投资者的，而在特定的情境下，其副作用可能更明显的被显现出来，从而使风险被放大。

1. 经验法则

这是 Kahneman 和 Tversky 提出的关于人们决策的理论，是行为金融学中信念理论的核心。按照传统经济学理论，在不确定情况下进行预测与判断时，理性的经济人依据概率规则或者统计理论计算自己的预期效用，然后采取相应的行动。但事实上，人们常常并不依据概率规则或者统计学原理，而是依靠一些粗浅的经验，Kahneman 和 Tversky 将这种决策方式称为经验法则。依据经验进行预测与判断有时可能得出合理的结果，但也常常导致严重且系统性的错误，在非常情况下，这种可能性尤其大。

他们提出如下三种经验法则：

第一，代表性法则：所谓代表性就是可供选择的各种结果同既有证据之间或者样本与全域之间的相似程度，代表性经验法则就是人们认为这种相似程度越高，结果或者样本出现的可能性也越大。因此代表性经验法则也被称为相似性经验法则。

第二，易得性法则：如果人们在评估事件发生的频率或者概率时，他总是依据他能够记起的该类型事件的容易程度来评估，那么他就是在利用易得性经验。这种容易程度受到人们对类似事件的熟悉程度、类似事件的显著特征等的影响。

第三，定位与调整：在判断事件发生的概率时，人们通常的做法是从一个起始值进行调整，进而得出最后值。这一起始值可能来自需要对之进行判断的问题本身，也可能是人们自己的推断。这一判断法则导致两个问题：首先，人们进行的调整常常是不充分的，结果导致偏差；其次，人们的最后答案因为起始值的不同而不同。这被称作定位与调整法则。

通俗来说，经验法则就是投资者以自身的主观经验代替对事物发生的客观规律的分析，这样使主观概率产生了扭曲，可能造成错误的判断。在非常态的市场条件下，如果一项资产出现异常波动，而投资者仍按常态下积累的经验行事，不去进行实事求是地分析，无疑将面临重大的损失。

2. 过度自信与控制力幻觉

心理学家发现过度自信与控制力幻觉是普遍的心理现象。其根源是人们相信自己能够控制、预测本质上是由偶然性决定的事件，然而大量的研究与实验表明：在很多场合，人们无法对事物之间的因果关系做出正确的判断。对偶然性的估计不足导致人们对风险的估计不足，因此，过度自信和控制力幻觉导致了这样一个残酷的现实：人们自我感觉良好的决策往往是没有根据而且脆弱的，其中暗含了巨大的风险。

3. 羊群行为和反馈机制

金融市场中的"羊群行为"是一种特殊的非理性行为，它是指投资者在信息环境不确定的情况下，行为受到其他投资者的影响，模仿他人决策，或者过度依赖于舆论，而不考虑自己的信息行为。由于"羊群行为"涉及多个投资主体的相关性行为，对于市场的稳定性、效率有很大影响，也与金融危机有密切的关系，因此，"羊群行为"引起了学术界和政府监管部门的广泛关注。

"羊群行为"并不必然与市场波动相联系，比如共同基金的"羊群行为"就有可能是理性的，然而在非常态市场条件下，"羊群行为"造成市场波动的进一步加剧的可能性是存在的。通俗地说，非常态下，市场信息是混乱的，随大流也可能跟错方向。在市场整体不理性、狂热或者过度悲观惊恐的情况下，"羊群行为"无疑是为加剧波动在推波助澜的，因而造成更大的风险。

投资过程反映了投资者的心理过程，由于认知偏差、情绪偏差等各种偏差的存在，最终导致不同资产的定价偏差，而资产的定价偏差会反过来影响投资者对这种资产的认识与判断，这一过程就是"反馈机制"。反馈机制是建立在适应性预期基础上的，即发生反馈是由于过去的价格上涨（或下跌）产生了对价格进一步上涨（或下跌）的预期，或由于价格的上涨（或下跌）使投资者的信心增加（或降低）。

金融市场中，由于反馈机制的存在，可能使价格在一定时期内出现"泡沫"。如投资机构先购买某一股票，然后散播利好谣言，正反馈交易者对这一谣言做出过度反应，积极购买，从而使投资机构能够顺利将该股票高价抛出。这一时期可能只持续几天，而在发生的全球性股灾之前，泡沫可以持续数年。投机泡沫不可能永远持续下去。投资者对股票的需求也不可能永远扩大，当这种需求停止时，价格的上涨就会停止，泡沫就会破裂。

（三）行为金融理论下的市场风险

行为金融理论是一门正在兴起的学科，它为我们理解金融市场提供了一个新的视角。它引入了心理学、社会学、行为决策等理论，着重从市场参与者的角度来剖析市场现象，对市场的一些异象给出了较为合理的解释。行为金融的风险管理理论，特别适合对异象进行解释，因为行为金融和主流金融理论的最大不同就是它是以比较现实的"人"为考察对象的，它抛弃了"理性人"的假定，在一个非常态的市场环境下，众多非理性的现象，证明了这样一种抛弃是多么重大而有用的进步。

行为金融理论对金融风险的分析方式是非线性的，这是因为它不假定信息是完全的、对称的，投资主体对信息的反应不是像线性分析那样是整齐划一的，而是同所处环境、个人禀赋、他人的反应等密切相关的。表现在：对同一信息，不同的人可能有不同的反应。人们对待风险的态度不尽相同的，因此以线性的方式描述风险存在很大的问题。人们并不都是厌恶风险的，在获利和亏损时，人们对待风险的态度是有差异的。在实际投资中，人们并不会严格按照统计概率来行事（至少不全是这样），而是表现为有限理性和一定的模糊逻辑下进行投资决策：人们对信息有一个积累、判断、延迟、集中反映甚至是过度反应的特点，此外还有从众心理、赶潮流等等。所有这些投资主体的复杂心理决定了其决策行为的复杂性，导致了价格行为的复杂和混沌特征，从而揭示了非线性分析方法的合理性。

对于防范风险的措施，行为金融理论侧重于对于市场多数人的心态分析，利用心理学和行为决策学的研究成果，提出了一些较为"识时务"的见解，它并不提倡积极的套利，认为在非常态下，套利的风险是巨大的。由于损失给投资者带来的痛苦比收益给投资者带来的幸福大得多，为了避免陷入损失后的更加不理性，它提倡一种更为谨慎的投资方式，在不稳定的市场状态下，及时地斩仓离场，也未尝不是一种明智的选择。

也正是由于行为金融理论偏重于对人的分析，而人的行为模式，精神状态复杂而不稳定，易受到外界的影响，行为金融学也无法确定在众多的心理因素中，起关键作用的因素是什么因素。因此，行为金融理论的风险管理模式大多属于一种"相时而动",缺少一定的规范与准则,从而带来了灵活性的同时也为标准化带来困难,这确实是一种两难。

第二节　市场风险的度量方法

　　风险度量技术的思想源泉可追溯至远古时代人类对于风险的困惑和思索。在理论与实践的反复交织发展中,逐渐出现了基于经济学、数学、信息技术等学科的风险度量技术。奈特、凯恩斯、阿罗、冯·诺伊曼、摩根斯坦恩等学者在风险及风险度量方面贡献了天才的科学思想。而马科维茨在 1952 年所创立的资产(组合)选择理论,被公认为风险度量技术的里程碑。这一理论不仅成为现代金融理论的核心和基石,所建立的均值—方差分析范式亦成为风险度量技术的重要支点。20 世纪 90 年代出现的 VaR 技术是风险度量技术的又一重大突破,引发了风险度量新理论、新方法以及实践应用的浪潮。

　　迄今为止,风险度量技术一直是理论界和实务界以及监管当局研究的热点问题,许多不同的方法和模型得到了理论推演和实证检验。究其发展的动因,主要有三:其一是对风险本身认识程度逐步深化。马科维茨认为风险是投资收益的不确定性,所以方差就能够较好地衡量这种不确定性。但随着对人类风险感受心理研究的进展,逐渐把目光集中到了风险带来的损失,由此就出现了下半方差、下偏矩等衍化的风险度量模型。其二是风险度量计算难易程度的变化。均值—方差方法的计算非常复杂,方差—协方差矩阵所需的数据数量至少是资产数目的两倍。为解决这一困难,出现了可以度量证券波动性的 β 系数。计算问题随着计算机技术的迅速发展得以解决,并推动着风险度量技术的创新。其三是风险管理实践的需要。风险度量技术必须对现实风险状况具备良好的经济解释能力,才能拥有长久的生命力和发展的潜力。均值—方差、线性相关系数、标准离差等风险度量方法,由于不能提供一个可理解的、统一的风险数值,因而得不到业界的广泛接受。VaR 技术虽然受到了不少批评和责难,但它能够以一种易于理解的普通语言来描述风险,所以为广大金融部门和监管部门所接受。此后出现的风险度量新思想和新技术，绝大多数也是在 VaR 基础上进行的修正或创新。

一、早期风险度量技术

（一）Domar 和 Musgrave 的风险度量方法

该方法认为投资者最为关心损失的可能性，即实际收益为负，这是风险的本质。为此，设定了衡量风险的指标，来考虑所有可能为负或相对收益较低的情况。

$$R = -\sum_{x_1 < 0} p_i x_i$$

其中，x_i 为离散随机变量；p_i 为第 i 种损失的概率。

$$R = -\int_{-\infty}^{0} f(x) x \mathrm{d}x$$

其中，x_i 为连续随机变量；$f(x)$ 为损失发生的概率密度。

两式中采用负的投资收益率来表示损失，故 R 值为负。用 R 与投资额的乘积可表示风险的绝对数量。一般情况下，投资者认为收益率应高于无风险利率（收益率），否则就是损失。所以把两式分别修正为：$R = -\sum_{x_1 < r} p_i(x_i - r)$ 和 $R = -\int_{-\infty}^{r} f(x)(x - r)\mathrm{d}x$（其中 r 为无风险利率）。

这种方法符合常规的投资者心理感受，但没有考虑不同损失水平之间的差异。

（二）Roy 的风险度量方法

Roy 坚持"安全第一"标准，注重如何避免以一定概率发生的损失，提出了以未来收益可能低于投资者可承受损失水平的概率来度量风险，即：$R = P(x \leqslant d)$，其中 d 表示投资者可承受的损失水平。

假设损益分布的均值和方差分别为 $\mu = R = \int_{-\infty}^{\infty} x f(x) \mathrm{d}x$ 和 $\sigma^2 = \int_{-\infty}^{\infty} (x - \mu)^2 f(x) \mathrm{d}x$，其中 x 是代表未来收益的随机变量。利用切比雪夫不等式，Roy 得出结论：$R \leqslant \dfrac{\sigma^2}{(\mu - d)^2}$。这一方法是 VaR 技术的重要思想源泉，但缺陷是未考虑具体损失的大小，且 d 取值的主观随意性较大。

（三）Baumol 的风险度量方法

Baumol 认为波动性是风险产生的原因之一，但风险是收益低于某一关键水平的可能性。$R = E - k\sigma$（其中 R 的取值无限制；E 为期望收益；k 为投资者选择的代表安全水平的常数；而 μ 为标准差）。

此方法中 k 取值的主观性也较强，而且忽略了收益低于 k 的发生概率。

（四）马科维茨（Markowitz）的均值—方差方法

马科维茨认为收益分布均值的偏差（即方差）可以度量与每一投资收益相关联的风险，即 $\sigma_2 = \sum\limits_{n}^{j=1} [r_j - E(r)]^2 p_j$，其中，$r_j$ 为第 i 种可能的收益；p_j 为第 i 种收益出现的概率；$E(r)$ 表示收益均值。

同时，马科维茨还认为资产组合的风险水平能用所有投资之间的协方差来衡量，即：$C_{ov}(X, Y) = E(X, Y) - E(X) E(Y)$，其中，$X$ 和 Y 是随机收益。

可以证明，对于所有的投资权重向量 z、随机收益向量 X 及协方差 $C_{ov}(X)$，线性组合 $z^T X$ 的方差满足下列关系：$\sigma^2(z^T X) = z^T C_{ov}(X) z$，这就是马科维茨资产组合理论的实质。

该方法因其简单而直观，得到了广泛应用。但是，其假定前提过于严格，如收益服从正态分布、投资者具有二次型的效用函数等。同时，方差把正负偏差均视为风险，这与投资者更加关注损失可能性的事实不符。特别是现实当中的损益分布绝大多数为非正态的，采用方差度量风险就可能产生错误的结果。

（五）下侧风险度量方法

下侧风险（downside risk）是指，给定一个目标收益率 τ，只有小于 τ 的收益率才能被作为风险度量的计算因子。其主要计算方法有两种：半方差法和下偏矩法。

（1）半方差法（semi - variance）：$SV = \sum\limits_{x \leqslant \tau} p(x_i - \tau)^2$（$x_i$ 为离散型随机变量）和 $SV = \int_i f(x)(x - \tau)^2 dx$（$x$ 为连续型随机变量）。其中，τ 为常数，若收益低于 τ，则认为风险发生。一般 τ 的取值等于期望收益率。该方法克服了方差方法的缺陷，反映了风险的特征，是理论上相当完美的风险计量方法。然而，尽管它说明了证券收益偏离的方向，但不具备良好的统计特性，没有反映证券组合的损失到底有多大，收益标准 τ 的选取存在一定主观性。

（2）下偏矩（lower partial moments，LPM）：$LPM_n = \sum_{r_i = -\infty}^{\tau} p_i (\tau - r_i)^n$（其中，$p_i$ 是收益 r_i 发生的概率；τ 是目标收益率）。

n 取不同值，LPM_n 有不同含义：LPM_0 为低于目标收益率的概率；LPM_1 为单位偏差的均值；LPM_2 是偏差平方的概率加权，即上述的半方差法。下偏矩方法的优点是前提假设简单，仅要求投资者是风险厌恶型，且反映投资者对正负偏差不一致的真实感受。但缺点是 n 取不同的值，反映的只是风险的不同侧面，此外，刻画不够精确，在比较风险大小时可能无法给出正确的答案。

（六）敏感性方法

敏感性分析方法是利用金融资产组合中各种金融资产的价值对其市场因子（market factors）的敏感性，来度量金融资产组合市场风险。

（1）期限缺口（maturity gap）分析利率变化对银行净利息收入（NII）的影响，即：$M = \Delta NII / \Delta r$，其中，$\Delta NII$ 是净利息收入变化；Δr 为利率变化。

（2）持续期（duration）测度了债券价格变动关于利率变动的敏感性，即：$D = \dfrac{\Delta P/P}{\Delta r/\ (1+r)} = \dfrac{\Delta P}{\Delta r} \cdot \dfrac{1+r}{P}$（其中，$P$ 为债券价格；r 为市场利率）。

持续期是线性的风险度量，对于变动幅度大的利率变化则近似误差较大。

（3）凸性（convexity）是对价格曲线在当前利率和债券价格点的曲率（即斜率）变化进行度量，实质上就是对债权持续期利率敏感性的测度。即 $C = -dD/dy$。

这也是一种近似方法，可以部分地校正持续期对利率大幅波动的量度不准。

（4）β 系数主要衡量系统风险。某证券收益率与市场组合收益率的协方差除以市场组合收益率的方差，得到该证券的 β 值。由于市场组合的非系统性风险为零，只剩下系统性风险。因此，若某一证券的 β 系数等于 1，说明其系统性风险与市场组合的系统性风险相同；若 β 系数大于 1，说明其系统性风险高于市场组合的系统性风险；若 β 系数小于 1，则风险较低。资产组合的 β 系数值等于该资产组合中各种资产 β 系数值的加权平均数，以各资产在组合中的投资比重作为权重。

（5）基于衍生金融工具的敏感性度量。由于衍生金融工具（如期权等）的价格波动具有非线性，前述方法无法准确测度，因而出现了相应的敏感性度量法：

①Delta：度量与标的资产价格变化相关的衍生产品价格变动。$\Delta = \partial F/\partial S$，其中，$F$ 为衍生产品 $F(S, t)$ 的价格，t 为时间；S 是标的资产价格。

②Gamma：度量与标的资产价格变化相关的 Delta 变动，反映了非线性敏感性。$\gamma = \partial F^2/\partial S^2$。

③Theta：度量与时间变化相关的衍生产品价格变动。$\theta = \partial F/\partial t$。

④Vega：度量与标的资产价格波动性变化相关的衍生产品价格变动。$V = \partial F/\partial \sigma$，其中 σ 为标的资产价格波动性。

⑤Rho：度量衍生产品对利率变动的敏感性。$\rho = \partial F/\partial r$。

敏感性方法比较简洁、直观，但是存在不少问题：首先是无法将不同类型的风险因子聚集在一起，进行总体度量，也不能将不同资产之间的风险程度实行直接的横向比较；其次是对现实风险状况只是近似地测度，且稳定性有限；再次是不便于利用风险因子来对敞口进行有效地控制；最后是度量的结果仅仅是一个相对的比较概念，没有回答损失到底有多少，发生的机率有多大。

二、风险价值（Value at Risk，VaR）

（一）VaR 概念的产生

面对金融市场和金融交易的规范化、动态性和复杂性的增加，早期现代风险度量技术已力不从心。强烈的现实需求迫使理论界和实务界开始寻找新的风险度量方法，现代金融理论和金融工程技术的发展也提供了有力保障，这导致了风险度量领域重大技术突破—风险价值的出现。

1994 年，*JP* 摩根银行首度推出了基于 *VaR* 的风险度量系统——*RiskMetrics*，标志着 *VaR* 正式成为风险测度和管理的工具。由于 *VaR* 方法不仅简明易懂、便于沟通，而且可以事前估算风险，更为重要的是为不同金融工具构成的复杂组合提供了一个统一的、综合的风险度量框架，这是传统金融风险管理做不到的。因而，这种方法一经投入实践，很快为广大金融机构所接受，并以其为基础开发出多种应用软件，迅速成为目前国际金融业主流的风险计量方法。

与以往依赖管理者的主观判断进行风险定性评价不同，从本质上讲 *VaR* 是利用概率统计思想对风险进行估值。其一般含义是指市场正常波动情况下，某一金融资产或资产组合的预期最大损失。更精确的定义是：在一定的置信水平下，某一金融资产或资产组合在未来特定的一段时间内（如1天、1周或1年）预期的最大可能损失，即描述了在一定的目标期间内收益和损失的预期分布的分位数。

VaR 准确的数学形式：令 X 为描述在持有期 Δt 内某一资产或资产组合损失的随机变量，置信水平为 α，则：$P_r\{X \leqslant V_a R_\infty\} = a$。该式表明在持有期 Δt 内，该头寸损失大于 VaR 的概率为 $1-a$。从另一个角度，VaR 亦可解释为在持有期 Δt 内和置信水平 a 下，该头寸持有者的最大潜在损失不超过 VaR。

VaR 的基本要素包括：①置信水平。计算 VaR 时选择的置信水平体现了该银行对最大可能损失的把握程度，也就是对风险承担的不同偏好。实践中的置信水平一般介于95%和99%之间；②持有期。商业银行在计算 VaR 时，应当根据资产负债的不同特点确定持有期的时间跨度；③观察期（数据频度）。VaR 测算的精确度依赖于有关银行损益数据的观察期，即数据采样频度。

（二）VaR 的算法

VaR 的计算方法较多，但从整体来看，可分为三大类基本算法：

（1）参数法，即利用资产组合的价值函数与市场因子之间的近似关系、市场因子的统计分布（方差—协方差矩阵）来简化 VaR 的计算。以 RiskMetrics 所采用的资产—正态模型为例，假定组合中单一资产的收益服从正态分布，则资产组合收益也服从正态分布。资产组合的 VaR 表示为：$V_a R = Z_\infty \sigma_P \sqrt{Vt} = Z_\infty \sqrt{W^T \Sigma W} \sqrt{Vt}$（其中，$Z_\infty$ 为标准正态分布下置信水平 α 对应的分位数；σ_P 为组合 P 收益的标准差；Vt 为持有期；W 为资产组合的头寸权重；Σ 为头寸收益的方差—协方差矩阵）。当组合包含 n 个头寸时，需要计算 n 个方差和 $n(n-1)/2$ 个协方差。为了减轻计算负担，应运而生了 Delta 类模型，继而又产生了可识别凸性的 Gamma 类模型。

该方法的优点是：运行简单、速度快、透明度高，适用于快速运行很大的投资组合；它能够进行准确的风险测量，便于进行风险控制；除了衡量市场风险外，这种方法还可以推广到其他风险；有助于高层行政管理人员的理解，便于进行公司范围的风险管理。缺点是：不适用于非正常市场情况和非正态分布；对于如期权等非线形产品的风险测量并不合适。

（2）历史模拟法（historical simulation）。假设将来的市场价格变化遵循过去市场价格的变化规律，用既往的市场因子价格变动模拟将来的市场价格分布，进而计算出资产组合损益的分布。在给定持有期和置信水平下，资产组合的 VaR 值由损益分布的分位数确定。它包括了历史上的极端事件，不需要分布假设，对于处于巨大损失的历史情况的分析非常有效，而且透明度高、直观。但如果市场环境发生了变化，就需要很长时间来选择新的样品。因此，如果按照历史情况分析未来，很可能造成巨大损失，同时运算速度较慢，不适应长期的考察。

（3）蒙特卡洛模拟（monte‑carlo simulation）。先确定资产或资产组合损益的概率统计模型，再对随机变量建立抽样方法，并进行计算机模拟试验大量的资产组合收益的可能值（即不同的情景）。这些情景有可能在历史阶段上观察不到，但与发生过的情景（事件）同样具有出现的可能性。主要用于期权非线性产品的风险价值计算，包括三种方法：全估值（full valuation），对期权的估值使用布莱克—斯科尔斯期权定价模型，然后按照选择的情况进行运算；线性渐进（linear approximtion），为了避免布莱克—斯科尔斯模型的复杂，对期权的估值采取线性模型，在市场变动不很大的情况下，这个方法相当准确；高阶渐进（higher order approximation），是在线性渐进的基础上，综合考虑多种变量的影响，它更适用于市场的极端情况。总的来看，蒙特卡洛模拟实验颇具灵活性，但是需要大量的计算机资源，运算速度慢、透明度差。

（三）补充方法

1. 压力测试

压力测试（stress testing）用来衡量主要市场变量的大幅波动超出按日管理的范畴时对投资组合的影响。《巴塞尔协议》指出，使用内部模型法计算市场风险资本金的银行，必须有一个严格、全面的压力测试方案。其基本方法是风险管理者确定某些主要的市场参数，如利率、价格，然后假设投资组合随预想参数的变动而变动，按照预想的变动对投资组合进行评估。

鉴于压力测试在金融市场风险管理中的重要作用，DPG 于 1995 年提出了一个压力测试的标准格式，基本上包含了典型的金融市场各种变数，不仅为美国金融界，同时也为其他国家所采用（见表 13‑1）。

表 13 - 1 压力测试标准格式

a. 收益率曲线上、下平行移动 100 个基本点
b. 2~10 年的收益率曲线变平或变陡 25 个基本点
c. 收益率曲线上、下平行移动 100 个基本点，2 年和 10 年的收益率曲线变平或变陡 25 个基本点
d. 3 个月收益率波动率比正常情况增加或减少 20%
e. 股票指数增加或减少 10%
f. 股票指数比正常情况增加或减少 20%
g. 主要国家货币兑美元汇率增加或减少 6%，其他国家增减 20%
h. 外汇汇率比正常情况增加或减少 20%
i. 调期利差增加或减少 20 个基本点

表 13 - 2 是瑞士银行采用压力测试考察市场的参数表。瑞士银行较早就开始利用压力测试进行市场风险管理，该表对 1987 年股市暴跌、1992 年欧洲货币联盟的解体、1994 年债券市场的熊市及 1993~1994 年的墨西哥金融危机都进行了成功的预期。

表 13 - 2 瑞士银行压力测试参数表和风险敏感度表

国家评级	利率波动	股市波动	汇率波动	商品价格波动
AAA	60%~100BP	8%~6%	4%~10%	黄金 8%
AA 和 A	160BP	20%	10%	白金 12%
BBB	240BP	25%	12.5%	钯 12%
BB	320BP	30%	20%	白银 16%
B	420BP	40%	30%	

压力测试具有以下优点：它是市场风险衡量方法中相对直观的一种，对市场参数变动范围的设想没有限制；由于风险管理人员已经明确了市场参数的变动方向和变化幅度，因此没有对相关性的担心；计算结果的使用者可以准确看出导致投资组合价值变化的因素；如果没有发生超出正常想象的情况，压力测试并不需要过多的分析系统；压力测试中的任何事件发生的可能性都是 100%，不需要考虑事件发生的可能性；压力测试并不需要高深的数学知识，而且便于交流。

压力测试的缺点：不利于决策，压力测试只采用了有限的参数，因此对所选事件的依据不够充分，而且并不能保证所选的风险因子能够完全适合该公司的情况。如高盛公司在 1995 年的压力测试中，因没有充分考虑调期业务的风险而造成 1000 万美元的损失；对管理者的能力和判断要求很高，管理者要懂得各种问题及其适用方法；没有考虑各种风险的可能性和相关性；认为各种事件发生的可能性相同，但在实际生活中并不现实；没有充分考虑时间因素，尤其对市场在一段时间内的大幅震荡不能完全反映。尽管压力测试存在一些不足，但仍不失为衡量潜在和灾难性损失的非常有效的工具之一，特别是作为风险价值方法的补充。

2. 情景分析

情景分析（Scenario analysis）是一种战略分析，它通过采用多维推测，来预测一个公司长期的战略弱点，因此情景分析常被公司高层管理人员采用。压力测试对金融市场短期价格的变动对资组合的影响进行了分析，但对于外部宏观经济环境的变化和极端的不测事件，如 1997 年的泰铢贬值等对收益的影响则不能予以解释，情景分析用来完成这个任务。可以利用情景分析和压力测试的区别来加深对情景分析的认识（见表 13 - 3）。

综合考虑上述三种市场风险的衡量方法，压力测试告诉我们"我们能损失多少？"，风险价值揭示"我们有多大可能损失多少？"，情景分析是对极端事件的分析。在实际操作过程中，应主要利用风险价值，以压力测试作为补充，并用情景分析对极端情形进行分析，以此全面认识市场风险。

表 13 - 3 　　　　　　　　　　压力测试和情景分析对比

压力测试	情景分析
自下而上的方式	自上而下的方式
一维	多维
一个或多个市场变量的变动对损益的影响	假设多种可供选择的宏观情况中的一种和一个或多个市场变量
战术性方法	战略性方法
短期	长期
举例：标准普尔变动 10%	如果爆发"中东危机"将会有何影响

（四）VaR 的评价

VaR 之所以为世界金融行业普遍接受，与自身具有的独特优势有紧密的联系。其一，VaR 把对预期的未来损失大小与该损失发生的可能性结合起来，使管理者不仅掌握发生损失的规模，而且明晰其发生的概率；其二，VaR 适用范围较广。根据当前研究进展和应用实际，VaR 不仅已用于衡量市场风险和信用风险，而且在操作风险度量方面也有所进展；其三，不同置信水平的选取可获得不同的 VaR 值，使管理者更加清楚地了解不同可能程度上的风险状况，而且能为不同的管理需求提供重要的参照尺度；其四，VaR 是一种用规范的数理统计技术和现代工程方法来全面度量银行风险的有效手段，较之以往的传统风险度量技术更具客观性，大大增强了风险管控的科学性。

三、风险度量的标准

度量风险等价于建立随机变量（如一个给定投资集合的收益）的空间 X 与一个非负实数之间的对应 ρ，即 $\rho: X \to R$。这些对应不可能是无约束的，空间 X 中两点之间距离定义的任意泛函 $\rho: X \to R$ 必须满足：①一个点与其自身之间的距离为 0；②颠倒两个点，距离不变；③给定三个点，任意一对之间的距离不能大于另两对点之间距离的和。满足这些条件的任意泛函是距离的一个度量，但这些约束没有定义一个精确的度量，仅是可能度量的集合。

风险度量的条件由阿尔茨纳 Artzner（1997）、Frittelli 和 Rosazza（2002）提出。任意可接受的风险度量 $\rho: X \to R$ 必须满足下列性质：

（1）正齐次性：对于所有的随机变量 x 和所有的正实数 λ，有 $\rho(\lambda x) = \lambda \rho(x)$。

（2）次可加性：对于所有的随机变量 x 和 y，有 $\rho(x+y) \leq \rho(x) + \rho(y)$。

可以证明任意正齐次泛函 ρ 是凸的，当且仅当它是次可加的。另外，下列两个性质应满足：

（3）单调性：对于所有的随机变量 x 和 y，$x \leq y$ 意味着 $\rho(x) \leq \rho(y)$；

（4）转移不变性：所有的随机变量 x、实数 α 和所有无风险利率 r_D，有 $\rho(x+\alpha r_D) = \rho(x) - \alpha$。

因此，ρ 是一个（一致的）风险度量。事实上任何风险度量都必须满足这些条件。关于这些条件的经济意义的注释：①若 ρ 不是次可加的，则 $\rho(x)+\rho(y)<\rho(x+y)$。次可加性意味着为了减少风险，可以把公司拆分为不同的、明晰的部分。从监管角度讲这可以减少资本要求。注意到协方差是次可加的，且这个性质在马科维茨组合理论中显现其本质，即新的投资没有增加风险。②次可加性要求意味着 $\rho(\lambda x)\leq\lambda\rho(x)$，而正齐次性意味着 $\rho(\lambda x)\geq\lambda\rho(x)$，两者结合取等式。后一个不等式可通过流动性考虑来证实：一项投资 (λx) 是较少流动的，因而有较大风险，那么 λ 的总和 λx 小于投资 x。③转移不变性意味着对随机收益 x 加上一个可靠的收益 αr_D，风险 $\rho(x)$ 通过 α 而减少。④单调性排除了任何风险度量的半方差类型。

一些学者把一致性的前两个条件替换为条件：ρ 是凸的，即 $\rho(\lambda X+(1-\lambda)Y)\leq\lambda\rho(X)+(1-\lambda)\rho Y$（其中 $0\leq\lambda\leq1$）。因为凸性并不必然意味着正齐次性，仅有转移不变性、单调性和凸性的风险度量比一致性度量相对弱，故称为弱一致性。

四、VaR 的缺陷

VaR 本身存在一些内在的缺陷，主要表现在：

（1）VaR 违反了一致性公理中最重要的次可加性。如果面对的收益是非正态分布（如离散分布），则组合的多样化反而可能增加 VaR 值。这就使得 VaR 函数无法满足凸性，且是非光滑的，使以 VaR 为约束的规划问题不能成为凸规划，有可能存在多个极值，局部最优解不一定是全局最优解，导致求解极其困难。

（2）损益分布的尾部损失信息反映不充分。VaR 的实质是损益分布在某个给定置信水平下的分位点（即预期的最大损失），并没有对分位点以下的风险信息进行考察，从而无法防范那些极端事件。而这些低频高危类型事件一旦发生，给银行带来的将是巨额损失，甚至是灭顶之灾。此外，VaR 对其潜在损失报告的不完全性，易诱导某些金融机构隐瞒其真实的风险水平。

（3）模型风险。现有的 VaR 计算方法（包括参数模型和非参数模型）在使用当中，已发现其计算结果差异很大，原因是每种模型的统计假设各不相同，因此，VaR 模型的实用性受到了较大的质疑。

五、新技术的发展

风险度量（方差、线性相关、VaR）在非椭圆的（但可能是对称的）联合概率分布情况下：（1）都不是凸的，且带来不合理的结果；（2）都不能度量这些随机变量之间的相关（正的或负的）程度。为了研究尾部事件，Embrechts 等（1997）提出 k–期望不足（shortfall）或 k–尾部平均的概念。随后，Uryasev（2000）提出的一个类似度量方法——CVaR，其主要贡献是提出了一种简单的线性规划算法。

当前，主要几种新的风险度量方法有：期望后悔（expected regret，ER）；CVaR；期望不足（expected shortfall，ES）；尾部条件期望（TCE）和尾部均值（TM）；最差条件期望（worst conditional expectation，WCE）；风险度量（spectral risk measures）。这是对以前风险度量方法的一般化，具有可接受的风险厌恶函数，并引入可主观的风险权重。

（一）期望后悔（ER）

ER 是一种非常接近 CVaR 的风险度量，定义为高于临界值 α 的（损失）分布的期望值，即：$G_\alpha(x) = \int_{y \varepsilon R^m} [f(x,y) - \alpha]^+ p(y)\mathrm{d}y$（其中 $[u]^+ = \max\{0,\ u\}$）。

ER 可借助一个基于情景方法的线性规划模型来计算。

$$\max_{x} p^T \left[y - \alpha \right]^+$$
$$\text{s. t. } y^T = x^T L > \alpha e^T \text{（}e\text{ 代表单位向量）}$$
$$x^T q = \chi \text{ （}\chi = e^T q\text{）}$$
$$x^T (r - \pi) q^T \geqslant 0^T \text{（}0\text{ 代表零列向量）}$$
$$x^T r \geqslant \pi$$
$$l \leqslant x \leqslant u$$

表 13–4　　　　　　　　　　　　　变量定义

变量	定义	维
x	组合权重	$n \times 1$
y	对于每一情景 j 的超出 α 的组合损失	$m \times 1$

变量	定义	维
q	资产的市值	$n \times 1$
b	固定风险水平下的每一资产的将来值	$n \times 1$
D	风险水平中针对每一情景和可能变化的每一资产的将来值	$n \times m$
l	交易下限	$n \times 1$
u	交易上限	$n \times 1$
P	每一情景上相连的概率	$m \times 1$
L	针对每一资产和每一情景由于风险增加导致的损失	$n \times m$
R	风险水平中没有任何变化的期望资产收益	$n \times 1$
π	最低限度的可接受的期望组合收益	1×1

注释：考虑 $i = 1$，…，n（资产）和 $j = 1$，…，m（情景）；$p^T [y - \alpha]^+$ 是目标函数，代表组合损失高于临界值 α 的所有可能情景相对应的均值，是组合后悔的每一情景概率权重的加权平均；L 是 $n \times m$ 损失矩阵，损失来自于所有可能情景中 n 种资产价格的任意变化，因此，$L_{ij} = b_i - d_{ij}$。所有情景 j（$j = 1$，…，m）中组合损失最小化由 $y^T = x^T L > \alpha e^T$ 给定；等式 $x^T q = \chi$ 提供了一个预算约束；不等式 $x^T (r - \pi) q^T \geqslant 0^T$ 对于组合收益施加了一个约束；不等式 $l \leqslant x \leqslant u$ 和/或 $x \geqslant 0$ 设定了头寸限制。

（二）CVaR

1. CVaR 的定义

对于连续随机变量，CVaR 是超过 VaR_k 的期望值，即

$$CVaR_k = \varphi_k(x) = (1 - k)^{-1} \int_{f(x,y) \geqslant \alpha_k(x)} f(x,y) p(y) \mathrm{d}y$$

也可以定义为：

$$CVaR_k = VaR_k + E [f(x, y) - VaR_k | f(x, y) > VaR_k]$$

此时，不知道 VaR 则无法计算 CVaR。因此，用一个辅助函数 F_k 来代替 CVaR。

2. 一个等价的、更简单的问题

F_k 定义为：$F_k(x,a) = \alpha + (1 - k)^{-1} \int^{y \varepsilon R^m} [f(x,y) - \alpha]^+ p(y) \mathrm{d}y$（其中，若 $u > 0$ 则 $[u]^+ = u$，同时，若 $u \leqslant 0$ 则 $[u]^+ = 0$）。

可以证明 $F_k(x, \alpha)$ 是凸的、可微的，且 $k - CVaR$ 可计算如下：

$$\varphi_k(x) = \min_{\alpha \varepsilon R} F_k(x, \alpha)。$$ 另外，$$\min_{x \varepsilon X} \varphi_k(x) = \min_{(x, \alpha) \varepsilon X \times R} F_k(x, \alpha)。$$

3. 借助线性规划来计算 CVaR

在密度函数的解析表达式无法得到，但可以考虑 m 中不同情景的时候，函数 $F_k(x, \alpha)$ 可近似求解。由于 $F_k(x, \alpha)$ 和 $\varphi_k(x)$（$K-CVaR$）（$K-CVaR$）都是凸的，若可行集 X 是凸的，则前述最优化问题可形式化为下列线性规划（LP）问题：

$$\min_{x, \alpha} \alpha + (1-k)^{-1} p^T [y - \alpha]^+$$

s. t. $y^T = x^T L > \alpha e^T$（e 代表单位向量）

$$x^T q = \chi (\chi = \sum_{i=1}^n q_i)$$

$$x^T (r - \pi) q^T \geqslant 0^T（0 代表零列向量）$$

$$x^T r \geqslant \pi$$

$$l \leqslant x \leqslant u$$

Testuri 和 Uryasev（2000）指出了 CVaR 可与 ER 以下列方式相联系：

$$F_k(x, \alpha) = \alpha + (1-K)^{-1} G_\alpha(x)$$

（三）ES

在连续随机变量且仅在此情况下，ES 的定义与 CVaR 一致。

六、相关性的度量

Copula 概念是在 20 世纪 70 年代中期从多变量分布研究中发展起来的，可用于相关尾部事件的分析。相关尾部事件就是不同极端事件同时发生的概率，这时可能出现巨额损失。无论线性相关还是其他的相关性度量，都无法完整描述这些事件。对此，研究人员把 Copula 理论用来分析随机变量之间的一般相关结构。

当随机变量的联合分布不是椭圆的时候，定义这些变量之间的相关性概念比较困难，此时不能用线性相关。因此，必须以一种一般化的形式来定义相关性。连续随机变量的一个向量（X，Y）有两个不同的数值（x'，y'）和（x''，y''），若（$x'-x''$）（$y'-y''$）>0，则它们被称作是正相关的，也就是若 $x'>x''$ 则 $y'>y''$；若（$x'-x''$）（$y'-y''$）<0，则称作是负相关的，也就是 $x'>x''$ 则 $y'<y''$。

下面介绍一个经典的相关性度量——Kendallτ。来自连续随机变量的一个向量（X，Y）有（x^1，y^1）（x^2，y^2）…（x^n，y^n）共 n 对的一个随

机样本。在这个样本中有 $\left(\dfrac{n}{2}\right)$ 不同的对，每一对依据上述定义是相关或不相关的。若 c 是相关的数量而 d 是不相关的数量，Kendallτ 定义为：

$$\tau = \frac{(c-d)}{(c+d)} = \frac{(c-d)}{\left(\dfrac{n}{2}\right)}$$

因此，Kendallτ 的 τ 等于相关的概率减去从 n 个观察的样本中随机选择的不同对的不相关概率。类似于线性相关系数 ρ，Kendallτ 提供了相关性程度的度量，更精确地度量了单调性关系的程度。

以同样的方式定义风险度量，必须施加恰当的要求在相关性度量 $\delta \to R$。因此，函数 δ（X，Y）$\to R$ 是随机变量 X 和 Y 的一个相关性度量，条件是具备下列性质：①存在性：δ（X，Y）定义在每一对连续随机变量（X，Y）；②对称性：δ（X，Y）$= \delta$（X，Y）；③标准化 I°：$-1 \leqslant \delta$（X，Y）$\leqslant 1$（前三个性质通过线性相关而满足）；④当且仅当 X 和 Y 是独立的，δ（X，Y）$= 0$（可以证明条件③和④不能共存。为了采用独立性条件④，必须以下式替代③）；⑤标准化 II°：$0 \leqslant \delta$（X，Y）$\leqslant 1$（条件①、②、⑤必须与下面两个单调性条件结合在一起）；⑥δ（X，Y）$= 1 \Leftrightarrow X$ 几乎确定是 Y 的一个单调函数，反之亦然；⑦若 φ 和 θ 分别在 X 和 Y 的范围上是几乎确定的严格单调函数，则 δ（φ（X），θ（Y））$= \delta$（X，Y）。注意到线性相关不满足性质④，Kendallτ 也是这样。

两两相关的定义（Kendallτ）可使用 Copula 概念，引入具有联合分布 H 的连续随机变量的一个向量（X，Y）框架中。联合分布函数通过随机变量的边际行为和相关性结构来定义。Copula 是一个联合分布函数，通过转换每个变量的边界（margins）为标准的形式来获得。因此，一个联合随机变量的 Copula 的识别通过两个连续步骤来进行：①每个随机变量的边际分布的识别；②恰当转换的定义。

假定一个联合分布函数 H（x，y）已给定，其边际分布 F（x）$= \lim\limits_{y \to \infty} H$（$x$，$y$）和 G（y）$= \lim\limits_{y \to \infty} H$（$x$，$y$）已算得。这种情况下 H（x，y）可表示为边际分布的一个函数：

$$H（x，y）= C（F（x），G（y））$$

函数 C（. , .）称为 Copula，且提供了随机变量 x 和 y 之间相联系的性质的一个完整描述，它是 ［0，1］ 上单调递增的，即 C（0，v）$=$

$0 = C\ (u,\ 0)$；$C\ (1,\ v)\ = v$ 且 $c\ (u,\ 1)\ = u$。在矩形 $u_1 u_2 v_1 v_2$ 上，有 $u_1 < u_2$，$v_1 < v_2$，故：

$$[C\ (u_2,\ v_2)\ -C\ (u_2,\ u_1)]\ -[C\ (u_1,\ v_2)\ -C\ (u_1,\ v_1)]\ \geqslant 0$$

已证明若 $F\ (x)$ 和 $G\ (y)$ 是连续的，则 $C\ (.,\ .)$ 是唯一的，且 $C\ (u,\ v)\ = H\ (F^{-1}\ (u),\ G^{-1}\ (v))$。这可以从边际 F 和 G 计算 Copula C。若 F 和 G 是连续的，这个 Copula 就是唯一的。

Copula 对于相关（一个分布中每一点上随机变量的相关性）提供了完整的刻画，因而能够考虑与相关极端事件有关的问题，而这是无法通过线性相关或 VaR 来获得的。Copula 的构建有两种基本方法：参数法和非参数法。前者定义了 Copula 的类型（Gaussian、t－student、Gumbel等），并试图使参数符合数据。基于 Deheuvels（1981）思想的后者可以从数据中推导出实证的 Copula。

总之，不论监管者如何坚持，若 VaR 用于金融机构的风险度量，将导致灾难的后果。风险度量问题可通过 CVaR 或 ER 解决，基于均值－CVaR 的组合问题可用线性规划方法求解，而这可以用一般软件进行，如 Excel 已可以处理超过 40 种资产的组合。谱风险度量中计算相对简便的 CVaR 等可以为投资者量身定做风险度量工具。当然，以 Copula 为基础的相关性度量还不完善，有待进一步的研究。

第三节　市场风险的管理

一、市场风险管理体系

建立与本机构的业务性质、规模和复杂程度相适应的、完善的、可靠的市场风险管理体系，包括以下基本要素：董事会和高级管理层的有效监控；完善的市场风险管理政策和程序；完善的市场风险识别、计量、监测和控制程序；完善的内部控制和独立的外部审计；适当的市场风险资本分配机制。

实施市场风险管理，应适当考虑市场风险与其他风险类别，如信用风险、流动性风险、操作风险、法律风险、声誉风险等风险的相关性，并协调市场风险管理与其他类别风险管理的政策和程序。

（一）董事会和高级管理层的监控

第一，金融机构的董事会承担对市场风险管理实施监控的最终责任，确保有效地识别、计量、监测和控制各项业务所承担的各类市场风险。董事会负责审批市场风险管理的战略、政策和程序，确定可以承受的市场风险水平，督促高级管理层采取必要的措施识别、计量、监测和控制市场风险，并定期获得关于市场风险性质和水平的报告，监控和评价市场风险管理的全面性、有效性以及高级管理层在市场风险管理方面的履职情况。董事会可以授权其下设的专门委员会履行以上部分职能，获得授权的委员会应当定期向董事会提交有关报告。

高级管理层负责制定、定期审查和监督执行市场风险管理的政策、程序以及具体的操作规程，及时了解市场风险水平及其管理状况，并确保具备足够的人力、物力以及恰当的组织结构、管理信息系统和技术水平来有效地识别、计量、监测和控制各项业务所承担的各类市场风险。

董事会和高级管理层应当对与市场风险有关的业务、所承担的各类市场风险以及相应的风险识别、计量和控制方法有足够的了解。监事会应当监督董事会和高级管理层在市场风险管理方面的履职情况。

第二，应当指定专门的部门负责市场风险管理工作。负责市场风险管理的部门应当职责明确，与承担风险的业务经营部门保持相对独立，向董事会和高级管理层提供独立的市场风险报告，并且具备履行市场风险管理职责所需要的人力、物力资源。负责市场风险管理部门的工作人员应当具备相关的专业知识和技能，并充分了解与市场风险有关的业务、所承担的各类市场风险以及相应的风险识别、计量、控制方法和技术。商业银行应当确保其薪酬制度足以吸引和留住合格的市场风险管理人员。

负责市场风险管理的部门应当履行下列职责：拟定市场风险管理政策和程序，提交高级管理层和董事会审查批准；识别、计量和监测市场风险；监测相关业务经营部门和分支机构对市场风险限额的遵守情况，报告超限额情况；设计、实施事后检验和压力测试；识别、评估新产品、新业务中所包含的市场风险，审核相应的操作和风险管理程序；及时向董事会和高级管理层提供独立的市场风险报告等。

第三，承担市场风险的业务经营部门应当充分了解并在业务决策中充分考虑所从事业务中包含的各类市场风险，以实现经风险调整的收益率的最大化。业务经营部门应当为承担市场风险所带来的损失承担责任。

（二）市场风险管理政策和程序

一是制定适用于整个机构的、正式的书面市场风险管理政策和程序。市场风险管理政策和程序应当与其业务性质、规模、复杂程度和风险特征相适应，与其总体业务发展战略、管理能力、资本实力和能够承担的总体风险水平相一致，并符合监管部门关于市场风险管理的有关要求。

二是市场风险管理政策和程序。主要内容包括可以开展的业务；可以交易或投资的金融工具；可以采取的投资、保值和风险缓解策略与方法；能够承担的市场风险水平；分工明确的市场风险管理组织结构、权限结构和责任机制；市场风险的识别、计量、监测和控制程序；市场风险的报告体系；市场风险管理信息系统；市场风险的内部控制；市场风险管理的外部审计；市场风险资本的分配；对重大市场风险情况的应急处理方案。

根据本行市场风险状况和外部市场的变化情况，及时修订和完善市场风险管理政策和程序。市场风险管理政策和程序及其重大修订应当由董事会批准。高级管理层应当向与市场风险管理有关的工作人员阐明本行的市场风险管理政策和程序。与市场风险管理有关的工作人员应当充分了解其与市场风险管理有关的权限和职责。

三是在开展新产品和开展新业务之前应当充分识别和评估其中包含的市场风险，建立相应的内部审批、操作和风险管理程序，并获得董事会或其授权的专门委员会或部门的批准。新产品、新业务的内部审批程序应当包括由相关部门，如业务经营部门、负责市场风险管理的部门、法律部门或合规部门、财务会计部门和结算部门等对其操作和风险管理程序的审核和认可。

四是市场风险管理政策和程序应当在并表基础上应用，并应当尽可能适用于具有独立法人地位的附属机构，包括境外附属机构。但是，应当充分认识到附属机构之间存在的法律差异和资金流动障碍，并对其风险管理政策和程序进行相应调整，以避免在具有法律差异和资金流动障碍的附属机构之间轧差头寸而造成对市场风险的低估。

五是应当按照监管部门关于资本充足率管理的有关要求划分银行账户和交易账户，并根据银行账户和交易账户的性质和特点，采取相应的市场风险识别、计量、监测和控制方法。

应当对不同类别的市场风险（如利率风险）和不同业务种类（如衍生产品交易）的市场风险制定更详细和有针对性的风险管理政策和程序，并保持相互之间的一致性。

（三）市场风险的识别、 计量、 监测和控制

（1）对每项业务和产品中的市场风险因素进行分解和分析，及时、准确地识别所有交易和非交易业务中市场风险的类别和性质。

（2）根据自身的业务性质、规模和复杂程度，对银行账户和交易账户中不同类别的市场风险选择适当的、普遍接受的计量方法，基于合理的假设前提和参数，计量承担的所有市场风险。尽可能准确计算可以量化的市场风险和评估难以量化的市场风险。

可以采取不同的方法或模型计量银行账户和交易账户中不同类别的市场风险。市场风险的计量方式包括缺口分析、久期分析、外汇敞口分析、敏感性分析、情景分析和运用内部模型计算风险价值等。并充分认识到市场风险不同计量方法的优势和局限性，并采用压力测试等其他分析手段进行补充。

尽量对所计量的银行账户和交易账户中的市场风险（特别是利率风险）在整个机构范围内进行加总，以便董事会和高级管理层了解总体市场风险水平。董事会、高级管理层和与市场风险管理有关的人员应当了解所采用的市场风险计量方法、模型及其假设前提，以便准确理解市场风险的计量结果。

（3）采取措施确保假设前提、参数、数据来源和计量程序的合理性和准确性。应当对市场风险计量系统的假设前提和参数定期进行评估，制定修改假设前提和参数的内部程序。重大的假设前提和参数修改应当由高级管理层审批。

（4）对交易账户头寸按市值每日至少重估一次价值。市值重估应当由与前台相独立的中台、后台、财务会计部门或其他相关职能部门或人员负责。用于重估的定价因素应当从独立于前台的渠道获取，或者经过独立的验证。前台、中台、后台、财务会计部门、负责市场风险管理的部门等用于估值的方法和假设应当尽量保持一致，在不完全一致的情况下，应当制定并使用一定的校对、调整方法。在缺乏可用于市值重估的市场价格时，应当确定选用代用数据的标准、获取途径和公允价格计算

方法。

（5）监管部门鼓励业务复杂程度和市场风险水平较高的机构逐步开发和使用内部模型计量风险价值，对所承担的市场风险水平进行量化估计。风险价值是指所估计的在一定的持有期和给定的置信水平下，利率、汇率等市场风险要素的变化可能对某项资金头寸、资产组合或机构造成的潜在最大损失。

（6）采用内部模型的金融机构应当根据其业务规模和性质，参照国际通行标准，合理选择、定期审查和调整模型技术（如方差—协方差法、历史模拟法和蒙特卡洛法）以及模型的假设前提和参数，并建立和实施引进新模型、调整现有模型以及检验模型准确性的内部政策和程序。模型的检验应当由独立于模型开发和运行的人员负责。

采用内部模型的机构应当将模型的运用与日常风险管理相融合，内部模型所提供的信息应当成为规划、监测和控制市场风险资产组合过程的有机组成部分。恰当理解和运用市场风险内部模型的计算结果，并充分认识到内部模型的局限性，运用压力测试和其他非统计类计量方法对内部模型方法进行补充。

（7）定期实施事后检验，将市场风险计量方法或模型的估算结果与实际结果进行比较，并以此为依据对市场风险计量方法或模型进行调整和改进。

（8）建立全面、严密的压力测试程序，定期对突发的小概率事件，如市场价格发生剧烈变动，或者发生意外的政治、经济事件可能造成的潜在损失进行模拟和估计，以评估本行在极端不利情况下的亏损承受能力。压力测试应当包含定性和定量分析。

压力测试应当选择对市场风险有重大影响的情景，包括历史上发生过重大损失的情景和假设情景。假设情景包括模型假设和参数不再适用的情形、市场价格发生剧烈变动的情形、市场流动性严重不足的情形，以及外部环境发生重大变化、可能导致重大损失或风险难以控制的情景。可以使用监管部门规定的压力情景和根据自身业务性质、市场环境设计的压力情景进行压力测试。根据压力测试的结果，对市场风险有重大影响的情形制定应急处理方案，并决定是否及如何对限额管理、资本配置及市场风险管理的其他政策和程序进行改进。董事会和高级管理层应当定期对压力测试的设计和结果进行审查，不断完善压力测试程序。

（9）对市场风险实施限额管理，制定对各类和各级限额的内部审批程序和操作规程，根据业务性质、规模、复杂程度和风险承受能力设定、定期审查和更新限额。

市场风险限额包括交易限额、风险限额及止损限额等，并可按地区、业务经营部门、资产组合、金融工具和风险类别进行分解。根据不同限额控制风险的不同作用及其局限性，建立不同类型和不同层次的限额相互补充的合理限额体系，有效控制市场风险。总的市场风险限额以及限额的种类、结构应当由董事会批准。

在设计限额体系时应当考虑以下因素：业务性质、规模和复杂程度；能够承担的市场风险水平；业务经营部门的既往业绩；工作人员的专业水平和经验；定价、估值和市场风险计量系统；压力测试结果；内部控制水平；资本实力；外部市场的发展变化情况。

对超限额情况制定监控和处理程序。超限额情况应当及时向相应级别的管理层报告。该级别的管理层应当根据限额管理的政策和程序决定是否批准以及此超限额情况可以保持多长时间。对未经批准的超限额情况应当按照限额管理的政策和程序进行处理。管理层应当根据超限额发生情况决定是否对限额管理体系进行调整。

确保不同市场风险限额之间的一致性，并协调市场风险限额管理与流动性风险限额等其他风险类别的限额管理。

（10）为市场风险的计量、监测和控制建立完备、可靠的管理信息系统，并采取相应措施确保数据的准确、可靠、及时和安全。管理信息系统应当能够支持市场风险的计量及其所实施的事后检验和压力测试，并能监测市场风险限额的遵守情况和提供市场风险报告的有关内容。建立相应的对账程序确保不同部门和产品业务数据的一致性和完整性，并确保向市场风险计量系统输入准确的价格和业务数据。根据需要对管理信息系统及时改进和更新。

（11）对市场风险有重大影响的情形制定应急处理方案。包括采取对冲、减少风险暴露等措施降低市场风险水平，以及建立针对自然灾害、系统故障和其他突发事件的应急处理或者备用系统、程序和措施，以减少银行可能发生的损失和声誉可能受到的损害。

将压力测试的结果作为制定市场风险应急处理方案的重要依据，并定期对应急处理方案进行审查和测试，不断更新和完善应急处理方案。

（12）有关市场风险情况的报告应当定期、及时向董事会、高级管理层和其他管理人员提供。不同层次和种类的报告应当遵循规定的发送范围、程序和频率。报告包括按业务、部门、地区和风险类别分别统计的市场风险头寸；按业务、部门、地区和风险类别分别计量的市场风险水平；对市场风险头寸和市场风险水平的结构分析；盈亏情况；市场风险识别、计量、监测和控制方法及程序的变更情况；市场风险管理政策和程序的遵守情况；市场风险限额的遵守情况，包括对超限额情况的处理；事后检验和压力测试情况；内部和外部审计情况；市场风险资本分配情况；对改进市场风险管理政策、程序以及市场风险应急方案的建议；市场风险管理的其他情况。

向董事会提交的市场风险报告通常包括总体市场风险头寸、风险水平、盈亏状况和对市场风险限额及市场风险管理的其他政策和程序的遵守情况等内容。向高级管理层和其他管理人员提交的市场风险报告通常包括按地区、业务经营部门、资产组合、金融工具和风险类别分解后的详细信息，并具有更高的报告频率。

（四）控制和外部审计

（1）按照监管部门关于内部控制的有关要求，建立完善的市场风险管理内部控制体系，作为整体内部控制体系的有机组成部分。市场风险管理的内部控制应当有利于促进有效的业务运作，提供可靠的财务和监管报告，促使银行严格遵守相关法律、行政法规、部门规章和内部的制度、程序，确保市场风险管理体系的有效运行。

（2）为避免潜在的利益冲突，应当确保各职能部门具有明确的职责分工，以及相关职能适当分离。市场风险管理职能与业务经营职能应当保持相对独立。交易部门应当将前台、后台严格分离，前台交易人员不得参与交易的正式确认、对账、重新估值、交易结算和款项收付，必要时可设置中台监控机制。

（3）要避免薪酬制度和激励机制与市场风险管理目标产生利益冲突。董事会和高级管理层应当避免薪酬制度具有鼓励过度冒险投资的负面效应，防止绩效考核过于注重短期投资收益表现，而不考虑长期投资风险。负责市场风险管理工作人员的薪酬不应当与直接投资收益挂钩。

（4）内部审计部门应当定期（至少每年一次）对市场风险管理体系各个组成部分和环节的准确、可靠、充分和有效性进行独立的审查和评价。内部审计应当既对业务经营部门，也对负责市场风险管理的部门进行。内部审计报告应当直接提交给董事会。董事会应当督促高级管理层对内部审计所发现的问题提出改进方案并采取改进措施。内部审计部门应当跟踪检查改进措施的实施情况，并向董事会提交有关报告。

对市场风险管理体系的内部审计应当包括：市场风险头寸和风险水平；市场风险管理体系文档的完备性；市场风险管理的组织结构，市场风险管理职能的独立性，市场风险管理人员的充足性、专业性和履职情况；市场风险管理所涵盖的风险类别及其范围；市场风险管理信息系统的完备性、可靠性，市场风险头寸数据的准确性、完整性，数据来源的一致性、时效性、可靠性和独立性；市场风险管理系统所用参数和假设前提的合理性、稳定性；市场风险计量方法的恰当性和计量结果的准确性；对市场风险管理政策和程序的遵守情况；市场风险限额管理的有效性；事后检验和压力测试系统的有效性；市场风险资本的计算和内部配置情况；对重大超限额交易、未授权交易和账目不匹配情况的调查。

在引入对市场风险水平有重大影响的新产品和新业务、市场风险管理体系出现重大变动或者存在严重缺陷的情况下，应当扩大市场风险内部审计的范围和增加内部审计频率。

内部审计人员应当具备相关的专业知识和技能，并经过相应的培训，能够充分理解市场风险识别、计量、监测、控制的方法和程序。

（5）内部审计力量不足的金融机构，应当委托社会中介机构对其市场风险的性质、水平及市场风险管理体系进行审计。

（五）市场风险资本

金融机构应当按照监管部门关于资本充足率管理的要求，为所承担的市场风险提取充足的资本。业务复杂程度和市场风险水平较高的金融机构，应当运用经风险调整的收益率进行内部资本配置和业绩考核，在全行和业务经营部门等各个层次上达到市场风险水平和盈利水平的适当平衡。

二、市场风险的监管

金融机构应当按照规定向监管部门报送与市场风险有关的财务会计、统计报表和其他报告。委托社会中介机构对其市场风险的性质、水平及市场风险管理体系进行审计的，还应当提交外部审计报告。

（1）及时向监管部门报告的事项：出现超过内部设定的市场风险限额的严重亏损；国内、国际金融市场发生的引起市场较大波动的重大事件将对自身市场风险水平及其管理状况产生的影响；交易业务中的违法行为等。

（2）监管部门应当定期对金融机构的市场风险管理状况进行现场检查，检查的主要内容：董事会和高级管理层在市场风险管理中的履职情况；市场风险管理政策和程序的完善性及其实施情况；市场风险识别、计量、监测和控制的有效性；市场风险管理系统所用假设前提和参数的合理性、稳定性；市场风险管理信息系统的有效性；市场风险限额管理的有效性；市场风险内部控制的有效性；内部市场风险报告的独立性、准确性、可靠性，以及向监管部门报送的与市场风险有关的报表、报告的真实性和准确性；市场风险资本的充足性；负责市场风险管理工作人员的专业知识、技能和履职情况等。

（3）对于在监管中发现的有关市场风险管理问题，金融机构应当在规定的时限内提交整改方案，并采取整改措施。监管部门可以对机构的市场风险管理体系提出整改建议，包括调整市场风险计量方法、模型、假设前提和参数等方面的建议。

对于在规定的时限内未能有效采取整改措施或者市场风险管理体系存在严重缺陷的商业银行，监管部门可采取的措施：要求增加提交市场风险报告的次数；要求提供额外相关资料；要求通过调整资产组合等方式适当降低市场风险水平等。

（4）金融机构应当按照关于信息披露的有关规定，披露其市场风险状况的定量和定性信息，披露的信息包括：所承担市场风险的类别、总体市场风险水平及不同类别市场风险的风险头寸和风险水平；有关市场价格的敏感性分析，如利率、汇率变动对收益、经济价值或财务状况的影响；市场风险管理的政策和程序，包括风险管理的总体理念、政策、程序和方法，风险管理的组织结构，市场风险计量方法及其所使用的参数和假设前提，事后检验和压力测试情况，市场风险的控制方法等；市场风险资本状况；采用内部模型的金融机构应当披露所计算的市场风险类别及其范围，计算的总体市场风险水平及不同类别的市场风险水平，报告期内最高、最低、平均和期末的风险价值，以及所使用的模型技术、所使用的参数和假设前提、事后检验和压力测试情况及检验模型准确性的内部程序等信息。

三、产品定价、风险参数与对冲的风险管控

所有金融产品的合理定价是其活跃交易的基础，特别是金融衍生产品，其价格受其相应基础市场价格、波动率、到期时间等因素影响。没有具体有效的定价模型，金融衍生产品的价格很难会被合理地确定，从而很难活跃交易；没有具体的定价模型，就不可能准确地计算出衍生产品价格对各种市场因素变化的敏感性；没有衍生产品价格对市场因素的敏感性，就不可能对相应的衍生产品进行有效的风险对冲；没有有效的风险对冲，在利率或汇率发生巨大波动时导致损失乃至重大风险事件的可能性大大增加，这在"中航油"等有关风险事件中皆可得到验证。

衍生产品定价是一个比传统产品定价更为复杂的技术性工作，产品越复杂，定价的复杂程度就越高。除对基础市场要有相当把握的知识外，衍生产品的定价需要合适的数学模型，同时还需要有计算机程序来执行。国外衍生产品的定价模型经过了几十年的摸索和实践已经趋于成熟，中国衍生产品市场发展尚处初期阶段。中国很多金融机构对普通常用的金融衍生产品虽已有了一些定价模型，但是对较为复杂的产品大多数机构尚无自己的定价模型，交易的价格目前仍需要通过外资机构提供，在交易衍生产品时仍然采用"货比三家"的方法。加速提升金融机构产品定价能力是中国发展衍生产品市场的必然要求。通过市场检查了解中国金融机构及国外金融机构在我国的产品定价的状况，从而找出逐渐加强金融机构产品定价能力和风险对冲的具体措施。

四、改善中国市场风险管理和监管的环境

建立有效的市场风险模型需要有很多市场基础条件。如上所言，利率风险是金融市场中最重要的市场风险。要准确度量利率风险，利率市场化和利率曲线是必不可少的条件。然而，由于中国利率市场化才刚刚起步，基准利率仍然缺位，影响利率的主要市场因素尚不明朗，市场参与者不易对利率走势进行分析，从而难以采取风险管理的相应措施。除利率市场化之外，如果没有可靠的利率曲线，也很难对各种金融资产进行合理定价，很难对债券、外汇、股票等传统资产交易的市场风险进行度量，更难对这些资产及其指数之上的远期、期货、掉期、期权等衍生

产品的风险进行合理度量，从而也难以对这些产品的资本充足率进行合理计算。中国目前利率曲线仍不健全，这对利率风险和汇率风险的合理度量也带来难以避免的困难。

场内衍生产品缺位也是中国金融机构建立和健全市场风险管理模型的另外一个主要障碍。国际场内衍生产品市场几十年的发展和活跃交易不但为金融机构间衍生产品提供了规避风险的工具和场所，同时也为衍生产品定价和风险管理提供了透明度高、可靠性强的必需的参数和盯市目标。中国商品期货已经有了十几年的发展而且积累了一定的经验，但截至目前，债券、股票和外汇期货等场内金融衍生产品仍然缺位，使银行间产品定价、盯市、对冲，特别是风险管理模型不易落实。所以加速建立并快速发展中国场内衍生产品市场，对银行间产品创新和风险管理非常重要。

除利率和场内产品缺位外，银行要建立合理的内部市场风险模型，且必须要有至少一年的日损益历史数据。这些数据的积累也需要一定的时间。此外，其他合理市场风险模型所必备的宏观金融环境数据也不可缺少。

"事非经过不知难"。国外金融机构在经历了20世纪90年代众多风险事件的"阵痛"后，提高了风险管理意识，加强了风险管理，风险事件随之逐渐减少。而中国金融机构和企业没有真正经历这个"阵痛"过程，风险意识没有得到具体提升，风险管理措施不到位，风险事件接连发生。比较"中航油"事件和巴林银行事件，我们可以容易地发现，10年前巴林银行风险管理的主要弊病在"中航油"事件中重演，这对我国金融机构风险管理和监管也提出了警示，只有加强风险管理和监管才能保证我国衍生产品市场在持续健康的道路上发展。

与信用风险和操作风险管理类似，市场风险管理体系的健全和完善需要一个过程，尤其在中国目前利率曲线尚不完备、汇率形成机制仍需进一步完善、场内产品缺位等环境下，建立和健全市场风险管理体系更不是一蹴而就的事。银监会将通过市场风险检查，对中国银行业市场风险制度及其落实情况、交易账号和衍生产品的交易情况、产品定价、风险管理模型的落实等进行全面了解，深入细致地研究和分析，从而制定加强和完善中国金融机构市场风险管理的具体方案。

本 章 小 结

相对于发达金融市场而言，欠发达金融市场市场规模小、资金量不充足、整体风险意识较低，管理制度不健全，尤其是人为因素严重使得其风险发生的原因非常复杂，管理难度较大。但随着市场机制的不断完善，逐渐提高风险管理意识，并不断加强市场风险的管理，将会有效地减少各类市场风险。本章主要为有效地减少市场风险来分析市场风险的度量与管理的具体内容。首先，阐述了市场风险的内涵以及基于现代行为金融理论的分析；其次，介绍了风险度量方法，并对 VaR 作了重点阐述；最后，介绍了市场风险的发展体系及其监管问题。

习 题

1. 什么是市场风险？

2. 利率风险可以分为哪几类？各自具体的含义是什么？

3. 市场风险是如何一步步发展演变的？为什么会越来越成为金融风险管理的重点？

4. 《巴塞尔协议》分别对银行各自层面及监管方面提出了哪些原则？

5. 基于行为金融理论，投资者对风险持有怎样不同以往分析的态度？

6. 投资者的心态与行为对市场风险会产生怎样的影响？

7. 行为金融理论将对市场风险的管理产生什么样的影响？

8. 早期的风险度量方法有哪些？它们分别有哪些优缺点？

9. 什么是 VaR 度量方法？其优缺点分别在哪里？

10. 压力测试和情景分析分别都有哪些特点？

11. 对于 VaR，压力测试和情景分析这三种度量方法，应如何有效地配合运用到风险度量当中？

12. 风险度量的标准有哪些？

13. VaR 风险度量指标是否符合上题中的标准？原因在哪儿？

14. 继 VaR 之后出现了哪些新的风险度量方法？它们与以往的相比有哪些可取之处？

15. 假设一个投资组合在 95% 的置信水平上的 VaR 值是 $10，如果将置信水平提高到 99%，且投资组合服从正态分布，那么投资组合的 VaR 值将变为多少？

16. 如果一家公司以 95% 的置信水平计算出其 VaR 为 100 万美元，那么我们怎样理解该公司的风险损益？

17. 美国某银行有一项一百万欧元的现金头寸，当前欧元兑美元的汇率是 0.95 美元/欧元。假设一天内欧元兑美元的汇率呈正态分布，其均值为 0.95，标准差为 0.01，试算在 95% 置信水平下持有期为一天且以美元为计量货币单位的一百万欧元头寸的 VaR。

第十四章

信用风险的度量与管理

第一节　信用风险概述

一、信用风险的概念

（一）信用风险的产生

在当代社会，伴随着经济的发展，信用已经成为商品货币经济的重要组成部门，信用关系已经体现在经济社会的各个层面。信用是以协议或契约为保障的，不同时间间隔下的经济交易行为，具有一定的权利和义务是信用得以存在的要素之一。信用关系的建立有三个要素。第一，由借贷双方构成的债权债务关系。债权是贷出一方将来收回贷出价值的权利，债务是借入一方将偿还借入价值的义务。第二，价值作相向运动形成的时间差。价值被让渡出去，经过一定时间后才得以归还，也就是价值在不同时间里的相向运动。没有时间间隔，信用行为难以实现。第三，保证债权债务关系确立的凭据。信用关系的主体是经济社会中的经济人，而经济人都是以追求个人利益最大化为目标的，因此当经济人的自身利益与契约的利益发生冲突时，一方受到利益的驱使很可能会选择违约或其他形式保护自身的利益，这样契约的另一方就有蒙受损失的风险，在这种情况下，信用风险就产生了。

（二）信用风险的含义

信用风险又称信誉风险或保证风险，是指借款人、债券发行人或金融交易一方由于各种原因不能履约致使金融机构、投资人或交易对方遭受损失的可能性。它既存在于传统的贷款、债券投资等，也存在于信用担保、贷款承诺等表外业务中，还存在于信用衍生工具交易（主要指场外衍生工具）中，是历史最为悠久，也是最为复杂的风险种类。从狭义上讲，它一般是指借款人到期不能或不愿履行还本付息协议，致使银行等金融机构遭受损失的可能性，即它实际上是一种违约风险。从广义上说，信用风险是指由于各种不确定因素对银行信用的影响，使银行等金融机构经营的实际收益结果与预期目标发生背离，从而导致金融机构在经营活动中遭受损失或获取额外收益的一种可能性程度。信用风险的表现形式很多，例如，商业信用风险、进出口信用风险、期货交易中的实物交割风险等。对以贷款为主要业务的银行来说，信用风险是指借款者在贷款到期时，无力或不愿偿还贷款本息，或出于借款者信用评级下降给银行带来损失的可能性。

二、信用风险的特征

长期以来，信用风险就是银行业乃至整个金融业最重要的风险形式。这不仅是因为信用风险广泛存在于金融机构经营活动的始终，是整个社会经济风险的集中体现，更是因为信用风险具有很多其他风险形式所不具备的特征，使得其更难于防范和管理，对金融机构的经营活动危害性更大。

（一）道德风险在信用风险的形成中起到了重要的作用

贷款等信用交易活动存在明显的信息不对称现象，即交易的双方对交易的信息是不对等的。一般情况下，借款人掌握更多的交易信息，从而处于有利地位，放款人所拥有的信息较少，而处于不利的地位，这就会产生所谓的道德风险问题，使得道德风险成为信用风险的一个重要的因素。与之相对，其他的经济风险，例如市场风险，由于交易双方的交易信息基本上是对等的，因而道德风险在其风险的形成过程中起到的作用就没有那么突出。

（二）信用风险的承担者很难了解风险的状况及变化

由于信息不对称的存在，使得授信对象的信用状况不易观察，因而投资者（银行等金融机构）无法及时、深入地了解信用风险的情况。授信者无论是通过在长期业务关系中自己掌握的信息，还是通过外部信用评级机构公布的评级信息对受信者的信用状况进行了解，都存在很大的局限性。因为前者显然会令授信者的信息仅局限于自身的业务经营范围内，而后者则一般只提供大型的、具有知名度的企业的评级信息，对众多的中小企业往往不能提供相应的信用信息，而这些中小企业往往是授信企业重点想了解的对象。这样，必然导致金融机构在进行授信对象的比较时遇到很多困难。

（三）信用风险具有明显的非系统性风险的特征

尽管授信对象的还款能力会受到诸如经济危机等系统性风险的影响，但是在大多数情况下，还是取决于与授信对象明确相关的非系统性因素的影响，如贷款投资方向、授信对象经营管理能力、财务状况甚至还款意愿等，使得信用风险具有明显的非系统性风险特征。因此，以多样化投资来分散非系统性风险的管理原则更适用于信用风险管理。

（四）信用风险的观察数据较少，不易获取

由于贷款等信用产品的流动性差、缺乏发达的二级市场，从而为各种数理统计模型的使用带来了不便。加之信息不对称的原因，使直接观察信用风险的变化较为困难。另外，由于贷款等信用产品的持有期限较长，即便到期发生违约，其可以观察到的数据也较少，因而不易获取。

三、信用风险的分类

（一）按照信用风险的性质进行划分

按照信用风险的性质划分，信用风险可分为：被迫违约信用风险和故意违约（信用缺失）风险。

1. 由于被迫违约所产生的信用风险

由于信用风险具有未来的不确定性，它的发展具有偶然性、突发性。对于合约双方而言，有些信用风险是可以避免或尽量降至最低的发生频率，但有些却不是人力所能控制的。例如，在商业信用中，双方签 50 万吨小麦。可是合同的标的是一方向另一方于次年的秋天提供，天有不测风云，由于天灾，次年夏天供货方所在地发生特大洪涝灾害，万顷良田被洪水淹没，颗粒无收，致使供货一方除了违约而别无选择。

由于此类事件确非人力所及，在法律上讲属于不可抗力。同时，此时的违约不仅给对方造成损失，违约对违约人自身同样造成极大的损失，因此称这种违约为被迫违约，由此造成的信用风险为被迫违约信用风险。在金融领域同样存在着诸多被迫违约的案例。例如，某金融机构经过严格的贷前审查与信用评级，向某一信誉良好的特大石油化工企业提供总额为 50 亿美元，期限为 10 年的长期贷款。鉴于此金融机构与该企业建

立的长期良好的合作关系，看上去双方似乎没有发生违约的可能性。但正如前面所提到的，信用风险是一种非系统性风险，许多情况都是人力所不及的。如果此时爆发全球性的石油危机，引起全球油价的迅猛上升，这必然会加大企业的生产成本，造成企业财政上的极大困难，使得企业的已贷资金无法满足企业工程发展的需要。而在这种情况下，企业继续贷款机会又很小，结果只得使企业的工程中途被迫暂停，造成严重的实际和潜在的经济损失。一旦企业财务上的赤字过于庞大、面临的还贷压力过于巨大，还会导致企业破产。由于企业使用的绝大部分资金均为从金融机构获得的贷款，企业的经营损失最终必然转化为金融机构的经济损失。

从上例中可以看出，金融机构面临的信用风险是一种不确定的"敞口风险"。金融机构的协议多为事先规定好的，如分期贷款、分期偿还等，在理论上本不存在"敞口"问题，但是由于金融机构还面临借款人因突然的财务危机或技术原因不能如期执行协议而产生不确定性，同样会对金融机构造成违约风险。

2. 故意违约（信用缺失）所产生的信用风险

故意违约又称信用缺失，是指契约双方的一方由于自身道德缺乏等因素在完全可以履行合约的情况下而拒绝履行。故意违约的信用风险主要从道德层面上分析了权利人和义务人之间的关系。道德缺乏或称信用缺乏是当今社会一个极为严重的社会现象，它严重的损害了经济运行的正常秩序，打乱了理性人之间交易的透明度和信任度，使人们在进行任何交易时都要首先进行复杂的"博弈过程"：对方会不会违约；如果对方违约我怎样处理等。在一般情况下，金融市场中的授信和受信主体所掌握的信息资源是不同的，受信主体对自己的经营状况及信贷资金的配置风险等真实情况有比较清楚的认识，而授信主体要获得这方面的真实信息则较为困难，他们之间的信息显然是不对称的。在信用合约签订之前，非对称信息会导致信用市场中的逆向选择；而在信用合约签订之后，拥有信息优势的一方（受信主体）也容易利用其信息优势给信息劣势的一方（授信主体）带来信用风险。

（二）按照信用风险发生的主体划分

按照信用风险发生的主体划分，信用风险可分为金融机构业务信用风险和金融机构自身信用风险。而金融机构业务信用风险又包括金融机构借贷过程中的信用风险和交易过程中的信用风险。

以银行为例，银行是典型的金融机构，是筹集和经营货币资金、从事信贷业务的金融中介机构，信用风险作用于银行信贷业务的全过程。对于银行而言，因贷款发放时银行对客户的授信额度、交易额度等判断失误或了解不充分所造成的信用风险为借贷过程中的信用风险。相对于传统的信贷风险而言，银行交易中的信用风险存在于两个阶段，即结算前的信用风险和结算时的信用风险。所谓结算前信用风险是指在交易进行结算前交易一方未能履约而导致损失的风险。结算时的信用风险是指因一方在进行交易结算时违约而导致的风险。在交易过程中，交易的一方已履行了另一方的要求，但交易的另一方却因为1974年德国郝斯泰特银行的外汇支付缺乏偿付能力而没有支付款项。发生违约行为，导致了银行间支付系统的一片混乱甚至全面崩溃，也即是著名的郝斯泰特风险，为金融监管者和诸多银行敲响了警钟。金融机构自身的信用风险是在金融机构日常的经营管理中，由于内控机制不严而导致的信用风险。

四、信用风险的识别

信用风险识别是信用风险管理的基础，全面、准确、客观地识别企业所面临的信用风险，对于以后的信用风险估测及信用风险规避、防范和控制的选择具有重要的意义。做好信用风险识别工作能为信用风险管理其后的环节奠定良好的基础。在这里，有一对极为容易混淆的概念有必要对之加以区别，即风险识别与风险衡量。风险衡量与风险识别是两个截然不同的概念：风险衡量主要指对风险存在及发生的可能以及风险损失的范围和程度进行估计和度量；而风险识别是指对尚未发生的、潜在的以及客观存在的各种风险进行系统的、连续的识别和归类，并分析产生风险事故的原因。可见衡量是一种量化的概念，是风险管理准确可靠的数学基础；而识别则是停留在感性的层面上。但近些年来，随着金融自由化和资本的自由流动，暴露出的风险可谓五花八门，相应的风险识别的方法似乎也有量化的趋势。

（一）信用风险识别的原则

1. 全面周详的原则

风险识别是风险管理的第一步，其作用极为关键。由于金融机构自身的性质所决定，其周围的风险是多种多样、错综复杂的。有客观存在的风险，有潜在的风险；有动态的风险，也有静态的风险。所有这些风险在一定时期和某一特定条件下是否客观存在，存在的条件又是什么，以及损害发生的可能性等，都是在风险识别阶段应予以回答的问题。因而应该全面系统地考察、了解各种风险因素、风险事故存在和可能发生的概率、损失的严重程度，以及风险可能导致的其他连带问题。对于信用风险尤应如此。感知和识别风险是风险识别的基本内容，通过感知和识别两个步骤，可以测算损失发生的概率并由此推测风险发生后果的严重程度，进而衡量风险的危害和损失，最终决定风险政策措施的选择以及管理效果的优劣。

总之，全面、周详地了解风险存在和发生的可能性及其将引起的后果的详细情况，可以及时、准确地为决策者提供相对完备的信息。也只有坚持全面周详的原则，才能对信用风险进行准确的判断和识别。

2. 综合考察的原则

金融机构涉及银行、保险、证券、基金等诸多金融领域，而金融领域是一个极其复杂的系统，其中，包含不同类型、不同性质、不同程度的各种风险，各种风险间又存在一定的相关性。因此，信用风险绝不是孤立的存在于金融机构中，而是存在于复杂的风险系统中，与其他风险有着千丝万缕的关系。鉴于以上原因，独立的分析信用风险的方法往往难以取得预期的效果，必须综合使用多种分析手段，采用多种相关的风险识别方法以取得预期的效果。

以银行为例，可能会面临三种信用风险。一是贷款信用风险，识别方法就可以针对个人客户，采取查看个人信用档案，对企业客户进行企业业绩评估、查看财务报表等手段；二是银行自身信用风险，又称流动性风险，识别方法则重点放在资本充足率及资产负债比率等指标的监督和考察上；三是银行投资信用风险，识别角度则放在被投资对象的资本额、经营能力、发展潜力和稳定性等因素上。总之，综合运用各种方法，全面考核风险是风险识别的关键。

3. 科学计算的原则

风险识别可以为风险管理提供前提和决策依据，使企业、单位或个人获得最大的安全保障，减少不必要的风险损失，因此要力求做到科学、准确、合理。风险识别过程可以结合风险衡量的方法，以严密的数学理论作为分析工具，在普遍估计的基础上，进行计算和统计，对识别客体及其所处环境进行具体的量化核算，以得出比较科学合理的分析结果。

虽然与其他风险相比，信用风险更加难于量化，但是随着现代信用风险管理手段的发展，这一原则已经变得日益重要了。

4. 系统化、制度化、经常化的原则

风险识别是风险管理的前提和基础，全面、准确地识别在很大程度上决定着风险管理的效果。在全面周详原则、综合考察原则、科学计算原则的基础上，还要以系统化、制度化、经常化作为其基本的原则。因为只有借助于科学系统的方法对风险加以识别和衡量，才可能对风险有一个全面综合的认识。前面提到有些风险种类之间的相关性是非常高的，如信贷风险和流动性风险，如果没有全面系统的调查分析，将风险综合归类，揭示各自的性质类型和后果，就难以在一个复杂的系统中确定何种风险即将发生，更不可能采取较合理的控制和处置方法。信用风险无时不在、无处不有，对于金融机构来说，只要其存在，发生业务往来，信用风险就一定存在，因此风险识别也应该是一个连续的、经常不断进行的、制度化、规范化的过程。否则，当信用风险发生后再谈识别，为时已晚。

（二）信用风险识别的方法

风险管理者要想掌握金融机构面临的全部信用风险，就必须对金融机构的自身活动和经营环境进行全面的掌握，其风险识别的途径和方法很多。一般来说，对于传统的和常见的信用风险，风险管理者凭其过去的经验和简单的风险识别方法便可识别，但对于新的、潜在的信用风险，其识别的难度要高得多，因此必须按照一定的途径，运用一定的方法加以识别。一般情况下，可以用一般的风险识别方法对信用风险进行识别。风险识别的方法可概括成两方面：借助金融机构外部力量，利用外界的风险信息、资料识别风险；依靠金融机构自身力量，根据企业特性识别风险。但是，在通常情况下，单独企业不可能拥有足够多的损失资料和风险管理能力进行内部风险识别。为此，风险管理者首先需要获得对于同类企业具有普遍意义的风险损失资料，然后按照一套系统的方法，在这些具有共性损失的资料中去发现本公司、本企业所面临的潜在风险。具体而言，潜在的风险由两部分构成：直接风险和间接风险，前者是指资产本身可能遭受的风险损失，后者则指因遭受风险所引起的生产中断和资金的经营借贷活动中断而带来的损失以及其他连带的人身和财产损失。

风险识别的基本方法很多，如失误树分析法、幕景分析法、财务状况分析法、专家调查列举法、分解分析法等。在这里着重介绍幕景分析法。

幕景分析法是国外风险管理者进行风险识别时经常采用的一种方法，是指在风险识别过程中，用幕景描绘能引起风险的关键因素及其影响程度的方法。具体操作过程是：充分利用有关的数据、曲线和图表等资料，将某种商品的生产经营或某项资金的借贷与经营的未来状态进行描述，通过描述研究发现引起有关风险的关键因素及其后果影响程度。此种分析方法相当于建立一个模型，用来分析当经济活动中的某些因素发生变化时，将出现怎样的风险，造成怎样的后果和损失。在幕景分析法中，一个幕景就是某个企业未来某种状态的描绘，这种描绘可以在计算机上进行计算和显示，也可以用图示、曲线等进行描绘。最终结果都是以形象易懂的方式表示出来，为企业提供直观、明了的参考。

幕景分析法是一种动态分析的方法。这种方法的功能主要在于考察风险范围及事态的发展，并对各种情况作对比研究，以选择最佳的效果。例如，它可以向决策人员提供未来某种投资机会最好、最坏和最可能发生的前景，并且可以详细给出这三种不同情况下可能发生的时间和风险。幕景分析法的具体运用可通过风险筛选、风险检测和风险诊断等方式进行。风险筛选就是用某种程序将具体潜在风险的产品、过程、现象和个人进行分类选择的方法。筛选对于淘汰那些最不重要的项目是很有用的。同时，通过筛选也可以区分各种风险的性质和状况。风险监测，是对应用于各种风险及其后果，对产品、过程、现象和个人进行观测、记录和分析的复杂过程。它主要用于对可能引起风险事故的各种因素进行监测，例如关于天气、气候现象的情报监测，关于公共卫生的监测等。风险诊断是根据企业风险状况与可能的起因关系进行评价和诊断，找出可疑的起因并进行仔细的检查和分析。

第二节　信用风险的度量方法
——CREDIT METRICS 方法

信用风险的度量方法（creditmetrics）是 JP 摩根和美洲银行、KMV、瑞士联合银行等机构合作开发的用于计量贷款组合信用风险的新型内控模型。这种方法借用衡量市场风险时用的风险价值概念，通过复杂的数学模型和计算，给出贷款组合在未来一定时间、在一定置信区间内贷款组合损失的最大值，也就是给出了信用风险的大小。该模型的优点在于：它考虑到了信用质量变动的相关性，使贷款组合的集中度和分散度定量化。这一模型的基本目标是对贷款的集中度风险——贷款组合中某项贷款的风险暴露上升给贷款组合增加的风险——进行定量描述。

一、CreditMetrics 模型框架

在 CreditMetrics 看来，影响信贷资产价值的不只是违约事件，也包括信贷质量的变化。CreditMetrics 采取盯市的概念来计算信用风险值，构造了一个模拟信贷资产所有潜在变化以及违约波动的组合计量框架。该模型的框架如图 14-1 所示。

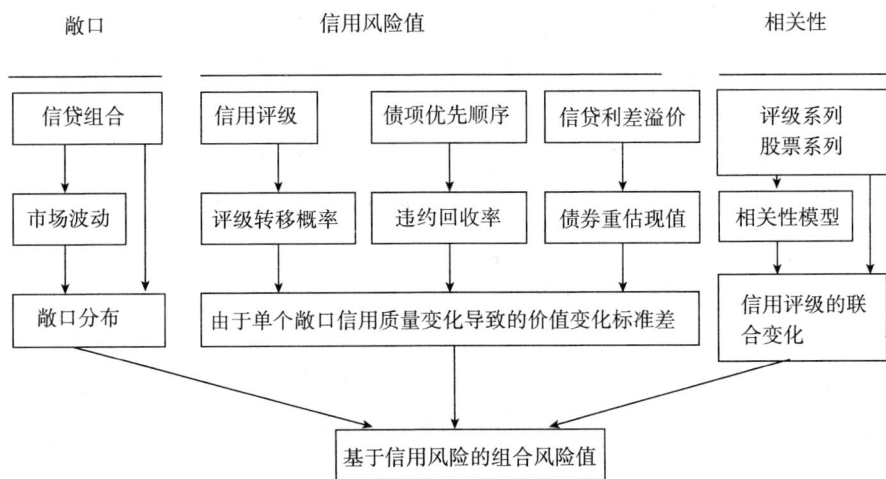

图 14-1　CreditMetrics 模型框架

为便于理解，图 14-1 还可以分解成 8 个大的技术环节：

第一步，设定风险期的长度。遵循风险计算的习惯，CreditMetrics 将风险期间设为 1 年。

第二步，设定信用评级系统。每一个债务人都必须被赋予一个信用评级。评级来源可以是公认的外部评级结果，也可以是内部评级结果。

第三步，设定信用评级转移矩阵，转移矩阵给出了债务人在风险期从当前评级状态转移至其他所有评级状态的概率或可能性。

第四步，设定信贷利差溢价。信贷利差溢价等于当前债券价格与相同期限无风险利率之间的差额。计算出所有信用评级级别债券的信贷利差溢价，以对应的远期利率为折现率，进一步计算出债券在所有这些评级上的现值。

第五步，设定债券的违约损失率。

第六步，如果不存在相关性，通过上述步骤计算出的所有债券的价值分布加起来，所得即整个信贷组合的价值分布。

第七步，考虑到相关性，估计资产之间的变化相关性。

第八步，估计资产之间的联合违约概率以及联合转移概率，计算组合的信用风险值。

二、单笔贷款的风险度量

CreditMetrics 计算单笔贷款风险价值的基本思路是：首先，确定一个信用评级体系，根据信用评级体系确定贷款的信用评级。其次，根据经验和历史数据分析，建立信用等级转移概率矩阵和信用等级损失比率矩阵，这两个矩阵是 CreditMetrics 的基础和核心。再次，根据上述信息，可以得到该笔贷款处于不同信用等级的概率，得到在某一信用等级下的损失比率，进而估算在某一信用等级下的现值，这样就可以得到不同信用等级情况下贷款现值与期望值之间的差值以及该差值分布的概率。最后，根据风险价值的概念，可以计算出单笔贷款的风险价值。

（一）根据历史纪录形成转移概率矩阵和损失概率矩阵

要形成转移概率矩阵要求有一定数量的数据积累，但很多银行都缺乏这种数据基础。从目前的研究来看，基本上是采用穆迪或标准普尔公布的转移概率矩阵和损失概率矩阵。下面采用标准普尔的数据作说明（见表 14 - 1 和表 14 - 2）。

表14 - 1　　1 年内某一信用等级变为另一信用等级的转移概率矩阵

1 年后等级 初始等级	AAA	AA	A	BBB	BB	B	CCC	违约
AAA	90.81	8.33	0.68	0.06	0.12	0.00	0.00	0.00
AA	0.70	90.65	7.79	0.64	0.06	0.14	0.02	0.00

续表

初始等级＼1年后等级	AAA	AA	A	BBB	BB	B	CCC	违约
A	0.09	2.27	91.05	5.52	0.74	0.26	0.01	0.06
BBB	0.02	0.33	5.95	86.93	5.30	1.17	1.12	0.18
BB	0.03	0.14	0.67	7.73	80.53	8.84	1.00	1.06
B	0.00	0.11	0.24	0.43	6.48	83.46	4.07	5.20
CCC	0.22	0.00	0.22	1.30	2.38	11.24	64.86	19.79

资料来源：标准普尔 Credit Week（1996 年 4 月 15 日）。

表 14 – 2   平均累计违约率   单位：%

期限	1	2	3	4	5	7	10	15
AAA	0.00	0.00	0.07	0.15	0.24	0.66	1.40	1.40
AA	0.00	0.02	0.12	0.25	0.43	0.89	1.29	1.48
A	0.06	0.16	0.27	0.44	0.67	1.12	2.17	3.00
BBB	0.18	0.44	0.72	1.27	1.78	2.99	4.34	4.70
BB	1.06	3.48	6.12	8.68	10.97	14.46	17.73	19.91
B	5.20	11.00	15.95	19.40	21.88	25.14	29.04	30.65
CCC	19.79	26.92	31.63	35.97	40.15	42.64	45.10	45.10

资料来源：标准普尔 Credit Week（1996 年 4 月 15 日）。

穆迪和标准普尔都定期公布上述统计信息，如果需要可以在有关资料或网站上查询。需要说明的是上述两个矩阵存在两个假设前提：

（1）一个信用等级内所有企业信用都一样，都有同样的转移概率和同样的违约概率。

（2）时间跨度为 1 年。

这种确定方式主观性很强，主要是由评级机构所能得到的财务数据和报告决定的。这两个前提也是 CreditMetrics 方法的前提。

应该指出，表 14 – 1 和表 14 – 2 只是一个参考。实际上，信用等级之间的转移矩阵和信用等级的累计违约率都与外部经济活动有密切关系，在实际应用中应注意经济环境的变化，而且这些数据是标准普尔根据自己的历史数据统计得到的，未必适用于银行的贷款客户。许多银行对这些数据参数持相当程度的保留态度，银行倾向于依赖自己内部评级的统计数据，认为这样才可能更符合银行资产结构的实际。

（二）计算债券的价值

不同信用等级的债券，未来的收益也不相同，债券的现值可以通过现金折现的方法计算，表14-3是 JP. Morgan 给出的贴现率数据，这些数据是根据债券的零收益曲线得到的。

表 14-3　　　　　　　　　　每一信用等级的贴现率　　　　　　　　　单位:%

类别	一年	二年	三年	四年
AAA	3.60	4.17	4.73	5.12
AA	3.65	4.22	4.78	5.17
A	3.72	4.32	4.93	5.32
BBB	4.10	4.67	5.25	5.63
BB	5.55	6.02	6.78	7.27
B	6.05	7.02	8.03	8.52
CCC	15.05	15.02	14.03	13.52

资料来源：CreditMetrics—Technical Document，April 2，1997.

对 BBB 债券而言，1 年后的现值为：

$$V_{BBB} = 6 + \frac{6}{1.0410} + \frac{6}{(1.0467)^2} + \frac{6}{(1.0525)^3} + \frac{106}{(1.0563)^4} = 107.55$$

同理可以计算出不同级别债券 1 年后的价值。

（三）计算贷款的风险价值

根据上述计算以及信用等级转移概率，可以得到债券 1 年后的价值分布情况（见表14-4）。

表 14-4　　　　　　　　BBB 债券 1 年后的价值分布及价值变化

等级	状态概率	未来值	价值变化
AAA	0.02	109.37	1.82
AA	0.33	109.19	1.64

续表

等级	状态概率	未来值	价值变化
A	5.95	108.66	1.11
BBB	86.93	107.55	0
BB	5.30	102.02	−5.53
B	1.17	98.10	−9.45
CCC	0.12	83.64	−23.91
违约	0.18	51.13	−56.42

资料来源：CreditMetrics—Technical Document，April 2，1997.

从表 14-4 可以看出，在 99% 的置信区间，该笔债券 1 年的损失在 23.91 以内，因此债券的风险价值为 23.91。

三、两笔贷款的风险价值

两笔贷款的最初等级分别是 BB 级和 A 级。计算这一贷款组合风险价值的基本思路与单笔贷款类似：首先，计算贷款的信用转移矩阵；其次，计算不同信用等级组合下的组合价值；最后，根据组合价值的分布得到风险价值。

（一）计算贷款组合的联合转移概率

计算贷款组合的联合转移概率，需要知道两个基本条件：一是每笔贷款信用等级的转移概率；二是两笔贷款信用等级转移的关联程度，这需要外部给定。

1. 相关性为零情况下的联合转移概率

表 14-5 是根据单笔贷款的转移概率矩阵得到的联合转移概率矩阵。表中每一个概率等于两个单笔贷款信用等级转移概率的乘积。

表 14-5　　　　　BB 和 A 在不相关条件下的联合转移矩阵

贷款BB＼贷款A		AAA	AA	A	BBB	BB	B	CCC	违约
		0.09	2.27	91.05	5.52	0.74	0.26	0.01	0.06
AAA	0.03	0.00	0.00	0.03	0.00	0.00	0.00	0.00	0.00
AA	0.14	0.00	0.00	0.13	0.01	0.00	0.00	0.00	0.00

	贷款 A	AAA	AA	A	BBB	BB	B	CCC	违约
贷款 BB		0.09	2.27	91.05	5.52	0.74	0.26	0.01	0.06
A	0.67	0.00	0.02	0.61	0.40	0.00	0.00	0.00	0.00
BBB	7.73	0.01	0.18	7.04	0.43	0.06	0.02	0.00	0.00
BB	80.53	0.07	1.83	73.32	4.45	0.60	0.20	0.01	0.05
B	8.84	0.01	0.20	8.05	0.49	0.07	0.02	0.00	0.00
CCC	1.00	0.00	0.02	0.91	0.06	0.01	0.00	0.00	0.00
违约	1.06	0.00	0.02	0.97	0.06	0.01	0.00	0.00	0.00

资料来源：CreditMetrics—Technical Document，April 2，1997.

2. 相关性不为零情况下的联合转移概率

如果两笔贷款信用等级变化存在一定的相关性，贷款组合在某一状态的概率就不再等于单笔贷款信用等级转移概率的乘积。CreditMetrics 给出的方法是通过确定两笔贷款信用等级转移的联合分布密度函数求出联合转移概率，其计算过程如下：

首先，根据期权价值的计算原理确定贷款公司的价值。假定公司价值的变化服从标准的集合布朗运动，根据 Merton（1974）的期权定价公式，可以计算出公司的价值：

$$V_t = V_0 \exp\left\{ \left(\mu - \frac{\sigma^2}{2} \right) t + \sigma \sqrt{t} Z_t \right\}$$

其次，确定公司违约的概率。假设企业的资本结构只由两部分组：权益 S_t 和债券 B_t（面值 F），当企业资产的价值小于 F 时，企业就会违约。以 BB 级贷款为例计算：设 P_{Def} 表示 BB 级违约的概率；V_{Def} 表示违约企业的临界价值。用公式表示违约概率即为：

$$P_{Def} = P_r \left[V_t \leq V_{Def} \right]$$

$$= \left[\frac{\ln\left(\frac{V_{Def}}{V_0} \right) - \left(\mu - \frac{\sigma^2}{2} \right) t}{\sigma \sqrt{t}} \geq Z_t \right]$$

$$= P_r \left[Z_t \leq \frac{\ln\left(\frac{V_0}{V_{Def}} \right) + \left(\mu - \frac{\sigma^2}{2} \right) t}{\sigma \sqrt{t}} \right]$$

$$= N\ (-d_2)$$

其中，r 为正态化的回报率，服从 N（0，1）正态分布，当 Z_t 等于 $-d_2$ 时，公司就会违约，因此也可以把 d_2 成为违约距离。

最后，确定信用等级变化的门槛值。假设不同信用等级回报率的变化服从均值为零、方差为 1 的正态分布，BB 级贷款 1 年后变为 AAA 级的概率为 0.03，由概率公式 P（Z > Z_{aaa}）= 0.03%，因为 Z 服从正态分布，因此可求得门槛值 Z_{AAA} = 3.43σ，σ = 1，所以 Z_{AAA} = 3.43。

3. 计算有相关性的两笔贷款的信用转移概率

假设两个贷款信用等级变化的相关系数为 ρ，则两笔贷款信用等级组合的转移概率密度函数为：

$$f（r_{BB}，r_A；ρ）= \frac{1}{2\pi\sqrt{1-ρ^2}}\exp\left\{\frac{-1}{2（1-ρ^2）}\left[r_{BB}^2 - 2ρr_{BB}r_A + r_A^2\right]\right\}$$

由概率密度函数可以求得一定区间对应的概率。

（二）计算贷款组合的联合违约概率

如果用 DEF_1 和 DEF_2 代表违约事件：

$$corr（DEF_1，DEF_2）= \frac{ρ（DEF_1，DEF_2）- P_1P_2}{\sqrt{P_1（1-P_1）P_2（1-P_2）}}$$

根据 Merton 模型，P（DF_1，DEF_2）= Pr $\left[V_1 \leq V_{Def}，V_2 \leq V_{Def}\right]$ = Pr $\left[r_1 \leq -d_2^1，r_2 \leq -d_2^2\right]$ = N_2（$-d_2^1$，d_2^2，ρ）

根据单笔贷款风险价值的计算方法，可以得到 BB 级和 A 级贷款在不同贷款等级下的价值。

（三）计算贷款组合的风险价值

前面得到了两笔贷款信用等级的联合转移概率矩阵，也得到了贷款组合的可能价值，由这两个矩阵可以得到贷款组合价值的平均值，据此可以计算这些价值的标准差。假设这两笔贷款的价值服从正态分布，从正态分布可以得到 95% 置信区间的价值，也就得到了风险价值。

四、多笔贷款的风险值

上面仅仅描述了两个资产，如果资产很多，解析分析方法是不适用的，可适用的方法是蒙特卡罗模型法，其基本步骤如下：

（1）产生每一个等级的资产回报临界值。

（2）估计每一对资产之间的相关性。

（3）根据联合正态分布产生资产回报模型。产生相关正态变量的标准方法是 Chocesky 分解法，每个情景用 n 个标准化的资产回报来表述，组合中的每个债权人都有一个场景。

（4）对每个情景、每个债权人，将步骤（1）计算得出的资产回报门槛值标准化，融入相应的等级。

（5）根据给定的每个等级的收益曲线，组合被重新估价。

（6）多次重复上述步骤，绘制组合价值的分布图。

（7）得到组合未来值的分布百分比。

第三节　信用风险的度量方法——KMV 方法

KMV 模型是 KMV 公司推出的一种计算信用风险的度量方法，模型以 Merton 期权定价理论为基础，通过企业自身的财务特征而非最初的信用评级来预测企业的预期违约概率，这一概率与企业的资本结构、资产回报率的波动性和当时的资产价值相关。同其他模型相比，该模型没有就信用评级以及评级转移做出任何假设，而是通过企业的财务结构、企业资产回报波动率以及企业资产的当前市值来推导预期违约率。KMV 的违约率不仅反映了每一单个企业的具体风险特征，也可以通过相应的评级系统转换为信用评级。

一、计算预期违约概率

计算预期违约率 EDF 的方法分为三个步骤：估计公司资产的市场价值和波动性；计算违约距离；运用违约数据库将违约距离变为实际的违约率。

（一）估计企业资产的价值 V 以及资产回报率的波动值 σ

KMV 方法计算企业价值的一个假设条件是企业资产价值服从对数正态分布。如果企业的负债全部是可以交易的，每天都在变化，评估企业资产价值和波动性的工作就比较简单。企业资产价值就是市场价值之和，波动性可以从历史数据中计算得到。但实际上，一般企业只有权益是可以交易的、可直接观察的，这就需要采用 Merton 的期权定价理论估算企业价值。

为了使模型更加有实用价值，KMV 方法假设企业是一家上市公司，公司的负债由等同于现金的短期负债和等同于可转换优先股的长期负债构成。做这些假设之后，可以得到权益价值 V_E、波动率 σ_E 的解析解：

$$V_E = f\ (V_A,\ \sigma_A,\ k,\ c,\ r)$$

$$\sigma_E = g\ (V_A,\ \sigma_A,\ k,\ c,\ r)$$

其中，k 为资本结构中的财务杠杆比率；c 为长期负债的平均成本；r 为无风险利率。

（二）计算违约距离

在期权模型中，所谓违约或破产是指公司资产价值低于企业债务价值。但在实践中，违约和破产是有很大区别的。破产是指一种清算状态，公司资产被处理并按一定顺序分配给有追偿权的人；而违约则是指不能支付到期的利息或本金。交叉违约是当公司不能支付到期的某一债务时，也同时意味着对其他债权人的违约。

KMV 观察了几百家公司，发现公司违约时资产价值介于总负债与短期债务之间，因此要求公司价值低于总债务价值可能不是一个实际违约率的准确计算方法，这种不准确可能是因为资产回报率的分布不是正态分布，也可能是资本结构的过度简化，也可能是企业有其他的对外承诺，因此 KMV 方法采用一个中间过程来计算企业违约的概率，即先计算违约距离。违约距离是指企业资产价值和违约临界值之间的标准偏差，其数学定义如下：

        STD：短期债务；   LTD：长期债务；

        DPT：违约点 = STD + 1/2LTD；   DD：违约距离；

$$DD = \frac{E\ (V_1)\ - DPT}{\sigma_A}$$

假设公司资产服从 log 正态分布，利用公式：

$$DD = \frac{\ln\left(\dfrac{V_0}{DOT_T}\right) + \left(\mu - \dfrac{\sigma^2}{2}\right)T}{\sigma\sqrt{T}}$$

其中，V_0 为公司资产目前的市场价值；DPT_T 为时间 T 时的违约点；μ 为期望净资产回报率；σ 为每年资产的波动率。

（三）违约距离推导违约概率

从违约距离可以得到实际的违约概率，KMV 公司将这种概率称为预期违约概率，即 EDF。KMV 公司根据历史数据来统计违约距离和违约概率之间的关系。预期违约概率与公司股票价格的变化、债务水平和资产波动性等密切相关，EDF 可以作为一个预测公司违约的很好指标。KMV 公司分析了 20 年中 100000 个企业的情况，发现了 2000 个公司违约或进入破产状态。KMV 公司发现在这些公司违约前，EDF 都有很大的提高。

不同信用等级可以代表一定的违约概率，这与 EDF 的含义是一致的。根据 EDF 和信用等级的内在联系，可以建立 EDF 与信用等级之间的对应关系。实际上，标准普尔、穆迪的评级也是在反映违约概率。标准普尔的信用等级只代表违约概率，而穆迪公司的信用等级还代表一定的损失率。

二、违约风险的估价模型

在对违约概率进行估价的基础上，KMV 模型再对信用风险进行评估。这种方法基于风险中性假设，其思路是：

第一，贷款未来的现金流可分为两个部分：一部分是无风险现金流；另一部分是风险现金流。将两部分现金流折现，便可得到贷款的价值。

第二，设 LGD 表示违约时的损失，未来的 i 期的现金流为 C_i，各期折现率均为 r，则无风险现金流，

$$PV_1 = \sum_{i=1}^{n} \frac{(1 - LGD)C_i}{(1 + r_i)_i^t}$$

第三，风险现金流为，

$$PV_2 = \sum_{i=1}^{n} \frac{LGD(1 - Q_i)C_i}{(1 + r)_i^t}$$

其中，Q 为表示风险中性下预期违约概率。

总的现金流为：

$$PV = (1 - LGD) \sum_{i=1}^{n} C_i e^{-y_i t_{ii}} + LGD \sum_{i=1}^{n} (1 - Q_i)C_i e^{-y_i t_i}$$

三、风险中性 EDF 的推导

无风险中性概率 Q 可以定义为在时间 T，资产价值 V_t 低于违约点 DPT_T 的概率。

$$Q = P\left[V_T^* \leqslant DPT_T\right]_2$$

$$= P\left[\ln V_0 + \left(r - \frac{1}{2}\sigma^2\right)T + \alpha\sqrt{T}Z_T \leqslant \ln DPT_T\right]$$

$$= N\left(-D_2^*\right)$$

$$d_2^* = \frac{\ln\left[\dfrac{V_0}{DPT_T}\right] + \left(r - \dfrac{1}{2}\sigma^2\right)T}{\sigma\sqrt{T}}$$

$$\frac{\mathrm{d}V_t^*}{V_t^{*t}} = rdt + \sigma\mathrm{d}w_t$$

其中，w_t是标准布朗运动；t是正态分布，均值为零；方差为 T。

如果定义 EDF 为资产价值低于支付点 DPT_T概率，则

$$EDF_T = N\left(-d_2\right) \quad 因为 -d_2 + \frac{(\mu - r)\sqrt{T}}{\sigma} = -d_2^*$$

因此，$Q_T = N\left(N^{-1}(EDF) + \dfrac{(\mu - r)}{\sigma}\sqrt{T}\right)$

因为 $\mu \geqslant r$，所以 $Q_T \geqslant EDF_T$，也就是说，风险中性违约概率高于实际的违约概率。

四、资产回报相关系数的模型计算

企业资产的回报率是由许多系统性风险因素（共同因素）和特异性因素决定的，特异性因素与企业、国家或行业相关，对资产回报的相关性没有贡献，企业之间的相关性仅仅由这些共同因素来解释。反过来讲，通过构造合适的资产组合能够消除的风险都是特异性因素，而共同因素是不能分散的。

设资产回报率为：

$$r_k = \alpha_k + \beta_{1k}I_1 + \beta_{2k}I_2 + \varepsilon_k, \quad k = 1, \cdots, N$$

其中，N 为企业个数；r_k 为企业 k 的资产回报率；I_1，I_2 是共同因素；β_{1k}，β_{2k} 是共同因素 I_1 和 I_2 变化时企业资产回报率的变化；ε_k 是特异性风险因素，均值为零，与共同因素的相关系数为零，与其他企业的特异性因素相关系数是零。

$$Var(r_k) = \sigma_k^2$$

$$= \beta_{1k}^2 Var(I_i) + \beta_{2k}^2 Var(I_2) + Var(\varepsilon_k^2)$$

$$+ 2\beta_{1k}\beta_{2k}COV(I_1, I_2)$$

$$COV(r_i, r_j) = \sigma_{ij}$$

$$= \beta_{1i}\beta_{2i}Var（I_1）+\beta_{2i}\beta_{2j}Var（I_2）$$
$$+（\beta_{1i}\beta_{2j}+\beta_{2i}\beta_{1j}）COV（I_1，I_2）$$

资产回报相关系数：

$$\rho_{ij}=\frac{\sigma_{ij}}{\sigma_i\sigma_j}$$

KMV 模型是一个三层因素分析模型：第一层是企业层，存在一个复合系数，这一系数依赖于企业所处的国家和行业；第二层是国家或行业层，反映国家或行业系数；第三层是宏观层，由全球、区域或行业系数构成。

五、KMV 模型和 CreditMetrics 模型的比较

KMV 模型和 CreditMetrics 模型是目前国际金融界最为流行的两种信用风险度量模型，是针对银行和金融机构的贷款等授信业务，以衡量授信对象信用状况，分析面临的信用风险，防止集中授信，为投资分散化及授信决策量化提供科学的依据，并为具有主观特征的传统信用分析提供有益补充。然而，这两个模型在建模基本思路、方法等方面表现出明显差异：

（一）两种模型用来分析的数据来源不同

KMV 模型对信用风险的衡量指标、预期违约频率主要来自于对企业股票市场价格变化的有关数据分析。而 CreditMetrics 模型对信用风险的衡量来自于对企业信用等级转换及其概率的历史数据分析。

（二）两种模型所依赖的方法不同

KMV 模型侧重依赖的是一种向前看的分析方法，而 CreditMetrics 模型侧重依赖的是向后看的分析方法。前者的优点在于：所提供的预期违约频率指标通过对股票市场价格实时行情的分析，不仅反映了企业历史的和当前的发展状况，更重要的是反映了投资者对企业未来发展的综合预期，其预期违约频率指标中包含了市场投资者对企业信用状况未来变化趋势的判断。在一定程度上克服了依赖历史数据向后看的数理统计模型的"历史可以在未来复制自身"的缺陷。而后者的缺点在于：较多地依赖信用状况变化的历史数据分析以往的信用变化状况。

（三）两种模型特征不同

KMV 模型具有动态特征。而 CreditMetrics 模型具有静态特征。前者

采用的是企业股票市场价格分析方法，因此可随时根据股票市场价格变化去更新模型的输入数据，及时反映出市场预期和企业信用状况变化的新的预期违约频率值，及时动态地反映出信用风险水平的变化。而后者则在相当长的一段时间内保持静态特征，即企业信用评级（无论内部评级或外部评级）不可能像股票市场价格那样动态变化。使模型分析结果不能及时反映企业信用变化状况。这也是该模型的一大缺陷。

（四）两种模型对贷款的估价方法不同

在对不同信用状态下的信用资产评估时有两种方法。KMV 模型采用风险中性估值法，而 CreditMetrics 模型采用的是合同现金流贴现法。前者是金融衍生工具估价中常用的一种方法，即贷款被看做是有限责任公司制下，基于借款人资产价值的一种或有要求权。贷款价值最终取决于损失率（LGD），为贷款账面价值与（$1 - LGD$）的乘积。因此，贷款价值等于这种基于贷款人资产价值的或有要求权（即衍生品）的现值。该方法的优点在于：对合同现金流贴现法的缺陷给予了一定程度上的克服。即由于并非是对合同现金流贴现，而是对未来或有的支付贴现，这种折现所适用的贴现率是不含风险因素的统一的无风险利率，不受资产的信用等级的影响。后者是指对贷款合同中规定的未来现金流按照与贷款信用等级相适应的贴现率予以贴现的方法。该方法的优点在于简单明了，容易操作；其缺陷在于：与现代金融理论并不完全一致，会使同一信用等级与市场关联度不同的信用资产的风险差异得不到合理体现，也有悖于现代金融理论中资产的价值取决于其回报与整个市场回报的关联度的基本观点。

（五）两种模型所选择的信用损失计量方法不同

KMV 模型采用的是违约法（所对应的模型称为两状态模型），而 CreditMetrics 模型采用的是盯市法。按照违约法的观点认为：只有当违约实际发生时才产生信用资产损失，而此前借款人信用状况（信用等级）变化并不直接影响到信用资产的价值。因此，这种方法下的信用资产损失的计量关键在于考察违约是否发生。当违约发生，则资产价值是对违约后的损失率折算，即贷款面值与可能回收价值现值的差额；当违约不发生，则信用损失为零。而按照盯市法的观点，信用资产价值的变化应能随时反映借款人信用状况的变化，即使借款人并没发生违约，但只要其信用等级降低，则信用资产价值也随之降低，反映出资产质量的下降，因此，信用损失在违约发生之前照样也会产生。该方法的优点在于：作为盯市法是多状态的（违约仅是其状态之一），不同状态下的信用资产价值不同，资产损失也不同。因此，对损失计量是盯市（盯模）的。目前因贷款缺乏一级交易市场，更多时候信用事件引起的贷款价值变化经由估值模型结出，因此，盯市法比违约法更能准确地计量资产损失和反映信用风险的变化。

第四节　信用风险的管理方法

信用风险管理是金融风险管理的一个分支，相对于广义上的风险管理产生的年代相对较晚，从某种意义上讲，信用风险管理是伴随着信用风险的发生而产生并逐渐发展的。它是针对债权人、债务人或称权利人、义务人之间由于违约等信用风险造成损失所采取的一种事前调查、事中审查、事后检查的一系列的管理。

一、信用风险管理的传统特征及其变化

基于与市场风险不同的性质与特点，信用风险管理表现出不同于市场风险管理的独有的特征。而正如前面所提到的，随着整个风险领域的发展，金融机构信用风险管理也在不断的向前演进，从而使现代信用风险管理表现出与传统信用风险管理不同的新特征。

（一）信用风险管理在量化和模型管理上比较困难

信用风险管理存在难以量化和衡量的问题，原因有以下两个方面：一是可用数据匮乏，主要是前述提到的信息不对称、持有期限长、违约事件较少等原因；二是难以检验模型的有效性。因此，相对于其他风险管理，其更倾向于倚重定性分析和管理者主观经验和判断的艺术性的管理模式。

但是近几年，在市场风险量化模型技术和信用衍生产品市场发展的推动下，以 KMV 方法为代表的信用风险量化模型管理研究和应用都获得了相当大的发展。信用风险管理决策的科学性不断增强，已经成为信用

风险管理的一个重要特征。信用风险管理的手段不断丰富和发展，开始出现对冲手段。

长期以来，信用风险管理都局限于传统的管理模式和控制手段，与日新月异的其他风险管理相比，缺乏创新和发展，尤其是对冲的管理手段。传统的信用管理手段包括分散投资、防止授信集中化、加强对借款人的信用审查和动态监控等。尽管这些传统的信用风险管理手段经过多年的发展已经日臻完善和成熟，有些已经制度化，成为金融风险管理内控体系中重要的组成部分，但是这些传统的信用风险管理手段都存在固有的缺陷，无法适应现代信用风险管理发展的需要。主要表现为，这些传统的方法只能在一定程度上降低信用风险水平，并不能使投资者彻底摆脱信用风险。此外，在管理的过程中，传统的管理手段还需要大量人力、物力的投入，并且这种成本会伴随着授信对象的增加而增加。随着信用风险管理在整个金融领域的应用，这些固有的缺陷就表现得越来越突出。在市场力量的推动下，以信用衍生产品为代表的新一代的信用风险对冲管理手段开始走向信用风险管理的最前沿，并开始推动整个信用风险管理体系不断的向前发展。

（二）信用风险管理实践中存在"信用悖论"的现象

"信用悖论"是指一方面金融机构要求在管理信用风险时应遵守投资分散化、多样化的原则，防止授信集中化，尤其是在传统信用风险管理模型中缺乏对冲信用风险管理手段时，分散化的原则尤为重要，而另一方面，在实践中金融机构往往无法实现其经营的分散化。造成这种悖论的原因在于：对于大多数没有信用评级的中小企业来说，金融机构对其信用状况的了解完全是通过长期的业务关系，这种信息获取方式使金融机构会倾向于老客户。同时，金融机构在日常的经营过程中，会将其授信对象集中于自己比较了解和擅长的某一领域或行业，从而无法做到分散化。再加上分散化原则不利于金融机构在经营活动中获得规模效益，导致信用风险管理实践中"信用悖论"现象的出现。

（三）信用风险管理由静态管理转向动态管理

传统的信用风险管理长期以来都表现为一种静态管理。这主要也是因为信用风险的计量技术长期没有得到发展，金融机构只能利用历史成本法等方法对授信对象进行评估。在现代信用风险管理中，这一情况得到了明显的改善。首先，信用风险计量模型的发展使组合管理者可以每天根据市场和交易对手的信用状况动态的衡量信用风险的水平。其次，信用衍生产品市场的发展使得组合管理者拥有了更加灵活、有效的管理信用工具，其信用风险承担水平可以根据其风险偏好，通过信用衍生产品的交易进行动态的调整。

（四）信用评级机构在信用风险管理中发挥重要作用

独立的信用评级机构在信用风险管理中起重要作用，这是信用风险管理的又一个突出的特征。由于相对于市场风险，信息不对称导致的道德风险是造成信用风险非常重要的原因，因此，对于企业（授信对象）信用状况及时、全面地了解是金融机构防范信用风险的基本前提。独立的信用评级机构的建立和有效运作是保护金融机构利益、提高信息搜集与分析的准确程度、增强规模效益的制度保障。现代金融机构信用风险管理对独立信用评级机构的依赖程度已经越来越高，信用风险管理模式都直接依赖于企业被评定的信用等级及其变化。

（五）信用风险难以进行定价

由于一般认为信用风险为非系统性风险，而非系统性风险在理论上是可以通过充分多样化的投资组合被完全分散的，因而基于马柯威茨组合理论而建立的资本资产定价模型和基于组合套利原理而建立的套利资产定价模型都只对系统性风险，如利率风险、汇率风险、通货膨胀风险等进行了定价，而没有对信用风险因素进行分析。这些模型均认为，非系统性风险是可以通过充分多样化的投资被完全分散，理性有效的市场不会对非系统性风险作出回应，使得信用风险没有在这些模型中体现出来。同时，对任何风险的定价首先都以对该风险的准确衡量为基础，而由于信用风险的承担者很难了解风险的状况及变化、信用风险的观察数据较少且不易获取、信用风险的概率分布为非正态分布等原因，使得对于信用风险的价值很难衡量。目前国际金融市场上由摩根等知名机构所开发的信用风险计量模型等，其有效性和可靠性倍受争议。总体而言，信用风险还是缺乏有效的计量手段。此外，由于信用衍生产品的发展还处于初级阶段，整个金融系统中纯粹的信用风险还不多见，尚无法提供全面、可靠的信用风险定价依据。

二、信用风险管理的目标和意义

（一）信用风险管理的总目标

信用风险管理是当前金融风险管理的一个热点。由于信用风险管理是一种有目的的管理活动，因此只有树立一定的目标，这种风险管理活动才能有一个明确的方向，也才能对其结果予以科学的评价。以下首先对金融机构信用风险管理的总目标加以阐述。

1. 保证金融资产的质量

资产周转是金融机构生存的保证，它能为各个资金需求者及资金供应者提供信用和服务，以满足社会各方面的要求。在这一过程中，由于金融机构内部条件及外部经营客观上存在种种不确定因素，很容易造成呆账数量上升，因此必须通过信用风险管理的方式加以保障。

2. 防范信用风险，获取尽可能多的利润

流动性、安全性和收益性是金融机构经营的三项主要原则，追求利润最大化是企业永恒的目标。为了实现利润最大化这一核心目标，经济核算是金融机构必须进行的一项业务。合理有效的经济核算能够使金融机构在尽可能多地拓展业务范围、提供优质服务的同时，最大化的降低成本。但对于经营中会面临许多不可预测的风险，对其进行预防和应付不可避免地会增加成本，减少利润。因此，做好信用风险的管理工作是降低成本、增加企业利润的一项有效的防范措施。

此外，在市场经济大潮下，金融机构的竞争在所难免，只有树立良好的企业形象，金融机构才能获得广大客户的信任和长足的发展。而对于金融机构这样的高风险企业来说，加强信用风险管理是其树立良好社会形象的重要途径之一。

金融业已逐渐成为现代经济的核心，金融业和社会的关系也日益密切。金融机构的正常运转是国民经济稳定运行的基本保证。只有搞好风险管理工作才能获取盈利，才能为国家提供税收贡献，充分发挥其在资源优化配置中的积极作用，促进社会稳定和经济发展。

（二）信用风险管理的一般目标

信用风险管理在追求总目标实现的同时，还有三项一般目标：

1. 稳定社会

信用风险发生之前，人们对于风险存在及风险事故发生后造成的严重后果不能准确预知，这不仅增加了引起财产物资的损毁和人身伤亡的可能性，同时还会给人们带来种种忧虑和恐惧，从而造成工作效率低下，制约金融机构的经济行为，影响社会的正常秩序。而当信用风险发生后，风险事件具有很大的危害性，会给人们的生产生活带来严重的损失和危害，这必将影响到人们的正常生产生活以及社会的正常经济运转。因此，金融机构信用风险管理的第一个目标就是稳定社会，以保证生产生活的正常进行。

2. 经济节约

由信用风险管理的定义可知信用风险管理的目标即是以最小的成本获得最大的安全保障。这主要表现在两个方面：第一，在信用风险事故实际发生前，信用风险管理者就必须使整个信用风险管理计划和方案方法最经济、最合理，尽可能避免不必要的费用支出和事故损失，以增加金融机构盈利。尽可能选择费用低、代价小而又能保障信用安全的方案和措施。第二，信用风险损失一旦发生，不可避免的将带来各种不利影响。金融机构开展信用风险管理活动不仅要达到维持企业生存和生产经营活动正常进行的基本目标，同时，还必须力求尽快恢复企业在事故之前的稳定的盈利能力。

3. 实现生产持续增长

在实现了稳定社会、经济节约两大目标的基础上，信用风险管理还必须能为企业的进一步发展和实现持续增长创造良好的条件。这也是风险管理应达到的最高层次的目标。因为维持生存、恢复原有的生产经营状况，这只是对风险管理的最一般的要求。而执行和实施一系列的计划、方案，及时有效地处理各种损失结果，并不断根据可能出现的新的情况拟定新的风险管理计划和方案，使金融机构能够在损失的情况下维持并尽快实现经济增长，以求得企业的长期稳定高效的发展，这才是信用风险管理目标之所在。

（三）信用风险管理的目标准则

1. 符合金融机构总目标的原则

总目标的制定是带有全局性质的，是金融机构一切经营管理活动的出发点和归宿，而其他目标的制定则应是在符合总目标前提下一定程度的制定与发挥。在大多数情况下，若金融机构总目标制定的相对稳定和保守，信用风险管理的目标也接近保守。反之，若总目标强调增长和发展，则信用风险管理目标制定的也相对较激进。总之，总目标与信用风险管理目标有相当高的关联度。

2. 既不要以小失大，也不要好高骛远

根据信用风险的定义，以较小的费用可能会防止较大的损失出现，取得较大的安全保障，但同时，较大损失的出现也往往与人们贪图一时

的小利益有关。因此在保障经济安全的目标时，一定不要因小失大。相反，还有一种情况就是以偏概全，认为只要有风险存在就应回避，这在很多情况下影响了企业赚取丰厚的利润。要知道，风险与收益本来就是成正比的一对变量。风险大意味收益也大，因此要协调好风险性和收益性之间的关系。

（四）信用风险管理的意义

1. 信用风险管理对经济实体的意义

金融机构作为经济实体，进行信用风险管理对其具有重要的现实的经济意义。信用风险管理的实施能够减少或消除金融机构的紧张情绪和恐惧、忧虑心理，能够为金融机构进行各类资金的借贷与经营提供一个安全稳定和宽松的经济环境。这无疑将提高金融机构自身的工作效率和经营环境，使之达到经营管理的总目标。

信用风险管理从信用的保障层面上保证了金融机构经营目标的顺利实现。作为经济实体，金融机构经营和筹集货币的目的就是获取利润，而风险与收益往往是相背而行的。实施信用风险管理则能把经济实体所面临的信用风险降到最低限度，即使损失发生后也能使用合理的和科学的方法，化解信用风险，及时合理的提供预先准备的补偿基金，从而直接或间接地降低费用开支。由此可见，信用风险管理在很大程度上有利于金融机构自身盈利的增加和经营目标的实现。信用风险管理能促进经济实体资金筹集和资金经营决策的科学化和合理化。

2. 信用风险管理对社会经济的意义

信用风险管理有利于社会资源的优化配置。商品包括价值和使用价值，对于任何商品，其价值的流动也将伴随使用价值的流动。货币资金作为价值的最直接的表现形式，它的流动必将引起资源的相应运动。信用经济的时代，中性的货币成为经济生活的主导，金融机构实施信用风险管理，将促使货币资金向急需货币资金的部门流动，从而引起其他资源合理地流向所需部门，达到了资源的合理利用与分配，最终避免或减少了社会资源的浪费，提高了资金和资源的利用率。

3. 信用风险管理有助于经济的稳定发展

在金融经济的时代，金融已经渗透到经济生活的每一个细胞中，而金融机构则是经营与货币有关商品性质的企业，货币资金的筹集与经营涉及了社会生产和再生产的各个领域；生产、分配、流通及消费领域都有货币资金在发挥举足轻重的作用。因此，金融机构一旦发生信用风险，带来的损失金额通常比一般企业所造成的风险损失高出几倍甚至几十倍。所以，金融业信用风险的存在是经济稳定发展的一个威胁。为了最大程度的减少信用风险发生的可能性，并在风险确实发生后减少它带来的经济损失，就必须进行全面、连续的信用风险管理。只有这样，才能减少金融业信用风险损失对社会再生产各环节带来的波及效应和不良后果，最终促进经济的稳定发展和经济效益的提高。

三、信用风险估测

估测就是根据事物发展的历史和有关数据资料，采用一定的科学方法和逻辑推理，对事物未来发展的趋势作出判断。而信用风险估测的任务就是将信用风险未来的不确定性因素的发生、发展和变化的可能性以概率的方式确定下来，以构成金融信用风险管理的前提条件。信用风险估测的方法很多，大体归纳起来可以分为定性估测和定量估测。定性估测是指利用直观材料，依靠专家的经验判断和分析能力，对未来信用风险的发展趋势作出判断。定量估测是指利用历史数据资料，通过数学推算来说明信用风险未来的发展趋势，建立数学模型是定量估测的核心任务。

四、信用风险评价

信用风险评价是信用风险管理过程中的关键环节，准确评估信用风险的大小对最大限度地减少损失或最大限度地获取利润都十分重要。信用风险评价是要充分获取有关风险的信息，并利用这些信息准确的评价风险发生的概率和风险的大小，为制定更多、更有效的行为选择方案作准备。如果对风险估计不足，则会因为采取防范措施不利，从而加大金融机构遭受损失的可能性。反之，如果将风险估计过大，则要么增加防范成本，要么因过于谨慎而放弃获利机会，两者都会造成金融机构收益降低。

在评价的过程中，要将信用风险的数量和质量结合起来才能全面反映风险情况，在这里对于信用风险的数量不再赘述。信用风险的质量包括违约概率和违约后发生的追偿能力，这通常在评级系统中反映。

五、管理效果评估

信用风险的管理效果评估是指当信用风险管理的一个过程结束后，信用风险管理人员要对此次管理的效果进行评价，在总结经验的同时，还应发现前四个环节中存在的问题，以便于在新的信用风险管理程序开始前，修正原有的管理缺陷，保证信用风险管理可以更加有效的展开。

本 章 小 结

本章对信用风险的度量和管理进行了全面的介绍。首先，本章阐述了信用风险的概念和特征，在此基础上，对信用风险的识别方法进行了深入地分析；其次，本章分别介绍了当前国际金融界比较流行的两种信用风险度量方法：CreditMetrics 模型和 KMV 模型，具体阐述了模型的组织框架、计算思路和数理公式，并对两种模型的差异进行了深入地探讨；最后，本章对信用风险管理的概念、目标、意义和方法进行了逐一介绍。

习 题

1. 简要概述信用风险的定义和特征。
2. 简要阐述信用风险的识别方法。
3. CreditMetrics 方法基本技术思路是什么？
4. CreditMetrics 方法和 KMV 方法的差异是什么？
5. 简要说明信用风险管理的目标和意义。

第四部分

金融市场有效性与参与者理性分析

第十五章

有效市场假说

提高证券市场的有效性，根本问题就是要解决证券价格形成过程中在信息披露、信息传输、信息解读以及信息反馈各个环节所出现的问题，其中最关键的一个问题就是建立上市公司强制性信息披露制度。从这个角度来看，公开信息披露制度是建立有效资本市场的基础，也是资本市场有效性得以不断提高的起点。

第一节　传统金融理论框架及其缺陷

经济史学家提出，早在古希腊时代，第一张借据产生的那一刻，金融就出现了。所谓金融，顾名思义就是指资金的融通或者说资本的借贷。透过现象看本质，我们认为，金融需要解决的核心问题就是如何在不确定的环境下，对资源进行跨期的最优配置。虽然金融现象，甚至金融市场的形成已经具有很长的历史了，但是真正的金融理论化的研究实际上不到一个世纪的时间，并且一开始金融的研究就是在严密的逻辑基础和推理前提下进行的，这其实也是现代经济学区别于其他社会科学的主要特征。

一、传统金融理论的发展历程及其框架

我们沿着近百年来传统金融理论的发展历程回顾它的演化轨迹，在了解这些轨迹的同时，也就清楚了它的理论框架和基本的观点。20 世纪

早期，费雪、希克斯、凯恩斯等重新开始审视不确定环境下的决策问题。特别是马夏克在 1938 年就试图用均值——方差空间中的无差异曲线来刻画投资偏好。拉姆齐则开创性地提出了动态的个人（国家）终身消费/投资模型。主流经济学研究者的视野再次聚焦到时间和不确定性这两个问题上。这项技术性很强的工作主要以一个重要问题的研究为主线进行着——股票价格是如何决定的。早在 1900 年法国人巴舍利耶首次将股票价格变化看作是一个由外生冲击驱动的随机游走过程，20 世纪 50 年代冯·诺依曼和摩根斯坦从一系列严格的公理化假设前提下，推导出预期效用函数，这成为现代金融理论的启蒙。接下来，以当时年仅 25 岁的马科维茨的博士论文《投资组合选择》的发表为标志，现代金融学正式起源了。到今天，这套完美的金融理论在微观层面投资者决策追求在风险最小化的前提下收益最大化；宏观层面，政府这类监管者要使金融市场平稳的发展，整个社会的资本流动和配置合理有序。

他们的后续者包括夏普、林特纳、莫辛，在对信息结构做出更为大胆的假设后，他们获得一个由期望效用公理体系出发的单期一般均衡模型——资本资产定价模型（CAPM），它也奠定了现代投资学的基础。尽管在这个均衡体系中，风险已经有了明确的体现，但它仍然不过是一个比较静态模型，这与实际生活相去甚远。把它推向多期，特别是向连续时间推广成为当务之急，但是对动态不确定问题的深入研究需要更为复杂和精密的数学工具。

动态的金融资产价格变化过程被拟合为从马尔可夫过程到独立增量过程，再到几何布朗运动，这就使研究由随机因素决定的动态过程成为可能。随着假设的进一步明确，在数学上越来越容易获得明确的结果。与此同时，日本数学家伊藤清定义出了在随机分析中具有重大意义的伊藤积分，同列维、维纳等数学家一起，他们开创和拓展了处理随机变量之间变化规律的随机微积分基本定理。

默顿和布里登敏锐地察觉到了这种相关性，使用贝尔曼开创的动态规划方法和伊藤随机分析技术，他们重新考察了包含不确定因素的拉姆齐问题，即在由布朗运动等随机过程驱动的不确定环境下，个人如何连续地做出消费/投资决策，使终身效用最大化。无须单期框架中的严格假定，他们也获得了连续时间跨期资源配置的一般均衡模型——瞬时资产定价模型（ICAPM）以及消费资产定价模型（CCAPM），从而推广并兼容了早先单一时期的均值——方差模型。这些工作开启了连续时间金融方法论的新时代。作为新方法论的一种运用，布莱克、斯科尔斯于1973年成功地给出了欧式期权的解析定价公式，这就激发了在理论和实际工作中大量运用这种方法的热情。他们工作的开创性体现在两个方面：第一，用无套利方法，获得具有普遍意义、不包含任何风险因素的布莱克——斯科尔斯偏微分方程；第二，他们同时诱发的对于公司金融和实际投资领域内问题的或有权益分析方法以及真实期权方法的深入研究和大量运用。尽管随机分析是他们最重要的技术手段和理论外观，但是合成不包含任何风险因素的投资组合和"一物一价法则"恰恰是他们（经济学）思想的精华所在。这是非常有启发的，它导致了对于所谓金融基本原理——无套利原则的重新认识。

随之而来的便是市场结构问题，怎样才算是一个完备的，能够在不确定环境下，圆满完成资源跨期配置任务的金融市场呢？作为对于阿罗早期工作的一种回应和扩展，拉德纳提出，不需要无限种类和数量的金融资产，也可以完成不确定环境下的资源跨期配置。如同微观经济学视一般均衡为最高智力成就一样，微观金融学也把资源跨期配置的一般均衡作为自己的最终目标。以德布鲁的一般均衡为蓝本，达菲证明了多次开放的市场和有限数日的证券可以创造出无限的世界状态，而这就成功地为实现德布鲁的均衡提供了一个动态的答案，这也同时证明了动态一般均衡的必然存在，并有其特定现实解决方案。

这套完美的理论体系可以回答金融产品的价格到底是由什么所决定的。从投资者的行为完全理性（同时兼备风险厌恶特质）和完美市场两个假设出发，传统金融理论按照效用最大化的目标对投资者的决策行为进行研究，并且进而得出结论：金融产品的价格能充分反应市场上全体投资者对信息的把握和理解，进而价格波动过程是随机游走（random walk）的，没人能获得长期的超过平均收益的超额收益。

二、传统金融理论的缺陷以及行为金融理论的兴起

但是不可否认的是，认识到传统金融的优点的同时，必须指出它的缺陷。我们上面所讨论的传统金融理论框架是在完美的假设前提下才成立的，具体来说是以投资者完全理性作为前提的，如同生活在完全没有摩擦的"牛顿世界"里，这种将投资者具体的决策过程完全忽略的做法

值得商榷。忽略一些细微的、脱离现实的假定，直接将这些理论应用于实践必须慎之又慎。

从 20 世纪中期开始，心理学家开始涉足认知心理学、社会心理学的研究，考虑个体决策的个性背景、信息处理过程，并且将个人融入社会群体甚至文化环境中去。金融学者受此启发开始审视传统金融理论的缺陷，并且相继发现了诸如"阿莱斯悖论""基金折价""股权风险溢价""羊群效应"等金融异象，这些均不能用预期效用理论来解释。这样行为金融理论和实验经济学开始兴起，从投资者的实际心理活动和决策过程出发，利用实验数据，分析金融市场的运作过程和价格决定因素。行为金融理论认为投资者的决策是心理上的风险与收益衡量过程，这样的因素是重要而不可回避的。

人的决策属性可以从三个层面来理解：首先，人在处理信息过程中先天性的不足。从西蒙在管理理论中提出"有限理性"的概念开始，基于认知心理学的信息处理过程一直被运用到管理学、经济学和社会学中来。影响金融产品价格的主要因素是市场信息，人的认知有限性决定了在信息搜集、信息处理、信息反馈过程中的有限性，这样实际的金融产品价格是否能够充分反应市场上所有公开的信息就值得怀疑了。其次，决策过程中人的个体心理和社会心理的影响。人的决策属性除了受到信息处理能力的限制外，还受到心理因素的影响。传统金融学将人简单地认为是风险偏好或者厌恶的，但是更多的实践证明人的风险态度在不同的情景下是变化的。除此之外，情感、文化、价值观、功利因素等等都会影响投资者的决策过程。更多情况下，投资者追求的是心理效应最优而非结果最优，这与传统的金融理论将人作为简单追求收益最大的假设是不一致的。更进一步的，人处在复杂的社会环境系统中，社会群体的信息传递、趋势影响、社会习惯等也会大大地影响个人决策。最后，回归到金融学需要回答的基本问题上，市场上金融产品的价格不能有效地反映全部的信息。正由于此，我们很容易的得出结论：真正有效的市场是不存在的，而且传统金融理论对增加市场有效性的努力不能完全发挥作用。正确的金融市场监管方向应该更多的转向"人"的方向上来，通过对投资者心理和行为因素的研究，揭示金融市场价格波动的深层次原因，从而为有效的监管提供帮助。

总之，行为金融理论研究把视角从传统的"理性范式"向"行为范式"演变；从"机械的、动力性的研究方法"向"基于人的行为的、心理的研究方法"演变；从线性的向非线性的研究演变。这些研究范式的进步给我们一个全新的视角考察市场的效率和监管问题，但仍然面临着许多问题，最迫切的有两个：一是没有形成统一的理论解释框架，所以尽管可以对 EMH 提出挑战，但是并没有建立一种科学的理论体系取代它；二是许多投资者心态分析并没有以心理学研究为基础，而是由金融学者根据研究对象的特点对行为人的态度进行假设，这样研究前提的合理性就遭到质疑。尽管如此，在这方面，传统金融理论也没有做得更好。

第二节　行为金融理论概述

自 20 世纪 80 年代以来，金融市场发生的一些现象，使得金融学的研究者发现，传统金融理论对此无法做出令人信服的理论解释。随着较多的金融异象被逐次发现，以及金融学研究的进一步深入，传统金融理论遇到了实践检验层面的严重挑战。在传统金融理论面临前所未有的困境之时，一种对该理论进行全面修正，能对金融异象进行较好解释的新兴理论被催生，这就是"行为金融理论"。这种新的研究方法认为，只有在有限的情况下，人们的行为才是理性的。

一、行为金融的定义

那么什么是行为金融学呢？目前由于该理论发展的时间较短，不同的学者都从自身对该领域研究的理解，给出不同的阐释，目前尚无一个理论界公认的定义，这是一种新兴学科发展中必然的现象。泰勒认为行为金融理论是"思路开放的金融研究"，只要是现实世界关注，考虑经济系统中的人有可能不完全理性，就可以认为是开始研究行为金融理论了。施莱弗从以下几个层面定义行为金融学：(1)行为金融学是心理学和决策理论与经典经济学和金融学相结合的学科；(2)行为金融学试图揭示金融市场中实际观察到的或是金融文献中论述的与传统金融理论相违背的反常现象；(3)行为金融学研究投资者如何在决策时产生系统性偏差。实际上行为金融理论就是研究信息吸收、甄别和处理以及由此带来的后果的学问，同时，它也研究人们的异常行为。为了研究群体行为，该理论也借用了社会心理学的研究方法和研究成果。行为金融学与现代主流经济学的唯一差别是，行为金融学利用与投资者信念、偏好以及决策相关的认知心理学和社会心理学的研究成果，解决金融市场出现的所有问题。行为金融学是将行为科学、心理学和认知科学的成果运用到金融市场中产生的学科。它的主要研究方法，是基于心理学实验结果，提出投资者决策时的心理特征假设，来研究投资者的实际投资决策行为。

综上所述，行为金融学是以投资者在金融市场实施投资行为为研究基础，利用社会心理学实证研究和实验结果，研究投资者个体及群体的心理决策过程和运行机制；解释金融市场中个体的投资行为特征和群体特征对市场的影响；预测其未来行为及决策行为对金融市场发展的作用效果的学科。当然这个对行为金融学的描述和刻画，随着该学科的不断发展，会增添新的内容和功能，因此也是一个阶段性的描述。

行为金融学的研究最早源于期望理论。在 20 世纪 80 年代早期由丹尼尔·凯尼曼和阿莫斯·特沃斯基提出的期望理论，成为行为金融学研究的里程碑，二位学者在 2002 年获得了诺贝尔经济学奖。两位学者根据经济学的不同假定，运用日常生活的大量心理学实验数据和研究结果，对决策者的行为进行了论证和证明。借助于期望理论，使人们对被传统理性决策支持者忽视的行为方式看得更加清楚，它有助于解释为什么决策者在多种有限理性的情况下会取得最优行为。行为金融学研究中的一个重要发现是：如果几个人共同酝酿一个观点时，错误解释和决定经常发生。团体或群体并不总会得到正确的结论。

从理论上分析，行为金融理论的研究成果也影响到了金融技术分析领域，因而行为金融学是金融学与金融分析相结合的研究方法和理论体系。它在对传统理论的假设进行质疑的基础上（当然是由于金融市场的"异象"频繁出现），就资本市场上的价格发生、发展、预测等重大问题，初步形成了自身独特的研究框架和范式，如图 15－1 所示。

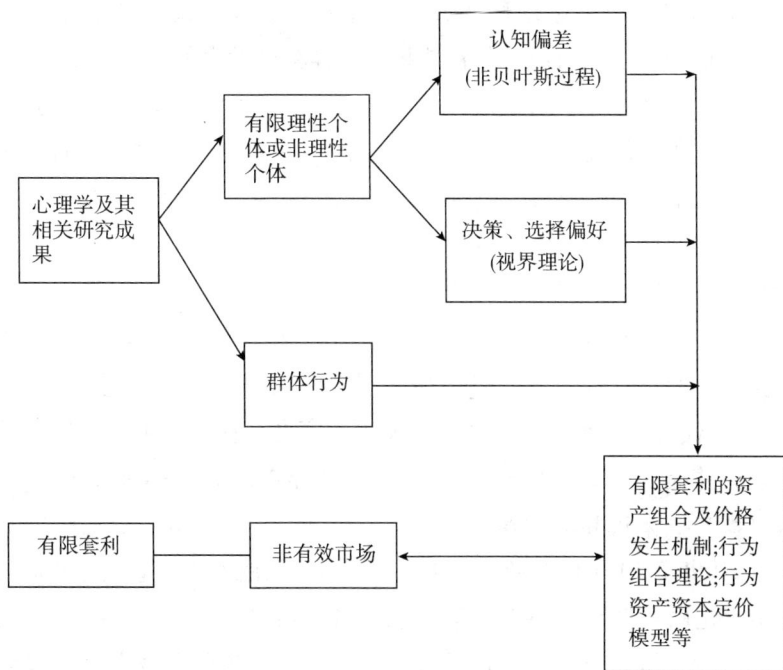

图 15 – 1　行为金融学研究框架

二、行为金融学的理论基础

行为金融学作为一门新兴的交叉学科，同其他学科发展的路径一样，也有其自身的理论基础。行为金融理论的发展是伴随着心理学、实验经济学、社会学和决策科学等学科的发展而发展起来的。不同于传统的金融理论以数学为基础的逻辑推理的研究方法，它以心理学和社会学为基础，运用计量检验、调查实验和心理分析等方法对金融市场的价格机制做出解释。本部分对基于行为理论的金融市场分析的心理学基础和研究方法进行阐述。

（一）行为主义

20 世纪初，心理学上行为主义（behaviorism）开始兴起，这不仅是心理学发展历史上的一次革命，也为经济学（包括金融学）研究范式的转变奠定了理论基础。在此之前，心理学的研究主要依靠人的"内省"，这种"内省"的人类素质是通过对影响人的行为动机的观察得出，而不是通过对人类活动和动机的本身观察得到的。这样从影响人行为的因素到行为活动本身的传递过程就成为一种无法准确把握的"意识过程"，这样也就使心理学无法成为像自然科学一样精确的学科。

行为主义者主张摒弃传统心理学研究中意识、内省等主观的东西，忽略认知过程的研究，直接对影响人的行为的外部刺激进行设置，观察人在不同的情景中的反应。这些外部刺激的变量和人的反应是可以控制并测量的。此后数十年间，行为主义研究强调用实验的技术，如定量刺激、行为矫正等手段对人的行为规律进行研究。这也成为早期行为金融理论先驱者的主要研究方法，比如最早的阿莱在 20 世纪 50 年代对投资者的实验表明投资者具有"确定性心理效应"，后来的卡尼曼等人在 20 世纪 70 年代对投资者的心理实验，发现投资者存在"反射性效应"等心理误差，并提出了迄今为止最为成功的行为金融理论——前景理论。

（二）个体认知心理学

从 20 世纪 50 年代开始，认知心理学开始在西方兴起，这也是与行为金融理论联系最紧密的心理学领域。在认知心理学看来，投资者的决策行为实际上是一个高级的心理认知过程：外在各种经济变量的表象特征作为信息源进入投资者脑海，并根据自身的风险和收益计算进行加工，根据加工结果做出投资决策，并在投资效果出现以后进行反馈修正原来的投资决策，如此周而复始的进行。这样投资者的认知过程就分为四个阶段：信息获取；信息加工；信息输出；信息反馈。在任何一个阶段，信息的处理如果出现偏差就会造成决策的偏差，而恰恰认知心理学认为这四个阶段中的任何一个都会出现不同程度的认知偏差。

1. 信息获取阶段

投资者信息来源于已有的记忆和目前市场环境，限于信息的有限性和人类记忆、处理信息能力，投资者不得不简化现有信息，会导致认知偏差。最常见的信息获取偏差有：易记性偏差，人对自己能记起的信息更加关注，主观地认为其发生的可能性更大，并进一步的在处理中加大这类信息的比重；次序效应，指人们在获取信息过程中会有意识地将不同信息进行排序，比如有时会按照信息到来的次序赋予不同的权重。

2. 信息加工阶段

信息加工是投资者根据现有信息、风险偏好、收益估计进行计算和求解的过程。传统的金融理论认为不确定条件下投资者会根据所有信息的主观概率分布进行精确的计算，并在以后的调整阶段根据贝叶斯规则进行后验概率的修正。这种观点的核心是个体理性在不确定条件下遵循贝叶斯过程进行动态的学习和调整，行为金融理论对其提出了许多异议。包括：代表性启发，投资者在面对复杂的不确定性问题时往往不会采用严密的推导式的计算思维方式，而是采用捷径依靠直觉或者以往的经验制定决策。卡尼曼（1973）就发现投资者的后验概率的确定会受到样本独特的表征信息影响，进而用小样本代替总体。反应过度，指投资者对信息的理解和反应会因为个体的知识差异、心境情绪等因素出现非理性的偏差，造成信息反应的情绪化，进而反应过度。保守主义，指人们思想多数存在惰性，不愿意改变原有的信念，特别是即使出现新的信息人们也会有意识的忽略而不会根据贝叶斯法则进行修正。

3. 信息输出阶段

投资者会出现各种错觉，并非按照加工阶段的结果指导自己的决策行为，比如人们会根据自己喜欢的结果对未来进行预测，一厢情愿的认为对自己有利的结果会出现。再比如投资者普遍存在过度自信的现象，它指人们常常过于相信自己判断的正确性，这种信念甚至不能通过不断的学习来修正。心理学家已经从不同的角度验证了过度自信的存在性①，De Bondt 和 Thaler（1995）甚至认为"过度自信可能是迄今为止判断心理方面最经得起考验的发现"。Dale Griffin 和 Tversky（1981）认为当市场前景不明朗时，那些初学者会表现出更多的过度自信倾向，这些非理性投资者的投资业绩并不理想，这是因为他们对自己的投资技能和技巧过度自信造成的。Langer（1982）等人发现那些曾经盈利的投资者会过高估计其成功经验，对自己的自信也会过度高估。Alpert（1982）认为这种过度自信会导致投资者主动承担更大的风险，从而偏离理性的轨道。

4. 信息反馈阶段

同传统金融理论不同，行为理论认为即使前阶段的投资决策偏离了预期的结果，投资者也不会根据结果科学的修正自己的决策和认识，这也是由于人的认知偏差决定的。比如自我归因，指人容易将成功因素归因于自己，而把失败归因于外部客观因素，先验概率已经形成，甚至会有意识地寻找支持自己决策的证据而否定对自己决策不利的证据，对证

---

① Oskamp（1965）为心理医生，Kidd（1970）为工程师，Holatein（1972）为投资银行家；Copper（1988）等对企业家进行研究都发现了过度自信特征明显的存在于这些人群。

据的扭曲使其不对自己下一阶段的决策进行修正。比如损失厌恶，指人们不愿意承担由于个体决策失误带来的损失，而会推卸责任的心理状态，这会造成投资者委托他人理财，对于基金的管理者会随大流进行投资决策。

（三）群体社会心理学

金融市场是无数投资者的场所，投资者的心理形成过程在受到个体认知心理学影响的同时，还会受到群体中其他成员的影响，这种群体社会心理学对分析研究金融市场是非常必要的。在一个群体中，个体容易受群体情感和行为的影响，我们通常所说的"流行趋势"就是群体心理学的写照，在流行趋势中人们倾向于放弃自己的偏好和判断，忽略自身可获得的信息而采取与群体相近的行为。

勒庞的群体心理学认为人有理性的个性一面也有非理性的个性一面，人的非理性一面可能会在某种条件下得到统一，而且群体行为的一个重要特点就是群体心理的理性要远远低于个体理性。群体心理还有极端性和服从性的特点：极端性是指将会形成比个体力量综合要大得多的力量；服从性是指群体比个体更容易产生对权威的崇拜和服从。群体心理的这些特质在进入市场中表现得非常明显，比如，投资者盲目听从所谓专家的意见、跟庄行为等等，这些行为严重时可能会导致市场泡沫的发生。目前群体社会心理学对金融市场的研究主要集中于"信息瀑布"和"羊群效应"，前者指个体的信息在市场的交互影响下会不断的丢失，最终汇成大家统一的信息和看法，形成相似的信念；后者指投资者的行为相互模仿、传染，最终通过不断的外部刺激到达高度一致。需要指出的是"信息瀑布"是从认知偏差的角度刻画群体心理，而"羊群行为"从情感方面刻画群体行为。

在行为金融的心理学基础方面，需要指出两点：其一，基于行为的金融市场分析研究与单纯的心理学研究有根本的不同，不能混为一谈。心理学、试验方法的引入只是作为金融理论研究的工具而非金融研究的主题。其二，虽然理论学方面的理论种类繁多，但是对投资者和金融市场的影响绝非一两种理论就可以涵盖解释的，而是多种心理因素的综合结果。迄今为止，行为金融理论最大的挑战就在于没有形成一个统一的心理学基础框架，这也是未来需要努力的方向。

三、行为金融理论的研究方法

（一）金融市场计量学

运用计量经济学的工具对金融市场的交易变量及其影响因素进行分析的方法被称为金融计量学，它主要侧重从交易者角度研究金融市场的内部结构和运作规律。基于行为的金融市场分析最开始的时候以金融市场计量学为方法对金融市场的"异象"进行研究，发现了许多传统金融理论难以解释的规律，这样奠定了行为金融的实践基础。传统金融理论种种不合理的前提假设往往会导致实际与理论的脱节，这些现象需要借助于金融市场计量学进行分析，同时新的"异象"的发现也为行为金融理论的发展提供了素材。

（二）调查研究

投资者的行为分析必须要与金融市场的实际结合起来，这也是传统金融（包括新古典经济学）与行为金融的区别。一个好的理论必然能很好地反映现实，一个好的投资决策理论必然来自于对实际金融市场投资者的观察。金融市场中投资者的行为分析最佳方法是对真正的投资者的金融决策活动做出完整而准确的记录，然后从这些记录中发现总结人们在决策时的一般规律和特定情况下的不同反应规律，再对其进行分析，揭示背后隐含的理论。调查研究的方法通过对金融市场真实的参与者进行抽样调查，这种调查可以是对其投资态度、理念或者心理的问卷调查，也可以是分析其账户记录，通过有代表性样本的研究推断人们的决策规律。

（三）实验法

实际金融市场的调查研究固然可以解决行为金融理论与现实紧密结合的问题，但是也有一定的局限性：首先是不可重复性，数据的获取不具备可复制性；其次，人们心理认知过程没有外显性，不可记录，这样也会限制调查研究方法的应用。实验的方法解决了这两个难题。通过模拟真实的金融市场环境，并人为地控制条件和变量，从而引起被试验者的行为变化，很容易找到影响行为变化的变量，这种归因就可以对实验结果进行解释。实验法不仅解决了调查研究的重复性和可控性的难题，还能节约成本，数据更有针对性。当然也要注意其局限，最主要的问题在于被试者可能会对实验有意识的配合，造成数据失真。

（四）结构方程模型

结构方程模型是一种综合性统计分析技术，它把一系列假设的变量间的因果关系反映成统计依存模式的综合假设，反映这种因果关系的参数表示解释变量对被解释变量的影响程度。通过把这种假设的关系转换成可检验的数学模型。与传统的统计计量方法相比较，它将变量分为可测变量和潜在变量，并通过观测可测变量推测潜在的概念；将路径分析中单一外显变量用潜在变量代替，考虑变量的测量误差，更加符合客观实际；同时这种方法技能研究变量间的直接影响，也能研究变量间的间接影响和总效应。由于结构方程模型更加符合心理学研究多层次、多因素、交互影响的特点，近年来在行为金融研究中得到了越来越多的应用。

本 章 小 结

本章通过对传统金融理论的发展及其缺陷的梳理，进而阐述了现代行为金融学的研究成果，金融理论研究把视角从传统的"理性范式"向"行为范式"演变；从"机械的、动力性的研究方法"向"基于人的行为的、心理的研究方法"演变；从线性的向非线性的研究演变。这些研究范式的进步给我们一个全新的视角来考察市场的效率和监管问题，并且进一步介绍了行为金融理论的基础以及研究方法。

习　　题

1. 简述传统金融理论的发展历程。

2. 简述行为金融学的理论基础。

3. 什么是羊群效应？

4. 行为金融理论中常用的有哪些研究方法？

5. 简述行为主义。

6. 试述群体社会心理学在金融市场研究中的应用。

7. 行为金融理论相对于传统的研究有哪些创新？

8. 何为结构方程模型？

9. 简述实验法在金融市场研究中的应用。

10. 如何理解人的决策属性？

第十六章

金融市场的有效性与投资者理性分析

投资者的理性行为和市场的有效性一直是传统金融和行为金融争论的两个最基本的问题。如果投资者是理性的，并且市场是有效的，就意味着所有的市场投资行为都是基于公理化的、数学化的投资计算结果基础上的。但是传统金融理论所持有的上述观点从 20 世纪 70 年代开始遭到质疑，许多市场"异象"是理性的传统金融理论所无法解释的。针对这些现象，许多经济学家提出了采用行为金融理论和心理分析的范式来研究金融市场的观点。

第一节　有效市场理论的发展和基本观点

金融理论的发展可以分为三个阶段：旧时代金融（old finance）、现代金融（modern finance）、新时代金融（new finance）。旧时代金融是指20 世纪 50 年代之前以财务和会计分析方法为主的金融研究，现代金融是指从马柯维茨的资产组合理论开始的，在理性假设下投资者的风险效用衡量和价格决定理论，新金融时代是 20 世纪 80 年代开始兴起的以行为和心理分析为主的行为金融理论。很多金融学者也将旧金融时代和现代金融称为"传统金融理论"，以区别于 20 世纪末出现的以心理分析和实验方法为基础的行为金融理论。

一、有效市场的定义

有效市场假说已经成为近三十年来金融理论的核心命题和主流金融

理论的奠基石，它体现了经济学家们一直梦寐以求的完全竞争的均衡思想。法马对这一假说的定义是：有效金融市场是这样的市场，其中的证券价格总是可以充分地体现可获信息变化的影响。在其最极端的状态下，有效市场假说甚至排斥了基于现在可获信息的基础上获得超过均衡预期收益的超额收益。在随后的二十年的时间里，有效市场假说无论是在理论上还是实证检验方面都获得了巨大的成功：学术上通过强有力的数学推导证明了这一观点的成立，现代微观金融理论的绝大多数研究领域（特别是资产定价方面）都是在这一学说的基础上建立起来的；更引人注目的是大量的金融实证检验结果也几乎都支持这一假说。根据有效市场理论，普通的投资者花费大量的精力研究资本证券市场是徒劳的，因为没有人能够击败市场①。

二、有效市场理论形成过程、理论与实证基础

有效市场假说形成与经济学家对股票价格的运动规律研究是分不开的，巴舍利耶（1900）最早提出了关于股票价格遵守随机游走的主张。奥斯本（1959）从实证的角度分析了美国股票市场价格的运动，认为股票价格的运动过程类似于原子运动。在对股票价格运动的随机特性的研究基础上，学者们开始对市场的效率进行分析。萨缪尔森（1965）在仔细的研究了随机游走理论后，较为严密的揭示了 EMH 中的"公平游戏"原则。默克（1992）指出：如果证券价格能够充分反应市场上的信息，那么市场就是有效的；如果一些信息的披露不能够引起价格的变化，那么市场在这些信息集上是有效的；更进一步的市场如果是有效的，就意味着不能利用信息的偏差来获得经济利润。法马（1970）最终建立和完善有效市场假说的理论框架，并进一步细分了三种有效市场，从而说明价格反映所有的公开信息，基本分析者的共识形成公平价格。与此同时，另一部分经济学家基于有效市场理论的观点开始了现代微观金融理论的研究，马科维茨（1952）结合奥斯本的期望收益率分布，得出投资者选择有效边界的风险和标准差给定水平以上期望收益率最高的资产组合这

---

① 试图击败市场的努力在特殊情况下可能成功，例如，美国证券业的 Ivan boesky，他在 1986 年之前一直在美国的股票市场上赚钱，但是后来的调查显示他的成功源于对投资银行家 Levine 的贿赂，提前获得了公司并购的内幕消息。

个合意的结论。随后的夏普（1964）、林特纳（1965）和莫辛（1966）将 EHM 和马科维茨的资产组合结合起来，以资本资产模型命名，建立了一个以一般均衡框架中的理性预期为基础的市场参与者行为模型 CAPM，说明了市场上的超额回报率是由于承担更大的风险才形成的结论。至此，20 世纪 70 年代以有效市场假说为基础，以资本资产定价模型和现代资产组合理论为支撑的标准金融理论确立了其在金融经济领域的正统定位，成为当代金融理论的主流和范式。

EMH 理论建立在三个逐渐放松的假设上：（1）投资者是理性的，所以他们能够对证券价格做出合理的评估；（2）即使在某种程度上，投资者是非理性的，但是由于他们的证券交易是随机进行的，所以他们的非理性会相互抵消；（3）即使这种随机交易不会相互抵消，市场上的理性投资者会通过套利行动消除非理性对金融资产价格的影响。

上述第一个假设说明理性的投资者会对金融市场上的利好和利空消息做出正确的反应。在一个由理性的风险中性投资者组成的竞争市场中，因为证券的基本价值和价格是遵循随机游走过程的，所以收益是不可预测的，投资者要获得经过风险调整后的超额收益是不可能的。这样在由完全理性的投资者组成的市场中，EMH 是第一个也是最重要的一个竞争性市场出现均衡时的结果。第二个假设进一步说明市场的有效性并不完全依赖投资者的理性，因为非理性的投资者交易量巨大而且交易策略相互独立时，他们之间的交易会相互抵消。这样证券价格仍然会保持在基本价值附近。所谓的套利是指利用不同的价格表现，卖空价格被高估的证券，同时购买孪生证券来规避风险。在卖空机制和存在孪生证券的条件下，理性的投资者会通过在金融市场上套利，阻止证券价格的长时期高估或低估。

从 20 世纪六七十年代开始对有效市场理论的实证检验几乎全部支持其理论基础。对 EMH 检验的思路分为两种：第一种是当事关某种证券基本价值的消息传播到市场上时，该证券价格是否会快速准确的做出反应，将这些消息的影响体现于价格中；第二种是如果没有影响证券基本价值的消息，证券价格是否波动。比如，舒尔茨在 1972 年运用事件分析法对公司内大股东之间的大宗股票交易对股价的影响进行了检验。按照有效市场理论的套利分析，卖出大宗股票，特别是由无特殊消息的投资者卖出，对股价不会有实质性的影响。实证结果显示，股价对大宗股票买卖确实反应平淡。这也印证了有效市场理论的重要观点：消息不变，价格不动。也有人考察当有并购消息时，目标公司平均价格的变化情况，结果显示在目标公司被举牌收购的公告正式发布前，其股价开始缓慢上升，在公告正式发布时股价迅速上升，这种现象表明公司股价对并购消息做出了恰当的反应。总之，根据有效市场理论，投资者（至少部分投资者）具有严格的"理性"特质和"完美"的投资分析能力，在与非理性的投资者的博弈过程中将通过市场选择机制将后者逐渐淘汰出市场，随之市场套利机会消失，逐渐接近"无套利均衡状态"。

三、有效市场理论的缺陷认识

有效市场理论从产生的那天开始就受到了行为金融从实证和理论两个方面的挑战。特别是近 10 多年来，其理论基础和实证检验证据受到了来自基于投资者心态分析的行为金融理论的挑战。新的观点认为经济理论并非一定要引导我们寻找市场的有效状态，系统性的、显著性的偏离是金融市场的普遍现象。它尝试将理论假说建立在金融市场中市场参与者的真实行为之上，以理解和预测市场参与者心理决策过程在金融市场中的反应，并由此分析市场参与者行为对市场走势的影响。从实证检验方面看，基于投资者心态分析的行为金融理论既能解释有效市场理论所说的异象（anomalous），也能提出为实证数据证明的新的预测。

根据有效市场理论，投资者（至少部分投资者）具有严格的"理性"特质和"完美"的投资分析能力，在与非理性的投资者的博弈过程中将通过市场选择机制将后者逐渐淘汰出市场，随之市场套利机会消失，逐渐接近"无套利均衡状态"。但是有效市场理论从产生的那天开始就受到了行为金融从实证和理论两个方面的挑战。现实中，许多金融市场的"异象"无法用有效市场理论解释，比如，现实中很多股票市场价格突然大幅度波动，而此前并没有特殊的信息传播；再比如按照套利理论，投资者的红利收入和资本利得收益是没有差异的，但是当公司取消红利派送的时候会引起投资者的剧烈反对，相反，对股票市场上的价格波动损失的反应却相对较小。理论基础对市场效率的争议主要包括以下几个方面。

首先，将投资者定为完全理性很难让人信服。投资者经常依据一些并不相关的信息来做购买决策，布莱克指出，投资者购买产品的根据是噪声而非正确的信息,从而偏离理性的思路。投资者在多数情况下的投资决策并非符合经济最优化原理,凯尼曼和瑞普给出了一个归纳性的结论:在很多基本面的假设方面,人们的行为与标准的决策模型是不一致的。其一,个人对于风险的评价不一定遵循冯·诺依曼-摩根斯坦效用函数的假设,在判断风险时人们并不看重他们最终可获得的财富绝对水平,而会根据某一个参照标准来衡量他们的得失状况。凯尼曼和托夫尔斯基还发现在同样的投资选择面前人们会尽量地避免遭受损失,这表现在效用函数图形上就是亏损函数的斜率要大于获利函数的斜率。一个直观的例子是人们在股票价格下跌被套牢时,很难下决心平仓,而是继续等待股票价格的反弹。其二,在对金融市场的不确定性进行预测时,投资者的决策原则往往会违反贝叶斯原理。凯尼曼和托夫尔斯基发现人们习惯用短期的历史数据来预测未来,并努力的(当然是徒劳的)试图找出这些过去发生的事件的表征意义有多大,他们会忽视这种表征可能是偶然发生的事实。这种启发式的思维会误导投资者,比如入市不深的投资者会将某个公司短期利润的高速增长扩展到未来,从而过高的抬高了该股票的价格。有效市场假说认为投资者经过错误决策后可以通过学习机制来修正自己的非理性,但是实际上学习的机会成果可能高过投资者愿意承担的数量,并且在证券市场上有些决策不具备足够多的学习机会。

其次,投资者的非理性交易行为往往具有很强的相关性,并非是随机的,这样非理性的交易行为对市场效率的影响并不能相互抵消。瓦加在 1989 年提出协同市场假说,运用非线性统计模型,解释投资行为。其基本观点是:社会群体的相互作用具有"协同性"的特征,如同成群飞翔的鸟或者成群游泳的鱼。在金融市场上,投资者个体的反应具有很强的协同情绪,导致很强的非理性投资行为。这种非理性的协同行为不只体现在个体的投资者身上,也会体现在具有专业背景的机构投资者身上。机构投资者的实际管理者受人之托,替人理财,拉克尼绍科发现这种委托代理角色使基金经理更具有协同效应,为了给投资者留下能干的印象,他们会尽量将投资组合与市场上流行的投资趋势相吻合,这样避免业绩低于流行的投资趋势的回报率。

最后,尽管套利在理论上非常完美,但在现实中套利行为不仅存在风险而且作用有限。套利机制有效发挥的关键一点是,套利者在卖空价格高估的证券同时,必须买进价值没有被高估的孪生证券。对于一些衍生证券来说，孪生证券是比较容易寻找的，但是绝大多数的原生证券没有合适的孪生证券。所以一旦出现了"定价偏差"，套利者无法迅速的寻找到合适的孪生证券进行无风险套利，锁定利润。在这种情况下，套利者只好简单的抛出风险已高的股票以期获得较高的收益，但是，这时的套利不再是无风险套利了。考虑到套利者对风险的承受能力，他们很难将股票的价格维持在符合基本价值的水平上，也即很难维持市场的效率。其实更进一步看，即使找到合适的孪生证券，套利者也会面临未来再次卖出股票时价格的不确定性。即使是孪生证券，在价格偏差完全消失之前这种偏差可能会继续错下去，高者继续走高，低者继续走低，套利者在这个过程中将不得不遭受暂时的损失，如果投资者的风险承受能力和资金规模有限，在价格下跌走出低谷前可能就会平仓套现，这样的套利就会受到约束。对于机构投资者来说，面临着定期的业绩压力情况下，这种情况更为突出。总的来看，从理论上看起来完美的套利机制在现实的金融市场是风险重重，由此以套利为基础的有效市场理论也不可避免地存在缺陷。

第二节　金融市场投资者的理性分析

一、投资者的有限理性

传统金融理论是以理性人为假设发展起来的，它的研究重点集中于两点：理性的投资者如何在风险和收益的衡量下选择最优投资组合；资本市场均衡状态下价格的决定和市场效率。早在 1938 年，威廉姆斯就提出净现值估价模型，认为投资者通过目前的基本信息可以理性预期股票未来的现金流来对其进行定价。到 1952 年马柯维茨研究单个投资者的最优决策问题，仍然假设投资者是理性的，可以在有效边界的风险给定水平下选择期望收益率最高的资产组合。后来的夏普等人仍然在马柯维茨资产组合理论的前提下，在一般均衡框架内研究了单个投资者最优投资决策条件下的整体市场均衡问题。他们的 CAPM 模型认为 β 系数反映了单个公司收益与市场收益的关系，它单一的决定了投资者面临的风险，以此投资者必须得到相应的风险溢价补偿。这种理论也成为后来有效市场理论修补自身缺陷的一种解释——EMH认为已知的公开信息对获利没有帮助，而且市场上偶然存在的超额回报正是由于投资者承担了更大的风险的结果。

以后发展起来的APT、B－S期权定价公式等等理论都无一例外地继承了投资者在理性预期前提下追求自身效用最大化的假设，这成为传统金融理论的一个核心基础。当然对于理性的理解有不同的含义：比如资产组合理论假设投资者是风险厌恶者，CAPM模型进一步假设投资者具有相同的预期收益率，而有效市场理论中假设交易者的理性意味着他们都用同样的方式理解信息，并且有无限的信息处理能力。

不管怎样，投资者的"理性"都包含了：其一，个人的偏好关系是理性的；其二，在不确定条件下，作为经济主体的个人以主观预期效用最大化作为决策目标；其三，人们在决策时会根据贝叶斯法则调整和修正原有的判断。这意味着投资者必须具有无限理性、无限意志和无限自私（Thaler，2000）。

但是早在20世纪中期随着认知心理学科的发展，越来越多的挑战指向投资者理性假设。实际上在现代金融兴起前，某些著名经济学家，诸如斯密、费雪、凯恩斯及马科维茨都认为个体心理会影响价格。西蒙最早提出"有限理性"的观点，认为人的决策会受到面对问题时个人认识框架的局限性的影响。他从思辨的角度认为人的有限理性来自于两个方面：一是个人的计算能力（或者处理信息能力）是有限的；二是个人接收信息能力是有限的。这两个局限性使个人的投资决策不可能是全局最优的，只能是局部最优的。比尔·布兰特提出了"错乱预料感知模型"（deranged anticipation and perception model），他发现市场中的被错误估值的代理指标被用来预测证券价格。这些代理指标包括账面值/市值、盈余/价格、历史收益甚至是日照量等情绪指标。

二、投资者行为心理偏差

人们在决策过程中，决策的结果除了与问题本身有关外，还依赖于人的知识和经验。一般来说，人们解决问题的策略有两种：计算法和启发法。计算法一般适用于规范性、确定性的封闭式问题，比如自然科学、有明确输入条件的社会科学等。计算的方法在假设条件下，通过严密的逻辑推理得出结论。但是在面临一些不确定性问题的时候，特别是受制于信息、计算能力等限制，人们往往会很难在限定的环境下迅疾地做出相应的结论。这个时候，人们往往不会严格的收集全部的信息进行详细的分析和计算，而是试图在头脑中寻找解决问题的捷径，或者根据经验制定决策，这种行为也被称为"经验法则"或者"拇指法则"。

这种启发式决策过程具有一定的合理性，当面临复杂的不确定的决策问题时，用以往决策形成的经验和规则来处理一些问题会比较简单快捷。但是在金融市场上的投资决策往往是含有大量的信息量，这种"经验法则"并不是良好的处理方法。这种心理偏差也被称为"启发式偏差"，如图 16-1 所显示的错觉。当被问到两条直线的长短时，大部分人的第一直觉是左边的线会长一些，但是实际上两条线的长度是相等的，给人错觉的原因是左图的箭头的方向给人纵深感，似乎觉得直线更长一些。心理学中对人的启发性偏差的研究有很多类型，下面只就金融市场中与投资者的个体行为有关的几种典型偏差进行介绍：

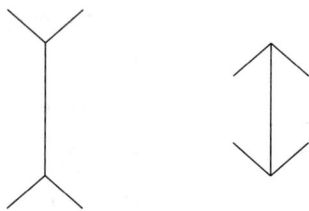

图 16-1　视觉效应

1. 易得性偏差

投资者在实际投资的时候，其决策与该问题的信息的资料是否充分、容易获取有关，很多时候人们往往只是简单根据信息的获得容易程度来确定事件发生的可能性。这种容易让人产生联想的事件被人们作为一定会发生的事件的现象称为易得性偏差。之所以会有这种现象是因为人们不能完全从记忆中获得全部的信息，往往会对容易记忆起来的信息更加关注，认为其发生的可能性比较大。现实的金融市场中这种例子比较多，比如 20 世纪 90 年代股市的繁荣伴随着网络经济的繁荣，投资者往往会将股市的发展归结为网络泡沫，因为网络公司在资本市场的扎眼表现，投资者会忽略其他类型公司对股市的贡献。

2. 代表性偏差

很多心理学试验表明，人们在判断一个事件的概率时，往往会忽略先验概率，其后验概率主要受样本的代表性信息影响。人们倾向于根据样本是否代表总体来判断其出现的概率，这种行为称为"代表性偏差"。代表性偏差造成人们会根据自己掌握的某些代表性特征的出现或者不出现来判断历史重演或者不重演。这会使人们过度依赖自己的偏执判断，而忽视本来的先验概率。

比如抛硬币的试验，抛出一枚硬币，无论在任何时候出现正反面的概率都是相等的。但是如果抛一枚硬币 100 次，如果连续出现 30 次正面，人们在判断第 31 次的时候就会认为该出现反面了。再比如股票市场中，公司的表现在过去的历史中表现不错会被投资者标上好公司的标签，会被认为过去的状况仍然会持续，投资者的这种过度的乐观态度会将公司的股价进一步上推，从而使股价偏离基本价值的程度越来越远，造成股价泡沫。

3. 锚定与调整法则

锚定与调整法则即人们在判断和评估中，往往先设定一个最容易获得的信息为估计的初始值，以锚点为基础，结合其他信息进行调整。这些初始点的设定很重要，会受到很多影响。由于初始参考点的设置不同，会有不同的判断结果，要么反应过度，要么反应不足。这种偏差在复杂的事件评估中表现得尤为明显，人们往往过多的受到无意义的初始值的约束和左右。

金融市场中常见的一些现象与锚定与调整法则有密切的关系。比如反应不足，在股票市场上当足以影响股价的重大消息被公布时，股票价格不会发生太大的变化，而是在此后的时间里，股价慢慢向与这个消息相符的方向调整。这意味着价格一开始对消息反应不足，然后逐渐消化并反映出来。

4. 框架依赖

人们在做决策时候，并不仅仅依赖于已有知识和记忆，他在形成认知时，由于自己心理状态、问题表述方式等不同，其所获得的感知程度也不同。因此，背景或者事物的表述方式也会影响到我们对问题的判断。框架依赖是指个人会因为情感或者问题的表述形式不同而对同一组选项有不同的偏好。这种现象也体现出人的有限理性，同一个选择的不同表述方式可能会引导我们关注问题的不同方面从而做出了并不是最优的选择。这种认知与判断偏差即为"框架偏差"，它显示人们的判断和选择很多时候仅仅依赖问题的表面形式。

三、投资者心理偏差在金融市场的表现

人们在日常生活中会犯各种各样的认知偏差，在金融市场中也不例外。不论是投资专家还是普通的投资者都会受各种认识偏差和框架依赖的影响，从而做出错误的判断。投资者并不是总以理性的态度做出决策，不仅受固有的认知偏差的影响，还受到外部环境的干扰。

投资者在进行投资决策的时候，其心理因素会随外部环境的变化而发生微妙的变化，特别是面临复杂、不确定性非常高的金融市场环境时，情况更是如此。每一个投资者开始的时候总是希望能规避风险进行理性投资。随着复杂的金融市场信息的不断来临，投资者处理信息进行判断的能力不断下降，很难做出有效的决策。这时，投资者就会改变自己的决策方法，将决策的依据转向自己过去的经验、个别突出的事物特征、外部专家和媒体的引导，从而出现各种偏差，弱点就会出现，出现很多种不理智和非理性的行为。行为金融理论是从人们在决策时的实际心理活动入手讨论决策行为，其投资模型是建立在人们投资决策时的心理因素的假设基础上的。它发现市场参与者在进行决策时常常表现出以下一些行为特点。

1. 非贝叶斯预测

现实中人们在决策过程中并不是按照贝叶斯规律不断修正自己的预测概率，而是对最近发生的事件和最新的经验给予更多的权重，或者把小样本中的概率分布当作总体的概率分布，夸大小样本的代表性，对小概率加权太重。

2. 过度自信

过度自信是一种过高估计不确定事件发生概率的行为。心理学研究发现，如果人们称对某事抱有90%的把握时，成功的概率大约只有70%，金融活动中此心理特质表现得尤为突出。由于过度自信，市场参与者在过滤各种股票市场信息时，注重那些能够增强他们自信心的信息，而忽视那些伤害他们自信心的信息。

3. 心理账户

投资者进行决策的时候，并不是权衡了全局的各种情况进行考虑，而是在心里无意识地分成了几个心理账户，对于每个心理账户行为者会有不同的决策。比如，尽管发放红利和派股对于市场参与者来说所持资产总额相等，但却被归为不同的心理账户。当市场参与者将工薪所得投入股票市场，现金已经被列在了不同的心理账户中，市场参与者不会如同看待自己的工资那样谨慎地对待股票市场中的现金。

4. 反应过度与反应不足

在进行预测时，大多数人最初往往根据某个初值或参考值（锚定点）评估信息，接着根据进一步获得的信息或更详细的分析，逐渐将评估结果调整到其真实数值。如果调整过程是充分的，就不会出现任何错误，但事实并非如此。不论以什么作为初值，初值都被赋予太大的权重，调整过程都是不充分的。不同的初值得到不同的偏向于初值的估计结果，这种现象被称为锚定。在证券市场上，由于存在锚定和调整，人们比较保守，往往对盈利信息反应不足，未能根据盈利公布中的新信息，充分调整其盈利预测，常常导致预测区间设定得太窄，低估过度波动的概率。

5. 厌恶后悔

厌恶后悔就是为了避免后悔或失望，努力不做错误决策。当人们做错决策时，就会出现后悔。不做决策时，也可能出现后悔。人们感到错误决策的后果比什么也不做带来的损失更为严重，这导致人们在面对不确定情况下的决策时，与其积极行动，不如消极行动，走老路子，以最小化未来可能的损失。

第三节 行为视角分析对中国金融市场治理的启示

1990 年 12 月和 1991 年 4 月中国相继成立上海证券交易所和深圳证券交易所，自此后中国正式建立起比较完善的证券发行交易市场系统，经过多年的发展，中国金融市场已经在市场容量、法律法规建设、运行机制等诸多方面有了快速的发展。不可否认的是，与发达国家证券市场经过 100 多年的市场机制哺育不同，中国证券市场的建立实际上是在政府行政的强势主导下迅速建立起来的，转轨和新兴是不可回避的两大特征，在许多方面仍然尚未成熟，异常的价格波动，过度投机、庄家情结、政策市等问题始终困扰着投资者和政府监管部门，阻碍了证券市场的进一步发展。投资者和研究者都很难相信我国的证券市场是完全有效的，市场价格真正包含了所有公开的信息，更为严重的是，如果任其下去，这些不仅会损害投资者和上市企业的利益，更会腐蚀金融市场作为向实物经济输送金融资源的纽带功能。引入行为金融理论来分析我国证券市场，不论对于投资者还是监管者和上市公司都具有现实意义。对于投资者来说，运用行为分析方法了解金融市场参与者，能更好地认识市场投资规律，培养理性的投资理念。对于监管者来说，保持市场的良性、稳定的运作发展，应该从更微观的"人"的因素做起，在把握微观主体的投资心理和行为规律的基础上，实施更有效的引导和监管策略，这更会推动中国经济金融体制的完善和改革。

一、基于行为理论的中国金融市场研究的内容

从理论体系上来看，行为金融理论迄今并没有形成一个公认的研究体系，不同的学者对此有不同的观点。但是有一点是明确的，那就是主要的研究方向在于投资者的理性分析和市场的有效性研究。这两者实际上是统一的：如果市场是有效的，即使存在非理性的投资者，价格仍能调整准确及时，另外，如果投资者都是理性的，就没有力量干扰市场，价格也就不会偏离均衡状态。

中国证券市场是在经济体制转轨过程中，由政府行政主导建立起来的。无论是投资者的投资决策水平，还是政府的监管能力都远不及西方成熟的金融市场。对中国金融市场的分析不能照搬西方的行为金融理论。投资者的认知过程、决策过程和知识背景、文化水平、制度因素、社会发展都有密切的关系。而基于我国投资者独特心理分析，以及在此基础上投资者的认知偏差和投资决策造成的市场效率缺失方面的研究目前比较缺乏。从投资者、上市公司、市场有效性、信息不对称和监管设计五方面来阐述基于行为理论的中国金融市场研究的内容。

1. 中国证券市场个体投资者的非理性

中国证券市场投资者分为机构投资者和散户投资者，前者在资金实

力、分析能力甚至获知信息方面占有绝对的优势；而散户势单力薄，跟随机构投资者或者庄家的投资策略成为散户投资者相对占优的决策行为。这样处于弱势地位的中小投资者盲目"跟庄"行为，加剧了市场的不稳定。同时由于历史等原因，中国散户投资者的平均受教育水平比较低，在理性的投资分析能力方面较弱。在不成熟的心态下，对待风险的态度与西方投资者有明显的不同。未来重点研究方向应该在充分了解中国投资者心态和行为规律的基础上，建立中国个体投资者的投资心态和行为模型。

2. 上市公司的财务行为分析

传统的财务理论认为，上市公司的管理者会自然的考虑股东利益最大化，并在此基础上进行财务决策。但是现实中，无论是管理者、投资者，还是股东都是有限理性的，所以在分析他们的行为基础上，研究中国上市公司的资本配置行为、融资行为和管理者的决策行为都有重要意义。这有助于监管部门在打击操纵股价、内幕交易等方面做出更好的监管决策。

3. 中国证券市场的实证检验

在 EMH 中阻止价格过于偏离的主要工具——无风险套利，在中国证券市场不允许卖空的条件下无法发挥作用。现实中，众多违规现象和过度投机在中国层出不穷，很难让人相信中国证券市场是有效率的。所以中国证券市场的实证研究主要集中在对市场"异象"的验证上。运用心理学概念建模并结合实证分析对证券市场中对证券价格信息的反应不足和反应过度进行解释。通过检验，发现更多的有别于西方金融市场的异常规律，丰富行为金融理论的研究内容。

4. 信息不对称下证券市场参与者的博弈行为研究

信息不对称是任何金融市场的常态，年轻的中国金融市场这种现象更甚。证券市场上经常存在由知情者操纵价格诱使不知情者跟风形成反馈效应导致价格泡沫的现象，在泡沫未破之前，知情者可以完成自己的交易谋取高额收益。中国股票市场禁止卖空，操纵者依靠引发正泡沫下的反馈效应，使不知情者追涨，他们可以在高价位出货。运用不完全信息博弈论模型分析参与者之间的博弈行为，并在此基础上研究更有效的信息披露制度和监管机制可以有效地遏制市场中的信息违规行为。

5. 中国证券市场监管研究

证券市场是一个涉及政府管理部门、上市公司、机构投资者、散户投资者等不同利益主体间多方博弈的复杂系统，只有各个参与主体进行合理的定位，才能保证市场的效率和均衡。应该研究如何建立更加透明的信息传递机制和长效性的政策定位，基于行为金融理论来构建中国金融市场的监管模型，提高监管效率。解决这个问题至少应该从三个方面入手：首先减少对市场的过度干预，恢复证券市场本质功能，建立市场自适应机制；其次，基于中国投资者特有的投资特征，比如受教育水平、风险偏好、财富观念等等，展开行之有效的投资者教育，增强投资者的理性；最后，增强监管政策的前瞻性和延续性，让投资者对市场前景有一定的预见性，减少其非理性投资行为，只有这样才能降低中国目前证券市场的政策风险，提高市场的有效性。

二、基于行为理论的中国金融市场研究的意义

基于投资者心态分析的市场有效性研究把视角从传统的"理性范式"向"行为范式"演变；从"机械的、动力性的研究方法"向"基于人的行为的、心理的研究方法"演变；从线性的向非线性的研究演变。这些研究范式的进步给我们一个全新的视角考察市场的效率问题，但仍然面临着许多问题，最迫切的有两个：一是没有形成统一的理论解释框架，所以尽管可以对有效市场理论提出挑战，但是并没有建立一种科学的理论体系取代它；二是许多投资者心态分析并没有以心理学研究为基础，而是由金融学者根据研究对象的特点对行为人的态度进行假设，这样研究前提的合理性就遭到质疑。

这些年来基于投资者心态分析的市场有效性研究迅速发展，确实从理论基础上对传统的 EMH 提出了挑战，但是迄今为止它仍然对证券定价机制知之甚少。下一步重点的研究领域包括投资者的心态如何影响到他对市场上风险的态度、市场的无效率怎样影响金融资源在市场主体之间的分配、政府和公司如何利用市场的无效率进行资本市场的监管和公司财务决策等等。这些研究领域的拓展为解决中国证券市场自身的问题提供了新的思路，中国证券市场所处的独特的历史阶段决定了它的不完善，充分重视行为金融的分析方法，对于规范中国投资者的投资行为、提高市场效率有重要意义。也只有这样才能真正使中国的证券市场成为向实物经济输送金融资源的纽带。

尽管科学理论具有通用特征，但是独特的文化和社会特质使中国的证券市场有明显有别于西方发达国家市场的特征。照搬已经成熟的传统

金融理论亦或行为金融理论来分析回答中国证券市场的现象显然缺乏足够的解释力。中国证券市场所处的独特的历史阶段决定了它的不完善，充分重视行为金融的分析方法，对于规范中国投资者的投资行为、提高市场效率有重要意义。更有效的研究应该从中国投资者行为和心态分析的角度，分析我国投资者的独特心理行为特征等问题，并建立相应的风险管理机制和监管模型，以提高中国资本市场的公平性和效率性。这些研究的拓展将为解决中国证券市场自身的问题提供新的思路。

本 章 小 结

本章对有效市场理论的发展脉络做了详细阐述并揭示了其相应的缺陷，进而对金融市场投资者的有限理性和心理偏差做了介绍。引入行为金融理论来分析中国证券市场，不论对于投资者还是监管者和上市公司都具有现实意义。对于投资者来说，运用行为分析方法了解金融市场参与者，能更好地认识市场投资规律，培养理性的投资理念，保持市场的良性、稳定的运作发展。

习　　题

1. 简述有效市场理论的形成过程。
2. 简述有效市场理论的实证基础。
3. 简述投资者心理偏差在金融市场的表现有哪些。
4. 何为框架依赖？
5. 何为反应过度？
6. 何为厌恶后悔？
7. 如何证券市场中参与者的博弈行为？
8. 简述基于投资者心态分析的市场有效性研究的基本内容。
9. 简述贝叶斯预测。
10. 谈一谈你对行为金融理论的认识及该理论对我国金融市场的现实意义。

第五部分

金融市场发展与监管

第十七章

金融市场结构理论

金融市场结构是指金融各个子市场及其组成要素在经济体系中的存在、分布、运行，以及相互适应、相互作用与相互联系的框架状态。进行金融市场结构分析有利于我们进行金融市场结构的优化（对金融市场结构进行帕累托改进，使之不断接近于帕累托最优状态的过程）。调整和优化金融市场结构既是一国金融市场自身发展的内在要求，也是转变一国经济增长方式的客观需要。

第一节　金融市场结构分析

一、保险市场结构分析

零售金融市场的一个普遍特征便是信息不对称，诸如基金管理和投资咨询这样的金融服务的结构都存在这样的问题，保险市场也不例外。然而保险市场又有它独特的几个方面。就它们的信息结构而言，投保人或被保险人可能比承保人更清楚自己的风险特征。

我们首先分析保险如何能减少风险的不确定性，以及如何在信息完全对称情况下使福利最大化。在这里，信息完全对称是指投保人或被保险人掌握了产品的所有信息，同时，承保人也清楚投保人或被保险人所有的风险特征。这种充分信息模型是帕累托最优模型，它为不对称信息效应的衡量提供了一个标准。在历史上，小规模的相互保险计划允许类似工会这样的小型的、有一定关系型组织的成员相互投保，来补偿因疾病、实业和别的风险所带来的损失。这些组织的成员有理由清楚彼此的风险状况，监督彼此的鲁莽行为和其他道德风险。

家庭和部落组织，为照顾那些生活境况不好的成员，也提供非正规的相互保险。相互保险计划允许较大组织将这些资助正规化。它们可以通过分散风险来减少个人因遭受像工伤事故这样的风险而造成的经济损失。大数定律告诉我们，风险单位越多，风险的不确定性越小。这些风险被称为特殊风险或非系统性风险。这样就使这个组织仅仅面临共同风险，如传染病、经济萧条，这些风险同时影响大多数人。保险市场通过在组织间分散金融风险，可以降低共同风险的福利成本，但不能彻底消除风险。

相互保险社团存在的时间很长，有着成功的历史传统，现在大部分发达国家已经演变成了大型的商业组织。现在大多数的保险社团是不记名的，他们为一般的公众提供保险，而不再局限于某些特殊的组织。他们丧失了原先拥有的信息优势，但他们从风险分散和经营规模中取得了别的益处。

就一般公众而言，相互保险社团与提供同类保险产品的商业保险公司没有什么太大的区别。然而，它们还是有一个关键的差别，保险社团是由他们的成员共同所有，赔付后的盈余和红利为金融准备金。从这个意义上说，相互保险组织类似于基金管理公司，因为基金管理公司的资产的所有权归属于他们的客户。然而，在商业保险公司里，股东拥有所有权，并承担有限责任。如果商业保险公司持有足够的金融准备金，将盈利作为红利分配给股东是合理的。这就是为什么风险控制在保险领域比在基金管理服务领域更重要，它也是实践中立法制度倾向更严格的原因。

当我们假定保险公司不能区别高风险客户和低风险客户时，分析就会变得更加复杂。作为信息垄断者的客户会尽力隐藏自己的风险特征。罗斯查尔德和斯蒂格利茨（Rothschild and Stiglitz, 1976）的研究表明，在这种情况下，承保人会提供适合不同类型客户的保险合同。在均衡条件下，高风险客户会以高成本购买足够的保险合同，然而，逆向选择意味着客户以更优惠的费率购买部分保单。换句话说，低风险的人会进行不足额投保，即使他们自己要完全承受出现的损失。团体保险（像公司员工的医疗保险计划）避免了这种逆向选择，且能通过使用统一费率集体投保来提高他们的福利，该费率反映了投保集体的平均或组合的风险特征。

这种组合效益能通过立法来强制保险成为最佳选择，这种效应也证明了有政府提供社会保险的合理性。如果给第三者造成伤害有潜在的重要性（正如众所周知的汽车保险的第三者责任险），那么支持强制性保险的论证就会大大加强。

二、资本市场结构分析

资本市场的特殊性就在于其组织交易的证券价格的多变性，比如股票和债券，它们是不需要像银行这样的金融中介介入的原始证券。

资本市场能给金融中介机构提供保险，使其（通过规避或合适地安排其资产组合）免受与证券价格相关的不利事件的影响。资本市场也能和金融期货市场、保险市场一起，在整个社会分散风险。资本市场的价格还能反映未来的经济发展，因而能收集信息并把该信息传播到全社会，而这些信息能帮助公司管理层、政府官员和其他机构做出投资或其他重要决策。

下面介绍现代经济中几种主要的资本市场。

（一）初级市场

初级市场组织新证券的发行。新证券包括公司浮动利率债券、私有化证券、私募证券等。初级资本市场把新的公司或政府机构引入市场，或者为已存在的公司或政府机构募集资本，这一职能扩大了证券的范围和在外流通的数量。

通常由作为发行者经纪商的投资银行组织新证券的发行，并使投资者可以直接购买新证券。更重要的是，投资银行并不像商业银行那样以自己的名义提供融资，相反，投资银行把新证券销售给投资者，这使投资者与发行者之间形成一种直接金融。

（二）二级市场

二级市场是对市场上已有的有价证券进行交易的市场，它不会改变市场上流通的有价证券的范围和总量。实际上，它被称为"二手市场"更好，因为该市场为投资者提供了这样一种灵活性，即可以持有有价证券，也可不持有该有价证券至到期或有价证券被赎回前。例如，投资者在初级市场上购买了某种证券并打算长期持有，但将来一旦有现在不能预期的现金需求时，该投资者就可以把这些证券转手卖掉。通过这种方式，有价证券的发行者就没有被要求兑赎的压力，流通在外的有价证券量保持不变，而投资者也保持了流动性。

（三）交易商市场

在两个极端之间存在着交易商市场，交易商维持着市场的流动性并因此在交易所取得一些特权。实现流动性有两种主要的机制：一种是"报价驱动"，另一种是"指令驱动"。尽管在局外人看来这两种机制非常不同，但是在数学上它们却非常相似。在报价驱动的市场中，交易商公布一个买价（在这个价格上，他们准备买进某个最大量）和卖价（在这个价格上，他们准备卖出某个最大量）。紧接着，交易商在自己的股票存量之外以这些给出的买卖价撮合指令，并相应的调整价格。在指令驱动的市场中，交易商在连续交易的基础上把限价交易指令提交到股票交易所的计算机里。限价交易指令就是在不超过或不低于某个给定价格买或卖股票，直到给定的某个最大量。如果交易的金融工具是同质的，但交易是活跃的，那么这两种交易机制都倾向于运行良好。如果客户对市场的理解力很强，并对影响证券的公开领域的基本因素有大量的信息，那么这两种交易商机制的作用将发挥得更好。但是，对于做市商而言，关键的要求是通过在任何时候提交公司的报价和限价指令来支持市场的流动性，这意味着将给予这些交易商以产权交易者和其他没有义务来支持市场流动性的交易商所没有的特权，同时如果这种交易是灾害性的，则可以停止交易。

第二节　金融市场结构理论

金融市场通常包括较公开信息更有信息优势或分析优势的公司内部人或分析师，这是交易者面临的一个主要问题。我们将这些市场参与者称为"信息充分的"或"信息"交易者。

处在市场中的交易商有义务给出现实的买卖报价或把限价指令递交

到系统中去，这就保证了流动性，即客户总能以某个价格成交。这就是交易商为何也被称为"做市商"的原因。这些中间代理商被动地行动并且不得不考虑交易有可能是信息充分的，如果某些客户比交易商拥有更多的信息，则交易商制定的买卖报价就必须考虑这一点。

很明显，如果交易商能够区分这些拥有更多信息的客户，那么他们就可以不和这些内部人做交易，或者先发制人，给出一个很大的买卖价差。他们也防止自己无意间与那些拥有高级信息的客户打交道。交易商制定一个至少使自己不亏本的买卖价差，用流动性驱动的交易可能带来的收益弥补这些交易。因为交易商会用传统的客户的买卖来计算盈亏平衡点，那么，交易商就不会在乎哪一笔交易会发生，因而价格也就没有缺陷了。我们从对市场机制的各种影响中提炼并建立一个基于信息基础上的模型以阐明不对称信息怎么影响市场的价格和分配。这个模型是建立在科普兰—加莱（1983）模型上的一个基本版本，最初设计这个基本模型就是用来阐明交易商在报价驱动的市场中怎样计算盈亏平衡的买卖价格。

科普兰和加莱建立了买卖价差在静态数学模型中的简易代数式，其基本的假设是：（1）只有一个交易日或交易期；（2）证券的价值在交易期末兑现；（3）存货周转成本及其他成本可以忽略不计；（4）市场是竞争性的（做市商可以竞争性地买卖）；（5）所有的代理机构均风险中性；（6）信息禀赋是外生的：$q\%$ 的客户有充分信息，（$1-q\%$）的客户没有充分信息，并且服从随机分布；（7）客户的流动性要求可以固定到加或减 1 单位股票；（8）订单的规模也固定；（9）客户每天只能交易一次。

在以上假设条件下，做市商将报出卖出价 P^a 和买入价 P^b（指每单位股票股价），或者等价地报出这些价格下的买卖指令，而我们则希望这些买卖指令能相等。市场的竞争性和无成本性意味着：买卖价差越大，做市商就越没有生意；而买卖价差越小，做市商就可能亏本。1992 年伊斯立和奥哈拉（Easley and O'Hara）对此模型做了简化，并认为实现价格可采取两种价值：要么高 V^h，要么低 V^l（这里，$V^l < V^h$）。信息充分的客户明确地知道在期末报价将是其中的哪一个，并且会作出相应的买卖决策（假定 $V^l < P^a \leqslant P^b < V^h$）。在这一节里，我们可以认为这些信息充分的客户是公司的内部人，他们当然清楚他们的老板是否会在价格 V^h 处给出一个接管报价。

做市商及其信息不充分的客户仅仅清楚公开的信息，他们相信价值可以采取贝努利或二项分布所给出的两种形式。在研究的开始，他们认为一个高（买）价 V^h 出现的概率是 P，而低价出现的概率是 $1-P$。于是，他们最初的期望价格是：

$$\mu = pV^h + (1+p) V^l \qquad (17-1)$$

$$0 \leqslant p \leqslant 1 \qquad (17-2)$$

这是模型中买卖价的基础，μ 值的方差是：

$$\upsilon = p (1-p) (V^h - V^l)^2 \qquad (17-3)$$

这同样是很重要的，因为它给出了信息不对称的交易者所面临的不确定性，它是信息不对称的一个基本指数。

假设做市商首先把 P^a 确定在可以使买卖均衡的一个价格水平上，他也知道，他和信息充分的代理机构交易的概率为 q，并且交易为高价格的概率为 p，因而在价格 P^a 处销售给这样一个代理机构的概率为 qp。单位股票必须要在交易期末以成本 V^h 得以补充，因而总的损失为（$V^h - p^a$），如表 17-1 所示。

表 17-1　　　　　　　　　　　平均利润

做市商可能的交易对手	（a）发生的概率	（b）所得净利润
（ⅰ）信息充分的买者	qp	$p^a - V^h < 0$
（ⅱ）信息不充分的买者	$\dfrac{(1-q)}{2}$	$p^a - \mu > 0$
（ⅲ）信息充分的卖者	$q (1-p)$	$V^l - p^b < 0$
（ⅳ）信息不充分的卖者	$\dfrac{(1-q)}{2}$	$\mu - p^b > 0$

平均利润：

$$作为卖方所得利润 = a（ⅰ）\times b(i) + a（ⅱ）\times b（ⅱ）$$
$$= (p^a - V^h) qp + (p^a - \mu) \frac{(1-q)}{2}$$
$$作为买方所得利润 = a（ⅲ）\times b（ⅲ）+ a（ⅳ）\times b（ⅳ）$$
$$= (V^l - p^b) q (1-p) + (\mu - p^b) \frac{(1-q)}{2}$$

另外，有（$1-q$）个百分点的概率与信息不充分的市场行为人交易，做市商就有理由假定市场的流动性的需要使交易双方必须能够配对，这使得信息不对称的卖者和买者各占一半。则与信息不充分的买者交易的概率为$\frac{(1-q)}{2}$。在这种情况下，卖价依然维持在p^a的价位上，但补给的成本为μ，期望的利润为$p^a - \mu$。因此作为卖方所得平均利润为：$(V^h - p^a)qp + (\mu - p^a)\frac{(1-q)}{2}$，其中，$0 \leqslant q \leqslant 1$。根据假设（1）和假设（2），我们可以令该平均利润为0，并解出无亏损价值p^a。它是高价和低价的加权平均：

$$p^a = \frac{\left(V^h qp + \mu \frac{(1-q)}{2}\right)}{\left(qp + \frac{(1-q)}{2}\right)}$$

$$= \frac{\left(V^h p \frac{(1+q)}{2} + V^l (1-p) \frac{(1-q)}{2}\right)}{\left(qp + \frac{(1-q)}{2}\right)} \qquad (17-4)$$

式（17-4）是根据式（17-1）得出，其中的权重取决于概率q和p的大小。换句话说，P^a是V^h和V^l的一个凸组合。考察第一行的关系式易得

$$\mu < P^a < V^h$$

若做市商的购买也是无亏损的，我们就可以采用表17-1中所示其作为买方的概率以及损益来分析，得到以下买入价：

$$P^b = \frac{\left(V^l q(1-p) + \mu \frac{(1-q)}{2}\right)}{\left(q(1-p) + \frac{(1-q)}{2}\right)}$$

$$= \frac{\left(V^l (1-p) \frac{(1+q)}{2} + V^h p \frac{(1-q)}{2}\right)}{\left(q(1-p) + \frac{(1-q)}{2}\right)} \qquad (17-5)$$

这里$V^l < P^b < \mu$。通过简单的代数变换可得均衡的买卖价差为：

$$S = P^a - P^b = s(V^h - V^l)$$

其中，

$$s = \frac{4p(1-p)q}{(1 - q^2(2p-1)^2)}$$

式（17-5）显示了信息不对称和不确定性的程度如何决定买卖价差的大小。首先来看分子，买卖价差和价值差$V^h - V^l$成比例关系。显然，当只产生唯一可能的结果（$V^h = V^l$）时，买卖价差完全消失。我们

还能注意到 $p(1-p)$ 这一项即是前面讨论过的贝努利方差,这意味着当 P 值越接近于 0 或 1 时,信息的不对称程度和买卖价差越小。

买卖价差主要取决于投资者中内部人所占的比重。从这一特例中很容易看出这点,首先,正如我们所期望的,如果我们能够有效制止内部人交易,在不考虑不确定性的条件下,$S=q=0$。在该情况下,由于买卖价差为 0,市场有效。然而,由于价格反映未知的信息,所以它也是未知的。考虑另一个极端情况,如果内部人占绝对优势,即 $q=1$,交易商就会为保护自身利益而将买卖价差提高到价值差 $S=V^h-V^l$。由于此限制,市场将消失,我们也就不能观测到有任何价格。

以上分析有着重大的政策含义。但结果是建立在很强的假设条件之上的,眼下的条件并不完全类似。科普兰—加莱模型给出了一个"集合均衡"的例子。在这个模型里,买卖报价反映了信息充分和信息不充分的客户在买方卖方集团中的平均或概率加权组合。每种客户类型面临一个集团价格,这使得信息充分的客户的盈利建立在信息不充分的客户的亏损上。假设(6)到假设(9)保证了客户集团的规模与价格无关。换句话说,流动性交易者是被动的买卖人,因为他们买或卖都不考虑报价。不对称信息使交易达到均衡很困难,但是,可以使买卖双方在某个水平建立起交易。既然交易的次数是不变的,那么放宽假设(3)就是可行的:在一个竞争性的市场里,运营成本将会分摊到固定次数的交易上,这使得价格差扩大到某个常数值水平。

伊斯立和奥哈拉(Easley and O'Hara,1992)建立了一个交易商市场的分离均衡模型,他们认为内部人可以看到有把握的利润;而且,在其他情况亦相同时,内部人也愿意与做市商做尽可能多的交易。但是,不知内情的交易却主要受交易需要的支配,而这种交易需要通常较小。该模型中的这些假设阻止了逆向选择的发生。在实践中,一个大的价格差很可能使一些流动性交易者离开金融市场。但是,只要这个价格差还包含在相应的价值差中,所有的信息型交易者都不会离开。伊斯立和奥哈拉认为,客户的交易分为两种规模:要么大,要么小。如果市场中有足够多的需要进行大交易量的流动性交易商,那么一个分离均衡就会发生,在这个分离均衡里,信息充分的客户面临一个相当大的价格差,并和这些需要进行大交易量的流动性交易商进行大规模的交易;而交易量小的流动性交易商则有相应的小规模交易市场与之相适应。在这种情况下,经纪商向这些交易商收取价差是没有道理的，因为所有信息充分的代理商都明白，可能在别的市场上利用这种大规模交易会获利更多。但是混合均衡也可能存在，在该均衡里，某些信息充分的客户发现如果与信息不充分的客户想混合，则可以获利更多，这也意味着在小规模交易市场中，价差更小。这种平行市场模型将帮助我们理解，纽约和伦敦的这些"楼上的"或"成组的"交易系统的运作时如何指导大规模的场外交易市场的。它们通常在偏离正常规模的价格处清算。持仓量和风险头寸的成本也可帮助解释报价与集中交易价的偏离。

第三节　金融市场发展与政策

近四十年来，全球金融市场发生了重大的变化，从微观角度看，金融工程化和资产证券化已形成趋势；从宏观角度看，金融全球化倾向明显。对于广大发展中国家，要发展金融市场，就应当加快建立适应金融市场发展的政策结构。

一、金融工程化

（一）金融工程化的内容

所谓金融工程是指将工程思维引入金融领域，综合采用各种工程技术方法（主要有数学建模、数值计算、网络图解、仿真模拟等）设计、开发新型的金融产品，创造性地解决金融问题。

金融工程技术的应用可以概括为以下四个主要方面：套期保值、投机、套利与构造组合。套期保值是指一个已存在风险暴露的实体力图通过持有一种或多种与原有风险头寸相反的套期保值工具来消除该风险。完全的套期保值是不多见的，大多只是对风险暴露超过既定水平部分进行抵补。投机是指市场主体利用对市场某些特定走势的预期来对市场未来的变化进行预测，并据以制造原先并不存在的风险。套利指通过将大量有着内在联系的金融产品组合起来以保证这种组合无风险地获得利润。所谓构造组合是指对几项金融交易或几种风险暴露重新进行构造组合，以期回避风险或牟取收益。

(二)金融工程化的原因

金融工程化的动力来自于 20 世纪 70 年代以来社会经济制度的变革和电子技术的飞速发展。

20 世纪 70 年代以来国际金融领域发生的最大的变革就是布雷顿森林体系的崩溃，以及石油提价引起的基础商品价格的剧烈变动，共同形成了对风险管理技术和工具的需求。在过去 40 年里，金融环境发生了巨大的变化，但是如果没有相应的技术进步，金融方面的演变是不可能的。今天的金融市场日益依赖于信息的全球传播速度、交易商迅速交流的能力和个人计算机及复杂的分析软件的出现。金融工程采用图解、数值计算和仿真技术等工程手段来研究问题，金融工程的研究直接而紧密地联系着金融市场的实际。大部分真正有着实际意义的金融工程的研究，必须有计算机技术的支持。图解法需要计算机制表和作图软件的辅助，数值计算和仿真则需要很强的运算能力，经常用到百万次甚至上亿次的计算，没有计算机的高速运算和辅助设计，这些技术将失去意义。技术的进步使得许多古老的交易思想旧貌换新颜，在新的条件下显示出更大的活力，比如，利用股票现货市场与股指期货之间的价格不均衡性来获利的计算机程序交易，其基本的套利策略本身是陈旧的，这种策略被应用于谷物交易已经有一个世纪了，但是将该策略扩展到交易上要求有复杂的数学建模、高速运算以及电子证券交易等条件才能实现。

二、资产证券化

所谓资产证券化就是指把流动性差的资产，如金融机构的一些长期固定利率放款或企业的应收账款等通过商业银行或投资银行集中及重新组合，以这些资产做抵押来发行证券，实现相关债权的流动化。

(一)资产证券化的内容

资产证券化的主要特点在于将原来不具有流动性的融资形式变成具有流动性的市场融资。以住宅抵押融资的证券化为例：住宅抵押融资虽然信用度较高，但是属于小额债权，且现金流不稳定。为此，有关金融机构就将若干小额债权集中起来，通过政府机构的担保，促使其转换成流动性较高的住宅抵押证券。

随着 20 世纪 80 年代以来住宅抵押证券市场的不断扩大，资产证券化又有了新的发展：（1）资产证券化的领域不断拓宽，如汽车贷款、信用卡应收款和大型设备的租赁等。（2）商业不动产融资的流动化。从1984年起，市场上出现了公募形式的商业不动产担保证券。（3）担保抵押债券。是将住宅抵押凭证、住宅抵押贷款等汇集起来，以此为担保所发行的债券。其发行方式是由某个金融机构作为发行人，收买住宅抵押凭证并设立集合基金，再以此为担保同时发行3~4组债券。发行者以抵押集合基金每月产生的资金流动为资金来源，在对各组债券支付利息时，只对其中的某一组债券的持有人偿还本金。发行此种债券在某种程度上是为了解决住宅抵押凭证在到期偿还时现金流不稳定的问题。

（二）资产证券化的原因

资产证券化之所以在20世纪80年代以来成为一种国际性的趋势，是与以下原因分不开的。

（1）金融管制的放松和金融创新的发展。自20世纪70年代以来，西方发达国家经济出现"滞胀"，金融管理法规与现实经济环境已不相适应。于是，西方国家纷纷放松管制，刺激本国金融业的发展。金融管制的放松和金融创新的发展，促进了金融市场的活跃以及效率的提高，从而构成了资产证券化的基础。

（2）国际债务危机的出现。国际债务危机的出现导致了巨额的呆账，一些国际性的大银行深受债务危机拖欠之苦，希望通过加强资产的流动性来解决资金周转的困难，而证券发行无疑是途径之一。

（3）现代电信及自动化技术的发展为资产证券化创造了良好的条件。一方面，随着信息传递和处理技术的发达，获取信息的成本大大降低。借贷者之间的不对称信息状况有了很大改善。另一方面，交易过程中计算机技术的广泛使用，使数据处理成本大大下降，从而使证券交易成本大幅度降低。

三、金融全球化

金融全球化表现为国家间的经济来往日益密切，国际金融市场成为一个密切联系的整体市场：在全球各地的任何一个主要市场都可以进行相同品种的金融交易；世界上任何一个局部市场的波动都可能马上传递到全球的其他市场上。

金融全球化的影响主要有如下两方面：

（1）有利方面：金融全球化促进了国际资本的流动，有利于稀缺资源在国际上合理配置，促进了世界经济共同增长。金融全球化也为投资者在国际金融市场上寻找投资机会、合理配置资产结构、利用套期保值技术分散风险创造了条件。此为其有利的一面。

（2）不利方面：一是导致金融风险在全球扩散。由于全球金融市场的联系更加紧密，一旦发生利率和汇率的剧烈波动，会马上传递到世界各金融中心。这使得金融风险的控制显得更加必要。二是增加了政府执行货币政策与金融市场监管的难度。由于国际资本流动加快，一些政策变量的国际影响增强，政府在实施货币政策和进行宏观金融调控时往往更难估计其传导路径和影响。

总体来看，金融的全球化是大势所趋，如何加强国际协调，实现共同监管，建立新的国际金融体系，则是一个现实的亟待解决的课题。

四、金融市场发展的政策结构

（一）建立适应金融市场发展要求的总体经济环境

1. 政治上的连续稳定

在金融市场中，投资者对政治上的稳定与否极为敏感，如果一个国家或地区发生政治上的动乱，或者有重大的边界冲突，或者发生战争，则投资者便几乎不会有兴趣建立证券市场，也不会进行证券期货方面的投资；即使存在金融市场，其对应的交易规模及相应的交易价格也会受到影响。因此，可以说，政治上的连续稳定不仅会影响现代金融市场的建立，而且会影响其正常的交易活动。一般地，政治上的连续稳定主要包括相当的政治稳定、存在相当比例的私人经济部门、经济运行不完全依赖中央经济计划及对未来经济投资充满信心等。为此，在经济发展中，若要促使现代金融市场得到充分的发展，政府须在上述各方面进行努力，为现代金融市场的发展创造尽量连续稳定的政治环境。

2. 运行良好的宏观经济环境

在金融市场中，一般认为一国在一定时期的经济发展水平与对应的金融市场的发展存在一定的相关关系，经济越发展，经济增长速度越快，则对金融市场尤其是证券市场的发展要求便越是强烈；反之，则对金融市场的发展要求便越低。因此，一般很难想象在经济不发达及对应的金融体制受到压抑状态下，现代金融市场会得到很快的发展。

在理论分析中，运行良好的宏观经济环境主要包括国民经济增长保持良好的势头、国民经济具有一定的规模且能维持正常的市场活动、社会中产阶级有较大的发展并在社会上有一定的影响、有本地的企业家阶层且能从事正常的经营活动、与国际经济运行接轨且合乎现代企业制度要求的大企业已经出现并在经济运行中扮演着极为重要的角色、经济运行较为稳定、通货膨胀的程度能够为社会公众所接受等。为此，在经济发展中，为有效地利用金融市场来促进经济发展，发展中国家的政府则理应为金融市场的发展创造上述较为良好的宏观经济运行环境。

3. 较为合理的经济政策环境

在经济发展中，经济政策不仅可促进或阻碍经济发展的进程，而且经济政策本身的制定也是依据经济发展的实践来进行的。因此，经济政策的好坏也制约了现代金融市场的发展。一般说来，较为合理的经济政策环境主要包括以下几个方面，即经济发展中的资本筹措主要是通过金融市场而不是通过中央计划来进行的；现代证券市场中的利率参数具有一定的可调节性；汇率政策较为合理；金融工具拥有与实物资产同样的税收待遇；最低限度的公开财务事项标准；科学且可接受的会计与审计标准；各种保护金融市场上交易者合法权益的政策法规等。

在广大发展中国家，不利或不连续稳定的经济政策环境往往造成金融市场并不活跃。如高通货膨胀的压力、实际金融资产的负利率、汇率高估及在此基础上的汇率持续贬值等不仅对各种证券的收益产生不利的影响，且不利于各种金融交易的正常开展。为此，若要有效地利用金融市场来促进经济发展，则发展中国家的政府须为金融市场发展创造较为合理的经济政策环境。

4. 较为先进的机构运行环境

金融市场的发展必须具备一定的机构条件：有交易场所或通过经纪人进行金融资产买卖的场外市场；有由经纪人、交易商及包销商组成的交易体系；银行不应当完全控制公司及金融体系的运行；社会上存在有专门用途的基金如互助基金、养老基金等；社会保险业较为发达，有较为健全的保险体系等。为此，在经济发展中，若要有效地发展金融市场，政府须事先通过各种途径来培育较为先进的机构运行环境。

（二）有效地利用各式政策来刺激现代金融市场的供求

若要发展金融市场，发展中国家在为金融市场发展造就良好的政治经济环境的同时，须有效地利用各种政策来刺激现代金融市场的供求。

1. 刺激现代金融市场的供给

在此方面，政府对金融市场上的供给刺激主要是指政府通过运用税收及非税收的政策工具来扩大社会对现代金融市场上的供给力量，增加金融市场上各种金融资产的供给者。其中，常见税收政策主要是指：

（1）要求企业通过市场化的股票及债券发行筹措一定比重的自有资本，以限制银行向自有资本不足的企业发行贷款。但是值得注意的是此种政策措施的操作由于违背了市场自由竞争而只能作为一种权宜之计，不能长期使用。

（2）鼓励外国公司到本国来发行股票，或限制本国的外资企业在海外的筹资比重。这种政策措施具有两方面的效应，即一方面它有效地推动了金融市场发展；另一方面它又有利于外资企业的国有化。但此种政策措施的顺利实现要求发展中国家在改良本国投资环境的同时，须实施金融深化的改革。

（3）税收上的大力刺激。如对股票公开上市的公司比股票不公开上市的公司征收较低的所得税，其差别在 10%~ 20%，足以使股票不公开上市的公司进行避税或逃税的意图不能实现。

（4）非税收上的刺激。如韩国规定公开持股的公司税率在 16.6%，并对股票不公开上市的少数人持有的公司进行有选择性的信贷限制；巴西规定在降低公司所得税的同时，对已分配的利润进行免税，已分配股息的 50% 从公司所得税中扣除等。

2. 刺激现代金融市场的需求

发展中国家也应采取一些得力措施来大力刺激金融市场的需求。其主要措施有：（1）对公开上市股票的资本收益进行免税或减税；（2）对股息进行免税或减税；（3）投资于公开上市股票的个人或公司可享受特殊的税收政策；（4）实行退休计划以促进长期储蓄和投资；（5）公开上市公司的股东转让股票免于纳税，而股票不公开上市的股票转让则需纳税；（6）大力宣传证券投资的益处，并对期货市场投资进行税收保护等。

3. 理顺金融关系，消除妨碍金融市场发展的因素

其中，政府要做的事情是在尽力控制高速通货膨胀的同时，消除政府对市场利率及信贷分配的行政干预，并在大力发展金融市场同时，深

化金融体系改革。

总之，金融市场发展是一件新事，既要吸取发达国家昔日的经验，发展中国家也应当探索一条适合于自身经济发展要求的金融市场发展之路。

本 章 小 结

本章主要依据不对称信息理论的原理对金融市场的结构作了剖析，主要介绍了保险市场和资本市场的结构以及建立在科普兰—加莱（1983）模型上的资本市场微观结构理论；并且介绍了金融市场资产证券化、全球化，工程化的趋势，并结合经济金融运行的实际提出了金融市场发展的政策结构。

习　　题

1. 请对资本市场的结构做一简要分析。
2. 请阐述科普兰—加莱（1983）模型。
3. 发展金融市场应当有怎样的政策结构？
4. 何为报价驱动？
5. 何为指令驱动？
6. 如何理解金融市场的结构？
7. 简述金融全球化的影响。
8. 简述资产证券化的原因。
9. 举例阐明资产证券化的内容。
10. 简述金融工程化的内容。

第十八章

金融市场监管

2008 年次贷危机爆发后，美国在一年内先后发布《现代金融监管结构蓝皮书》和《金融改革框架》，标志着美国运行 60 多年的现有金融监管体制面临变革。其中一个重要的内容就是变革美国较为复杂的金融监管体系，减少监管重复，减少监管真空。金融危机带来的另一个重要变革是，各监管机构纷纷在进一步强化对系统性风险的防范和控制，特别是对金融体系稳定具有重要意义的金融机构的监管。目前看来，尽管在国际上建立全球或者区域性的统一监管组织还不现实，但各国监管机构都在努力通过国际多边组织等共同推进监管原则，加强监管合作和监管信息的共享。危机预警系统、对冲基金监管、国际金融机构的跨境活动，都将是未来一个时期国际监管合作可能取得重要进展的领域。

第一节 金融市场监管理论

一、金融市场监管的理论基础

金融市场监管的理论基础是金融市场的不完全性，金融市场的失灵导致政府有必要对金融机构和市场体系进行外部监管。现代经济学的发展，尤其是"市场失灵理论"和"信息经济学"的发展为金融市场监管奠定了理论基础。其主要内容为：

第一，金融体系的负外部性效应。金融体系的负外部性效应是指：

金融机构的破产倒闭及其连锁反应将通过货币信用紧缩破坏经济增长的基础。按照福利经济学的观点，外部性可以通过征收"庇古税"来进行补偿，但是金融活动巨大的杠杆效应——个别金融机构的利益与整个社会的利益之间严重的不对称性显然使这种办法显得苍白无力。另外，科斯定理从交易成本的角度说明，外部性也无法通过市场机制的自由交换得以消除。因此，需要一种市场以外的力量介入来限制金融体系的负外部性影响。

第二，金融体系的公共产品特性。一个稳定、公平和有效的金融体系带来的利益为社会公众所共同享受，无法排斥某一部分人享受此利益，而且增加一个人享用这种利益也并不影响生产成本。因此，金融体系对整个社会经济具有明显的公共产品特性。在西方市场经济条件下，私人部门构成金融体系的主体，政府主要通过外部监管来保持金融体系的健康稳定。

第三，金融机构自由竞争的悖论。金融机构是经营货币的特殊企业，它所提供的产品和服务的特性，决定其不完全适用于一般工商业的自由竞争原则。一方面，金融机构规模经济的特点使金融机构的自由竞争很容易发展成为高度的集中垄断，而金融业的高度集中垄断不仅在效率和消费者福利方面会带来损失，而且也将产生其他经济和政治上的不利影响；另一方面，自由竞争的结果是优胜劣汰，而金融机构激烈的同业竞争将导致整个金融体系的不稳定，进而危及整个经济体系的稳定。因此，自从自由银行制度崩溃之后，金融市场监管的一个主要使命就是如何在维持金融体系的效率的同时，保证整个体系的相对稳定和安全。

第四，不确定性、信息不完备和信息不对称。在不确定性研究基础上发展起来的信息经济学表明，信息的不完备和不对称是市场经济不能像古典和新古典经济学所描述的那样完美运转的重要原因之一。金融体系中更加突出的信息不完备和不对称现象，导致即使主观上愿意稳健经营的金融机构也有可能随时因信息问题而陷入困境。然而，搜集和处理信息的高昂成本，金融机构又往往难以承受，因此，政府及金融市场监管当局就有责任采取必要的措施减少金融体系中的信息不完备和信息不对称。

二、金融市场监管理论的演变

政府干预还是自由放任问题历来是各经济学派争论的主要焦点，尽管金融市场监管本身并不等同于政府干预，但是金融市场监管理论却受着政府干预理论的强力支持，因而也随着争论双方的此消彼涨而发生变化。同时，金融市场监管活动又具有很强的实践性和历史性，因此，我们在对金融市场监管理论的发展脉络进行回顾分析的时候，既要考虑到当时主流经济学思想和理论的影响，还必须考虑到当时金融领域的实践活动和监管理念。

（一）20世纪30年代以前的金融市场监管理论

政府对金融活动的监管最早可以追溯到 1720 年 6 月英国颁布旨在防止过度证券投机的《泡沫法》。《泡沫法》的颁布起因于 17 世纪英国发生的"南海泡沫"案，18 世纪初法国发生的"密西西比泡沫"事件也对这一法案的颁布起了相当大的推动作用。"南海泡沫"案和"密西西比泡沫"事件都是典型的狂热证券投机，泡沫崩溃后使英国和法国的经济遭受了沉重打击。《泡沫法》标志着世界金融史上政府实施金融监管的正式开始，它的许多重要原则一直持续影响到今天。不过，《泡沫法》所代表的政府金融监管还并非完全现代意义上的金融监管，它主要是政府针对证券市场的不稳定性而采取的干预措施，而这只是现代意义金融监管的一部分内容而已。

政府金融监管的广泛开展，是与中央银行制度的产生和发展直接相联系的，中央银行制度的普遍确立是现代金融监管的起点，有关的金融监管理论也从此发端。

整个 19 世纪是经济自由主义盛行并占据统治地位的时代，美国和西欧的实际经济运行也是最接近"看不见的手"所需要的完全竞争条件的自由资本主义时代，而中央银行制度也在 19 世纪逐渐普遍化，在 20 世纪初的 1913 年美国的中央银行——联邦储备体系经过近一百年的艰难曲折也最终建立了。考虑到中央银行制度与金融监管的密切关联，我们看到了一个奇怪的现象：古典经济学和新古典经济学是反对政府干预的，然而中央银行制度的普遍化及其金融监管职能的强化与古典经济学和新古典经济学的兴盛却发生在同一时期，古典经济学和新古典经济学从理论上把中央银行从"看不见的手"的信条所反对的政府干预中排除出去了，成为经济自由主义者们所能容忍和接受的一个例外。

为什么会出现这种例外？可能的答案之一在于，中央银行制度建立最初的目的在于管理货币，而不是整个金融体系，特别不是金融机构的微观行为。私人机构发行货币曾经为许多国家带来了经济混乱，货币不统一显然制约了市场规模的扩大，私人货币发行机构的膨胀性倾向也常常因破坏社会的信用体系而对经济产生不良影响。这种情况与当初亚当·斯密提出的"真实票据"理论所预想的完全不同。亚当·斯密的"真实票据"理论认为，只要银行主要投资于体现实际生产的短期商业票据，就不会引发通货膨胀或紧缩，而且银行的经营也将是安全稳定的，"看不见的手"仍然能够发挥作用，银行之间的自由竞争仍然是可行的而且必要的。对此，亨利·桑顿在1797～1825年的"金块论战"中指出，真实票据的不断贴现过程，将会导致信用链条的延长和信用规模的成倍扩张，故而真实票据原则并不能保证银行有足够的流动性或货币供给弹性，从而避免银行遭到挤提以及引发通货膨胀或紧缩。桑顿的结论是以真实票据原则发行银行券存在发行过度的危险，应该受到集中的监管。1825～1865年分别支持"真实票据"理论和桑顿理论的"银行学派"和"通货学派"继续围绕着"真实票据"理论进行了争论。"银行学派"认为，竞争性银行业的正常运转完全可以控制住货币中的流通量，只要存在纸币兑换金银的压力，纸币发行就不可能持续超出业务的需要量。"通货学派"则认为，除非纸币的发行被严格管理，使纸币数量的变化同发行机构所持的黄金数量的变化相一致，否则纸币必将或者发行不足，或者发行过量，纸币的可兑换性将难以得到保障。显然，"银行学派"坚信不受管制的部分准备的银行业仍在"看不见的手"的有效掌管之下，而"通货学派"则主张对银行业活动中发行银行券的数量，避免经济陷入不良循环之中。这场争论的最后，"通货学派"取得了胜利，统一货币发行的中央银行纷纷建立。

实际上，统一货币发行是经济体系内在的要求，不过从理论上说统一货币发行并不一定要由国家来承担。中央银行后来成为政府机构，原因在于发行货币可能产生的铸币税收益和募集财政资金的便利，使国家有利益动机通过利用强制权力建立中央银行统一货币发行。与传统上各商业银行分散发行的银行券不同，中央银行发行的货币是法偿货币，借助国家权力强制性地流通，它使货币信用国家化，提高了货币的信用程度。国家与商业银行在货币发行权力方面的这种重新配置，从此就自动地赋予了代表政府的中央银行以及其他金融监管机构的监管者地位。

中央银行被排除在"看不见的手"的范式所反对的政府干预行为之外的第二个可能的原因在于，在古典经济学和新古典经济学里，货币是"中性的"，对经济没有实质性的影响，因此中央银行统一货币发行与统一度量衡一样，只是便利于经济，其行为仍然是"守夜人"意义上的，而不是政府干预。中央银行的另一项职能——建立全国统一的票据清算系统、协调票据清算在性质上也是如此。

但是，统一货币发行和统一票据清算之后，货币信用的不稳定问题仍然没有消失，许多金融机构常常由于不谨慎的信用扩张而引发金融体系连锁反应式的波动，进而引起货币紧缩并制约经济发展。18～19世纪的数次银行危机证明，挤提银行将带来生产的萎缩。这就与古典经济学和新古典经济学的"货币中性"形成了明显的悖论。因此，作为货币管理者，中央银行逐渐开始承担信用"保险"的责任，作为众多金融机构的最后贷款人为其提供必要的资金支持和信用保证，其目标是防止因公众挤提银行而造成经济的波动。这样，中央银行以统一货币发行和提供弹性货币供给为特征的金融监管——本质上是货币监管，就逐渐转向了通过最后贷款人的职能稳定金融和经济方面上来。

最后的贷款人本质上也算不上金融监管，但是它却为中央银行后来进一步自然地发展为广泛的金融活动的监管者奠定了基础。因为中央银行的最后贷款可以成为迫使金融机构遵从其指示的一个重要砝码，中央银行借此可以干涉金融机构的经营行为。至此，现代意义上的金融监管才得以产生，在大多数国家这是19世纪末20世纪初开始的。

不过，直到20世纪30年代的经济大危机之前，中央银行对金融机构经营行为的干预还并不十分普遍，而主要是通过行使最后贷款人的职能以及建立存款保险制度来防止银行挤提的发生。这时，关于金融监管的理论讨论也主要围绕这类问题展开。

然而，存款准备金制度和存款保险制度一开始就存在潜在的缺陷，如我们今天所说的道德风险、逆向选择问题等。1912年美国银行与通货委员会关于建立存款保险制度的意向遭到大城市银行的强烈反对，它们认为存款保险制度使好银行对坏银行的债务负责是不公平的，而且也不利于银行严格自律。这种先见之明在之后的20世纪80年代美国储蓄贷款协会危机中得到了充分的证明。

这一时期，关于金融监管理论的另一种值得提及的观点是以哈耶克为首的"自由银行制度"学派的理论。"自由银行制度"学派的理论与"看不见的手"的范式相吻合，它们不承认市场是有缺陷的，因而信奉金融业的自由经营原则，认为存款保险和最后贷款人的功能都是不必要的，甚至主张取消中央银行。"自由银行制度学派"的理论依据是私人银行可以通过"选择性条款""分支银行"和"指数化存款"等方式来降低和分散风险，而这些方式都必须是在自由经营、自由竞争条件下才能实现的。但是，"选择性条款"忽略了所谓的"逆向选择"问题，"分支银行"也因信息的不完备而不能根本分散风险，至于"指数化存款"，则由于用于编制指数的组合商品之间相对价格变化的风险不可避免，从而也不能消除社会公众因通货膨胀将至而挤提银行的风险。

总的来看，20世纪30年代以前的金融监管理论主要集中在货币监管和防止银行挤提方面，讨论的焦点问题在于要不要建立以中央银行为主体的官方安全网上，对于金融机构经营行为的具体干预则很少论及。这种状况与当时自由资本主义正处于鼎盛时期有关，更受到金本位逐渐崩溃导致的货币混乱的影响。主流的新古典经济学顽固地坚持"看不见的手"的信条，但现实经济金融的发展却越来越表明市场的不完全性是客观存在的，30年代的大危机则最终扭转了金融监管理论关注的方向。

（二）20世纪30年代到70年代的金融监管理论

20世纪30年代的大危机对经济学的影响就是它提供了一系列证明市场不完全性的充分证据，表明"看不见的手"无所不至的能力是一种神话，金融监管理论也从此建立在对市场不完全性的认识基础上。这些理论的出现和发展，是顺应凯恩斯主义经济学对"看不见的手"范式怀疑的结果，它们为30年代开始的严格、广泛的政府金融监管提供了有力的注解，并成为第二次世界大战后西方主要发达国家对金融领域进一步加强控制的主要论据。在凯恩斯宏观经济理论的影响下，传统上中央银行的货币管制已经转化为货币政策并服务于宏观经济调控的目标，对金融机构具体经营行为的干预则成为这一时期金融监管的主要内容。不过，需要指出的是，上述理论并不是唯一针对金融体系，在当时的理论研究中，比如斯蒂格勒关于产业组织和政府管制理论的研究中，对金融业的管制是被当作与对电力、航空等行业的管制类似的情形，金融业的独特性很大程度上被忽略了。

（三）20世纪70年代至21世纪次贷危机爆发前的金融监管理论

20世纪70年代，自由主义的理论和思想在凯恩斯主义经济政策破产的情况下开始复兴。在金融监管理论方面，金融自由化理论也随之逐渐发展起来并在理论界和实际金融部门不断扩大其影响。金融自由化理论从两个方面对30年代之后的金融监管理论提出了挑战。一方面，金融自由化理论认为政府严格、广泛的金融监管，使金融机构和金融体系的效率下降，压制了金融业的发展，从而最终导致了金融监管的效果与促进经济发展的目标不相符合；另一方面，金融监管作为一种政府行为，其实际效果也受到政府解决金融领域市场不完全性问题的能力的限制，比如，政府只是在理论上代表全民利益，实际上它的政策也往往受到政治斗争的影响，这样就不可能保证政府金融监管总是能够保证全民利益，又比如，市场机制中存在的信息不完备和不对称现象，政府金融监管过程中同样会遇到，而且可能更为严重。

金融自由化理论以"金融压抑"和"金融深化"理论为代表，主张放松对金融机构过度严格的管制，特别是解除金融机构在利率水平、业务范围和经营的地域选择等方面的限制，恢复金融业的竞争，以提高金融业的效率。

可见，30年代以前基本不受管制的金融体系在30年代的大危机中崩溃，导致金融体系的安全成为人们优先考虑的目标，30~70年代日益广泛、深入的金融监管，特别是那些直接的价格性限制和对具体经营行为的行政性管制，束缚了金融机构经营和发展的手脚，而在存款保险制度充分发挥稳定作用、银行挤提现象已经大为减少的情况下，金融机构的效率、效益要求就凸显出来，并超越了安全性目标的重要性。明斯基的"金融体系脆弱论"、Diamond和Dybvig的"银行挤提模型"等等这些理论的出现和发展推动了金融监管理论向管理金融活动和金融体系中的风险方向演变。鉴于风险和效益之间一般存在的替代性效应，金融监管理论的这种演变结果，将既不同于效率优先的金融自由化理论，也不同于30~70年代安全稳定优先的金融监管理论，而是二者的某种平衡和融合。

20世纪90年代以来，金融自由化理论也因为一系列的金融危机而受到批评。但是，在这之前似乎还没有充分的证据表明金融自由化一定导致金融体系的不稳定，或者尚未自由化的金融体系就一定是安全稳定的。与此同时，在一些国家，金融机构的效率提高和金融业的繁荣倒是提供了相反的证据。因此，金融监管理论在其普遍有效性方面还有待于进一步的发展和完善。

（四） 2007 年次贷危机引发全球金融危机之后的金融市场监管理论的演进趋势

次贷危机之前，放松管制和金融混业的浪潮，导致金融机构不断巨型化，协同效应和交叉销售带来了巨大利益，但也产生出高杠杆化、风险辨识复杂化等问题，"大则不倒"机构如果陷入危机，就有可能诱发系统性风险，也会给救助带来巨大的道德风险和社会福利损失，这使得"大则不倒"机构日益成为重点监管部位，监管当局要求大机构瘦身和制定应急处理预案就十分重要。

次贷危机之后，如何重新认知"大则不倒"机构？危机中诸多大型跨境金融机构的破产给监管者造成许多难题，使得监管当局不得不考虑设立特别的处理机制以应对大机构倒闭引发的系统性风险问题。在金融危机中，大机构的严重问题给监管当局两种现实选择。一种是通过注资和流动性援助稳定大机构，遏制系统性风险；另一种是监管当局允许大机构倒闭，进入一般的破产程序，但却面临体系性危机爆发的可能。这迫使政府往往选择了救助。这种可预见的选择向纳税人增加了巨大负担，甚至会对不同规模的金融机构之间能否展开公平竞争产生负面影响。因此，危机至今，监管当局倾向于认为"大则不倒"的概念破坏了正常的监管规则。如何处理"大则不倒"问题？管理者需要一种特殊的处理程序，使其可以有序处理具有系统重要性的大机构。因此监管者有必要了解大机构的交易对手、交易产品的风险特性、交易部门的关键流程和人员，或者说，监管者必须更注重现场监管，并能够跟随甚至领先市场，了解大机构在金融市场上所处的风险状况。在跨境处理这些细节时，监管者面临更多法律和政治障碍。迄今为止，大机构已被定义为系统性风险的重点暴露部位，从而需要对其进行结构简化，或者事先制订应急处理计划。在次贷危机之后，更多的研究倾向于认为，央行即便行使最后贷款人职能，也应该容忍银行有序破产，降低社会福利损失。这种思路被称为"生前预嘱"，或"金融死亡小组"。银行业已经改变了。一是从传统的和资本市场相对分离的存贷结模式的被动银行向和资本市场密切关联的发起—分配模式（originate to distribute）的主动银行转型；二是银行的交易对手越来越集中在金融机构，交易账户的重要性日益突出，银行成为"高度自我交易"（high element of proprietary trading）的银行，银行体系被纠结在一起；三是保证金交易和衍生工具使得单个机构和整个系统的杠杆水平具有杠杆性、不确定性和突发性。银行和监管者因此必须进行自我组织，以便危机之时瓜分在系统中举足轻重的公司，以降低央行行使最后贷款人时给纳税人带来的巨大负担。根据拟议的"生前预嘱"的相关法律，任何金融企业，只要以某种方式"把损失强加给股东"，就可能走向灭亡。G20伦敦峰会上，该设想得到了正面评价。有了"生前预嘱"，一家垂死银行引起的骚动自然就容易着手解决了。雷曼兄弟曾有2985个法人机构，假设"生前预嘱"能迫使银行生前较为清晰地描述客户关系和破产清算预案，而央行或者存款保险公司大体上只是"预嘱"的执行人，那么破产也许不会引起那么大的混乱。尽管"生前预嘱"比"建设性模棱两可"得到了更多的关注，但其缺陷也较为明显。美联储理事塔鲁洛（Daniel K. Tarullo）指出了"生前预嘱"的局限：一是很难预测出公司哪一部分在危机时面临压力最大，哪一地理区域受影响最严重；也不会知晓危机时的具体经济状况和市场状况如何，交易对手和其他机构的稳定型如何；二是政府可能不愿意依赖一个有濒临倒闭的金融公司制订的清算计划；三是机构的管理层可能会在计划中尽可能地保存股东权益。然而监管者的目的是在危机中对公司进行有序地清算，几乎意味着消灭股东的利益。关于"生前预嘱"的讨论已吸引多方的视线，它是否能够降低大机构的道德风险，从而降低央行的救助成本，是否能最终成为各国陆续制定实施的一项金融监管措施有待观察。

总之，金融机构、市场和产品的全球化，必然要求监管框架的全球化，从长远来看，这回到了布雷顿森林体系以来，讨论已久的国际金融秩序的改革问题。从20世纪中期来看，多边、区域和主权国家之间的监管框架，存在标准趋同、信息共享的趋势。从短期来看，金融监管协调，可能更多地反映在次贷危机促成了有史以来最为庞大和最为协调的财政与货币刺激措施，而目前则到了各国协调各自的退出战略，以协调和合作的方式采取退出政策，使金融体系回到以市场主导的正常轨道。

第二节　金融市场监管的基本内容

金融监管是指政府通过特定的机构（如中央银行）对金融交易行为主体进行的某种限制或规定。金融监管本质上是一种具有特定内涵和特征的政府规制行为。综观世界各国，凡是实行市场经济体制的国家，无不客观地存在着政府对金融体系的管制。

金融监管有狭义和广义之分。狭义的金融监管是指中央银行或其他金融监管当局依据国家法律规定对整个金融业（包括金融机构和金融业务）实施的监督管理。广义的金融监管在上述含义之外，还包括了金融机构的内部控制和稽核、同业自律性组织的监管、社会中介组织的监管等内容。

一、金融监管的概念及要素

我们应从监管的概念入手，以便合理界定金融监管的定义：（1）监管是由某个或某几个主体进行的活动，而且是有意识的活动；（2）监管是一种有对象和范围的活动；（3）监管必须有手段和方法；（4）监管是具有预定目标的活动。通常认为，监管就是由监管主体（监管者）为了实现监管目标而利用各种监管手段对监管对象（被监管者）所采取的一种有意识的、主动的干预和控制活动。可以看出，监管活动包括四大要素：监管主体、监管对象、监管目标和监管手段。

（一）金融监管的主体

多数经济学家认为，金融监管的主体是政府，金融监管是一种政府行为。也有不同的意见认为，从金融监管的实践看，虽然大多数的金融监管活动是以政府为主体进行的，但也有由非政府机构的金融行业组织甚至是某个企业来完成的。如证券商协会对证券商的自律监管，证券交易所对上市公司的监管，等等。金融监管有多个不同性质的监管主体同时存在。基本上可分为两类：一是政府授予权力的公共机构，他们的权力是由政府授予的；二是各种非官方的民间机构或者私人机构，它们的权力来自机构决策的普遍认可，出现违规现象并不会造成法律后果，但可能会受到机构纪律处罚。是由政府还是由其他机构实施监管，这与所监管的具体经济事务和所要达到的具体目标及花费的代价有关，也与监管的外部环境有关。

从金融监管实践看，金融监管主体经历了以下变迁。20世纪初，中央银行对货币发行的逐渐统一使金融监管的职责很自然地落在了中央银行身上。这一时期，各国除了对证券市场通过传统上的专门机构，如证券管理委员会等进行管理之外，金融监管主体是中央银行。30年代之后，中央银行金融监管主体地位进一步加强。但是，随着战后中央银行越来越多地承担和实施货币政策、执行宏观调控职能的加强，以及六七十年代新兴金融市场的不断涌现，金融监管的主体出现了分散化、多元化的倾向。近年来，随着金融自由化的发展，出现了一批综合化经营的超级金融机构。为此，像英国、日本、韩国、澳大利亚等国专门建立了或准备建立集中统一的监管部门，金融监管主体又有了统一趋势，不过已不再是统一于中央银行，而是覆盖面广泛的综合性监管机构，如1997年英国成立的金融服务管理局（FSA）。

（二）金融监管的对象

宽泛地说，金融监管的对象是人类的金融行为和金融活动领域，或者说是某些金融行为和某些金融活动领域。对于监管对象的具体内容和范围的确定，在不同时间、地点、环境下都有可能不同。它不仅取决于金融监管对象本身的性质和特点，还取决于人们对金融监管目标的认识，取决于所使用的监管手段和工具，取决于金融监管的成本。

对于那些为国情、经济发展水平和法规制度所限，处于转轨过程中或发展中国家的新兴证券市场来说，一个缺乏政府干预和导向的证券市场不能自动带有产业扶植目标（为发展中国家经济增长所需）的资源配置任务。因此，需要政府监管者介入。总之，一切不能正常发挥功能的市场是广义金融监管的对象之所在。

从金融监管客体的历史变迁看，20世纪早期的金融监管客体主要是商业银行。因为商业银行有创造存款功能，且其当时的资产负债规模、业务量等占绝对优势，从而对经济的影响也非常大。"二战"后，金融机构日趋复杂化，非金融机构不但种类、数量、资产负债规模大幅度扩张，而且随着金融创新和金融自由化的深入，其存款性业务增加，使货币的定义变得模糊不清。因此，从非金融机构的经济影响和货币供给两方面考虑，金融监管当局不得不重视加强对非银行金融机构的监管。此外，金融市场种类更加繁多，尤其是金融衍生商品类市场的膨胀，使金融监管客体更加丰富。近年来，金融全球化的快速发展，跨国银行和其他跨国金融机构也日益成为监管客体。

（三）金融监管的目标

金融监管的目标有两个层次：一是克服金融市场失灵，保护市场参与者的合法利益，维护金融市场的公平、效率、透明和稳定，促进金融市场功能的发挥，这是金融监管的现实目标；二是保证金融市场的稳定、公平、高效，进而促进整个国民经济的稳定和发展，这是金融监管最终目标。

如果说效率和公平是当代政府经济职能的两大方面，那么金融市场中的效率和公平同样是政府监管目标的焦点。在一般经济学意义上，金融市场的效率是指资源配置的效率，公平是指社会成员收入分配和社会财富占有的平等化，在这个意义上存在公平与效率两难选择。所以有人认为，金融市场的公平指"市场公平"，即市场机会平等、交易平等、竞争平等的公平。因此，金融市场的效率和公平是统一的。

金融监管目标是金融监管理论和实践的核心。20 世纪 30 年代以前，金融监管的目标主要是提供一个稳定和弹性的货币供给，并防止银行挤提带来的消极影响。30 年代大危机的经验教训使各国的金融监管目标开始转为致力于维持一个安全稳定的金融体系，以防止金融体系的崩溃对宏观经济的严重冲击。70 年代末，过度严格的金融监管造成的金融机构效率下降和发展困难，使金融监管的目标开始重新注重效率问题，近年来则发展到有效控制风险、注重安全与效率的平衡方面。可见，20 世纪金融监管目标的变迁是对原有目标的完善和补充，而非取代，这使得当今各国的金融监管目标均包含多重内容，即维护货币和金融体系的稳定，促进金融机构谨慎经营，保护存款人、消费者和投资者的利益，以及建立高效率、富于竞争性的金融体制。

（四）金融监管的手段

通常而言，具体的金融监管手段必须根据金融监管对象的性质及特点、监管主体的层次等级、监管目标实现的难易程度以及金融监管目标所付出代价的高低而定。具体来说，可供选择的金融监管手段有：法律手段；经济手段，包括金融信贷手段和税收政策；行政手段，即政府直接干预和管理；以及自律管理。金融监管包括政府为主体的监管和其他机构进行的监管。在市场出现政府全面介入前的历史演变中，自律管理是市场管理的主要形式，在目前，自律管理仍发挥着重要作用。

受古典和新古典自由主义经济思想的影响，20 世纪 30 年代之前，金融监管比较尊重市场选择的结果，基本上不使用行政命令，而是强调自律；关于市场准入、业务范围等方面的限制也类同于公司法的规定，比较宽松也相对灵活；很少干预金融机构日常经营行为，不对利率等金融服务和市场价格进行直接控制。30 年代后，危机的产生导致许多国家开始以审慎原则对金融机构进行严格管理，以美、日为代表的国家实行分业经营、利率管制等措施，各国金融监管也走上法制化和系统化的道路，连传统上注重习惯和自律的英国，也制定了《1946 年银行法》《1947 年外汇管制法》《1979 年银行法》等一系列金融监管法律法规。70 年代以后，各国普遍放松或取消了那些被认为已经过期和无效的管制措施，直接的行政性干预也被放弃了，金融机构开始享有更大的经营自由。如 1999 年 11 月，美国通过了《金融服务现代化法案》，从而废除了 1933 年制定的《格拉斯—斯蒂格尔法》，金融业综合化、混业化经营得到了法律上的确认，金融监管势必也将相应地做出调整。但这并不意味着金融监管的放松，而是直接监管被金融风险监管等适合的手段所取代。

二、金融监管的内容

金融监管的内容可主要从以下几个角度进行分析：

第一，对市场准入的监管。主要针对银行和金融机构开业的审批和管理。各国金融法一般规定，银行或其他金融机构开业必须先向金融监管机构提出申请，重要审核标准一般包括资金是否充足、从业人员任职资格、资本结构、经营管理的专业化程度等。

第二，对金融机构存款准备金和资本比率的监管。合理充足的资本比率是商业性金融机构正常运作的基本条件。存款准备金制度是指在市场经济条件下，合理规定和适时调整商业银行和其他金融机构上缴中央银行的存款准备金率。该制度是确保银行偿付能力，防范金融风险和保证金融业安全稳定的重要手段。

第三，对金融机构的交易活动和业务范围的监管。金融机构的交易活动关系整个社会经济的稳定，世界各国的金融监管都将其作为监管金融的主要内容之一。此外，为确保银行和其他商业性金融机构的正常运作，从维护存款人的利益的整个金融体系的安全出发，各国对金融机构的业务范围也有严格的监管。

第四，对金融市场和利率的监管。在市场经济条件下，利率作为信贷资金价格，是预告金融市场资金供求的"晴雨表"，同时也是金融机构部门恶性竞争的主要工具。利率监管通常由中央银行依法规定基准利率及其浮动区间，各银行可根据实际情况灵活调整利率水平。金融市场是金融交易发生的重要场所。资金信贷、证券发行及投资等金融交易活动都具有较强的风险性。政府对金融市场的监管旨在维持一种合理的秩序，为金融主体活动提供一个"公开""公平""公正"的金融环境。

第三节 基于行为视角的金融市场监管展望

20 世纪 80 年代中期以来，行为金融理论得到了前所未有的发展，它突破了传统经济学中理性人的假设，能够解释很大一部分传统金融理论所不能解释的市场"异常"现象，并为许多早已行之有效的投资策略提供理论基础，已成为金融学研究中的倍受关注的前沿领域之一，逐渐达到了挑战传统金融理论体系的地位。

一、行为金融理论的发展及其研究成果

传统金融理论以"有效市场假说"（Fama，1965）为核心，在目前的金融证券研究领域居于统治地位，其核心观点是：投资者是理性的；市场价格是随机游走的。尽管传统金融理论和现代经济学关于人类行为的假设是一脉相承的，但它无法就股价溢价之谜（equity premium puzzle）、过度反应（over-reaction）等大量异常现象（anomaly）给出合理解释。20 世纪 80 年代后，大量的心理学和行为学证据显示：人并非是完全理性的，在面临不确定性时，人们往往偏离传统金融学假设的最优行为模式。

行为金融理论的基本假定是建立在 2002 年诺贝尔经济奖得主丹尼尔·卡内曼等人研究的基础上的，该理论突破理性人假设，将心理学、行为学融入金融学中，将经济规律和人类心理分析有机结合，研究市场上经济个体的复杂性和必然性，从微观个体行为以及产生这种行为的更深层次的心理、社会动因来研究和预测证券市场的现象和问题，很好地解释了传统金融理论所不能解释和预测的问题。在行为金融假设下，投资者不再是纯粹的理性人，而是带有各种认知偏差、情绪波动和独立意识的普通人，由于认知偏差的存在，投资者不能客观、公正和无偏的处理信息，其投资行为不仅会受到他人的影响，而且受到心理因素和社会因素的影响，除内在价值外，其心理和情绪因素也是资产价格的决定因素之一。

按照行为金融理论，在决策过程中，受自身水平和信息处理成本的制约，投资者往往依据启发式处理信息，而且，由于对风险和收益的理解受到决策问题的构造形式的影响，投资者的决策又是"框定依赖"的。受启发式偏差和框定依赖的影响，资产的市场价格偏离其内在价值，市场不再是有效的，非理性投资者的各种偏差是证券市场各种异常现象的重要根源。有别于传统金融学，行为金融学将投资过程视为一个包括认知过程、情绪过程和意志过程的心理过程。认知过程往往会产生系统性的认知偏差；情绪过程可能会导致系统性或非系统性情绪偏差；意志过程则既可能受到认知偏差的影响，又可能受到情绪偏差的影响，这些个体偏差加上金融市场上可能的群体偏差或羊群效应，可能导致投资或投资组合中的决策偏差。投资决策偏差会使资产价格偏离其内在价值，导致资产定价偏差。而资产定价偏差往往会产生一种锚定效应或框定效应，反过来影响投资者对投资价值的判断，进一步产生了认知偏差和情绪偏差，这就形成一个反馈机制。如果这种反馈机制受到市场其他因素的激励或强化，就会产生一种放大效应，形成泡沫或者破裂。实证研究表明，中国证券市场是弱式有效的，甚至是无效的，与传统金融理论相比，行为金融理论的有限理性假设更符合中国证券市场实际，通过分析证券市场主体微观行为洞悉市场的运行机制，指导市场规范发展具有十分重要的理论和现实意义。在行为金融理论指导下建立适合中国市场实际的分析框架，可更好地为金融市场的监管提供理论依据和决策指导。

二、从行为金融学展望中国金融市场监管

（一）合理界定政府角色

以证券市场为例，中国证券市场自建立以来，波动十分剧烈，离随机游走假说的情形相去甚远。究其原因，政府政策是造成股市异常波动的重要因素，"政策市"是中国股市的一大特征。一方面，中国股市的制度变迁主要是靠政府强制驱动而非市场诱导的；另一方面，中国证券市场的股权结构特殊。政府作为国有股权的代表，实质上是股市的第一大股东和最重要的参与者，这种特殊的双重角色，使政府负有维持市场繁荣、支持国企改革和保持经济增长的义务。这种多元化的决策目标和双重角色不可避免地存在冲突和矛盾，必然造成监管态度的不确定性，干扰投资者形成理性预期，进而引发市场的剧烈波动。

行为金融理论为我们重新认识金融市场与金融决策、金融资产的定价机制以及金融监管机制的设置、金融市场的规范化提供了新的视角和方法。中国证券市场是弱式有效市场，投资者是有限理性的，政府扮演的角色不应是直接干预或参与市场，而应是在认识证券市场价格波动的内在本质的基础上，建立适当规则以提高市场的有效性，保证市场的稳定性。具体而言就是：以第三者身份出现，减少干预与参与，减少交易者面临的外生不确定性；完善制度建设，保持政策连续性和改进交易制度，减少过度投机。

（二）转变制度机制设计理念

金融市场监管是金融监管范畴内最具复杂性和博弈性质的领域，它不仅仅局限于以法学、一般管制理论及以信息经济学和委托代理理论为主的金融监管理论，更应从社会学、心理学、前沿金融理论等理论领域内寻求依据。行为金融学的有限理性假定为中国证券市场监管提供了重要的理论和实践启示：一是市场参与者是有限理性，其行为往往偏离博弈对方预期之中的结果；二是市场监管政策的制定和实施过程实际上是监管者与被监管者之间以有限理性为前提的博弈过程；三是对市场的参与者的心理特征和行为模式的合理预期应成为决定证券监管效果的关键之一。因此，每一监管政策制度的实施过程，并不是一个刚性的单向作用过程，而是"双向"反馈式的重复博弈过程，有限理性的市场微观主体行为对监管制度效果的反向作用不容小觑。中国证券市场低效性的深

层根源不仅在于法律制度框架的不完备，更可能在于监管制度中对制度执行和承受体（即市场参与主体）行为的认识偏差和忽略。

理想的监管制度机制设计应从以往以有效市场为基础的正向思路：即从"理想化"的监管制度安排→制度执行体→制度承受体→形成的制度环境，逐步转变为以有限理性为基础的逆向思路：即从特定制度环境下市场微观主体的行为模式→证券市场的微观结构→"理想化"证券市场监管的制度安排，或言之，以监管"效益"最大化为目标，立足中国特定的制度环境，从行为金融学视角，以心理学、社会学、实验学的方法，研究不同监管制度下市场微观主体（市场参与者）的行为模式，依据其不同行为模式，制定相应的监管制度安排。

（三）以"人"为本强化监管

市场各主体的微观行为是市场运行发展的基础。传统金融理论没有以微观主体行为作为基础，而将投资决策过程看成一个黑箱，给人一种"空中楼阁"的感觉。行为金融理论认为，投资者在进行投资决策时，其心理因素会随着外界环境的变化而发生微妙的改变。投资群体的认知偏差及由此产生的非理性行为，通过股市中的反馈原理引发的放大机制对股价推波助澜，从而引发证券市场的牛市、熊市。研究市场微观主体行为，减少投资者偏差，是提高决策水平，树立理性投资理念，促进市场稳定的必要条件。

1. 强化投资者保护

中国金融市场发展中最突出的问题莫过于投资者利益所受到的侵害。维护投资者利益和长期投资信心是投资者树立理性投资理念，形成理性预期，提高市场有效性，实现市场价值发现和资本配置功能的必要条件。在一个缺乏适当监管、可以操纵的市场中，投资者是非常脆弱的，市场监管如果不能有效地制止对投资者利益的侵害，投资者会因缺乏信心而拒绝投资，从而使金融风险放大，影响整体经济的安全。投资者保护应成为市场监管的核心，不仅要建立完备的投资者保护立法，更要确保法律能够真正地得到贯彻执行。

2. 重视投资群体心理研究

通过对广大投资者的投资心理研究，了解人们的心理状况，有利于政策制定者从总体上对国人心理情绪进行疏导，避免出现大规模的心理恐慌和信心崩溃，保证市场稳定，为经济发展提供一个良好的环境。

3. 重新审视机构投资者

传统金融理论认为机构投资者（以基金为代表）是完全理性的，他们利用噪声交易者的错误来牟利，其套利行为可以稳定市场价格波动，保证市场有效性的存在。结论是要想金融市场运行稳定，必须大力培育机构投资者。行为金融理论认为，由于市场中"套利有限性"的存在，理性投资者试图熨平非理性投资者交易行为的同时，非理性投资者同样也影响理性投资者的行为，进而对市场价格产生长期显著的影响，理性投资者不一定成为市场的稳定器，也可能会加剧市场波动。中国股市的实际运行状况暴露了机构投资者的另一面：他们不仅不是金融市场维稳的力量，反而扮演了扰动市场、欺诈中小投资者的角色。因此，在制度安排中尚存在较多套利限制的情况下，对"超常规发展机构投资者"的口号应保持一份冷静和谨慎。

4. 建立有中国特色的金融监管微观理论

传统上，金融监管被认为是实践性远强于理论性的，然而，实践证明，金融市场监管需要具体的理论来指导。有关金融市场监管理论的研究，国内外研究多以西方较成熟有效市场为背景，从法学和传统经济学的角度展开，对中国的适用性不强。由于经济制度、股权结构、市场成熟度、投资者结构等特质性，中国金融市场既不同于西方发达国家市场，也与其他新兴市场有着很大区别。二十年的实践表明，许多在国外行之有效的结论和制度并不适合我国的实际，不具有良好的可移植性和可操作性。对于中国这样新兴的、不成熟的弱有效甚至无效市场，监管不是几部法规的出台和完善、几次严厉惩罚措施的实施、更不是几句口号的呐喊，而必须根据自己特殊的制度基础、参与者结构、以及社会、人文、心理环境，探求符合我国市场实际的监管制度设计的微观理论。充分认识我国市场基础的特殊性，将行为金融学精髓引入我国金融市场监管研究，以行为金融学这一前沿微观金融理论为新兴视角结合社会学、心理学、实验学的研究思路和方法对中国金融市场监管进行理论上的创新，重新审视中国金融市场监管低效率的深层诱因，建立基于行为金融学的，与中国市场实际相适应的金融监管微观理论，为金融市场有效监管提供有力的理论武器是十分必要的。

行为金融理论发展至今，已从模式转换、理论创新和方法变革三方面对金融学的发展做出了积极的尝试。尽管还存在许多缺陷，也缺乏完

第十八章　金融市场监管

409

整的理论体系，但行为金融理论顺应了科学模式的转换趋势，同时也代表着金融学的发展方向。学习和研究行为金融理论，并把它与中国的实践相结合，为金融监管提供决策指导应成为今后金融研究和监管实践的一项重大课题。

本 章 小 结

本章初步介绍了金融市场监管理论的演变以及当今全球金融市场监管面临的机遇与挑战，同时阐述了金融市场监管的基本内容，指出金融监管本质上是一种具有特定内涵和特征的政府规制行为。综观世界各国，凡是实行市场经济体制的国家，无不客观地存在着政府对金融体系的管制。最后，以行为金融学这一前沿微观金融理论为新兴视角结合社会学、心理学、实验学的研究思路和方法对中国金融市场监管进行理论上的创新，重新审视中国金融市场监管低效率的深层诱因，建立基于行为金融学的，与中国市场实际相适应的金融监管微观理论。

习 题

1. 金融市场监管的理论根源是什么？

2. 金融市场监管理论经历了怎样的演变过程？

3. 如何理解以人为本的监管理论？

4. 什么是次贷危机？

5. 如何从广义和狭义两个角度来理解金融监管？

6. 如何认识中国证券市场低效性的深层根源？

7. 简述理想的监管制度机制设计的思路。

8. 请对中国金融监管政策的有效性作出分析。

9. 请你结合中国证券市场的发展评价机构投资者的行为。

10. 结合当前金融危机的现实对中国金融市场监管从理论和实务上进行展望（基于行为金融学的视角）。

参 考 文 献

［1］埃迪温·H·尼夫．金融体系:原理和组织［M］.北京:中国人民大学出版社,2005.

［2］安东尼·M·桑托莫罗,戴维·F·巴贝尔．金融市场、工具与机构(Financial Market,Instruments,and Institutions)［M］.大连:东北财经大学出版社,2000.

［3］保罗·克鲁格曼．国际经济学［M］.北京:中国人民大学出版社,2002.

［4］曹凤岐,贾春新．金融市场与金融机构［M］.北京:北京大学出版社,2002.

［5］陈学彬．金融学［M］.北京:高等教育出版社,2003.

［6］戴国强．货币金融学［M］.上海:上海财经大学出版社,2006.

［7］戴国强．货币银行学［M］.上海:上海财经大学出版社,2001.

［8］杜金富．金融市场学［M］.北京:中国金融出版社,2007.

［9］弗雷德里克·S.米什金．融市场与金融机构［M］.北京:机械工业出版社,2008.

［10］郭多祚．数理金融:资产定价的原理与模型［M］.北京:清华大学出版社,2006.

［11］何光辉,杨咸月．现代金融风险测度方法的局限及其突破［J］.上海金融,2004(5):30 – 32.

［12］何国华．金融市场学［M］.武汉:武汉大学出版社,2003.

［13］黄达．金融学［M］.北京:中国人民大学出版社,2003.

［14］黄奇辅等．金融经济学基础［M］.北京:清华大学出版社,2003.

［15］霍再强．现代金融风险管理［M］.北京:科学出版社,2004.

[16]姜波克．国际金融学[M]．北京：高等教育出版社,1999.

[17]杰格迪什·汉达．货币经济学,中译本[M]．北京：中国人民大学出版社,2005 版.

[18]劳伦德·B·托马斯．货币、银行与金融市场(Money, Banking, and Financial Market)[M]．北京：机械工业出版社,1999.

[19]勒罗伊等．金融经济学原理[M]．上海：上海财经大学出版社,2003.

[20]李翀等．当代西方金融理论[M]．北京：经济日报出版社,2005.

[21]李健．当代西方货币金融学说[M]．北京：高等教育出版社,2006.

[22]李挺荣等．金融学概论[M]．北京：中国物价出版社,2002.

[23]李扬．中国金融理论前沿·III[M]．北京：社会科学文献出版社,2003.

[24]M·列维奇．国际金融市场[M]．北京：机械工业出版社,2003.

[25]刘红忠．金融市场学[M]．上海：上海人民出版社,2003.

[26]刘明康．全面提高我国银行业的市场风险管控能力[EB/OL]．中国银行业监督管理委员会网站,2006.

[27]陆家骝．现代金融经济学[M]．吉林：东北财经大学出版社,2004.

[28]米什金著,李扬等译．货币金融学(第四版)[M]．北京：中国人民大学出版社,1998.

[29]夏普．证券投资理论与资本市场[M]．北京：中国经济出版社,1992.

[30]Salih N. Neftci 著,陈典发译．金融工程原理[M]．北京：人民邮电出版社,2009.

[31]John C. Hull 著,张陶伟译．期权、期货和其他衍生产品(第三版)[M]．北京：华夏出版社,2000.

[32]米什金．货币金融学(The Economics of Money, Banking and Financial Market)[M]．北京：中国人民大学出版社,1998.

[33]米什金．货币金融学(第七版)[M]．北京：中国人民大学出版社,2006.

[34]佩特·D. 斯潘瑟．金融市场结构与监管[M]．上海：上海财经大

学出版社,2005.

[35]史建平. 金融市场学[M]. 北京:清华大学出版社,2007.

[36]史树中. 从数理经济学到数理金融学的百年回顾[J]. 高等数学研究,2008,11(4).

[37]史树中. 金融经济学十讲[M]. 上海:上海人民出版社,2004.

[38]唐旭. 金融理论前沿课题[M]. 北京:中国金融出版社,2003.

[39]王松奇. 金融学(第二版)[M]. 北京:中国金融出版社,2000.

[40]王宗军. 金融市场概论[M]. 武汉:华中理工大学出版社,1999.

[41]吴冲锋等. 金融工程学[M]. 北京:高等教育出版社,2005.

[42]吴惠琴. 国际经济与金融案例评析[M]. 广东:广东经济出版社,2000.

[43]吴晶妹. 金融经济学[M]. 北京:中国经济出版社,2000.

[44]吴腾华. 金融市场学[M]. 上海:立信会计出版社,2004.

[45]谢百三. 金融市场学[M]. 北京:北京大学出版社,2003.

[46]兴韵. 金融学原理(第二版)[M]. 北京:三联书店出版社,2005.

[47]熊和平. 套利思想与金融工程[J]. 武汉大学学报(哲学社会科学版),2005,(7):463 – 469.

[48]杨大楷. 发展资本市场,扩大国内需求[M]. 财政研究,1999(7).

[49]姚长辉. 货币银行学(第三版)[M]. 北京:北京大学出版社,2005.

[50]叶中行等. 数理金融:资产定价与金融决策理论[M]. 北京:科学出版社,2000.

[51][英]Lawrence Galitz 著,唐旭,等,译. 金融工程学[M]. 经济科学出版社,1998.

[52]余杰. 国际资本流动与发展中国家证券市场[M]. 成都:西南财经大学出版社,2000.

[53]张亦春. 金融市场学[M]. 北京:高等教育出版社,2008.

[54]张亦春. 现代金融市场学[M]. 北京:中国金融出版社,2007.

[55]张亦春、郑振龙. 金融市场学(第二版)[M]. 高等教育出版社,2007 年.

[56]赵渤. 中国金融监管[M]. 北京:社会科学文献出版社,2008.

[57]中国银行业监督管理委员会. 商业银行市场风险管理指引

［EB/OL］.中国银行业监督管理委员会网站,2004.

［58］钟伟. 后次贷危机全球金融监管理论的新近进展［J］.南方金融,2009(12).

［59］朱忠民,张淑艳,高洁. 金融风险管理学［M］.北京:中国人民大学出版社,2004.

［60］资本论［M］.北京:人民出版社,1974.

［61］Basel Committee on Bank Supervision. International Convergence of Capital Measurement and Capital Standards［J］. http://www. bis. org/pub1/bcbs107. pdf,2004－06.

［62］Black,F. and M. Scholes. "The Pricing of Options and Corporate Liabilities",Journal of Political Economy. 81(May—June 1973),637－659.

［63］Black, Fischer, Michael C. Jensen, and Myron Scholes. The capital asset pricing model:some empirical findings;in Michael C. Jensen,ed. :Studies in the Theory of Capital Markets(Praeger,New York), 1972.

［64］Blume,M. ,and I. Friend,1978,The Changing role of the Individual Investor:A Twentieth Century Fund Report. New York: John Wiley & Sons.

［65］Cheng S. W. , Lin Y. H. , Wang S. Y. Progress in riskmeasurement［J］. Advanced Modeling and Optimization. 2004, 6(1): 1－20.

［66］Dornbusch R. Expectations and Exchange Rate Dynamics ［J］. Journal of Political Economy. 1976,84 (6): 1161－1176.

［67］Fama, 1970, " Efficient capital markets: a review of theory and empirical work",Journal of Finance 25 p383－417 Markowitz,Harry M. Portfolio selection,Journal of Finance,vol. 7,no. 1(March):1952.

［68］Fisher I. Booms and Depressions［M］. New York:Adelphi Press. 1932.

［69］Hull,J. C. ,Options. Futures and Derivative Securities, 5th ed. ［J］. Prentice Hall,2002.

［70］J. C. Hull and A. White. "The Pricing of Options on Assets with Stochastic Volatilities," ［J］Journal of Finance, 42 (June 1987), 281－300.

［71］Kindleberger C P. Manias, Panics, and Crashes: A History of Financial Crises［M］. New York: Basic Books. 1978.

［72］Kregel J A. Margins of Safety and Weight of the Argument in Generating Financial Fragility［J］. Journal of Economics Issues. 1997,31(6):

543 – 548.

[73] Markowitz, Harry M. Portfolio selection, Journal of Finance, vol. 7, no. 1(March):1952.

[74] Merton ,Robert C. An intertemporal capital asset pricing model[J]. Econometrica ,1973.

[75] Minsky H P. The Financial Instability Hypothesis: A Restatement. Arestis P. ,Skouras T. Post Keynesian Economic Theory: A Challenge to Neo – Classical Economics[J]. Sussex: Wheatsheaf Books,1985. 24 – 55.

[76] Rajan R. Insiders and Outsiders: The Choicebetween Informed and Arm's Length Debt[J]. Journal of Finance. 1992,47(4):1367 – 1400.

[77] Stiglitz J. E. , Weiss A. Credit Rationing in Market with Imperfect Information[J]. American Economic Review. 1981,71(3):393 – 409.

[78] Szego G. Measures of Risk [J]. Journal of Banking and Finance. 2002,26(7):1253 – 1272.

[79] Veblen T. The Theory of Business Enterprise [M]. New York: Charles Scribners'Sons,1904.

后 记

目前，金融市场学教材版本繁多，但受教学时数和前期课程内容等方面的约束，具体教学时，大都进行一些章节删减。本书根据教学对象和学时数需要进行适当取舍，浓缩各类权威教材的内容精华，力争反映金融市场学全貌，保证金融体系的完整性，但有进一步的简化。本书具有以下特点：一是理论性与实践性并重。本书既凝练了基本理论，又紧扣热点，理论联系实际，探讨如何运用金融理论解决实际问题，把抽象的金融理论与纷繁复杂的经济热点问题联系起来，使学生学以致用。二是体系清晰、深入浅出。金融学所包含的内容繁杂，我们参考了国内外权威教材，形成比较完整的金融学体系，用通俗易懂的语言阐述专业性较强的金融理论，增加了本书的可读性。三是力求涵盖金融领域研究的最新成果。

本书由陕西师范大学等高校具有丰富教学与科研经验的教师编写，他们是李忠民、尹海员、刘新华、胡杰、王蕾、胡秋灵、曹培慎、李淑娟、杨振峰、王保庆。全书由李忠民总纂，尹海员负责统稿，最终由李忠民审核定稿。

本书在编写和出版过程中得到了经济科学出版社的大力协助，范莹副编审在本书的策划、编辑方面做了大量的工作。在编写过程中参考了大量学者的国内外金融学、货币金融学、货币银行学等权威经典教材，在此谨向他们表示由衷的感谢。由于金融市场学科的内容丰富，作者水平有限，书中不尽如人意之处在所难免，恳请读者批评指正，以使本书的内容和体系不断得到改进。

编者

2017 年 4 月 20 日